EN POS *de lo* SUPREMO

UN CLÁSICO DE LA LITERATURA CRISTIANA

Publicaciones
Nuestro Pan Diario

EN POS *de lo* SUPREMO

VERSIÓN EN LENGUAJE CONTEMPORÁNEO

El libro de oro de

OSWALD CHAMBERS

Editado por JAMES REIMANN

Autorizado por «The Oswald Chambers Publications Association, Ltd.»

Traducción: Fernando Plou Fernández
Edición y coordinación editorial: Alicia Güerci Hotton
Proyecto gráfico: Audrey Novac Ribeiro
Diagramación: Lucila Lis
Diseño de portada: Audrey Novac Ribeiro

Excepto cuando se indique lo contrario, las citas bíblicas están tomadas de la versión Reina-Valera ©1960, por las Sociedades Bíblicas en América Latina. (En todos los casos, el nombre «Jehová» ha sido sustituido por su sinónimo «Señor»).

Ministerios Nuestro Pan Diario
Caixa Postal 4190, 82501-970 Curitiba/PR, Brasil
Teléfono: (41) 3257-4028

Código: H0098
ISBN: 978-1-64641-117-7

1.ª edición: 2021 • 2.ª impresión: 2022

Impreso en China

Este libro está dedicado al lector;
especialmente a mis padres, Gil y Violet;
a mi esposa, Pam; a mis hijos, Jeremy, Aaron y Bethany;
y a cada generación de lectores que ellos representan.

Que puedas conocer mejor a Dios
y caminar junto a Él como resultado de la
aplicación práctica de las verdades de la Palabra de Dios
comunicadas en este libro.

Agradecimientos

UN AGRADECIMIENTO ESPECIAL a todos aquellos que diariamente elevan este proyecto a Dios en sus oraciones y piensan en mí continuamente con palabras de aliento. Sus oraciones y apoyo han sido esenciales para convertir la visión de este proyecto en una realidad. Estoy especialmente agradecido a:

Maurice Garton, presidente del Consejo Administrativo de la Asociación Oswald Chambers de Publicaciones en Londres, Inglaterra, por aceptar con agrado este proyecto.

Bob DeVries, director editorial de *Discovery House Publishers*, por su inquebrantable confianza y su apoyo a este proyecto.

Carol Holquist, directora editorial adjunta de *Discovery House Publishers*, por su amistad y orientaciones.

Tim Beals, editor de *Discovery House Publishers*, y Arthur Neol, editor de la Asociación Oswald Chambers de Publicaciones, por su cuidadoso y diligente trabajo.

Bill Anderson, presidente de la Asociación Cristiana de Libreros (CBA), y a cada miembro de la junta de CBA.

Charles F. Stanley, pastor de la Primera Iglesia Bautista de Atlanta, Georgia, por sus muchos años ministrando la sana doctrina.

Ben y Donna Reed, Cheryl Gainey, Robert Brenner, Winston y Delores Maddox, Bob y C. Kay Steight, Bob Allums, Check Graham, Tim Skinner, Jane Baternan, Carol Williams, Bobby y Kathy Respess, y Bill Price. Gracias por sus oraciones, sus consejos y su amor.

Al cuerpo de secretarios y asistentes de Christian Armory, Inc., Tucker, Georgia; especialmente a Greg Holland, director general. Estoy muy agradecido por haberse ocupado del crecimiento de nuestro ministerio mientras me dedicaba a escribir este libro.

Teresa Holland, la más dulce «procesadora de textos» del mundo.

A mis padres, Gil y Violet Reimann, por criarme en un hogar cristiano. A mi esposa Pam, y a mis hijos, Jeremy, Aaron y Bethany. Muchas gracias por conceder a este autor dos años y medio de «relativa» paz y tranquilidad mientras trabajaba en casa. Los amo con todo mi corazón.

Y al Señor Jesucristo, que es mi vida.

James Reimann
Colosenses 3:4

Prefacio

CON EXCEPCIÓN DE LA BIBLIA, ningún otro libro ha tenido un efecto tan profundo en mi vida como *En pos de lo supremo*.

Mi esposa me presentó este libro aun antes de casarnos, y desde entonces, forma parte de mi dieta de lecturas en las primeras horas de la mañana.

Fue a través de esta obra que Dios imprimió en mi corazón sus preciosas verdades, tan esenciales para la vida de cada cristiano que desea seguir sinceramente a Cristo; el aspecto más importante de la vida cristiana es nuestra relación personal con Cristo.

Pocos individuos han tenido tal iluminación interior sobre la persona de Cristo como Oswald Chambers, y un número todavía menor ha sido capaz de hacer esta aplicación práctica de manera tan inevitable. Esta obra no es un tesoro para ser admirado sino un mensaje para ser vivido.

Me anima mucho ver estas poderosas meditaciones diarias actualizadas con expresiones más contemporáneas. El propósito de esta edición es convertir esta obra en algo todavía más apetecible de leer y fácil de entender. Ni una sola verdad se ha alterado respecto al texto original, ni siquiera en los mínimos detalles. Y todo ha sido hecho con la esperanza de que este libro consiga una distribución todavía más amplia en esta generación y en las futuras.

James Reimann aceptó este desafío con el mayor celo en proteger el mensaje de Oswald Chambers. ¡Y hay que felicitarlo! Como parte de nuestro ministerio durante más de veinte años, he percibido en su persona a un amigo, un diligente estudiante de la Palabra y un fiel discípulo de Cristo, tanto en su andar como en su trabajo. Mi ferviente oración es para que esta obra sea recibida con gran placer y compartida generosamente con toda libertad.

Charles F. Stanley
1 de febrero de 1992

Introducción

EN POS DE LO SUPREMO ha sido un compañero muy cercano durante la mayor parte de mi vida cristiana. Este libro me lo recomendó por primera vez mi pastor, Charles Stanley, que siempre expresa su amor por su poderoso contenido. Es una obra que trasciende el tiempo. Originalmente, Oswald Chambers compartió estos pensamientos como parte de sus clases en la Facultad de Enseñanza Bíblica en Clapham, Inglaterra, de 1911 a 1915; y como artículos devocionales mientras servía como misionero de la Asociación Cristiana de Jóvenes (YMCA, por su sigla en inglés), de 1915 a 1917.

La YMCA lo designó para servir en Egipto junto a las tropas de Australia y Nueva Zelanda, responsables de vigilar el Canal de Suez durante la Primera Guerra Mundial. Estas clases y devocionales fueron compilados más tarde por la esposa de Chambers y se publicaron en forma de libro en 1927 en Inglaterra, y en 1935 en los Estados Unidos. Desde entonces, se ha convertido en el libro devocional más vendido de todos los tiempos.

La idea de una nueva edición vino como resultado de cambios significativos en la lengua inglesa ocurridos en el siglo XX. Como propietario de una librería cristiana, ya he vendido miles de ejemplares de *En pos de lo supremo* a lo largo de los años. Sin embargo, debido a los cambios lingüísticos, sentí una preocupación creciente por saber si los lectores estaban extrayendo todo el contenido que ofrece el libro. Una mañana, después de haber leído el texto devocional indicado para ese día, le pedí al Señor que pusiera sobre alguien la responsabilidad de editarlo. Cuánta fue mi sorpresa al sentir, en aquel mismo momento, la dirección de Dios para que yo mismo hiciera ese trabajo. Y comencé la obra ese mismo día.

En tus manos está el resultado de aproximadamente 1.800 horas de investigación y revisión editorial. Este libro no es una paráfrasis del trabajo original, sino que puede considerarse una traducción de los originales. Miles de estudios de palabras se hicieron para llegar a una edición acertada y comprensible. Esta edición incluye, además, la referencia de cada cita de las Escrituras, lo cual permite que el lector pueda profundizar posteriormente el estudio de los pasajes bíblicos. (Nota: Las citas de las Escrituras sin una indicación de las referencias corresponden a pasajes que ya se mencionaron anteriormente en la respectiva selección). Si haces tu lectura con este libro en una mano y la Biblia en la otra, tu beneficio será enorme.

Este libro no es la Biblia; su intención es llevarte a ella. Deseo que esta obra abra tu mente para los tesoros de la verdad de la Palabra de Dios y su percepción y entendimiento, la cual fue explorada por Chambers. Que puedas usar este libro como ayuda en tus meditaciones sobre las Escrituras y en la aplicación práctica de ese discernimiento en tu vida diaria.

James Reimann
Josué 1:8

Algo de información sobre el matrimonio Oswald y Biddy Chambers

OSWALD CHAMBERS no fue famoso durante su vida. Hasta el año de su muerte, en 1917, a los 43 años de edad, solo se habían publicado tres libros con su nombre estampado en ellos. Chambers fue muy estimado entre un círculo relativamente pequeño de cristianos británicos y estadounidenses como un maestro con discernimiento y expresión diferentes, pero no era reconocido mundialmente.

El gran alcance de su influencia tuvo lugar durante las décadas que siguieron a su muerte, cuando su viuda compiló sus palabras en treinta libros publicados, muchos de los cuales se convirtieron en grandes clásicos cristianos: *Baffled to Fight Better* (Confundido para luchar mejor. Estudios en el libro de Job), *If You Will Ask* (Si pidieren), *Studies in the Sermon of the Mount* (Estudios en el Sermón del Monte), y este que ahora tienes en tus manos.

Oswald Chambers nació en Aberdeen, Escocia, el 24 de julio de 1874; el octavo de nueve hijos del Rev. Clarence Chambers, devoto ministro bautista, y de su bondadosa esposa Hannah. Durante sus años de infancia en Perth, Chambers demostró todo su afinado y precoz talento para el arte. Cuando cumplió quince años, su familia se mudó a Londres, donde Oswald hizo profesión púbica de su fe en Cristo y se convirtió en miembro de la Iglesia Bautista Rye Lane. Esto contribuyó a un período de rápido crecimiento espiritual, seguido de una intensa lucha para descubrir la voluntad de Dios y la misión para su vida.

Como músico y artista talentoso, Chambers estudió en *London's National Art Training School* (Escuela Nacional de Artes de Londres), llamada más tarde *Royal Academy of Art* (Academia Real de Artes). Sintió el llamamiento de Dios para ser embajador de Cristo en el mundo del arte, la música y la estética. Sin embargo, cuando estudiaba en la Universidad de Edimburgo (1895-1896), experimentó el mayor de los direccionamientos de su vida. Enfrentó una agonizante batalla interior y decidió prepararse para el servicio cristiano, una profesión a la que afirmó que nunca entraría «a no ser que Dios me agarre por el cuello y me lance a esa obra». A continuación, abandonó la Universidad de Edimburgo e ingresó a *Dunoon College* (Facultad Dunoon), cerca de la ciudad de Glasgow, donde pasó nueve años dedicado al estudio; primero, como estudiante de teología, y después, como tutor en filosofía. Bajo el sabio liderazgo del Rev. Duncan MacGregor, su mentor y amigo, Oswald maduró mucho y «aquellas tinieblas del alma» se convirtieron en la más profunda y feliz experiencia que es conocer a Cristo.

En 1906 y 1907, Oswald pasó seis meses enseñando en *God's Bible School* (Escuela Bíblica de Dios), en Cincinnati, Ohio, EE. UU. De allí, partió para visitar la Escuela Bíblica de Tokyo, fundada por Charles y Lettie Cowman. Ese viaje alrededor del mundo marcó su transición de la Facultad Dunoon a un trabajo a tiempo integral con la Liga Pentecostal de Oración, que tenía su base en Londres.

Mientras servía como conferenciante y representante de esa entidad en Gran Bretaña, Oswald conoció a Gertrude Hobbs. La relación entre ellos floreció y terminó haciéndose oficial durante un viaje a los Estados Unidos en el verano de 1908. Dos años después, se casaron. Oswald pasó a llamarla «Discípula amada», abreviándolo con las iniciales «B. D.» [*Beloved Disciple*], que en inglés se pronuncia «Biddy». Así, para el resto de su vida, Gertrude fue conocida por ese cariñoso apodo.

Un antiguo sueño de Oswald se hizo realidad en enero de 1911, con la inauguración de *Bible Training College* o BTC (Facultad de Enseñanza Bíblica), cerca de Clapham Common, en Londres. Patrocinado por la Liga de Oración, albergó a veinticinco estudiantes internos y alcanzó a cientos más por medio de las clases vespertinas y los cursos bíblicos por correspondencia. Oswald se desempeñó como director y profesor titular, mientras Biddy cumplía la función de superintendente, supervisando una enorme cantidad de detalles logísticos: desde la preparación de las comidas hasta los hospedajes temporales para las familias de los misioneros en tránsito en la ciudad de Londres.

Durante las conferencias y clases de Oswald, Biddy se sentaba al fondo de la sala y registraba cada palabra de su discurso, de manera integral, usando el eficiente *Método Pittman* de taquigrafía. Gracias a su experiencia como taquígrafa de la corte, conseguía escribir rápidamente todo lo que se decía, mientras se mantenía atenta a los objetivos de aquello que su marido enseñaba. Biddy recopiló todos los apuntes de Oswald a medida que él daba clases de psicología bíblica, estudios de Génesis, ética bíblica y otras muchas materias. Es de especial importancia el registro de los sermones que Oswald predicaba cada semana en el aula y en las horas devocionales, en las cuales enseñaba a los estudiantes con todo el ardor de su corazón.

La única hija del matrimonio, Kathleen, nació en mayo de 1913, e inmediatamente comenzó a ser la «reina de BTC». Oswald quedó atrapado por un encantamiento total ante este nuevo y feliz acontecimiento. Siempre había querido mucho a los niños, pero los sentimientos despertados por la llegada de su propia hija fueron algo totalmente nuevo y hermoso. Cuando ella lloraba a todo pulmón durante las comidas en la facultad, Oswald anunciaba: «Y ahora, mi hija va a cantar para nosotros». Pero esos días felices de una vida estable y cómoda en Londres llegarían pronto a su fin.

El inicio de la Primera Guerra Mundial, en agosto de 1914, transformó dramáticamente toda Gran Bretaña y causó, en un año, que BTC cerrase sus puertas. Oswald se presentó como voluntario en la labor de secretario en la Asociación Cristiana de Jóvenes en Egipto, donde Biddy, Kathleen y varios exalumnos de BTC se unieron a él para colaborar en los trabajos. En el Campo de Zeitoun, cerca de la ciudad de El Cairo, Oswald se estableció rápidamente como compañero de las tropas militares y orientador espiritual de extraordinaria comprensión. Un soldado lo describió como «la personalización del Sherlock Holmes de las historias de ficción: altivo, viril, cara limpia que servía de marco a un brillante y penetrante par de ojos… como un detective del alma».

Biddy continuó rellenando cuadernos taquigrafiados con las predicaciones de Oswald a las tropas, incluidos *The Shadow of an Agony* (La sombra de una agonía), *Shade of His Hand* (La sombra de su mano. Estudios de Eclesiastés) y *Baffled to Fight Better* (Confundido para luchar mejor. Estudios del libro de Job). Frente a los terribles enemigos —el calor, los insectos y las tempestades de arena—, Biddy continuaba con su ministerio de hospitalidad, el cual brindaba un ambiente familiar especial para las tropas tan distantes de sus hogares y familias.

En una carta dirigida a la madre de Biddy, Oswald elogió generosamente a su esposa: «En cuanto a Biddy, la amo, y como su marido, no creo que sea posible exagerar al decir que ella ha vivido el sacramento del "Dios con nosotros" al compartir la presencia del Señor a través de elementos comunes de la vida diaria. Las cartas que recibe de madres, esposas, hermanas, padres y hermanos representan en sí mismas el profundo testimonio de uno de los más instintivos ministerios que una esposa, madre y mujer pueda realizar».

En el campamento del desierto, Oswald supervisó la construcción de una pasarela de piedras y muchísimos canteros de flores. Algunos críticos protestaron diciendo que se trataba de una pérdida de tiempo, pero Chambers creía que si no se llevaban a cabo esas mejoras físicas, así como en ocasiones, nuevas reparaciones en las tiendas, todo eso podía reflejar dejadez y descuido, lo cual desagrada a Dios. «Un defecto grave en gran parte de la obra de hoy —afirmaba él— es que los hombres no siguen la amonestación de Salomón: "Todo lo que te viniere a la mano para hacer, hazlo según tus fuerzas". La tendencia es argumentar: "Es solo para un período corto, ¿para qué preocuparse tanto?". Bien, aunque sea solo para cinco minutos, hagámoslo bien hecho».

A finales de octubre de 1917, Oswald se sometió a una cirugía urgente de apéndice, y parecía recuperarse. Sin embargo, dos semanas más tarde, mientras aún estaba en el hospital de la Cruz Roja en Guiza, sufrió una recaída y murió en el amanecer del día 15 de noviembre. Todos los que lo conocían y lo amaban quedaron atónitos.

Aturdida —todavía sin creer lo sucedido y bajo el fuerte impacto del luto—, Biddy comenzó a realizar las paralizantes tareas de una joven viuda con una hija de cuatro años de edad. Su telegrama para la familia y amigos en Gran Bretaña decía simplemente: «Oswald está en su presencia». Y a la tarde siguiente, Chambers fue sepultado con todos los honores militares en el Cementerio Militar Británico en la parte antigua de la ciudad de El Cairo.

En los dos años siguientes, Biddy y Kathleen continuaron trabajando entre las tropas en Zeitoun. Por la providencia de Dios, a la que Oswald se refería frecuentemente como «la suerte», Biddy había enviado personalmente uno de los sermones de su marido como regalo de Navidad a las tropas en Egipto, el cual se multiplicó rápidamente, y diez mil copias pasaron a ser impresas y enviadas mensualmente por la Asociación Cristiana de Jóvenes. A medida que pasaban los días, se hizo evidente para Biddy que su llamamiento misionero era entregar al mundo las palabras expresadas por su marido. Y al realizar esta obra, ella continuó el sueño que ambos tenían: compartir el mismo ministerio para ayudar a otros.

Tras su regreso a Inglaterra en 1919, Biddy continuó transcribiendo sus anotaciones taquigráficas y preparando todo el material para su publicación. Trabajó para mantenerse a sí misma y a su hija Kathleen, y usó los recursos que provenían de las ventas de los libros para ayudar en la publicación de las siguientes obras.

Mientras mantenía una pensión para estudiantes en Oxford, Biddy compilaba un libro de lecturas diarias al que denominó *En pos de lo supremo*. Desde su primera publicación en 1927, dicho libro ha sido reimpreso continuamente, y ya se han vendido millones de ejemplares. Hoy está traducido a más de cuarenta idiomas, y todos los días se multiplican por miles alrededor del mundo las personas que abren sus páginas en busca de una palabra del Señor que nos fue legada por su siervo Oswald Chambers.

Desde sus primeras publicaciones poco después de la Primera Guerra Mundial, la señora Chambers pasó a ser aconsejada y asesorada por un grupo de amigos. En los últimos años, ese grupo se volvió conocido como Asociación de Publicaciones Oswald Chambers. Fue registrada como tal en 1942, y existe hoy en día en Inglaterra como una asociación benemérita oficial, responsable de supervisar la publicación y distribución de todo el material de Oswald Chambers alrededor del mundo. Las regalías recibidas se utilizan como recursos financieros para traducir los libros de Chambers en naciones en desarrollo y para proveer ejemplares gratuitos a los estudiantes y pastores más necesitados.

El libro *En pos de lo supremo*, así como todos los otros de Oswald Chambers, es el resultado generoso de la visión y la vida de dos personas extraordinarias: Oswald y Biddy Chambers. Los libros que escribieron relatan su amor por Dios, el uno por el otro y por todas las personas en todos los lugares. Juntos, Oswald y Biddy han tocado profundamente la vida de individuos de los más variados contextos culturales y en muchas naciones a través de la hospitalidad, la rica enseñanza bíblica, o incluso con el aliento, la alegría de vivir y el buen humor. Las páginas de *En pos de lo supremo* están empapadas de lo que ellos sostenían: llevar el evangelio a todo el mundo significa seguir el ejemplo de Dios de «abrir las puertas de casa al universo».

Kathleen describe a su madre como alguien que siempre tenía tiempo para las personas. Solo con que alguien llamara a la puerta, eso podía sacarla del dedicado trabajo junto a la máquina de escribir, para preparar una tetera. Para ella, una conversación con un niño del vecindario era tan importante como preparar el próximo libro que iba a publicarse. Biddy respondía personalmente los cientos de cartas que recibía, y muchas veces incluía un ejemplar de los libros de Oswald para completar su carta-respuesta.

Cuando Biddy Chambers murió en 1966, ya había compilado y publicado cerca de cincuenta libros con el nombre de Oswald Chambers estampado en ellos. Sin embargo, nunca mencionó su propia participación. Las únicas evidencias de todo su trabajo se veían en raras ocasiones en algunas palabras de saludos al inicio de uno u otro volumen, seguidas de sus iniciales «B. C.».

En las semanas que siguieron al fallecimiento de Oswald en Egipto, Biddy le escribió a su madre sobre un amigo cuya vida había sido radicalmente transformada por la lectura de algunos sermones de Oswald. «Esto confirma, con toda seguridad, que debo seguir adelante y hacer todo lo posible para publicar todo lo que tengo —comentaba Biddy—. Será como echar trozos de pan a las aguas, y un día sabremos lo que todo eso ha significado en las vidas de las personas».

A su hermana, le escribió: «Vivir con Oswald y observar su fe en Dios, sabiendo que "por su fidelidad, Él continúa hablando con nosotros", este es el secreto de mi vida en estos días; y siento que esa fuerza avasalladora nos revelará un día lo que Dios ha hecho, y habrá quien se arrepienta de no haber confiado más completamente. Así, por tanto, sigamos orando y creyendo; y con certeza, descubriremos que Dios está llevando a cabo sus poderosos hechos en todo momento».

Por la fidelidad de este matrimonio en las circunstancias más comunes y corrientes de cada día, Oswald y Biddy Chambers demuestran la importancia y el poder de ofrecer todo lo que somos al Dios altísimo.

David McCasland

EN POS *de lo* SUPREMO

Mantengamos el enfoque

E*n pos de lo supremo.* «Conforme a mi anhelo y esperanza de que en nada seré avergonzado». Todos nos sentiremos inmensamente avergonzados si no nos rendimos a Jesús en las áreas que nos pidió que le entregásemos. Es como si el apóstol Pablo dijera: «Mi mayor y más determinado propósito en la vida es serlo todo para el Altísimo, dar lo mejor de mí para su gloria». Alcanzar ese nivel es una cuestión de voluntad y no de debate o de racionalización; una absoluta e irrevocable rendición de la voluntad en ese punto. La excesiva consideración de nosotros mismos es lo que nos impide tomar esa decisión, aunque lo encubrimos diciendo que lo hacemos por los demás. Cuando pensamos seriamente en el costo que acarreará a otros obedecer el llamado de Jesús, le decimos a Dios que no sabe lo que significará nuestra obediencia. Sin embargo, mantente enfocado, Él lo sabe. Excluye cualquier otro pensamiento y permanece delante de Dios con un único objetivo: todo para Él. Estoy decidido a vivir completa y absolutamente por Él y para Él solo.

Conforme a mi anhelo y esperanza de que en nada seré avergonzado; antes bien con toda confianza, como siempre, ahora también será magnificado Cristo en mi cuerpo, o por vida o por muerte.

—FILIPENSES 1:20

Mi incesante obstinación por su santidad. «Para mí el vivir es Cristo, y el morir es ganancia»: ¡vivir o morir es indiferente! (VER FILIPENSES 1:21). Pablo estaba convencido de que nada podría detenerlo de hacer lo que Dios quería. Sin embargo, antes de escoger seguir la voluntad de Dios, una crisis debe desarrollarse en nuestro corazón. Y esto sucede porque tendemos a no tener una actitud de respuesta a los toques sutiles de Dios en nuestras vidas. El Señor nos lleva a una situación ante la que nos pide que seamos todo para Él, y comenzamos a discutir. Luego, providencialmente, permite que suceda una crisis en la que tenemos que decidir: a favor o en contra; y en ese momento, comienza la gran encrucijada en nuestras vidas. Si una crisis te amenaza, consagra tu voluntad a Cristo, absoluta e irrevocablemente.

¿Saldrías sin saber adónde?

¿Alguna vez «saliste» sin saber adónde ibas? En ese caso, no hay ninguna respuesta lógica posible cuando alguien indaga qué estás haciendo. Una de las preguntas más difíciles de responder en el servicio cristiano es esta: «¿Qué esperas hacer?». No sabes lo que vas a hacer. La única certeza que tienes es que Dios sabe lo que Él está haciendo. Examina continuamente tu actitud con respecto a Dios para verificar si estás dispuesto a «salir» en cada área de tu vida, confiando enteramente en Él. Esta es la actitud que te mantiene en constante expectativa porque no sabes lo que Dios va a hacer a continuación. Cada mañana, al despertarte, tienes una nueva oportunidad de «salir», y edificar tu confianza en Dios. La Biblia advierte: «No os afanéis por vuestra vida [...] ni por el cuerpo» (LUCAS 12:22). En otras palabras, no te preocupes por los asuntos que te inquietaban antes de que decidieras «salir».

... y salió sin saber a dónde iba.
—HEBREOS 11:8

¿Le has preguntado a Dios qué es lo que Él va a hacer? Nunca te lo dirá. Dios no te dice lo que hará; te revela quién es Él. ¿Crees en un Dios que hace milagros? ¿Saldrás en completa sumisión a Él hasta que ya no te sorprendas en lo más mínimo de nada de lo que Él haga?

Si Dios es Aquel que sabes que está cuando caminas a su lado en íntima comunión, ¡cuán irreverente es la preocupación! Que la actitud de tu vida sea de continua disposición a «salir» en dependencia de la soberanía de Dios, y así tu vida tendrá un inefable encanto, lo cual es una gran satisfacción para Jesús. Debes aprender a «salir» de tus convicciones, ritos o experiencias hasta que, en lo que respecta a tu fe, nada se interponga entre tú y Dios.

«*Nubes y oscuridad*»

Una persona que todavía no ha nacido del Espíritu de Dios dirá que las enseñanzas de Jesús son sencillas. Sin embargo, cuando eres bautizado por el Espíritu Santo, descubres que hay «nubes y oscuridad alrededor de Él». Nos damos cuenta de eso cuando comenzamos a conocer las enseñanzas de Jesucristo de manera más íntima. La única forma de tener una completa comprensión de las enseñanzas de Jesús es por medio de la luz del Espíritu de Dios en nuestro interior. No obstante, si nunca hemos tenido la experiencia de quitarnos los habituales zapatos religiosos de nuestros habituales pies religiosos para liberarnos de la indebida familiaridad con que nos acercamos a Dios, es cuestionable que en algún momento hayamos estado en su presencia. Las personas petulantes e irreverentes son aquellas a las que jamás se les ha presentado a Jesucristo. Solo después del asombroso placer y la libertad de percibir lo que Jesucristo *hace*, surge la impenetrable oscuridad de comprender quién *es* Él.

Nubes y oscuridad alrededor de él…

—Salmos 97:2

Jesús afirmó: «las palabras que yo os he hablado son espíritu y son vida» (Juan 6:63). Para muchos de nosotros, la Biblia era antes tan solo un montón de palabras: «nubes y oscuridad». Luego, de repente, las palabras se convierten en espíritu y vida porque Jesús nos las dice de nuevo en circunstancias especiales. Esta es la manera en que Dios habla con nosotros; no a través de visiones y sueños, sino con palabras. Cuando una persona llega a Dios, lo hace por el camino más sencillo: las palabras.

«¿Por qué no te puedo seguir ahora?»

Hay momentos en que no logras entender por qué no puedes hacer lo que deseas. Cuando Dios permite que tengas un tiempo de espera y parece indiferente, no rellenes ese período con ocupaciones; solo aguarda. El tiempo de espera puede ser para enseñarte sobre el significado de la santificación —ser separado del pecado y apartado para Dios— o quizá suceda después del proceso de santificación a fin de enseñarte qué significa servir. Nunca huyas antes de que Dios te indique la dirección. Si tienes la más mínima duda, significa que Él no te está guiando en esa dirección. Mientras haya dudas, *no te muevas.*

Al principio, tal vez veas claramente la voluntad de Dios: la ruptura de una amistad, el fin de una relación profesional o de negocios, o cualquier otra acción que sientas claramente que es lo que Él quiere que hagas. Sin embargo, nunca actúes impulsado por ese sentimiento. Si lo haces, crearás dificultades que pueden tardar años en corregirse. Espera que Dio lo resuelva y Él lo hará sin ninguna herida ni decepción. Cuando se trata de la voluntad providencial de Dios, espera a que Él actúe.

Le dijo Pedro: Señor, ¿por qué no te puedo seguir ahora?...
—JUAN 13:37

Pedro no esperó en Dios, sino que supuso de dónde vendría la prueba; pero esta llegó de una fuente inesperada. «Mi vida pondré por ti» (JUAN 13:37); esta declaración de Pedro era sincera pero sin conocimiento: «Jesús le respondió: [...] No cantará el gallo, sin que me hayas negado tres veces» (13:38). Jesús afirmó esto con un conocimiento más profundo de Pedro del que él mismo tenía. No podría seguir a Jesús porque ni siquiera se conocía a sí mismo, ni de lo que era capaz de hacer. La devoción innata puede ser suficiente para atraernos a Jesús e impresionarnos por su irresistible carisma, pero eso no nos transformará nunca en discípulos. De alguna manera u otra, la devoción innata negará a Jesús porque nunca llegará a entender lo que significa seguirlo de verdad.

Una vida de poder para seguir

«Y dicho esto, añadió: Sígueme» (Juan 21:19). Tres años antes, Jesús había dicho: «Venid en pos de mí» (Mateo 4:19), y Pedro lo siguió sin vacilar. El irresistible poder de atracción de Jesús estaba sobre él y, por eso, no fue necesario que el Espíritu Santo le ayudase a caminar con el Señor. Más tarde, llegó al momento y lugar en que negó a Jesús, y su corazón se quebrantó. Después, recibió el Espíritu Santo y Jesús le dijo de nuevo: «Sígueme» (Juan 21:19). El primer «sígueme» no fue nada misterioso; era un seguir externo. Jesús estaba pidiéndole ahora un sacrificio y una rendición internos.

... Jesús le respondió: A donde yo voy, no me puedes seguir ahora; mas me seguirás después.
—Juan 13:36

Entre estos dos momentos, Pedro negó a Jesús con juramentos y maldiciones (ver Mateo 26:69-75); pero después, se vació de sí mismo y de toda su autosuficiencia. No quedó nada de él en lo que pudiera volver a confiar. En su estado de destitución, estaba por fin preparado para recibir todo lo que el Señor resucitado tenía para él. Leemos en Juan 20:22: «sopló, y les dijo: Recibid el Espíritu Santo». Independientemente de cuáles sean los cambios que Dios ha hecho en ti, no dependas de ellos. Cree solo en una Persona, el Señor Jesucristo, y en el Espíritu que Él concede.

Todas nuestras promesas y resoluciones terminan mal porque no tenemos fuerza para cumplirlas. Cuando nos vaciamos de nosotros mismos, no solo mental sino completamente, somos capaces de «recibir el Espíritu Santo». «Recibid el Espíritu Santo»; la idea aquí es la de una invasión. Ahora solo hay uno que dirige el curso de tu vida: el Señor Jesucristo.

Adoración

Adorar es devolverle a Dios lo mejor de lo que Él te ha dado. Ten cuidado con lo que haces con lo mejor que posees. Siempre que recibas una bendición de Dios, devuélvesela como una ofrenda de amor. Dedica tiempo a meditar ante Dios y retribúyele la bendición en un acto deliberado de adoración. Si la atesoras para ti, se convertirá en putrefacta sequedad espiritual, como sucedía con el maná cuando se acumulaba (VER ÉXODO 16:20). Dios nunca te permitirá guardar por completo una bendición espiritual para ti mismo. Debe ser devuelta al Señor para que Él pueda convertirla en una bendición para otros.

Luego se pasó de allí a un monte al oriente de Bet-el, y plantó su tienda, teniendo a Bet-el al occidente y Hai al oriente; y edificó allí altar al Señor, e invocó el nombre del Señor.

—GÉNESIS 12:8

Bet-el es el símbolo de la comunión con Dios; Hai representa al mundo. Abram «plantó su tienda» entre los dos. El valor duradero de nuestro servicio público a Dios se mide por la profundidad de la intimidad de nuestros encuentros privados de comunión y unidad con Él. Adorar con prisa es en todo momento un error; siempre hay suficiente tiempo para adorar a Dios. Apartar días para meditar puede ser una trampa, porque nos desvía de la necesidad de tener un tiempo diario a solas con Dios. Por eso, debemos «plantar nuestras tiendas» donde tengamos siempre momentos tranquilos con Él, sin importar lo ruidosos que sean nuestros períodos con el mundo. No hay tres niveles de vida espiritual: adoración, espera y trabajo. Aun así, parece que algunos saltamos como ranas espirituales de la adoración a la espera, y de la espera al trabajo. La idea de Dios es que los tres deben andar juntos como uno solo. Siempre estarán juntos en la vida de nuestro Señor y en perfecta armonía. Es una disciplina que hay que desarrollar; no sucederá de un día para otro.

Intimidad con Jesús

> *Jesús le dijo: ¿Tanto tiempo hace que estoy con vosotros, y no me has conocido, Felipe?...*
>
> —JUAN 14:9

Estas palabras no se expresaron como una reprensión, ni siquiera con sorpresa; Jesús estaba animando a que Felipe se acercara. Sin embargo, Jesús es la última persona con la que cultivamos la intimidad. Antes de Pentecostés, los discípulos conocían a Jesús como Aquel que les concedió el poder para vencer a los demonios y traer renovación espiritual (LUCAS 10:18-20). Sin duda, era una intimidad maravillosa, pero había una mucho más cercana por venir: «pero os he llamado amigos» (JUAN 15:15). En la tierra, la amistad verdadera es rara. Significa identificarse con alguien en pensamiento, corazón y espíritu. Toda la experiencia de la vida tiene como propósito capacitarnos para profundizar esta relación íntima con Jesucristo. Recibimos sus bendiciones y conocemos su Palabra, ¿pero realmente lo conocemos a Él?

Jesús declaró: «Os conviene que yo me vaya» (JUAN 16:7). Él dejó aquella relación para llevarlos aún más cerca. Es motivo de alegría para Jesús cuando un discípulo dedica su tiempo para andar con Él más íntimamente. La producción de frutos espirituales siempre se nos presenta en las Escrituras como el resultado visible de la relación de intimidad con Jesucristo (JUAN 15:1-4).

Una vez que tengamos comunión íntima con Jesús, nunca estaremos solos y jamás nos faltará comprensión ni compasión. Podremos derramar continuamente nuestros corazones delante de Él sin que se considere demasiado emocional o patético. El cristiano que tiene intimidad verdadera con Jesús jamás llamará la atención hacia sí mismo, sino que solo mostrará las evidencias de una vida que confía en el control absoluto del Señor. Este es el resultado cuando permitimos que Jesús satisfaga en profundidad todas las áreas de la vida. El resultado de una vida así se demuestra mediante el equilibrio fuerte y calmado que nuestro Señor da a todos los que caminan en comunión íntima con Él.

¿Soy un sacrificio vivo?

Este acontecimiento es una ilustración del error que cometemos al pensar que la suprema entrega que Dios desea de nuestra parte es el sacrificio de morir. Lo que Dios quiere de cada uno de nosotros es el sacrificio *por medio* de la muerte, el cual nos capacita para hacer lo que Jesús hizo; es decir, «sacrificar» nuestras vidas. No es «Señor, dispuesto estoy a ir contigo [...] a la muerte» (LUCAS 22:33), sino: «estoy dispuesto a identificarme con tu muerte para que pueda sacrificar mi vida para Dios».

... edificó allí Abraham un altar, [...] y ató a Isaac su hijo, y lo puso en el altar...

—GÉNESIS 22:9

¡Pareciera que pensamos que Dios quiere que desistamos de nuestros anhelos! Sin embargo, Él purificó a Abraham de tal error, y continúa corrigiendo ese engaño en cada uno de nosotros todavía hoy. Dios nunca nos dice que abandonemos las cosas solo por el placer de la renuncia, sino que nos pide que desistamos de todo por la única razón que vale la pena: vivir con Él. Esto significa soltar las amarras que retienen nuestras vidas. Tales amarras se aflojan inmediatamente mediante la identificación con la muerte de Jesús. Así entramos en una relación con Dios por medio de la cual podemos sacrificar nuestras vidas para Él.

Para Dios, no tiene ningún valor que le entregues tu vida para morir. Él desea que seas un «sacrificio *vivo*», permitiéndole tener acceso a todas tus fuerzas que fueron salvadas y santificadas por medio de Jesús (ROMANOS 12:1). Para Dios, este es el sacrificio aceptable.

Oración de autoexamen

El gran y misterioso trabajo del Espíritu Santo tiene lugar en las áreas más profundas de nuestro ser: «vuestro ser, espíritu, alma y cuerpo», donde no logramos llegar. Lee el Salmo 139, donde el salmista deja implícito: «Oh, Señor, tú eres el Dios del comienzo de la aurora, del final de las noches, de los más altos montes y de los océanos; pero, Dios mío, mi alma tiene horizontes que van mucho más allá de las madrugadas o de la oscuridad profunda de las noches sobre la tierra, más allá de las altas montañas y de los profundos abismos de cualquiera de los mares. Tú que eres Dios sobre todos ellos, sé también mi Dios. No puedo alcanzar las alturas ni las profundidades; hay razones que no consigo descubrir, sueños que no puedo entender. Dios mío, examíname».

¿Creemos que Dios es capaz de fortalecer y proteger nuestros procesos de pensamiento mucho más allá de donde podemos ir? La Biblia afirma que «la sangre de Jesucristo su Hijo nos limpia de todo pecado» (1 Juan 1:7). Si este versículo significa solo una limpieza de aquello de lo que somos conscientes, que Dios tenga misericordia de nosotros. El hombre cuya mente ha sido entorpecida por el pecado afirmará que no tiene la menor conciencia de los errores que comete. Pero la limpieza del pecado que experimentamos alcanzará las más elevadas alturas y profundidades de nuestro espíritu si «andamos en luz, como Él está en luz» (1:7). El mismo Espíritu que alimentó la vida de Jesucristo, alimentará la de nuestro espíritu. Solo cuando estamos protegidos por Dios mediante la milagrosa sacralidad del Espíritu Santo, nuestro espíritu, alma y cuerpo pueden ser preservados puros y rectos hasta el regreso de Jesús; ya no más condenados ante los ojos de Dios.

Y el mismo Dios de paz os santifique por completo; y todo vuestro ser, espíritu, alma y cuerpo, sea guardado irreprensible…

—1 Tesalonicenses 5:23

Deberíamos permitir con mayor frecuencia que nuestra mente medite en esas grandes y poderosas verdades divinas.

La visión abierta

Este versículo es el mayor ejemplo de la verdadera esencia del mensaje del discípulo de Cristo en todo el Nuevo Testamento.

El primer aspecto soberano de la gracia de Dios se encuentra resumido en las palabras: «para que reciban [...] perdón de pecados». Cuando una persona no consigue completar su carrera personal en la fe cristiana, esto se debe por lo general a que nunca recibió nada. La única señal de que una persona ha sido salvada es que ha recibido algo de Jesucristo. Nuestro ministerio como obreros de Dios es hacer todo lo que podamos para abrir los ojos de las personas que no creen para que se vuelvan de las tinieblas a la luz. Sin embargo, esto no es salvación; es conversión, el solo esfuerzo de un ser humano vivificado. No creo que sea exagerado afirmar que la mayoría de los cristianos nominales se encuentran en esa condición. Sus ojos están abiertos, pero no han recibido nada. Conversión no es regeneración. Y este es un aspecto muy descuidado en nuestras predicaciones hoy en día. Cuando una persona nace de nuevo, sabe que ha recibido una dádiva del Dios todopoderoso y que no se debe a su propia decisión. Las personas pueden hacer votos y promesas, y estar decididas a seguir adelante, pero nada de eso significa salvación. La salvación significa que hemos sido traídos a un lugar determinado donde podemos recibir algo de parte de Dios mediante la autoridad de Jesucristo; es decir, el perdón de los pecados.

... a quienes ahora te envío, para que abras sus ojos, [...] para que reciban [...] perdón de pecados...

—HECHOS 26:17-18

A esto le sigue la segunda obra magnífica de la gracia de Dios: «herencia entre los santificados». En santificación, la persona que ha nacido de nuevo entrega todos sus derechos a Jesucristo de manera deliberada y se identifica completamente con el ministerio de Dios hacia los demás.

¿Qué costo tiene para otros mi obediencia a Dios?

Si obedecemos a Dios, eso va a suponer para los demás un costo mayor que para nosotros, y es en ese momento cuando comienzan los dolores. Si estamos enamorados de nuestro Señor, la obediencia no nos costará nada; en realidad, será un placer. Sin embargo, para todos los otros que no lo aman, nuestra obediencia les supone un alto precio. Si obedecemos a Dios, esto significa que los planes de otros se frustrarán. Algunos van a ridiculizarnos y cuestionarnos: «¿A eso le llamas cristianismo?». Podríamos evitar el sufrimiento, pero no si somos obedientes a Dios. Debemos dejar que se pague el precio.

Cuando nuestra obediencia comienza a suponer un costo real para los demás, nuestro orgullo humano se atrinchera y decimos: «Jamás aceptaré nada de nadie». Pero debemos hacerlo; de lo contrario, desobedeceremos a Dios. No tenemos derecho a pensar que la manera de relacionarnos con las personas debe ser diferente de la que tuvo el mismo Señor Jesús (Lucas 8:1-3).

No progresamos en nuestra vida espiritual cuando intentamos asumir todo el costo por nosotros mismos. Y en realidad, no podemos. Estamos tan implicados en los propósitos universales de Dios que las personas a nuestro alrededor se ven inmediatamente afectadas por nuestra obediencia a Él. ¿Permaneceremos firmes y fieles en nuestra obediencia a Dios y preparados para sufrir humillaciones por negarnos a ser independientes? ¿O vamos a hacer exactamente lo contrario y decir: «No quiero causar sufrimiento a otras personas»? Podemos desobedecer a Dios si es lo que escogemos; y eso aliviará inmediatamente la situación, pero afligirá y entristecerá a nuestro Señor. Sin embargo, si obedecemos a Dios, Él mismo cuidará de todos los que sufran las consecuencias de nuestra obediencia. Nuestro deber es, simplemente, obedecer y dejar en sus manos todas las consecuencias.

Y llevándole, tomaron a cierto Simón [...] y le pusieron encima la cruz para que la llevase tras Jesús.

—Lucas 23:26

Cuidado con la tendencia natural a dictarle a Dios qué consecuencias vas a permitir como condición para obedecerle.

¿Has estado alguna vez a solas con Dios?

N***uestro momento a solas con Él.*** Jesús no nos llama aparte para explicarnos todos los detalles constantemente; nos explica cosas que somos capaces de entender. Las vidas de otros nos sirven de ejemplo, pero Dios nos pide que examinemos nuestras propias almas. Este es un trabajo que lleva tiempo; es tan lento y cuidadoso que a Dios le lleva la eternidad hacer a una persona conforme a su propósito. Solo podemos ser utilizados por Dios cuando le permitimos que nos revele las áreas profundas y ocultas de nuestro carácter. ¡Es sorprendente cuán ignorantes somos sobre nosotros mismos! Ni siquiera conseguimos percibir cuánta envidia, pereza u orgullo hay en nuestro interior cuando expresamos esos sentimientos. Pero Jesús nos revelará todo lo que hemos mantenido oculto en nuestras almas antes de que su gracia comience a actuar. ¿Cuántos hemos aprendido a mirar nuestro interior con valentía?

... aunque a sus discípulos en particular les declaraba todo.

—Marcos 4:34

Tenemos que librarnos de la idea de que ya nos comprendemos. Ese trocito de orgullo es siempre el último en desaparecer. El único que nos entiende de verdad es Dios. La mayor de las maldiciones que enfrenta nuestra vida espiritual es el orgullo. Si en algún momento hemos visto un atisbo de lo que somos a los ojos de Dios, jamás diremos: «Oh, soy tan indigno». Comprenderemos que no es necesario decirlo. Sin embargo, mientras haya cualquier duda de que somos indignos, Dios continuará acercándose a nosotros hasta que estemos a solas con Él. Si queda algún componente de orgullo o vanidad, Jesús no puede enseñarnos. Él permitirá que experimentemos el quebrantamiento de corazón o la decepción que sentimos cuando nuestro orgullo espiritual es herido. Revelará innumerables afectos por personas o deseos equivocados; cosas que jamás repararíamos si Él no nos hubiera llamado a solas. Se nos muestran muchas cosas, con frecuencia sin ningún resultado. Sin embargo, cuando Dios nos llame a solas, todo quedará claro.

¿Has estado alguna vez a solas con Dios?

S***u momento a solas con nosotros.*** Cuando Dios nos llama aparte mediante el sufrimiento, quebranto, tentación, decepción, enfermedad, deseos frustrados, amistades rotas o incluso una nueva amistad; cuando Él habla aparte con nosotros, completamente en privado, y nos quedamos totalmente sin palabras, incapaces de hacer ni una sola pregunta, es en ese momento cuando comienza a enseñarnos. Observa el entrenamiento que Jesucristo realizó con los doce. Sus discípulos estaban confundidos, no la multitud. Sus discípulos cuestionaban a Jesús sin parar, y Él constantemente les daba explicaciones; pero ellos no entendieron hasta haber recibido el Espíritu Santo (Juan 14:26).

> *Cuando estuvo solo, [...] los doce le preguntaron sobre la parábola.*
>
> —Marcos 4:10

A medida que caminas con Dios, la única cosa que Él deja bien clara es el modo en que actúa con tu alma. Las tristezas y dificultades en la vida de los otros te resultarán totalmente confusas. Siempre creemos que entendemos las luchas de los demás, hasta que Dios revela en nuestras vidas los mismos errores y debilidades. Hay diferentes áreas de resistencia, testarudez e ignorancia que el Espíritu Santo debe revelar en cada uno de nosotros; pero esto solo puede hacerse cuando Jesús nos llama a solas para conversar en privado. ¿Estamos a solas con Él ahora? ¿O estamos más preocupados por nuestras propias ideas, amistades, o incluso con el cuidado de nuestros cuerpos? Jesús no puede enseñarnos nada hasta que acallemos toda nuestra inquietud intelectual y nos quedemos a solas con Él.

Llamados por Dios

Dios no dirigió su llamamiento a Isaías. Fue Isaías quien escuchó a Dios que preguntaba: «¿quién irá por nosotros?». El llamamiento de Dios no es exclusivo para un pequeño y selecto grupo de personas sino para todos. Escuchar o no el llamamiento de Dios depende de la condición de mis oídos, y lo que oigo depende exactamente de mi actitud espiritual. La Biblia dice: «muchos son llamados, y pocos escogidos» (Mateo 22:14). Es decir, son pocos los que demuestran que han sido escogidos. Estos, los escogidos, son todos aquellos que se han movido en dirección hacia una relación personal con Dios por medio de Jesucristo, y han visto cómo se transformaba su situación espiritual y eran abiertos sus oídos. Así, estas personas pueden escuchar «la voz del Señor» que pregunta continuamente: «¿quién irá por nosotros?». Sin embargo, Dios no nombra a alguien en particular y le ordena: «¡Ahora, ve tú!». Él no le impuso su voluntad a Isaías. El profeta estaba en la presencia de Dios y escuchó claramente el llamamiento. La respuesta de Isaías es pronunciada con completa libertad, y solo puede ser: «Heme aquí, envíame a mí».

> *... Oí la voz del Señor, que decía: ¿A quién enviaré, y quién irá por nosotros? Entonces respondí yo: Heme aquí, envíame a mí.*
>
> —Isaías 6:8

Quita de tu pensamiento la idea de que Dios viene para obligarte o para suplicarte. Cuando nuestro Señor llamó a sus discípulos, lo hizo sin usar ninguna presión externa irresistible. La tranquila —aunque vehemente— insistencia de su «sígueme» fue transmitida a aquellos hombres que ya eran receptivos a ese llamamiento en todo sentido (Mateo 4:19). Si permitimos que el Espíritu Santo nos coloque cara a cara ante Dios, también escucharemos lo mismo que Isaías: «la voz del Señor». Y en perfecta libertad, también responderemos: «Heme aquí, envíame a mí».

¿Andas en santidad de vida?

Nadie experimenta la completa santificación sin pasar por el *funeral para vida*, la sepultura de la vieja vida. Si nunca ha habido ese momento crucial de cambio por medio de la muerte, la santificación será solo un mero anhelo, una ilusión. Por tanto, debe tener lugar un *funeral para vida*, una muerte con una única resurrección: una resurrección a la vida de Jesucristo. Nada puede derrotar una vida como esta. Se ha establecido una unidad con Dios con un único gran propósito: ser testigos de Cristo.

¿Has llegado al final de tus días? Sin duda, habrán venido a tu mente a menudo, ¿pero los has experimentado *de verdad*? No puedes morir o participar de tu propio funeral con un humor festivo. La muerte significa dejar de existir. Debes estar de acuerdo con Dios y dejar de ser el tipo de cristiano esforzado y cumplidor de tareas que has sido. Evitamos el cementerio y nos negamos continuamente a ser los protagonistas de nuestra propia muerte. Esto no va a suceder a través del esfuerzo sino de la sumisión a la muerte. Morir es ser «bautizados en su muerte» (Romanos 6:3).

Porque somos sepultados juntamente con él, a fin de que como Cristo resucitó de los muertos [...], así también nosotros andemos en vida nueva. —Romanos 6:4

¿Has experimentado ya tu *funeral para vida* o todavía estás engañando piadosamente a tu alma? ¿Hay algún momento en tu vida que ahora definas como tu último día? ¿Hay un lugar en tu alma al cual tu memoria pueda volver en humildad y gratitud desbordante, que te permite proclamar con sinceridad: «Sí, fue aquel día, en mi *funeral para vida*, cuando establecí un pacto solemne con Dios»?

«Pues la voluntad de Dios es vuestra santificación» (1 Tesalonicenses 4:3). Cuando comprendas que esta es la voluntad expresa de Dios, participarás del proceso de santificación como una reacción natural. ¿Estás preparado para experimentar tu *funeral para vida* en este momento? ¿Estarás de acuerdo con Dios en que este sea tu último día en el mundo? Definir el momento de ese acuerdo solo depende de ti.

La voz de la naturaleza de Dios

Cuando hablamos sobre el llamamiento de Dios, solemos olvidarnos del aspecto más importante; es decir, la naturaleza de quien nos llama. Hay muchas cosas que nos llaman cada día. Algunas recibirán respuesta y otras ni siquiera serán escuchadas. El llamamiento es una expresión de la naturaleza de aquel que llama, y solo aquellos que comparten su naturaleza están capacitados para reconocerlo. El llamamiento de Dios es la expresión de su naturaleza, no de la nuestra. Dios, de manera providencial, teje los hilos de su llamamiento a través de nuestras vidas, y solo nosotros podemos distinguirlos. Es el tejido de la voz de Dios directamente sobre nosotros en cuanto a cierta preocupación, y es por completo improductivo buscar tales respuestas en la opinión de otra persona. Nuestros acuerdos con respecto al llamamiento de Dios deben mantenerse exclusivamente entre nosotros y Él.

El llamamiento de Dios no es un reflejo de mi naturaleza; no se trata de mis deseos personales ni de mi personalidad. Mientras me quede atascado en mis propias cualidades y características, y en pensar en mis aptitudes, jamás oiré el llamamiento de Dios. Sin embargo, cuando Dios me traiga a una verdadera relación personal con Él, estaré en la misma condición que Isaías. El profeta estaba tan sintonizado con Dios, debido a la gran crisis que acababa de padecer, que su llamado penetró profundamente en su alma. La mayoría de nosotros no logra escuchar nada aparte de nosotros mismos. Y tampoco podemos oír nada de lo que Dios está diciendo. No obstante, ser llevados al lugar donde podemos escuchar el llamamiento de Dios es algo profundamente transformador.

... Oí la voz del Señor, que decía: ¿A quién enviaré, y quién irá por nosotros?...
—Isaías 6:8

El llamamiento de la vida natural

El llamado de Dios no es una invitación para servirle de una manera en particular. Mi relación con la naturaleza de Dios moldeará mi entendimiento de su llamamiento y me ayudará a percibir lo que de verdad deseo hacer para Él. El llamamiento de Dios es una expresión de su naturaleza; el acto de servirle con mi vida es adecuado para mí y una expresión de mi naturaleza. El llamamiento de la vida natural fue explicado por el apóstol Pablo de esta manera: «Pero cuando agradó a Dios [...] revelar a su Hijo en mí, para que yo le *predicase* [es decir, *expresar* a Dios de manera *pura y solemne*] entre los gentiles».

Pero cuando agradó a Dios [...] revelar a su Hijo en mí...

—GÁLATAS 1:15-16

El servicio es el desbordamiento que surge de una vida llena de amor y devoción. Sin embargo, en sentido estricto, no hay un *llamamiento* para eso. El servicio es todo aquello que traigo a la relación y que refleja mi identificación con la naturaleza de Dios. Servir se convierte en una parte natural de mi vida. Dios me lleva hacia una relación adecuada con Él, a fin de que pueda entender su llamamiento y, a continuación, servirlo motivado por amor absoluto. Servir a Dios es la ofrenda de amor voluntaria y natural de aquel que ya ha escuchado el llamamiento de Dios. Servir es una expresión de mi naturaleza, y el llamamiento de Dios es una expresión de la naturaleza divina. Por ese motivo, cuando recibo la naturaleza de Dios y escucho su llamamiento, su voz divina resuena a través de su naturaleza y de la mía, y las dos se convierten en una en el servicio. El Hijo de Dios se revela a sí mismo en mí, y como una expresión de devoción a Él, servirlo se convierte en mi estilo de vida diario.

«¡Es el Señor!»

«Jesús le dijo: Dame de beber» (JUAN 4:7). ¡Cuántos esperamos que Jesucristo sacie nuestra sed cuando somos nosotros los que deberíamos satisfacer la suya! Deberíamos estar derramando nuestras vidas, invirtiendo totalmente nuestro ser, y no recurriendo a Él para satisfacernos. «Y me seréis testigos» (HECHOS 1:8). Esto significa una vida de devoción pura, sincera, incondicional y sin restricciones para el Señor Jesús, la cual será agradable para Él dondequiera que nos envíe.

Entonces Tomás respondió y le dijo: ¡Señor mío, y Dios mío! —JUAN 20:28

Cuidado con toda cosa que compita con tu fidelidad a Jesucristo. El principal rival de nuestra verdadera dedicación a Jesús es el servicio que realizamos para Él. Es más fácil servir que derramar nuestras vidas por completo a los pies de Cristo. El objetivo del llamamiento de Dios es su satisfacción, no solo que hagamos algo *para* Él. No se nos llama a batallar por Dios, sino a ser utilizados por Dios en sus batallas. ¿Estamos más comprometidos con el servicio de lo que lo estamos con Jesucristo mismo?

Visión y oscuridad

Siempre que Dios concede una visión al creyente, es como si lo cubriera «con la sombra de su mano» (Isaías 49:2). El deber del santo es permanecer atento y escuchar. Existe una *oscuridad* que proviene de la alta intensidad de la luz; ese es el momento de escuchar. La historia de Abram y Agar en Génesis 16 es un excelente ejemplo de lo que sucede cuando se escuchan *buenos consejos* durante un momento de oscuridad, en lugar de esperar a que Dios envíe la luz. Cuando Dios te da una visión y aparece la oscuridad, ¡espera! Él transformará en realidad la visión que te ha dado si esperas su tiempo. Nunca intentes ayudar a Dios para que cumpla su Palabra. Abram enfrentó trece años de silencio; sin embargo, durante aquellos años, toda su autosuficiencia fue destruida hasta el punto de que ya no confiaba más en su sentido común. Aquellos años de silencio fueron un tiempo de disciplina, no un período de desagrado divino. Nunca hay necesidad de fingir que tu vida está llena de alegría y confianza; tan solo confía en el Señor y descansa en Él (Isaías 50:10-11).

Mas a la caída del sol sobrecogió el sueño a Abram, y he aquí que el temor de una grande oscuridad cayó sobre él.

—Génesis 15:12

¿Quizá confío completamente en la carne? ¿O ya he aprendido a ir más allá de la total confianza en mí mismo y en otros hijos de Dios? ¿Confío en libros, oraciones de personas importantes u otros placeres de esta vida? ¿O he depositado mi confianza en Dios *mismo* y no en sus bendiciones? «Yo soy el Dios Todopoderoso», *El Shaddai*, el Dios de todo el poder (Génesis 17:1). Todos somos disciplinados para reconocer que Dios es real. En cuanto Él se vuelve verdadero para nosotros, las personas palidecen ante la comparación, volviéndose sombras de la realidad. Nada de lo que los otros santos hagan o digan puede perturbar a aquel que está firme en Dios.

¿Te sientes renovado para lo que venga?

Algunas veces, nos sentimos renovados e incluso ansiosos para participar en una reunión de oración, pero ¿sentimos la misma expectación por cumplir algunas tareas del día a día tales como limpiarnos los zapatos?

Respondió Jesús y le dijo: De cierto, de cierto te digo, que el que no naciere de nuevo, no puede ver el reino de Dios.

—JUAN 3:3

Ser nacido de nuevo por el Espíritu Santo es una obra inequívoca del Señor, tan misteriosa como el viento y tan sorprendente como Dios mismo. No sabemos dónde empieza todo eso; está escondido en las profundidades de nuestra alma. Nacer de nuevo de lo alto es un reinicio continuo, perpetuo y eterno. Provee una renovación constante de la manera en que pensamos, hablamos y vivimos; la continua novedad de vida en Dios. Lo obsoleto, rancio e insípido indica que algo en nuestras vidas está fuera de sintonía con Dios. Nos decimos a nosotros mismos: «Tengo que hacer esto; de lo contrario, nunca se hará». Esta es la primera señal de ranciedad. ¿Nos sentimos renovados en este preciso momento; o rancios, buscando frenéticamente en nuestras mentes algo para hacer? Sentirse renovado no es el resultado de la obediencia; es concesión del Espíritu Santo. La obediencia nos mantiene «en luz, como Él está en luz» (1 JUAN 1:7).

Preserva celosamente tu relación con Dios. Jesús oró: «para que sean uno, así como nosotros somos uno», sin nada en medio (JUAN 17:22). Mantén tu vida continuamente abierta para Jesucristo. No finjas estar dispuesto a hacer la voluntad de Dios. ¿Estás alimentándote de otra fuente que no sea la de Dios? Si dependes de otra cosa como fuente de vigor y fuerza, no te darás cuenta cuando cese el poder de Dios.

Nacer del Espíritu significa mucho más de lo que normalmente pensamos. El nuevo nacimiento nos concede una nueva visión y nos mantiene totalmente renovados para realizar todas las cosas por medio de la inagotable provisión de la vida de Dios.

Acuérdate de lo que Dios recuerda

¿Le he demostrado mi amor a Dios con espontaneidad como solía hacerlo o solo estoy esperando que Él demuestre su amor por mí? ¿Todo en mi vida alegra a Dios o me quejo constantemente porque las cosas parecen no suceder como me gustaría? Una persona que ha olvidado aquello a lo que Dios le da valor no se sentirá plenamente contenta. Es maravilloso recordar que Jesucristo tiene necesidades que podemos atender: «Dame de beber» (JUAN 4:7). ¿Cuánta bondad y amor le he demostrado la semana pasada? ¿Ha sido mi vida un buen reflejo de su reputación?

Dios le dice a su pueblo: «Tú ya no estás enamorado de mí, pero recuerdo el tiempo en que lo estabas». Y añade: «Me he acordado [...] del amor de tu desposorio» (JEREMÍAS 2:2). ¿Estoy inundado de un amor desbordante por Jesucristo como al principio, cuando hacía lo mejor que podía para demostrarle mi devoción? ¿Acaso el Señor me encuentra recordando los tiempos en que solo me importaba Él? ¿Estoy en ese punto o he escogido la sabiduría humana en vez del verdadero amor por Él? ¿Estoy todavía tan enamorado de Él que no me preocupa dónde me pueda llevar? ¿O estoy observando para descubrir cuánto respeto recibo mientras mido cuánto debería servirle?

> *... Así dice el Señor: Me he acordado de ti, de la fidelidad de tu juventud...*
>
> —JEREMÍAS 2:2

Al acordarme de lo que Dios recuerda sobre mí, también puedo comenzar a percibir que Él no es lo que solía ser para mí. Cuando sucede esto, debo permitir la vergüenza y la humillación que eso produce en mi vida, porque me llevará a la tristeza según Dios, y esta «produce arrepentimiento» (2 CORINTIOS 7:10).

¿Estoy mirando a Dios?

¿Esperamos que Dios venga hasta nosotros con sus bendiciones y nos salve? Él afirma: «*Mirad a mí*, y *sed* salvos». Espiritualmente, la mayor dificultad es concentrarse en Dios, y sus bendiciones son el origen de esa dificultad. Los problemas casi siempre nos hacen mirar a Dios, pero sus bendiciones tienden a desviar nuestra atención hacia otro lado. La enseñanza primordial del sermón del monte es que concentres todos tus esfuerzos hasta que tu mente, corazón y cuerpo estén completamente enfocados en Jesucristo. «Mirad a mí».

Mirad a mí,
y sed salvos…
—Isaías 45:22

Muchos de nosotros tenemos un concepto mental de cómo debería ser el cristiano, pero vivir buscando ese ideal en las actitudes de otros cristianos se convierte en un obstáculo para concentrar nuestra atención en Dios. Esto no es salvación; no es tan sencillo. En realidad, Él afirmó: «Mirad a mí, y sed salvos», no «seréis salvos algún día». Encontraremos lo que buscamos si nos concentramos en Él. Desviamos nuestra mirada de Dios y nos enfadamos con Él mientras continúa diciéndonos: «Mirad a mí, y sed salvos». Nuestras dificultades, pruebas y preocupaciones por el día de mañana desaparecerán cuando miremos a Dios.

Despiértate y mira a Dios. Construye en Él tu esperanza. Independientemente de cuántas cosas parezcan presionarte, decide apartarlas a un lado y míralo a Él. «Mirad a mí». La salvación es tuya en el momento en que lo miras.

Transformados por la contemplación

La mayor característica que un cristiano puede mostrar es esta completa transparencia revelada ante Dios, que permite que la vida de esa persona se vuelva un espejo para los demás. Cuando el Espíritu nos llena, somos transformados; y al contemplar a Dios, nos volvemos espejos. Siempre es posible percibir cuando una persona ha estado contemplando la gloria de Dios, porque en lo profundo de nuestro ser, sentimos que refleja el carácter del Señor. Cuidado con cualquier cosa que pueda manchar o ensuciar ese espejo en ti. Casi siempre es algo bueno lo que empañe esa imagen; algo bueno, pero no lo mejor.

Para nosotros, la regla más importante es concentrarnos en mantener nuestras vidas abiertas a Dios. Deja a un lado todas las otras cosas, incluidos el trabajo, la ropa y la comida. Las ocupaciones diarias tienden a oscurecer nuestra concentración en Dios. Debemos mantenernos contemplando al Señor, conservando nuestra vida plenamente espiritual a medida que avanzamos. Permite que las cosas sucedan como deben; deja que los demás critiquen lo que quieran; pero jamás permitas que nada empañe la vida que «está escondida con Cristo en Dios» (Colosenses 3:3). Nunca permitas que un estilo de vida apresurado perturbe tu relación de permanencia de Él. Es fácil dejar que esto suceda, pero debemos ser precavidos. La lección más difícil de la vida cristiana es aprender a seguir «mirando [...] como en un espejo la gloria del Señor».

Por tanto, nosotros todos, mirando a cara descubierta como en un espejo la gloria del Señor, somos transformados de gloria en gloria en la misma imagen...

—2 Corintios 3:18

El irresistible propósito de Dios

La visión que tuvo Pablo en el camino a Damasco no fue una experiencia emocional pasajera, sino una visión que le comunicó enfáticamente la dirección que debía seguir. Y Pablo declaró: «no fui rebelde a la visión celestial» (HECHOS 26:19). En realidad, nuestro Señor le estaba diciendo: «¡Tu vida estará bajo mi control o sujeta a mí; debes renunciar a tus deseos y objetivos, y no tener otro propósito que no sea el mío!». Y el Señor también nos dice a cada uno de nosotros: «No me elegisteis vosotros a mí, sino que yo os elegí a vosotros, y os he puesto para que vayáis» (JUAN 15:16).

Cuando nacemos de nuevo, y si somos espirituales, tenemos visiones de lo que Jesús desea que seamos. Es fundamental que yo aprenda a no ser «rebelde a la visión celestial»; es decir, no dudar de que ese objetivo pueda ser alcanzado. Esto no solo significa asentir mentalmente al hecho de que Dios redimió al mundo, ni tampoco saber que el Espíritu Santo puede hacer realidad también en mi vida todo lo que Jesús llevó a cabo. Debo tener los fundamentos de una relación personal con Él. Pablo no recibió un mensaje o una doctrina para proclamar; fue atraído a una relación intensa, personal y poderosa con Jesucristo. Muy convincentemente, leemos en Hechos 26:16: «para ponerte por ministro y testigo». A partir de ese momento, no existiría nada allí sin una relación personal. Pablo era leal a una Persona, no a una causa. Pertenecía absolutamente a Jesucristo; no veía nada más ni vivía para otra cosa. «Pues me propuse no saber entre vosotros cosa alguna sino a Jesucristo, y a este crucificado» (1 CORINTIOS 2:2).

... porque para esto he aparecido a ti...

—HECHOS 26:16

Deja espacio para Dios

> *... cuando agradó a Dios...*
>
> —Gálatas 1:15

Como siervos de Dios, debemos aprender a dejarle espacio, darle libertad de acción. Planeamos, imaginamos y predecimos que sucederá esto o aquello, pero nos olvidamos de dejar espacio para que Dios actúe como Él prefiere. ¿Nos sorprendería si Dios se manifestase en una de nuestras reuniones o durante una predicación de una manera que jamás hubiéramos imaginado que lo hiciera? No esperes que Dios venga a hablar contigo de una manera en particular, sino *búscalo*. La forma de dejar espacio para Dios es esperar que Él venga, pero no de una manera específica. Independientemente de cuánto conozcamos a Dios, la gran lección que debemos aprender es que Él puede surgir en cualquier momento. Tendemos a descuidar este elemento sorpresa de la acción divina; no obstante, Dios nunca trabaja de otra manera. Repentinamente, nos encuentra «cuando agradó a Dios».

Mantén tu vida de tal modo en contacto con Dios que su poder sorprendente pueda tener lugar en cualquier momento. Vive en una constante expectativa y deja espacio para que venga cuando Él lo decida.

Mira de nuevo y conságrate

Una sencilla declaración de Jesús nos resulta siempre un rompecabezas porque nosotros no seremos sencillos. ¿Cómo podemos mantener la sencillez de Jesús para lograr comprenderlo? Al recibir su Espíritu, reconocerlo, descansar en Él y obedecerle a medida que nos trae la verdad de su Palabra, la vida se volverá increíblemente sencilla. Jesús pide que consideremos: «Y si la hierba del campo [...] Dios la viste así», ¿cuánto «mucho más» te vestirá a ti si mantienes una correcta relación con Él? Cada vez que tropezamos en nuestra comunión con Dios, es porque hemos pensado irrespetuosamente que sabíamos más que Jesús. Hemos permitido que el «afán de este siglo» nos invada (Mateo 13:22), mientras olvidábamos el «mucho más» prometido por nuestro Padre celestial.

«Mirad las aves del cielo» (6:26). Su deber es obedecer los instintos que Dios creó dentro de ellas, y Él las cuida. Jesús aseguró que si tienes una relación correcta con Él y obedeces a su Espíritu que mora en ti, Dios cuidará también «tus plumas».

«Considerad los lirios del campo, cómo crecen» (6:28). Crecen donde son plantados. Muchos nos negamos a crecer donde Dios nos pone. Por tanto, no echamos raíces en ningún lugar. Jesús nos aseguró que si obedecemos a la vida de Dios en nosotros, Él mismo cuidará de todas las otras cosas. ¿Acaso Jesús nos mintió? ¿Estamos experimentando ese «mucho más» que Él nos prometió? Si no es así, se debe a que no estamos obedeciendo a esa vida que Dios nos ha concedido, y hemos embarullado nuestras mentes con pensamientos y preocupaciones confusas. ¿Cuánto tiempo hemos desperdiciado haciéndole preguntas sin sentido a Dios mientras deberíamos haber sido totalmente libres para concentrarnos en nuestro servicio para Él? La consagración es el acto de separarme continuamente de todo, excepto de lo que Dios me ha designado que haga. No es solo una experiencia única, sino un proceso continuo. ¿Estoy separándome a mí mismo de manera constante y mirando a Dios cada día de mi vida?

Y si la hierba del campo [...] Dios la viste así, ¿no hará mucho más a vosotros...?

—Mateo 6:30

Observa de nuevo y piensa

> *... No os afanéis por vuestra vida...*
>
> —Mateo 6:25

Una advertencia que debe ser repetida es que «el afán de este siglo y el engaño de las riquezas, y la codicia de otras cosas ahogarán la vida de Dios en nosotros (Mateo 13:22). Nunca nos libramos de las olas recurrentes de esta invasión. Si la primera línea de batalla no se trata de ropa y comida, puede serlo en cuanto al dinero o su falta, los amigos o la falta de ellos; o puede trazarse en relación a circunstancias difíciles. Es una invasión constante, y todo esto vendrá como una inundación a no ser que permitamos que el Espíritu de Dios alce su bandera en contra de ello.

«Por tanto os digo: No os afanéis por vuestra vida». Nuestro Señor nos aconseja que nos preocupemos solo de una cosa: nuestra relación con Él. Pero nuestro sentido común grita en voz alta y dice: «Eso es absurdo; *debo* tener en cuenta cómo vivir; *debo* considerar qué voy a comer y beber». Y Jesús dice que no debemos hacerlo. Cuidado con pensar que dice esto porque no comprende tus circunstancias. Jesucristo conoce nuestras circunstancias mejor que nosotros, y afirma que no debemos pensar en esas cosas a punto tal que se conviertan en preocupaciones principales de nuestra vida. Siempre que aparezcan preocupaciones en tu vida, asegúrate de priorizar tu relación con Dios.

«Basta a cada día su propio mal» (6:34). ¿Cuántos males han comenzado a amenazarte hoy? ¿Qué clase de malvados diablillos han estado observando tu vida y diciendo: «¿Qué planes tienes para el próximo mes, o el próximo verano?»? Jesús nos dice que no nos preocupemos por ninguna de esas cosas. Observa de nuevo y piensa. Mantén tu mente centrada en el «mucho más» de tu Padre celestial (6:30).

¡Cómo puede alguien perseguir así a Jesús!

> *... Saulo, Saulo, ¿por qué me persigues?...*
> —Hechos 26:14

¿Estás decidido a vivir para Dios a tu manera? Nunca nos libraremos de esta trampa hasta que pasemos por la experiencia del bautismo «en Espíritu Santo y fuego» (Mateo 3:11). La testarudez y la intransigencia siempre apuñalarán a Jesucristo. Puede que no hagan daño a nadie más, pero hieren a su Espíritu. Siempre que somos testarudos y queremos hacer las cosas a nuestra manera, y que establecemos nuestras propias ambiciones, estamos hiriendo a Jesús. Cada vez que nos aferramos a nuestros propios derechos e insistimos en que eso es lo que pretendemos hacer, estamos persiguiendo a Jesús. Siempre que confiamos en el amor propio, dañamos y entristecemos sistemáticamente a su Espíritu. Y cuando al fin entendemos que es a Jesús a quien hemos estado persiguiendo todo ese tiempo, esto se vuelve la más aplastante revelación que recibiremos.

¿Penetra la Palabra de Dios de manera tremenda y aguda en mí a medida que te la transmito o traiciona mi vida esas cosas que profeso enseñar? Puedo enseñar sobre la santificación y, aun así, mostrar el espíritu de Satanás; el mismo que persigue a Jesucristo. El Espíritu de Jesús es consciente de una sola cosa: la perfecta unidad con el Padre. Y es Él quien nos dice: «Llevad mi yugo sobre vosotros, y aprended de mí, que soy manso y humilde de corazón; y hallaréis descanso para vuestras almas» (Mateo 11:29). Todo lo que haga debería estar basado en una perfecta unidad con Él, no en mi autodeterminación de ser piadoso. Esto significará que otros podrán usarme, seguirme o ignorarme por completo, pero si me someto a todo ello por amor a Cristo, evitaré que Jesucristo sea perseguido.

¡Cómo puede alguien ser tan ignorante!

«El Señor me dijo de esta manera con mano fuerte» (Isaías 8:11). No hay forma de huir cuando nuestro Señor habla. Él siempre llega usando su autoridad y atrapando nuestro entendimiento. ¿Ha hablado directamente contigo la voz de Dios? Si eso ha sucedido, no puedes confundir la íntima insistencia con la que te ha hablado. Dios habla en el idioma que mejor conoces: no a través de nuestros oídos sino de nuestras circunstancias.

Dios tiene que destruir nuestra arrogante confianza en nuestras propias convicciones. Decimos: «Sé que eso es lo que debería hacer», y de repente, la voz de Dios habla de tal manera que nos abruma al revelar las profundidades de nuestra ignorancia. Demostramos nuestra ignorancia sobre Dios en la forma en que decidimos servirlo. Servimos a Jesús en un espíritu que no es el suyo, y le hacemos daño al defenderlo. Nos apropiamos de sus afirmaciones en el espíritu del diablo; nuestras palabras suenan todas correctas, pero el espíritu es el del enemigo. «Entonces volviéndose Él, los reprendió, diciendo: Vosotros no sabéis de qué espíritu sois» (Lucas 9:55). El Espíritu de nuestro Señor en sus seguidores se describe en 1 Corintios 13.

... ¿Quién eres, Señor?...

—Hechos 26:15

¿He perseguido a Jesús mediante una ansiosa determinación de servirlo a mi manera? Si siento que ya he cumplido con mi deber pero lo herí en el proceso, puedo estar seguro de que ese no era mi deber. Mi proceder no será nutrir un espíritu manso y tranquilo, sino solo el de la autosatisfacción. ¡Suponemos que todo lo que es desagradable es nuestro deber! Esto no se parece en nada al Espíritu de nuestro Señor: «El hacer tu voluntad, Dios mío, me ha *agradado*» (Salmos 40:8).

El dilema de la obediencia

Dios nunca habla con nosotros de maneras dramáticas, sino mediante aquellas que son fáciles de malinterpretar. Entonces, decimos: «Me pregunto si es la voz del Señor». Isaías dijo que el Señor habló con él «con mano fuerte»; es decir, a través de la presión de las circunstancias (Isaías 8:11). Sin la mano soberana de Dios mismo, nada toca nuestras vidas. ¿Discernimos la acción de su mano o lo vemos todo como una mera coincidencia?

Desarrolla el hábito de decir: «Habla, Señor», y la vida se volverá una historia de amor. Siempre que las circunstancias personales presionen tu vida, di: «Habla, Señor», y prepárate para escucharlo. La corrección es más que un medio de disciplina; existe para llevarme al punto en que diga: «Habla, Señor». Piensa en un momento cuando Dios te habló. ¿Te acuerdas de lo que te dijo? ¿Fue por las palabras de Lucas 11:13 o con un texto de 1 Tesalonicenses 5:23? A medida que escuchamos, nuestros oídos se vuelven más sensibles, y como Jesús, oiremos a Dios todo el tiempo.

¿Debo decirle a mi «Elí» lo que Dios me ha revelado? Es en este punto donde el dilema de la obediencia nos alcanza. Desobedecemos a Dios volviéndonos ayudantes amateurs y pensando: *tengo que proteger a «Elí»*, quien representa a las personas más queridas que conocemos. Dios no le ordenó a Samuel que le dijera algo a Elí; tenía que tomar la decisión por sí mismo. El mensaje de Dios para ti podría herir a tu «Elí», pero intentar evitar ese sufrimiento en la vida de otra persona demostrará ser un obstáculo entre tu alma y Dios. Si quieres prevenir que la mano derecha de alguien sea cortada o que su ojo derecho sea sacado (Mateo 5:29-30), será por tu cuenta y riesgo.

… Samuel temía descubrir la visión a Elí.
—1 Samuel 3:15

Nunca pidas consejo a nadie sobre algún asunto o actitud que Dios te haya ordenado llevar a cabo delante de Él. Si escuchas un consejo en tales circunstancias, casi siempre estará del lado de Satanás. La Biblia advierte: «no consulté enseguida con carne y sangre» (Gálatas 1:16).

¿Puedes ver tu llamamiento?

> *... apartado para el evangelio de Dios...*
>
> —Romanos 1:1

Nuestro llamamiento no es primordialmente para ser personas santas, sino para ser proclamadores del evangelio de Dios. Lo único importante es que el evangelio de Dios sea reconocido como *la* realidad duradera. La realidad no es bondad humana, ni santidad, ni cielo ni infierno; es la redención. Percibir esto es la mayor necesidad del obrero cristiano hoy. Como obreros, tenemos que acostumbrarnos a la revelación de que la redención es la única realidad. La santidad personal es una consecuencia de la redención, no su causa. Si depositamos nuestra fe en la bondad humana, no tendremos dónde refugiarnos cuando lleguen las pruebas.

Pablo no afirmó que se apartó a sí mismo, sino que «cuando agradó a Dios, que me apartó» (Gálatas 1:15). El apóstol no estaba demasiado interesado en su propio carácter. Mientras nuestros ojos estén enfocados en nuestra propia santidad, nunca nos acercaremos a la plena realidad de la redención. Muchos obreros cristianos fracasan porque ponen el deseo personal de su propia santidad por encima del deseo de conocer a Dios. «No me pidan que sea confrontado con la poderosa realidad de la redención en representación de la inmundicia de la vida humana que me rodea hoy; lo que deseo es cualquier cosa que Dios pueda hacer por mí para verme más deseable personalmente». Hablar así es una señal de que la realidad del evangelio de Dios no ha comenzado a tocarme. No hay una entrega total a Dios en ello; y Dios no podrá liberarme mientras mi interés sea solamente mi propio carácter. Pablo no consideraba su propio yo. Él estaba osadamente entregado, totalmente sumiso y apartado por Dios para un propósito: proclamar el evangelio de Dios (Romanos 9:3).

El llamamiento de Dios

Pablo declara aquí que el llamado de Dios es para predicar el evangelio. Sin embargo, recuerda lo que Pablo quiere decir con «el evangelio»: la redención que recibimos en el Señor Jesucristo. Tendemos a hacer de la «santificación» el tema central de nuestra predicación. Pablo se refiere a nuestras expectativas personales solo como una forma de ilustrar este aspecto, nunca como el fin del asunto. No se nos ha comisionado únicamente para predicar la salvación o la santificación; se nos llama para levantar a Jesucristo (VER JUAN 12:32). Es injusto decir que Jesús efectuó la redención para hacer de *mí* un santo. Jesucristo actuó en la redención para redimir al mundo entero y establecerlo de manera integralmente perfecta y restaurada ante el trono de Dios. El hecho de que podamos experimentar la redención ilustra el poder de su realidad; pero esa experiencia es una consecuencia y no el objetivo de la redención. Si Dios fuera humano, cuán enfermo y cansado estaría ante las constantes peticiones que le hacemos por nuestra salvación y santificación. ¡Consumimos su energía desde las primeras horas del día hasta la noche clamando por cosas que deseamos o por algo de lo que nosotros queremos ser librados! No obstante, cuando, por fin, toquemos los principios fundamentales de la veracidad del evangelio de Dios, nunca más lo molestaremos con pequeñas quejas personales.

Pues no me envió Cristo a bautizar, sino a predicar el evangelio…
—1 CORINTIOS 1:17

La única pasión de la vida de Pablo era proclamar el evangelio de Dios. Aceptó de buena voluntad las amarguras, las desilusiones y las tribulaciones por una sola razón: esas pruebas lo mantenían firme en su devoción al evangelio de Dios.

La irresistible fuerza del llamamiento

Cuidado con negarte a prestar atención al llamamiento de Dios. Todos los salvos son llamados por igual para dar testimonio del hecho de su salvación. Esto, sin embargo, no es lo mismo que ser llamado para predicar, sino solo una ilustración que puede usarse como ejemplo en una predicación. En este versículo, Pablo se refería a los dolores producidos en su cuerpo por la fuerza irresistible del llamamiento para predicar el evangelio. Nunca intentes aplicar lo que Pablo dijo en relación con el llamamiento para predicar a aquellas almas que están siendo llamadas por Dios para la salvación. No hay nada más fácil que ser salvo; y eso se debe a que es una obra exclusiva y soberana de Dios: «Mirad a mí, y sed salvos» (Isaías 45:22). Nuestro Señor no requiere las mismas condiciones para el discipulado que las que exige para la salvación. Estamos condenados a la salvación por medio de la cruz de Cristo; pero el discipulado es opcional: «*Si* alguno» (Lucas 14:26).

… ¡ay de mí si no anunciare el evangelio!

—1 Corintios 9:16

Las palabras de Pablo tienen que ver con nuestra transformación en siervos de Jesucristo, y nunca se nos pide permiso en cuanto a qué haremos o adónde iremos. Dios nos hace como el pan partido y el vino derramado para su complacencia. Ser «apartado para el evangelio» significa ser capacitado para escuchar el llamamiento de Dios (Romanos 1:1). En cuanto alguien comienza a escuchar ese llamamiento, se produce un sufrimiento digno del nombre de Cristo. De repente, toda ambición, todo deseo humano y toda perspectiva son totalmente borrados y extinguidos. Solo permanece: «*apartado para el evangelio*». Ay del alma que intenta ir en cualquier otra dirección tras haber recibido el llamamiento. La Facultad de Enseñanza Bíblica existe para que cada uno pueda saber con más seguridad si, de hecho, Dios tiene aquí a un hombre o una mujer que verdaderamente siente amor por la proclamación de su evangelio y ve las señales de Dios para dicho propósito. Cuidado con los otros llamamientos que intentarán competir después de que el llamamiento de Dios te ha atrapado.

Volverse la «escoria del mundo»

Estas palabras no son una exageración. La única razón por la que no se aplican a nosotros que nos identificamos como ministros del evangelio no es que Pablo se haya olvidado o comprendido mal la exacta verdad contenida en ellas, sino a que tenemos gran cuidado y nos preocupamos mucho en cuanto a nuestros deseos como para permitir volvernos la «escoria del mundo». La Biblia dice en Colosenses 1:24: «y cumplo en mi carne lo que falta de las aflicciones de Cristo». No es el resultado de la pureza de la santificación, sino la evidencia de la consagración: ser «apartado *para* el evangelio de Dios» (Romanos 1:1).

«Amados, no os sorprendáis del fuego de prueba que os ha sobrevenido» (1 Pedro 4:12). Si pensamos que las cosas que nos suceden son extrañas, se debe a que somos miedosos y cobardes. En realidad, prestamos tanta atención a nuestros intereses y deseos que intentamos apartarnos del objetivo, y alegamos: «No voy a someterme; no voy a rebajarme ni a postrarme». Y no tienes que hacerlo; puedes ser salvo «por un pelo» si así lo deseas. Puedes negarte a dejar que Dios te considere uno de los «separados para el evangelio». O puedes decir: «No me importa si me tratan como "la escoria del mundo" con tal de que el evangelio sea proclamado». Un verdadero siervo de Jesucristo es alguien que aguarda la experiencia del martirio por la veracidad del evangelio de Dios. Cuando un moralista se enfrenta al desprecio, la inmoralidad, la deslealtad o la deshonestidad, siente tanto rechazo por la acusación que huye, y desesperado cierra su corazón ante el ofensor. Pero el milagro de la existencia del Dios redentor es que el peor y más vil ofensor jamás puede agotar las profundidades de su amor. Pablo no dijo que Dios lo separó para mostrar cuán maravilloso podía hacerlo, sino para «revelar a su Hijo en [él]» (Gálatas 1:16).

... hemos venido a ser hasta ahora como la escoria del mundo...

—1 Corintios 4:13

La apremiante majestad de su poder

Pablo afirma que fue conquistado, subyugado y capturado, como en una prensa, por el «amor de Cristo». Solo algunos sabemos realmente lo que significa estar controlados por el amor de Dios. Con mucha frecuencia, tendemos a ser controlados simplemente por nuestra propia experiencia. No obstante, lo único capaz de sujetar y controlar a Pablo, y que excluía toda otra fuerza, era el amor de Dios. «El amor de Cristo nos constriñe». Cuando escuchas que esto sucede en la vida de alguien, es inconfundible. Sabrás que el Espíritu de Dios trabaja sin ningún impedimento en la vida de esa persona.

Porque el amor de Cristo nos constriñe...
—2 Corintios 5:14

Cuando nacemos de nuevo por el Espíritu de Dios, nuestro testimonio se basa por completo en lo que Dios ha hecho por nosotros, y no faltan motivos para ello. Pero ese énfasis cambiará y será transformado para siempre una vez que recibas «poder, cuando haya venido sobre [ti] el Espíritu Santo» (Hechos 1:8). Solo a partir de entonces, comenzarás a percibir lo que Jesús quiso enseñar cuando afirmó: «*y me seréis testigos*». No testigos de lo que Jesús puede hacer —lo que es básico e implícito—, sino «testigos de lo que Él experimentó». Pasamos a aceptar todas las cosas que nos sobrevienen como si le estuvieran sucediendo a Él, sea lo que sea: alabanzas o críticas, persecuciones o recompensas. Nadie es capaz de llegar a ese nivel de comportamiento por Jesucristo si no ha sido totalmente constreñido por la majestad de su poder. Esto es lo único que realmente importa, y sorprendentemente, continúa siendo el último aspecto de la fe que nosotros, como obreros cristianos, percibimos. Pablo dijo que había sido conquistado por el amor de Dios, y eso explica por qué actuó como lo hizo. Las personas podían considerarlo loco o cuerdo; a él no le importaba. Y era así porque solo había una cosa que movía su vida: convencer a las personas sobre el juicio inminente de Dios y anunciarles «el amor de Cristo». Esta rendición total al «amor de Cristo» es la única actitud que producirá fruto en tu vida. Y esto siempre dejará la marca de la santidad de Dios y de su poder, sin llamar nunca la atención sobre tu propia santidad.

¿Estás preparado para ofrendar tu vida a Dios?

¿Estás dispuesto a sacrificarte por el trabajo de otro creyente, de ofrecer tu vida en sacrificio para el ministerio y la fe de los demás? ¿O dices: «No estoy preparado para ser sacrificado en este momento y no quiero que Dios me diga cómo debo servirle. Quiero escoger el lugar de mi propio sacrificio. Deseo que ciertas personas me observen y digan: "¡Bien hecho!"»?

Y aunque sea derramado en libación sobre el sacrificio y servicio de vuestra fe, me gozo y regocijo con todos vosotros.
—FILIPENSES 2:17

Una cosa es seguir el camino del servicio divino como un héroe, pero otra muy diferente es cuando el camino que se te ha destinado incluye que seas pisado como un felpudo. El propósito de Dios puede ser enseñarte a decir: «Sé vivir humildemente» (FILIPENSES 4:12). ¿Estás preparado para sacrificarte de esa manera? ¿Estás dispuesto a sentirte una mera gota de agua en el balde; ser totalmente insignificante de modo que nadie te recuerde aunque sí piensen en las personas a las tú has servido? ¿Estás preparado para entregar y derramar todo tu ser hasta que seas usado hasta el agotamiento; sin buscar que te sirvan sino sirviendo solo tú? Algunos santos no pueden hacer trabajos serviles o modestos manteniendo la misma actitud de santidad, porque sienten que tales servicios están por debajo de su dignidad.

¿Estás preparado para ofrendar tu vida a Dios?

... Estoy para ser sacrificado...

—2 TIMOTEO 4:6

¿Crees ahora que estás preparado para ser derramado como una ofrenda en el altar? Este es un acto de tu voluntad y no de tus emociones. *Dile* a Dios que estás preparado para ser ofrecido en sacrificio a Él. A continuación, acepta las consecuencias a medida que surjan, sin queja alguna, sea lo que sea que Dios ponga en tu camino. Dios puede conducirte a través de una crisis interior donde nadie va a poder ayudarte. Desde afuera, tu vida puede parecer la misma, pero la diferencia sucede en tu voluntad. Una vez que hayas experimentado la crisis en tu voluntad, no te plantearás el costo cuando comience a afectarte externamente. Si no lidias con Dios en el nivel de tu voluntad en primer lugar, el resultado será la autoconmiseración.

El Salmo 118:27 declara: «¡Que comience la fiesta! ¡Aten las ofrendas a los cuernos del altar!» (RVC). Debes estar dispuesto a ser colocado en el altar y atravesar el fuego, deseando experimentar lo que dicho altar representa: quemarse, purificarse y separarse para un único propósito; la eliminación de todo deseo y afecto que no esté fundamentado en Dios o dirigido a Él. Sin embargo, no eres tú quien eliminas eso; es Dios quien lo hace. Tú solo adornas «la fiesta» en «los cuernos del altar», pero ten cuidado de no sumergirte en la autoconmiseración cuando empiece el fuego. Después de que hayas atravesado el fuego, ya no habrá nada más que pueda desesperarte o deprimirte. Cuando lleguen nuevas crisis, te darás cuenta de que las cosas ya no te afectan ni te amenazan como solían hacerlo. ¿Cuál es el fuego que te espera más adelante en tu vida?

Dile a Dios que estás preparado para ser sacrificado como ofrenda. ¡Dios te demostrará que Él es todo lo que siempre has soñado que sería!

Desánimo espiritual

Todos los hechos expuestos por los discípulos eran correctos, pero las conclusiones a las que habían llegado al observarlos estaban equivocadas. Cualquier cosa que provoque desánimo espiritual siempre es errónea. Si me deprimo o me siento exhausto, debo responsabilizarme a mí mismo y no a Dios ni a otras personas. El desánimo surge de una de dos fuentes: satisfice una concupiscencia o no la satisfice. En ambos casos, el resultado es el desánimo. La *concupiscencia* significa: «¡Debo tenerlo ya!». La concupiscencia espiritual me hace exigirle a Dios una respuesta en vez de buscarlo a Él mismo, que es quien da la respuesta. ¿Qué espero y creo que Dios va a hacer? ¿Es hoy el «tercer día» y Él aún no ha hecho lo que yo esperaba? Por esta razón, ¿tengo motivos para estar desanimado y echarle la culpa a Dios? Siempre que le insistimos a Dios que responda nuestra oración, nos desviamos del camino. El propósito de la oración es estar firmes en Él, no obtener una respuesta. Es imposible estar bien físicamente y sentirse agotado, porque el agotamiento es una señal de enfermedad. Y esto es cierto también en lo espiritual. El desánimo espiritual es un error, y nosotros somos siempre los culpables de ello.

Pero nosotros esperábamos que Él era el que había de redimir a Israel; y ahora, además de todo esto, hoy es ya el tercer día que esto ha acontecido.
—LUCAS 24:21

Buscamos visiones celestiales y acontecimientos terrenales extraordinarios para ver el poder de Dios. Incluso el hecho de desanimarnos prueba que actuamos de esa forma. Aun así, nunca nos damos cuenta de que Dios está actuando todo el tiempo en los acontecimientos diarios y en las personas que nos rodean. Si simplemente obedecemos y hacemos lo que Él pone justo delante de nosotros para que hagamos, lo veremos. Una de las más extraordinarias revelaciones de Dios sucede cuando aprendemos que es en las pequeñas tareas del día a día donde se muestra la magnífica divinidad de Jesucristo.

El precio de la santificación

Cuando oramos pidiéndole a Dios que nos santifique, ¿estamos preparados para comprender lo que eso significa de verdad? Tomamos la palabra *santificación* demasiado a la ligera. ¿Estamos dispuestos a pagar el precio de la santificación? El costo será una profunda restricción de todas nuestras preocupaciones terrenales y un extenso ejercicio de todas nuestras preocupaciones espirituales. La santificación significa mantenerse intensamente enfocado en el punto de vista de Dios. Esto quiere decir asegurar y mantener toda la fuerza de nuestro cuerpo, alma y espíritu solo para el propósito de Dios. ¿Estamos verdaderamente preparados para que Dios realice en nosotros todas las cosas para las que nos separó? Y después de que Él haya hecho su obra, ¿estamos dispuestos a separarnos para Dios como lo hizo Jesús? «Y por ellos yo me santifico a mí mismo» (JUAN 17:19). El motivo de que algunos no hayamos experimentado la santificación se debe a no haber comprendido su significado desde la perspectiva de Dios. La santificación supone volverse uno con Jesús para que la naturaleza que lo controló a Él haga lo mismo con nosotros. ¿Estamos preparados de verdad para ese precio? Nos costará absolutamente todo aquello que hay en nosotros que no es de Dios.

Y el mismo Dios de paz os santifique por completo...

—1 TESALONICENSES 5:23

¿Estamos dispuestos a enfrentar el sentido pleno de la oración de Pablo en este versículo? ¿Estamos dispuestos a decir: «Señor, hazme a mí —un pecador salvado por gracia— tan santo como puedas hacerlo»? Jesús oró para que pudiéramos ser uno con Él, así como Él es uno con el Padre (JUAN 17:21-23). La notoria evidencia del Espíritu Santo en la vida de una persona es la incuestionable semejanza familiar con Jesucristo y el total desapego de todo aquello que no se le parece. ¿Estamos preparados para separarnos de modo que el Espíritu Santo obre en nuestra vida?

¿Te sientes espiritualmente exhausto?

Estar exhausto significa que nuestras energías vitales están totalmente agotadas y consumidas. Estar exhausto espiritualmente no es nunca resultado del pecado sino del servicio. De una u otra forma, sentirte exhausto dependerá de dónde obtienes tu provisión. Jesús le dijo a Pedro: «Apacienta mis ovejas»; sin embargo, no le dio nada que pudiera usar para alimentarlas (Juan 21:17). El proceso de convertirse en pan partido y vino derramado significa que tú debes ser el alimento para las almas de los demás hasta que aprendan a abastecerse en Dios. Deben vaciarte por completo, hasta la última gota. Ten cuidado de reabastecer tu provisión; de lo contrario, te encontrarás rápidamente exhausto. Hasta que los demás aprendan a alimentarse directamente de la vida del Señor Jesús, tendrán que absorber de su vida por medio de ti. Debes ser, literalmente, la fuente de provisión de esas personas hasta que aprendan a nutrirse de Dios. Le debemos esto al Señor: dar lo mejor de nosotros para sus ovejas y corderos, y también para Él.

... El Dios eterno es el Señor [...]. No desfallece, ni se fatiga...
—Isaías 40:28

¿Te has entregado hasta quedar exhausto por la manera en que sirves a Dios? Si es así, renueva y reaviva tus deseos y afectos. Examina tus motivos para servir. ¿Tu fuente se basa en tu propio conocimiento o está fundamentada en la redención de Jesucristo? Considera continuamente el fundamento de tu amor y afecto, y recuerda dónde reposa tu fuente de poder. No tienes derecho a quejarte: «Oh, Señor, estoy tan exhausto». Él te salvó y te santificó para dejarte exhausto. Agótate para Dios, pero recuerda que Él es tu provisión. «Todas mis fuentes están en ti» (Salmos 87:7).

¿Se ha cegado tu capacidad para ver a Dios?

En la época de Isaías, Israel había hecho desfallecer su imaginación a causa de la idolatría. Sin embargo, el profeta les hizo mirar a los cielos; es decir, les hizo empezar a usar correctamente su imaginación. Si somos hijos de Dios, tenemos un tremendo tesoro en la naturaleza, y nos daremos cuenta de que es santo y sagrado. Si tan solo comenzáramos a usar nuestra desfallecida imaginación para visualizarlo, veremos cómo llega Dios hasta nosotros en cada soplo de viento, en cada amanecer y atardecer, en todas las nubes del cielo, en cada flor que se abre, en cada hoja que cae.

Levantad en alto vuestros ojos, y mirad quién creó estas cosas…

—Isaías 40:26

La verdadera prueba del enfoque espiritual es ser capaz de controlar tus pensamientos y tu imaginación. ¿Está tu mente enfocada en el rostro de algún ídolo? ¿En ti mismo? ¿En tu trabajo? ¿Tal vez es tu idea de lo que un siervo debe ser, o quizá tu experiencia de salvación y santificación? Si es así, tu capacidad para ver a Dios está cegada. Carecerás de poder cuando enfrentes dificultades y serás forzado a soportarlas en la oscuridad. Si tu capacidad para ver ha sido cegada, no mires hacia atrás a tus propias experiencias, sino mira a Dios. Él es lo que necesitas. Ve más allá de ti mismo, y aléjate de los rostros de tus ídolos y de todo aquello que haya estado cegando tu entendimiento, tu imaginación. Despierta y acepta la burla de Isaías a su pueblo, cuando dijo: «Levantad en alto vuestros ojos, y mirad quién creo estas cosas», y pon de nuevo tus pensamientos y tu mirada en Dios.

Una de las razones por las cuales nos sentimos inútiles en la oración es porque hemos perdido nuestra capacidad para visualizar. Ya ni imaginamos colocar todo nuestro ser en el altar de Dios. En realidad, nos parece más importante ser pan partido y vino derramado en el área de la intercesión que en nuestro contacto personal con los demás. Dios concede al santo el poder de la imaginación para que este pueda ir más allá de sí mismo, y establecer relaciones buenas y seguras como no las ha vivido antes.

¿Permanecen en Dios tus pensamientos?

¿Tu mente permanece en Dios o ha muerto de inanición? Cuando una mente desfallece de hambre por causa de la negligencia, es una de las principales fuentes de agotamiento y debilidad en la vida de un siervo. Si nunca has usado tu mente para colocarte ante Dios, empieza a hacerlo ahora. No hay ninguna razón para esperar a que Dios acuda a ti. Debes apartar tus pensamientos y tus ojos de los rostros de los ídolos, y mirarlo a Él y ser salvo (Isaías 45:22).

Tú guardarás en completa paz a aquel cuyo pensamiento en ti persevera; porque en ti ha confiado.
—Isaías 26:3

Tu mente creativa es el mayor don que Dios te ha dado y debería estar devotamente entregada a Él por completo. Deberías procurar llevar «cautivo todo pensamiento a la obediencia a Cristo» (2 Corintios 10:5). Este será uno de los patrimonios más importantes de tu fe cuando comience la época de las tribulaciones, porque para entonces, tu fe y el Espíritu de Dios trabajarán juntos. Cuando tienes pensamientos e ideas dignos de reconocimiento para Dios, aprendes a compararlos y asociarlos con todo lo que pasa en la naturaleza: el amanecer y el atardecer, el brillo de la luna y las estrellas, y los cambios de estaciones. Comenzarás a ver que tus pensamientos también provienen de Dios, y tu mente ya no estará a merced de tu forma de pensar impulsiva, sino que siempre será usada para servicio de Dios. «Pecamos nosotros, como nuestros padres; [...] no se acordaron» (Salmos 106:6-7). Por tanto, estimula tu memoria y despierta de inmediato. No te digas a ti mismo: *Pero Dios no me está hablando ahora.* Él debería estar haciéndolo. Recuerda a quién perteneces y sirves, y tu afecto por Dios aumentará diez veces. Tu mente ya no morirá de hambre, sino que será rápida y apasionada, y tu esperanza será inefablemente brillante.

¿Estás oyendo a Dios?

No desobedecemos a Dios de modo consciente y deliberado; simplemente, no lo escuchamos. Dios nos dio sus mandamientos pero no les prestamos atención; no porque queramos desobedecerlos a propósito, sino porque no amamos ni respetamos a Dios como deberíamos. «Si me amáis, guardad mis mandamientos» (JUAN 14:15). Cuando nos demos cuenta de que le hemos faltado el respeto a Dios de manera constante, nos llenaremos de vergüenza y humillación por haberlo ignorado.

«Habla tú con nosotros [...]; pero no hable Dios con nosotros». Demostramos cuán poco amor sentimos por Dios al preferir oír a sus siervos en vez de escucharlo a Él directamente. Nos gusta escuchar testimonios personales, pero no queremos que el mismo Dios nos hable individualmente. ¿Por qué nos da tanto miedo que Dios hable con nosotros? Porque sabemos que, cuando Dios habla con nosotros, debemos hacer lo que Él dice o responderle que no vamos a obedecer. Pero si es simplemente un siervo de Dios quien nos habla, sentimos que la obediencia es opcional, no un imperativo. Respondemos diciendo: «Bueno, esa es tu propia idea; aunque no niego que lo que has dicho probablemente sea la verdad de Dios».

Y dijeron a Moisés: Habla tú con nosotros, y nosotros oiremos; pero no hable Dios con nosotros, para que no muramos.
—ÉXODO 20:19

¿Humillo constantemente a Dios al ignorarlo mientras Él amorosamente continúa tratándome como su hijo? Cuando por fin lo oigo, la humillación que he amontonado sobre Él vuelve a mí. Mi respuesta, entonces, pasa a ser: «Señor, ¿por qué he sido tan insensible y obstinado?». Este es siempre el resultado cuando oímos a Dios. Pero nuestra verdadera delicia al finalmente oírlo está atenuada por la vergüenza que sentimos al haber tardado tanto en hacerlo.

La devoción del oír

Solo porque haya escuchado atentamente y de manera intencional algo que provenía de Dios, eso no significa que voy a oír todo lo que Él diga. Le demuestro a Dios mi falta de amor y respeto a través de la insensibilidad de mi corazón y mente con respecto a lo que Él dice. Si amo a mi amigo, entenderé de manera instintiva lo que quiere. Y Jesús dijo: «Vosotros sois mis amigos» (JUAN 15:14). ¿He desobedecido algún mandamiento de mi Señor esta semana? Si me hubiera dado cuenta de que era un mandamiento de Jesús, no lo habría desobedecido a propósito. Pero la mayoría de nosotros muestra una increíble falta de respeto a Dios porque ni siquiera lo oímos. Podría ser también que Él nunca nos haya hablado.

... Samuel dijo: Habla, porque tu siervo oye.
—1 SAMUEL 3:10

La meta de mi vida espiritual es una identificación tan cercana con Jesucristo que siempre oiga a Dios y sepa que Él siempre me oye (VER JUAN 11:41). Si estoy unido a Jesucristo, escucharé a Dios de manera constante a través de la devoción de oírlo. Una flor, un árbol o un siervo de Dios pueden comunicarme el mensaje de Dios para mí. Lo que me impide oír es que presto atención a otras cosas. No es que no quiera oír a Dios, sino que no pongo suficiente devoción en las áreas correctas de mi vida. Soy devoto a cosas, e incluso al servicio y a mis propias convicciones. Dios puede decir lo que Él quiera, pero yo no lo oigo. La actitud de un hijo de Dios siempre debe ser: «Habla, porque tu siervo oye». Si no he desarrollado y alimentado esta devoción del oír, solo voy a escuchar la voz de Dios en ciertas ocasiones. En otras, me vuelvo sordo para Él porque mi atención está centrada en otras cosas; cosas que creo que debo hacer. Esto no es vivir la vida de un hijo de Dios. ¿Has oído la voz de Dios hoy?

La disciplina del oír

A veces, Dios permite que pasemos por la experiencia y la disciplina de las tinieblas para enseñarnos a oírlo y obedecerle. A algunos pájaros cantores se les ha enseñado a cantar en la oscuridad, y Dios nos cubre «con la sombra de su mano» hasta que aprendemos a oírlo (Isaías 49:2). «Lo que os digo en tinieblas»; presta atención cuando Dios te pone en tinieblas y mantén la boca cerrada mientras estés ahí. ¿Estás en tinieblas en tus circunstancias actuales o en tu vida con Dios? Si es así, permanece en silencio. Si abres tu boca en las tinieblas, hablarás con una actitud incorrecta; las tinieblas son el momento para oír. No les hables a otras personas de ello; no leas libros para averiguar la razón de las tinieblas; solo escucha y obedece. Si hablas con otras personas, no podrás oír lo que Dios te está diciendo. Cuando estés en tinieblas, presta atención, y Dios te dará un mensaje muy precioso para que des a otras personas cuando regreses a la luz.

Lo que os digo en tinieblas, decidlo en la luz; y lo que oís al oído, proclamadlo desde las azoteas.

—Mateo 10:27

Después de cada época de tinieblas, debemos experimentar una mezcla de deleite y humillación. Si solo hay deleite, me pregunto si hemos oído de verdad a Dios. Debemos experimentar el deleite de haber oído a Dios hablando; pero, por sobre todo, ¡necesitamos sentir la humillación de haber tardado tanto en hacerlo! Entonces, exclamaremos: «¡Qué lento he sido en oír y entender lo que Dios me ha estado diciendo!». Y aun así, Dios ha estado diciéndolo durante días e incluso semanas. Pero, en cuanto lo oyes, Él te da la virtud de la humillación, la cual produce en ti un corazón blando; una virtud que siempre te permitirá escuchar a Dios *al instante*.

¿Soy yo acaso guarda de mi hermano?

¿Alguna vez consideraste que eres responsable espiritualmente ante Dios por otras personas? Por ejemplo, si permito cualquier alejamiento de Dios en mi vida privada, todos los que me rodean sufren. «*Juntamente con* Él [...] nos hizo sentar en los lugares celestiales» (Efesios 2:6). «Si un miembro padece, todos los miembros se duelen con él» (1 Corintios 12:26). Si permites en tu vida egoísmo físico, falta de cuidado en tus pensamientos, insensibilidad moral o debilidad espiritual, todos los que están en contacto contigo van a sufrir. Pero preguntas: «¿Quién tiene lo necesario para ser capaz de llevar una vida con un estándar tan alto?». «Nuestra competencia proviene de Dios» (2 Corintios 3:5).

Porque ninguno de nosotros vive para sí...
—Romanos 14:7

«Me seréis testigos» (Hechos 1:8). ¿Cuántos estamos dispuestos a invertir toda nuestra energía mental, moral y espiritual por Jesucristo? A esto se refiere el Señor cuando usa la palabra testigos. Pero lleva tiempo, así que, sé paciente contigo mismo. ¿Por qué nos ha dejado el Señor en este mundo? ¿Es solo para ser salvos y santificados? No, es para que trabajemos en su servicio. ¿Estoy dispuesto a ser pan partido y vino derramado para Él? ¿Estoy dispuesto a ser considerado sin valor para esta época o esta vida excepto por el único propósito de ser utilizado para hacer discípulos para el Señor Jesucristo? Mi vida de servicio a Dios es la manera en que le doy las gracias por la inefable maravilla de su salvación. Recuerda, es perfectamente posible para Dios eliminar a cualquiera de nosotros si nos negamos a estar a su servicio. «No sea que, habiendo sido heraldo para otros, yo mismo venga a ser eliminado» (1 Corintios 9:27).

La inspiración de la iniciativa espiritual

No todas las iniciativas —el deseo de dar el primer paso— están inspiradas por Dios. Alguno podría decirte: «¡Levántate y continúa avanzando! Agarra por el cuello tu reticencia y arrójala por la borda; ¡haz lo que debe hacerse!». A esto nos referimos con iniciativa humana común. Pero cuando el Espíritu de Dios viene a nosotros y dice en verdad: «Levántate y continúa avanzando», de pronto nos damos cuenta de que esa iniciativa está inspirada.

Todos tenemos muchos sueños y aspiraciones cuando somos jóvenes, pero tarde o temprano, nos damos cuenta de que no tenemos el poder para realizarlos. No podemos hacer las cosas que deseamos, así que tendemos a pensar que nuestros sueños y aspiraciones han muerto. Pero Dios viene y nos dice: «levántate de los muertos». Cuando Dios envía su inspiración, esta nos llega con un poder tan milagroso que somos capaces de «levantarnos de los muertos» y hacer lo imposible. Lo extraordinario de la iniciativa espiritual es que la vida y el poder llegan después de que «nos levantamos y continuamos avanzando».

... levántate de los muertos...

—Efesios 5:14

Dios no nos da una vida triunfante; nos da vida *a medida que triunfamos*. Cuando llega la inspiración de Dios y Él dice «levántate de los muertos», tenemos que levantarnos nosotros mismos; Dios no va a levantarnos. Nuestro Señor le dijo al hombre con la mano seca: «Extiende tu mano» (Mateo 12:13). En cuanto el hombre obedeció, su mano fue sanada. No obstante, aquel hombre tuvo que tomar la iniciativa. Si tomamos la iniciativa para triunfar, descubriremos que tenemos la inspiración de Dios, pues Él nos da inmediatamente el poder de la vida.

Tomar la iniciativa contra la depresión

... Levántate, come.
—1 REYES 19:5

En este pasaje, el ángel no le concedió una visión a Elías, ni la explicación de las Escrituras ni hizo nada extraordinario. Simplemente, le indicó a Elías que hiciera algo muy común; es decir, levantarse y comer. Si nunca nos deprimiéramos, no estaríamos vivos; solo los objetos no sufren de depresión. Si los seres humanos no fuéramos capaces de deprimirnos, no tendríamos la capacidad de experimentar felicidad y alegría. Hay cosas en la vida que han sido planeadas para deprimirnos; por ejemplo, todo lo que está asociado con la muerte. Siempre que hagas un autoanálisis, ten en cuenta tu capacidad de deprimirte.

Cuando el Espíritu de Dios habla con nosotros, no nos concede visiones gloriosas, sino que nos dice que hagamos las cosas más comunes que podamos imaginar. La depresión tiende a apartarnos de las cosas cotidianas de la creación de Dios. Pero siempre que Dios aparece, su inspiración nos indica que hagamos las cosas más normales y sencillas; cosas por las que jamás habríamos pensado que Dios se preocupaba, pero que, a medida que las hacemos, vemos al Señor en ellas. La inspiración que llega a nosotros por esa vía es una iniciativa contra la depresión. Pero debemos dar el primer paso y hacerlo bajo la inspiración de Dios. Sin embargo, si hacemos algo solo para vencer nuestra depresión, simplemente la profundizaremos. Pero cuando el Espíritu de Dios nos guía instintivamente a hacer algo, en el momento en que lo hacemos, la depresión se va. Tan pronto como nos levantamos y obedecemos, entramos en un nivel más elevado de vida.

Tomar la iniciativa contra la desesperación

Levantaos, vamos…
—MATEO 26:46

En el huerto de Getsemaní, los discípulos se durmieron cuando debían haber velado; y una vez que se dieron cuenta de lo que habían hecho, eso les produjo desesperación. La sensación de que hemos hecho algo irreversible suele generar desesperación en nosotros. Decimos: «Bueno, ahora ya está todo acabado y arruinado; ¿qué sentido tiene seguir intentándolo?». Si pensamos que ese tipo de desesperación es una excepción, estamos equivocándonos. Es una experiencia humana muy común. Siempre que nos damos cuenta de que no hemos aprovechado una magnífica oportunidad, estamos preparados para hundirnos en la desesperación. Pero Jesús viene y, con amor, nos dice básicamente: «Duerme ya. Esa oportunidad se ha perdido para siempre y no puedes cambiar eso. Pero levántate y avancemos hacia la próxima». En otras palabras, deja que el pasado duerma, pero permite que lo haga en el dulce abrazo de Cristo, y prosigamos hacia el futuro invencible con Él.

Habrá experiencias como esa en la vida de cada uno de nosotros. Tendremos tiempos de desesperación ocasionados por sucesos reales de nuestras vidas, y seremos incapaces de levantarnos de ellos. Los discípulos, en este caso, habían hecho algo equivocado e impensable: se habían quedado dormidos en vez de velar con Jesús. Pero nuestro Señor fue a ellos tomando la iniciativa espiritual contra la desesperación, y dijo en efecto: «levantaos, hagamos lo que viene a continuación». Si estamos inspirados por Dios, ¿qué es lo que viene a continuación? Es confiar absolutamente en Él y orar sobre la base de su redención.

Nunca dejes que el sentimiento de un error pasado derrote tu iniciativa de seguir adelante.

Tomar la iniciativa contra la monotonía

Cuando llega el momento de tomar la iniciativa contra la monotonía, debemos dar el primer paso como si Dios no existiera. No tiene sentido esperar que Dios nos ayude; no lo va a hacer. Pero una vez que nos levantamos, inmediatamente nos damos cuenta de que Él está ahí. Siempre que Dios nos da su inspiración, tomar la iniciativa se convierte de repente en un asunto moral; un asunto de obediencia. Entonces, debemos actuar para ser obedientes y no continuar descansando sin hacer nada. Si nos levantamos y resplandecemos, la monotonía se transformará de forma divina.

Levántate, resplandece…
—Isaías 60:1

La monotonía es una de las mejores pruebas para determinar la autenticidad de nuestro carácter. La monotonía es aquel servicio que está en contraposición a todo lo que consideramos un trabajo ideal. Son las tareas más desagradables, serviles, agotadoras y sucias. Y cuando las practicamos, nuestra espiritualidad es probada de manera instantánea, y así, sabemos si somos verdaderamente espirituales o no. Lee el Evangelio de Juan, capítulo 13. En este capítulo, vemos al Dios encarnado demostrando el mayor ejemplo de ello: lavando los pies de los pescadores. Entonces, Él les dijo a sus discípulos: «Pues si yo, el Señor y el Maestro, he lavado vuestros pies, vosotros también debéis lavaros los pies los unos a los otros» (Juan 13:14). La inspiración divina es fundamental para que cualquier trabajo monótono brille con la luz de Dios sobre él. En algunos casos, la manera en que una persona realiza esa tarea santifica toda la obra y la convierte en sagrada para siempre. Puede incluso ser una tarea común y rutinaria, pero después de verla hecha, se vuelve diferente. Cuando el Señor realiza alguna cosa a través de nosotros, Él siempre transforma esa obra. Nuestro Señor tomó nuestra carne humana y la transformó, y así el cuerpo del creyente se convirtió en «templo del Espíritu Santo» (1 Corintios 6:19).

Tomar la iniciativa contra las fantasías

Soñar despierto sobre algo para hacerlo bien es correcto, pero fantasear sobre eso cuando deberíamos estar trabajando en ello es un error. En este pasaje, después de que Jesús dijo esas palabras maravillosas a sus discípulos, cabría esperar que nuestro Señor les indicara ir a meditar sobre lo que habían escuchado. Pero Jesús jamás permitió la inactividad de soñar despiertos.

Cuando nuestro propósito es buscar a Dios y descubrir su voluntad para nosotros, soñar despierto es bueno y aceptable. Pero cuando nuestra inclinación es gastar el tiempo fantaseando sobre lo que ya se nos ha dicho que hagamos, eso es inaceptable, y la bendición de Dios nunca está en ello. Dios tomará la iniciativa contra ese tipo de fantasía, empujándonos a actuar. Sus instrucciones para nosotros serán en estos términos: «¡No te sientes ni te quedes parado; solo anda!».

Cuando estamos esperando en silencio ante Dios después de que nos ha dicho: «Venid [...] y descansad un poco», eso es meditar ante Él para buscar su voluntad (Marcos 6:31). Debemos tener cuidado, sin embargo, de no caer en fantasías después de que Dios haya hablado. Deja que Él sea la fuente de todos tus sueños, alegrías y deleites, y ocúpate de ir y obedecer lo que ha dicho. Si estás enamorado de alguien, no te sientas y sueñas despierto sobre esa persona todo el tiempo; vas y haces algo por él o ella. Eso es lo que Jesucristo espera que hagamos. Soñar despierto después de que Dios ya ha hablado es una indicación de que no confiamos en Él.

> *... Levantaos, vamos de aquí.*
>
> —Juan 14:31

¿Lo amas de verdad?

Si eso a lo que llamamos amor no nos lleva más allá de nosotros mismos, no es amor de verdad. Si pensamos que el amor se caracteriza por tener cautela, sabiduría, sensibilidad, sensatez, y nunca es llevado hasta el límite, perdemos su significado verdadero. Tal vez esto describa el afecto y pueda evocar un cálido sentimiento, pero no es una descripción verdadera y acertada del amor.

¿Alguna vez te has sentido motivado a hacer algo para Dios no porque pensabas que sería útil o que era tu deber, o incluso porque pudieras sacar algún provecho de ello, sino simplemente por tu amor por Él? ¿Alguna vez te diste cuenta de que puedes darle cosas a Dios que son valiosas para Él? ¿O solo estás sentado pensando en la grandeza de su redención mientras descuidas todo lo que podrías estar haciendo para Él? No me refiero a las obras que podrían considerarse divinas y milagrosas, sino a las cosas humanas comunes y corrientes, cosas que le darían a Dios la evidencia de que estás totalmente rendido a Él. ¿Alguna vez has producido en el corazón del Señor Jesús aquello que logró María de Betania? «Buena obra me ha hecho».

... Buena obra me ha hecho.
—MARCOS 14:6

Hay veces en las que pareciera que Dios observa para ver si vamos a darle pequeñas demostraciones de sumisión solo para demostrar lo genuino que es nuestro amor a Él. Rendirse a Dios es más valioso que nuestra propia santidad. La preocupación sobre nuestra santidad personal nos hace centrarnos en nosotros mismos, y llegamos a angustiarnos más y más sobre cómo andar, hablar y ver las cosas, invadidos por el miedo de ofender al Señor. Pero «el perfecto amor echa fuera el temor» cuando nos sometemos a Dios (1 JUAN 4:18). Deberíamos dejar de preguntarnos: «¿Soy útil?», y aceptar la verdad de que realmente no hemos sido demasiado útiles para Él. El asunto nunca consiste en ser útiles sino en ser de valor para Dios mismo. En cuanto nos sometamos totalmente al Señor, Él obrará a través de nosotros constantemente.

La disciplina de la perseverancia espiritual

Perseverancia es más que persistencia. En realidad, es persistencia combinada con una absoluta seguridad y convicción de que va a suceder aquello que estamos buscando. Perseverancia significa más que simplemente aguantar, actitud esta que solo muestra nuestro miedo a dejar que las cosas sucedan y fracasar. Perseverancia es nuestro máximo esfuerzo a rehusar creer que nuestro héroe va a ser derrotado. Nuestro mayor miedo no es que nos hagan daño, sino que, de alguna manera, Jesucristo sea derrotado. También tenemos miedo de que todo aquello por lo que el Señor luchó —amor, justicia, perdón y bondad entre los hombres— no triunfe al final y represente objetivos inalcanzables para nosotros. Y luego está el llamamiento a la perseverancia espiritual; el llamamiento a no quedarnos esperando sin hacer nada, sino trabajar de forma consciente, sabiendo con certeza que Dios nunca será derrotado.

Estad quietos, y conoced que yo soy Dios...
—SALMOS 46:10

Si nuestras esperanzas parecen estar sufriendo decepción ahora mismo, esto solo significa que están siendo purificadas. Cada esperanza o sueño de la mente humana se cumplirá si es noble y proviene de Dios. Pero uno de los mayores motivos de estrés en la vida es el que proviene de esperar a Dios. El Señor trae satisfacción «por cuanto has guardado la palabra de [su] paciencia» (APOCALIPSIS 3:10).

Continúa perseverando espiritualmente.

La determinación de servir

Jesús también dijo: «Mas yo estoy entre vosotros como el que sirve» (LUCAS 22:27). Pablo opinaba sobre el servicio de la misma forma que nuestro Señor: «y a nosotros como vuestros siervos por amor de Jesús» (2 CORINTIOS 4:5). Tenemos la idea de que una persona que es llamada para el servicio ministerial recibe un llamamiento para ser diferente y mejor que los demás. Pero según Jesucristo, se lo llama un «felpudo» para otros: alguien llamado a ser su líder espiritual pero no su superior. Pablo dijo «sé vivir humildemente» (FILIPENSES 4:12). Su idea sobre el ministerio era derramar su vida hasta la última gota por los demás. Y en ese sentido, recibir alabanzas o críticas le daba igual. Mientras hubiera alguien que no conociera a Jesús, Pablo se sentía deudor de servir a esa persona hasta que llegara a conocer al Señor. Pero la motivación principal detrás de su servicio no era el amor hacia los demás sino hacia su Señor. Si nos dedicamos a la causa de la humanidad, seremos rápidamente vencidos y defraudados porque nos enfrentaremos con frecuencia a la enorme ingratitud de otras personas. Sin embargo, si nos motiva nuestro amor a Dios, no habrá ingratitud suficiente para impedir que nos sirvamos unos a otros.

... el Hijo del Hombre no vino para ser servido, sino para servir...
—MATEO 20:28

La comprensión de Pablo de cómo Cristo había lidiado con él es el secreto tras su determinación de servir a otros: «Habiendo yo sido antes blasfemo, perseguidor e injuriador» (1 TIMOTEO 1:13). En otras palabras, independientemente de lo mal que otros hayan tratado a Pablo, nunca podrían llegar a hacerlo con el mismo grado de desprecio y odio con el cual él había tratado a Cristo. Una vez que percibimos que Jesús nos sirvió incluso a pesar de la profundidad de nuestra pequeñez, nuestro egoísmo y nuestro pecado, nada que recibamos de los demás podrá apagar nuestra determinación de servir a otros en su nombre.

El deleite del sacrificio

Una vez que «el amor de Dios ha sido derramado en nuestros corazones por el Espíritu Santo», comenzamos intencionalmente a identificarnos con los intereses y propósitos de Jesucristo en la vida de otros (Romanos 5:5). Y Jesús está interesado en cada persona individualmente. En el servicio cristiano, no tenemos derecho a ser guiados por nuestros propios intereses y deseos. En realidad, esta es una de las mayores pruebas de nuestra relación con Jesucristo. El deleite del sacrificio es que yo ponga mi vida por mi amigo Jesús (ver Juan 15:13). No desperdicio mi vida, sino que la entrego voluntaria y deliberadamente por Él y su interés en los demás, y no por mis propios objetivos. Pablo invirtió su vida en ganar personas para Jesucristo; siempre las atraía hacia su Señor y no hacia sí mismo. Dijo: «a todos me he hecho de todo, para que de todos modos salve a algunos» (1 Corintios 9:22).

Cuando alguien cree que para desarrollar una vida de santidad debe estar siempre a solas con Dios, deja de ser útil para los demás. Es como si se pusiera sobre un pedestal y se aislase del resto de la sociedad. Pablo era un hombre santo, y en todo lugar, Jesús podía disponer de su vida. Muchos nos interesamos solo en nuestros propios objetivos, y Jesús no puede disponer de nuestras vidas. Pero si nos sometemos totalmente a Él, ya no tenemos objetivos propios. Pablo dijo que sabía ser un «felpudo» sin albergar ningún resentimiento, pues la motivación de su vida era dedicarse a Jesús. Nosotros tendemos a dedicarnos a lo que permite mayor libertad espiritual de lo que permitiría la sumisión a Jesús. La libertad no era para nada la motivación de Pablo. En realidad, afirmó: «Porque deseara yo mismo ser anatema, separado de Cristo, por amor a mis hermanos» (Romanos 9:3). ¿Se había vuelto loco? ¡En absoluto! Para alguien que está enamorado, esto no es una exageración. Y Pablo estaba enamorado de Jesucristo.

Y yo con el mayor placer gastaré lo mío, y aun yo mismo me gastaré del todo por amor de vuestras almas…

—2 Corintios 12:15

El empobrecimiento en el servicio

El amor humano natural espera algo a cambio, pero Pablo afirma: «Realmente, no me importa si me aman o no; mi deseo es ser totalmente empobrecido. Estoy dispuesto a ser un indigente, no solo por el amor a ustedes sino también por el deseo de presentarlos a Dios». En 2 Corintios 8:9, dice: «Porque ya conocéis la gracia de nuestro Señor Jesucristo, que por amor a vosotros se hizo pobre». Y la idea que Pablo tenía sobre el servicio cristiano era la misma que nuestro Señor. No tenía en cuenta el elevado costo para sí mismo; lo pagaría con alegría. Era un gozo para él.

> *... aunque amándoos más, sea amado menos.*
>
> —2 Corintios 12:15

La idea que la iglesia institucional tiene de un siervo de Dios no se parece a la de Jesucristo. La idea de Cristo es que le sirvamos siendo siervos unos de los otros. Jesús, de hecho, puso en práctica el socialismo más que los mismos socialistas. Afirmó que en su reino, el mayor de todos sería el siervo de los demás (Mateo 23:11). La verdadera prueba de un santo no tiene que ver con el deseo de predicar el evangelio sino con la disposición a realizar tareas como lavar los pies de sus hermanos; es decir, estar dispuesto a hacer cosas que parecen insignificantes ante los valores humanos, pero que son de gran importancia para Dios. Para Pablo, era una satisfacción desprenderse de su vida por los intereses de Dios en la vida de otras personas, y por eso no le importaba el costo. Sin embargo, antes de servir, nosotros nos detenemos a considerar nuestras preocupaciones personales y financieras: «¿Y si Dios quiere que yo vaya allí? ¿Y mi salario? ¿Cómo es el clima en ese lugar? ¿Quién va a cuidar de mí? Hay que tener en cuenta todas estas cosas». Todas esas preguntas indican que tenemos reservas en cuanto a servir a Dios. Sin embargo, Pablo no tenía condiciones ni reservas. Centró su vida en la misma idea que Jesús tenía de lo que es un santo neotestamentario; o sea, no solo una persona que simplemente proclama el evangelio, sino alguien que se convierte en pan partido y vino derramado en las manos de Jesucristo por amor a los demás.

Nuestras dudas sobre Jesús

¿Alguna vez te has dicho a ti mismo: «Me impresionan las maravillosas verdades de la Palabra de Dios, ¡pero Él no puede esperar de verdad que yo viva a ese nivel y aplique todos esos detalles a mi vida!»? Cuando llega el momento de confrontar a Cristo con base en sus cualidades y capacidades, nuestras actitudes reflejan una superioridad religiosa. Pensamos que sus ideales son nobles y nos impresionan, pero creemos que Él no está al tanto de la realidad, que lo que pide es imposible de cumplir. Todos pensamos eso de Jesús en un área u otra. Esas dudas o desconfianzas sobre Él comienzan cuando nos planteamos preguntas que apartan nuestro foco de Dios. Mientras hablamos de nuestra relación con Él, otros nos preguntan: «¿Dónde vas a conseguir el dinero necesario para vivir? ¿Cómo vas a vivir y quién va a ocuparse de ti?». O las dudas comienzan en nuestro interior cuando le decimos a Jesús que nuestras circunstancias son un poquito difíciles para Él. Reclamamos: «Es fácil decir "confía en el Señor", pero una persona necesita vivir; y además, Jesús no tiene con qué sacar agua, no tiene recursos para proveer lo que necesitamos». Y ten cuidado de mostrar una religiosidad engañosa y decir: «Oh, no desconfío de Jesús; solo de mí mismo». Si somos sinceros, admitiremos que nunca desconfiamos ni dudamos de nosotros mismos porque sabemos exactamente qué somos capaces o incapaces de hacer. Pero desconfiamos de Jesús. Y nuestro orgullo resulta herido al pensar que Él puede hacer lo que nosotros no podemos.

La mujer le dijo: Señor, no tienes con qué sacarla [el agua], y el pozo es hondo…

—JUAN 4:11

Mis dudas surgen de buscar en mi interior para encontrar cómo el Señor va a hacer lo que dice. Mis desconfianzas brotan de las profundidades de mi propia inferioridad. Si detecto esas desconfianzas en mí mismo, debo sacarlas a la luz y confesarlas abiertamente. «Señor, he dudado de ti. No he creído en tus capacidades sino solo en las mías. Y no he creído en tu omnipotencia más allá de mi finita comprensión de ella».

El empobrecido ministerio de Jesús

> *... ¿De dónde, pues, tienes el agua viva?*
>
> —JUAN 4:11

«El pozo es hondo»... ¡y mucho más de lo que la mujer samaritana imaginaba! Piensa en las profundidades de la vida y de la naturaleza humana; medita sobre la profundidad de los «pozos» que hay en ti. ¿Has limitado o empobrecido el ministerio de Jesús hasta el punto de que Él sea incapaz de trabajar en tu vida? Supón que tienes un profundo «pozo» de dolor y tribulación dentro de tu corazón, y Jesús viene y te dice: «No se turbe tu corazón» (JUAN 14:1). ¿Responderías encogiéndote de hombros y diciendo: «Pero, Señor, el pozo es demasiado hondo, y ni siquiera tú puedes sacar calma y consuelo de él»? En realidad, ese pensamiento tiene sentido; Jesús no extrae nada de los pozos de la naturaleza humana, sino de lo alto. Limitamos el poder del Santo de Israel al recordar solo lo que le hemos permitido hacer por nosotros en el pasado y al decir: «Evidentemente, no puedo esperar que Dios haga esto». Como discípulos de Jesús, debemos creer que Él va a hacer exactamente aquello que parece alcanzar los límites de su poder. Empobrecemos y debilitamos su ministerio en nosotros cuando nos olvidamos de que Él es soberano. Y ese empobrecimiento y debilidad residen en nosotros; no en Él. Nos acercamos a Jesús para que nos provea consuelo y compasión, pero no nos a Él como nuestro Dios todopoderoso.

La razón de que algunos somos pobres ejemplos del cristianismo es que hemos fallado en reconocer que Cristo es todopoderoso. Tenemos atributos y experiencias cristianos, pero no hay entrega o rendición a Jesucristo. Cuando atravesamos circunstancias difíciles, empobrecemos su ministerio al decir: «Claro, Él no puede hacer nada sobre esto». Luchamos para alcanzar el fondo de nuestro propio pozo, intentando sacar agua por nosotros mismos. Cuidado con quedarte sentado y decir: «Esto no se puede hacer». Descubrirás que puede hacerse si miras a Jesús. El pozo de tu imperfección es hondo, pero haz el esfuerzo de apartar la vista de ti mismo y mirarlo a Él.

¿Ahora creéis?

«Por esto creemos». Pero Jesús pregunta: «¿Creéis? He aquí la hora viene, [...] y me dejaréis solo» (JUAN 16:31-32). Muchos obreros cristianos han dejado solo a Jesucristo y, aun así, han intentado servirle por deber o porque sentían la necesidad como resultado de su propio discernimiento. La razón de ello es, en realidad, la ausencia de la vida resucitada de Jesús. Nuestra alma ha perdido el contacto íntimo con Dios, apoyándose en la propia comprensión religiosa (VER PROVERBIOS 3:5-6). Esto no es un pecado deliberado y tampoco hay un castigo asociado. Pero cuando una persona se da cuenta de cómo ha obstaculizado su comprensión de Jesucristo y se ha causado incertidumbres, llanto y dificultades, tiene que regresar con vergüenza y remordimiento.

Necesitamos descansar en la vida resucitada de Jesús a un nivel mucho más profundo de lo que lo hacemos ahora. Deberíamos adquirir el hábito de buscar continuamente su consejo en todo, en vez de tomar nuestras propias decisiones basadas en el sentido común y después pedirle a Dios que las bendiga. Y Él no puede bendecirlas; no es de su incumbencia, y esas decisiones están fuera de la realidad. Si hacemos algo solo por un sentido de la obligación, estamos intentando vivir conforme a un patrón que, en realidad, compite con Jesucristo. Nos volvemos orgullosos y arrogantes, y pensamos que sabemos qué hacer en cualquier situación. Hemos puesto nuestro sentido del deber en el trono de nuestras vidas en vez de entronizar la vida resucitada de Jesús. No se nos dice que «caminemos en la luz» de nuestra conciencia o en la luz de un sentido del deber, sino que andemos «en luz *como Él está en luz*» (1 JUAN 1:7). Cuando hacemos algo por un sentido del deber, es fácil explicarles a otros las razones de nuestras acciones. Pero cuando hacemos algo por obediencia al Señor, no puede haber otra explicación, sino solo la obediencia. Por esta razón un santo puede ser tan fácilmente ridiculizado y malinterpretado.

... por esto creemos [...]. Jesús les respondió: ¿Ahora creéis?

—JUAN 16:30-31

¿Qué quieres que el Señor haga por ti?

¿Hay algo en tu vida que no solo te molesta a ti sino también a otros? Si la respuesta es afirmativa, es siempre algo que no puedes resolver tú solo. «Y los que iban delante le reprendían para que callase; pero él clamaba mucho más» (18:39). Persiste en tu búsqueda hasta encontrarte cara a cara con el mismo Señor. No idolatres el sentido común. Sentarse con resignación en vez de crear un tumulto solo sirve para idolatrar el sentido común. Cuando Jesús pregunta qué queremos que haga por nosotros con respecto al increíble problema que estamos enfrentando, recuerda que Él no trabaja de acuerdo con el sentido común, sino solo de manera sobrenatural.

... ¿Qué quieres que te haga? Y él dijo: Señor, que reciba la vista.

—LUCAS 18:41

Observa cómo limitamos al Señor al recordar solamente aquello que le permitimos que hiciera por nosotros en el pasado. Decimos: «Siempre he fallado en eso, y siempre lo haré». Como consecuencia, no pedimos lo que queremos. En cambio, pensamos: «Es ridículo pedirle a Dios que haga esto». Si es algo imposible, eso es exactamente que tenemos que pedirle. Si no es algo imposible, tampoco es un verdadero problema. Y Dios hará lo que es completamente imposible.

Este hombre recibió la vista. Pero lo más imposible para ti es estar identificado de forma tan íntima con el Señor que no quede literalmente nada de tu vida antigua. Dios lo hará si se lo pides, pero tienes que llegar al punto de creer que Él es todopoderoso. No solo encontramos fe al creer lo que Jesús dice, sino, más aún, al confiar en Él mismo. Si solo prestamos atención a lo que Él dice, nunca creeremos. En cuanto vemos a Jesús, las cosas imposibles que Él hace en nuestras vidas se vuelven tan naturales como respirar. La agonía que sufrimos es simplemente el resultado de la deliberada superficialidad de nuestro propio corazón. No creeremos; tampoco soltaremos la amarra que sujeta el barco al muelle... preferimos preocuparnos.

La pregunta penetrante

La reacción de Pedro a esta penetrante pregunta no tiene nada en común con el osado desafío expuesto tan solo unos días antes, cuando declaró: «Aunque me sea necesario morir contigo, no te negaré» (Mateo 26:33-35). Nuestra individualidad natural, o nuestro ego, declara y proclama sus sentimientos con valentía. Sin embargo, el amor verdadero en el interior de nuestro ser espiritual se manifiesta solamente al experimentar el dolor de esta pregunta de Jesucristo.

Pedro amaba a Jesús como cualquier amigo natural aprecia a una buena persona. Sin embargo, eso no es nada más que amor emocional; un sentimiento que puede alcanzar profundamente nuestro ser natural pero jamás penetra en el espíritu del individuo. El verdadero amor no se profesa así. Jesús afirmó: «todo aquel que me *confesare* delante de los hombres [es decir, que confiese su amor por todo lo que hace y no solo con sus palabras], también el Hijo del Hombre le confesará delante de los ángeles de Dios» (Lucas 12:8).

Si no experimentamos el dolor de enfrentar la decepción respecto a nosotros mismos, habremos dificultado la labor de la Palabra de Dios en nuestras vidas. La Palabra de Dios nos inflige más dolor del que el pecado jamás podría causar, porque este nubla nuestra sensibilidad; pero la pregunta del Señor la intensifica hasta el punto de que esta herida producida por Jesús es el dolor más intenso que se pueda concebir. Duele no solo en lo físico, sino también en un nivel espiritual más profundo. «Porque la Palabra de Dios es viva y eficaz [...]; y penetra hasta partir el alma y el espíritu» de modo que no puede quedar ningún engaño (Hebreos 4:12). Cuando el Señor nos hace esta pregunta, es imposible pensar y responder adecuadamente porque, cuando Él nos habla directamente, el dolor es demasiado intenso. Causa una herida tan grande que cualquier parte de nuestra vida que no esté en línea con su voluntad puede sentir el dolor. Los hijos de Dios no podemos confundir el dolor de la Palabra del Señor; pero en el preciso momento en que lo sentimos, es cuando Dios nos revela su verdad.

... ¿Me amas?...

—Juan 21:17

¿Te has sentido herido por el Señor?

¿Has sentido alguna vez el dolor infligido por el Señor justo en el centro de tu ser, en lo más profundo del área más sensible de tu vida? El diablo nunca inflige dolor ahí, y tampoco pueden hacerlo el pecado ni las emociones humanas. Nada puede penetrar hasta esa parte de nuestro ser excepto la Palabra de Dios. «Pedro se entristeció de que le dijese la tercera vez: ¿Me amas?». Él ya estaba convencido de que el centro de su vida personal estaba consagrado a Jesús; y entonces, comenzó a ver lo que la paciente pregunta de Jesús significaba. No quedaba la menor sombra de duda en la mente de Pedro; nunca volvería a ser engañado de nuevo. Y no era necesaria una respuesta apasionada; no había necesidad de una acción inmediata ni de una manifestación emocional. Era una revelación para que se diera cuenta de lo mucho que amaba al Señor; y con asombro, dijo simplemente: «Señor, tú lo sabes todo». Pedro comenzó a ver lo mucho que en verdad amaba a Jesús y que no era necesario decir: «Mira esto o aquello como prueba de mi amor». Empezaba a descubrir en su interior lo mucho que en verdad amaba al Señor. Descubrió que sus ojos estaban tan fijos en Jesucristo que no veía a nadie más arriba en el cielo ni abajo en la tierra. Pero no lo supo hasta que recibió las dolorosas preguntas del Señor que lo pusieron a prueba. Las preguntas del Señor siempre me revelan mi verdadero yo.

Le dijo la tercera vez: Simón, hijo de Jonás, ¿me amas?...
—JUAN 21:17

¡Oh, qué maravillosa la paciente franqueza y habilidad de Jesucristo para con Pedro! Nuestro Señor nunca hace preguntas hasta que llega el momento adecuado. Sucede ocasionalmente, pero al menos una vez en nuestra vida. Él va a acorralarnos en un rincón donde nos herirá con sus penetrantes preguntas. Entonces, nos daremos cuenta de que lo amamos mucho más profundamente de lo que nuestras palabras pueden expresar.

Su comisión para nosotros

Esto es el amor en potencia. El amor de Dios no se crea; es su naturaleza. Cuando recibimos la vida de Cristo a través del Espíritu Santo, Él nos une con Dios de manera que su amor se muestra en nosotros. El propósito de la morada del Espíritu Santo en nosotros no es solo unirnos con Dios, sino hacerlo de tal forma que seamos uno con el Padre exactamente como lo fue Jesús. ¿Y qué clase de unidad tenía Jesucristo con el Padre? Esa unidad era tan grande que Jesús obedeció cuando su Padre lo envió al mundo para ser sacrificado a nuestro favor. Y Él nos dice: «Como me envió el Padre, así también yo os envío» (JUAN 20:21).

... Apacienta mis ovejas.

—JUAN 21:17

Debido a la revelación que proviene de la penetrante pregunta del Señor, Pedro ahora se da cuenta de que lo ama. El próximo punto del Señor es: «Derrámate por las personas. No te limites a dar testimonio de cuánto me amas ni hables sobre la maravillosa revelación que has recibido; simplemente, "apacienta mis ovejas"». Jesús tiene algunas ovejas realmente peculiares: algunas son desordenadas y sucias; otras, torpes o pendencieras, ¡y otras se han desviado! Pero es imposible agotar el amor de Dios, y también lo es agotar el mío si fluye del Espíritu Santo que mora en mí. El amor de Dios no presta atención a mis prejuicios, causados estos por mi individualidad natural. Si amo a mi Señor, no tengo interés en ser guiado por mis emociones naturales; tengo que apacentar sus ovejas. No vamos a ser liberados ni eximidos de la comisión que nos ha dado. Ten cuidado de no falsificar el amor de Dios por seguir tus emociones, empatías e ideas humanas. Esto solo servirá para ensuciar el verdadero amor de Dios y abusar de él.

¿Esta verdad se aplica a mí?

Es más fácil servir a Dios o trabajar para Él sin una visión ni un llamamiento, porque así no necesitas preocuparte por lo que exige. El sentido común, revestido de una capa de emoción cristiana, se convierte en tu guía. Si nunca reconoces el llamamiento de Dios, tal vez seas más próspero y exitoso desde la perspectiva del mundo, y tendrás más tiempo libre. Pero una vez que recibes una comisión de Jesucristo, el recuerdo de lo que Dios pide de ti estará siempre ahí, aguijoneándote para que hagas su voluntad. Ya no serás capaz de trabajar para Él con base en el sentido común.

Pero de ninguna cosa hago caso, ni estimo preciosa mi vida para mí mismo...

—Hechos 20:24

¿De qué modo estimo en mi vida «preciosa [...] para mí mismo»? Si no he sido conquistado por Jesucristo y no me he rendido a Él, consideraré preciosos el tiempo que decido darle a Dios y mis propias ideas de servicio. También consideraré mi propia vida «preciosa [...] para mí mismo». Pero Pablo dijo que él consideraba su vida preciosa para poder cumplir el ministerio que había recibido, y se negó a usar su energía en otras cosas. Este versículo muestra una especie de enojo noble por parte de Pablo cuando se le pide que tenga consideración de sí mismo. Todo le resultaba absolutamente indiferente, excepto cumplir el ministerio que había recibido. Nuestro servicio común y razonable para Dios puede llegar a competir con nuestra total entrega a Él. Nuestro trabajo razonable se basa en el siguiente argumento que nos decimos a nosotros mismos: «Recuerda lo útil que eres y piensa en cuánto podrías aportar en ese particular tipo de trabajo». Esta actitud elige nuestro propio juicio en vez de a Jesucristo como guía en cuanto adónde debemos ir y dónde podríamos ser utilizados al máximo. Nunca te preguntes si eres útil o no, sino piensa siempre: «no sois vuestros» (1 Corintios 6:19). Eres de Él.

¿Es Él realmente mi Señor?

El gozo resulta de ver el cumplimiento total del propósito específico para el que he sido creado y he nacido de nuevo, y no de hacer con éxito algo que he escogido yo mismo. El gozo que experimentaba nuestro Señor venía de cumplir aquello que el Padre le había enviado a hacer. Y nos dice: «Como me envió el Padre, así también yo os envío» (JUAN 20:21). ¿Has recibido un ministerio del Señor? Si es así, debes ser fiel a ello, y considerar tu vida preciosa solo para el propósito de cumplir dicho ministerio. Sabiendo que has cumplido aquello que Jesús te envió a hacer, imagínate cuán satisfactorio será escuchar que te dice: «Bien, buen siervo y fiel» (MATEO 25:21). Cada uno debe encontrar su área de especialidad en la vida; y espiritualmente, la hallamos cuando recibimos un ministerio del Señor. Para ello, debemos tener una comunión íntima con Jesús y conocerlo más que como nuestro Salvador personal. Y debemos estar deseosos de experimentar el completo impacto de Hechos 9:16: «porque yo le mostraré cuánto le es necesario padecer *por mi nombre*».

… con tal que acabe mi carrera con gozo, y el ministerio que recibí del Señor Jesús…

—HECHOS 20:24

«¿Me amas?»; entonces, «apacienta mis ovejas» (JUAN 21:17). Él no nos ofrece una opción de cómo podemos servirle; nos está pidiendo lealtad absoluta a su comisión, fidelidad a lo que discernimos cuando estamos en la comunión más íntima posible con Dios. Si has recibido un ministerio del Señor Jesús, sabrás que la necesidad no es lo mismo que el llamamiento: la necesidad es la oportunidad de ejercitar el llamamiento. El llamamiento es que seas fiel al ministerio que has recibido cuando estabas en verdadera comunión con Él. Esto no significa que haya un abanico de ministerios marcados para ti. Significa que debes ser sensible a aquello que Dios te ha llamado a hacer, y que esto a veces puede requerir ignorar las demandas de servicio en otras áreas.

Dar el paso siguiente

Cuando no tienes ninguna visión de parte de Dios, no queda entusiasmo en tu vida, y no hay nadie para observarte y alentarte, es necesaria la gracia del Dios todopoderoso para dar el paso siguiente en tu consagración a Él, en la lectura y el estudio de su Palabra, en tu vida familiar y en tus deberes hacia Él. Se requiere mucho más de la gracia de Dios —y una mayor conciencia de la dependencia de Él— para dar el paso siguiente que para predicar el evangelio.

... en mucha paciencia, en tribulaciones, en necesidades, en angustias.

—2 CORINTIOS 6:4

Todo cristiano debe experimentar la esencia de la encarnación rebajando el próximo paso al nivel de la realidad humana y trabajando en ello con sus manos. Perdemos interés y nos rendimos cuando no tenemos visión, ni aliento ni mejora, sino solo la experiencia de nuestra vida cotidiana con sus tareas triviales. Lo que realmente da testimonio para Dios y para su pueblo a largo plazo es la perseverancia firme, incluso cuando el trabajo no puede ser percibido por otros. Y la única manera de vivir una vida invencible es hacerlo mirando a Dios. Pídele al Señor que mantenga abiertos los ojos de tu espíritu hacia el Cristo resucitado, y entonces, será imposible que la monotonía te desaliente. No te permitas nunca pensar que algunas tareas están por debajo de tu dignidad o que son demasiado insignificantes para que las hagas, y trae a tu mente el ejemplo de Cristo en Juan 13:1-17.

La fuente del gozo abundante

Aquí, Pablo estaba hablando de las cosas que podría parecer que separan a un santo del amor de Dios. Pero lo que más destaca es que nada *puede* interponerse entre el amor de Dios y un santo. Las cosas que Pablo mencionó en este pasaje pueden estorbar —y lo hacen— la íntima comunión de nuestra alma con Dios y separar nuestra vida física de Él. Pero ninguna de ellas es capaz de interponerse entre el amor de Dios y el alma de un santo en el nivel espiritual. El fundamento principal de la fe cristiana es el inmerecido e ilimitado milagro del amor de Dios que fue demostrado en la cruz del Calvario; un amor que no es merecido ni nunca lo será. Pablo dijo que esta es la razón de que «en todas estas cosas somos más que vencedores». Somos súper vencedores con el gozo que proviene de experimentar las mismas cosas que parece que nos van a derrotar.

Las enormes olas que asustarían a un nadador común producen una emoción enorme para el surfista que va a deslizarse sobre ellas. Apliquemos esto a nuestras circunstancias. Las cosas que intentamos evitar y contra las que luchamos —tribulación, sufrimiento y persecución— son precisamente las que producen un gozo abundante en nosotros. «Somos más que vencedores por medio de aquel» «*en* todas estas cosas»; no a pesar de, sino en medio de ellas. Un santo no conoce el gozo del Señor a pesar de la tribulación sino *por causa de* ella. Pablo dijo: «sobreabundo de gozo en todas nuestras tribulaciones» (2 Corintios 7:4).

Antes, en todas estas cosas somos más que vencedores por medio de aquel que nos amó.
—Romanos 8:37

El inagotable resplandor que resulta del gozo abundante no se construye sobre algo pasajero, sino sobre el amor de Dios que no cambia por nada. Y las experiencias de la vida, sean estas sucesos cotidianos o aterradores, no tienen poder para «[separarnos] del amor de Dios, que es en Cristo Jesús Señor nuestro».

La vida consagrada

Para llegar a ser uno con Jesucristo, una persona debe estar dispuesta no solo a renunciar al pecado sino también a consagrar su completa perspectiva de las cosas. Ser nacido de nuevo por el Espíritu de Dios significa que, en primer lugar, debemos estar dispuestos a soltar algo antes de que podamos agarrar otra cosa. Lo primero que debemos consagrar es toda nuestra pretensión o falsedad. Lo que nuestro Señor quiere que le presentemos no es nuestra bondad, honestidad o esfuerzos para hacer mejor las cosas, sino el verdadero y real pecado. En realidad, esto es todo lo que Él puede quitarnos. Y lo que nos da a cambio de nuestro pecado es justicia verdadera y real. Pero debemos entregar toda pretensión de que somos algo, y dejar de lado nuestros reclamos de que somos dignos de que Dios nos tenga en cuenta.

Con Cristo estoy juntamente crucificado...

—GÁLATAS 2:20

Una vez que hayamos hecho eso, el Espíritu de Dios nos mostrará qué es lo siguiente que debemos consagrar. Junto con cada paso de este proceso, tendremos que renunciar a nuestros reclamos de derechos personales. ¿Estamos dispuestos a entregar nuestra voluntad de conservar nuestras posesiones, nuestros deseos y todo lo demás en nuestras vidas? ¿Estamos dispuestos a identificarnos con la muerte de Jesucristo?

Sufriremos una aguda y dolorosa decepción antes de que nos consagremos por completo. Cuando las personas se ven realmente a sí mismas como el Señor las ve, no son los terriblemente ofensivos pecados de la carne los que las dejan atónitas, sino la horrenda naturaleza del orgullo de sus corazones que se oponen a Jesucristo. Cuando se ven a sí mismas a la luz del Señor, la vergüenza, el horror y la desesperada convicción las golpean en lo más profundo.

Si te enfrentas al dilema de consagrarte o no, decide atravesar la crisis entregándole a Él todo lo que tienes y lo que eres. Y Dios, entonces, te equipará para que hagas todo aquello que Él pide de ti.

¿Dar media vuelta o caminar con Jesús?

¡Qué pregunta tan penetrante! Las palabras de nuestro Señor a menudo nos impactan en lo más profundo de nuestro interior cuando Él habla de manera sencilla. A pesar de que sabemos quién es Jesús, Él pregunta: «¿Queréis acaso iros también vosotros?». Debemos mantener de forma continua una actitud aventurera respecto a Él, a pesar de cualquier potencial riesgo personal.

«Desde entonces muchos de sus discípulos volvieron atrás, y ya no andaban con Él» (Juan 6:66). Se dieron media vuelta y no caminaron más con el Señor; no hacia el pecado, pero lejos de Él. Hoy en día, muchas personas están derramando sus vidas y trabajando para Jesucristo pero no están caminando con Él de verdad. Una cosa que Dios requiere constantemente de nosotros es la unidad con Jesucristo. Tras ser apartados mediante la santificación, debemos disciplinar espiritualmente nuestras vidas para mantener esa íntima unidad. Cuando Dios te da una clara determinación de su voluntad para ti, son innecesarios todos tus esfuerzos para mantener esa relación mediante algún método particular. Lo único que se requiere es vivir una vida natural de absoluta dependencia de Jesucristo. Nunca intentes vivir tu vida con Dios de otra manera que no sea la suya. Y su manera implica una completa devoción a Él. Mostrar tranquilidad frente a las incertidumbres que están por adelante es el secreto de caminar con Jesús.

... ¿Queréis acaso iros también vosotros?
—Juan 6:67

Pedro vio en Jesús solamente a alguien que podía ministrarle salvación a él y al mundo. Pero nuestro Señor quiere que seamos sus compañeros de trabajo.

En el versículo 70, Jesús le recuerda amorosamente a Pedro que fue elegido para que anduviera con Él. Y cada uno de nosotros debe responder esta pregunta por sí mismo y por nadie más: «¿Quieres acaso irte tú también?».

Ser un ejemplo de su mensaje

No hemos sido salvados solo para ser instrumentos de Dios, sino para ser sus hijos e hijas. Él no nos convierte en agentes espirituales sino en mensajeros espirituales; y el mensaje debe formar parte de nosotros. El Hijo de Dios era su propio mensaje: «las palabras que yo os he hablado son espíritu y son vida» (Juan 6:63). Como sus discípulos, nuestras vidas deben ser un ejemplo santo de la realidad de nuestro mensaje. Incluso el corazón natural del que no ha sido salvo servirá al Señor si se lo llama para ello, pero es necesario un corazón quebrantado por la convicción de pecado, bautizado por el Espíritu Santo y aplastado en sumisión al propósito de Dios para hacer de la vida de una persona un santo ejemplo del mensaje del Señor.

Hay una diferencia entre dar un testimonio y predicar. Un predicador es alguien que ha recibido el llamamiento de Dios y está decidido a usar toda su energía para proclamar la verdad del Señor. Dios nos lleva más allá de nuestras propias aspiraciones e ideas para nuestras vidas, y nos moldea y forma para su propósito, así como lo hizo con las vidas de los discípulos después de Pentecostés. El propósito de Pentecostés no fue enseñarles algo a los discípulos sino convertirlos en la encarnación de aquello que predicaban, para que pudieran convertirse literalmente en el mensaje de Dios encarnado. «Me seréis testigos» (Hechos 1:8).

Que prediques la Palabra...

—2 Timoteo 4:2

Permítele a Dios tener completa libertad en tu vida cuando hables. Antes de que el mensaje de Dios pueda liberar a otras personas, su liberación debe ser real en ti. Prepara lo necesario con cuidado, y entonces, deja que Dios «haga arder tus palabras» para su gloria.

Obediencia a la «visión celestial»

> *... No fui rebelde a la visión celestial.*
>
> —Hechos 26:19

Si perdemos «la visión celestial» que Dios nos ha dado, los únicos responsables somos nosotros, no Él. Perdemos la visión debido a nuestra falta de crecimiento espiritual. Si no aplicamos nuestras creencias sobre Dios a los asuntos prácticos de la vida, nunca se cumplirá la visión que Él nos ha dado. La única manera de ser obedientes a «la visión celestial» es dar todo de nosotros para el Altísimo, lo mejor para su gloria. Esto solo puede cumplirse cuando tomamos la determinación de recordar continuamente la visión de Dios. Pero la prueba más ardua es obedecer a la visión en los detalles cotidianos —cada segundo, minuto y hora—, no solo durante los momentos de oración personal o de reuniones públicas.

«Aunque tardare, espéralo» (Habacuc 2:3). No podemos hacer que la visión se cumpla a través de nuestros propios esfuerzos, sino que debemos vivir bajo su inspiración hasta que se cumpla por sí misma. Intentamos ser tan prácticos que olvidamos la visión. Al principio de todo, vimos la visión, pero no hemos esperado por ella. Nos hemos dado prisa en hacer nuestro trabajo práctico, y una vez que la visión se cumplió, ya no podíamos ni siquiera verla. Esperar a la visión que «tarda» es la verdadera prueba de nuestra fidelidad a Dios. Ponemos en riesgo el bienestar de nuestra alma cuando nos implicamos en trabajos prácticos, solo para perdernos el cumplimiento de la visión.

Aguarda las tormentas de Dios. Es la única manera en la que Dios planta a sus santos. ¿Vas a demostrar que solo eres una vaina vacía sin semillas en su interior? Esto dependerá de si vives de verdad a la luz de la visión que has contemplado o no. Deja que Dios te envíe a través de su tormenta, y no vayas hasta que Él lo haga. Si escoges tu propio lugar para ser plantado, demostrarás que eres una vaina vacía e improductiva. Sin embargo, si permites que Dios te plante, llevarás «mucho fruto» (Juan 15:8).

Es esencial que vivamos y «caminemos en la luz» de la visión de Dios para nosotros (1 Juan 1:7).

Entrega total

Nuestro Señor responde a esa declaración de Pedro, afirmando que ese tipo de consagración es «por causa de mí y del evangelio» (10:29). El propósito no era que los discípulos se beneficiasen ellos mismos. Cuidado con la consagración motivada por los beneficios personales que se puedan obtener. Por ejemplo: «Voy a consagrarme a Dios para ser librado del pecado, porque quiero ser santo». Ser librado del pecado y ser santificado son el resultado de la reconciliación con Dios, pero la consagración resultante de este tipo de pensamiento no es la verdadera esencia del cristianismo. Nuestro motivo para consagrarnos no debería ser ningún beneficio personal. Hemos llegado a estar tan centrados en nosotros mismos que acudimos a Dios solo para recibir algo de Él, y no por el Señor mismo. Es como decir: «No, Señor, no te quiero a ti; me quiero a mí mismo; pero sí quiero que me limpies y me llenes con tu Espíritu Santo. Quiero ser expuesto en tu escaparate para poder decir: "Esto es lo que Dios ha hecho por mí"». Ganar el cielo, ser librado del pecado y volverse útil para Dios son cosas que nunca deberían tenerse en cuenta en una consagración verdadera. La entrega total genuina es una preferencia personal por Jesucristo.

Entonces Pedro comenzó a decirle: He aquí, nosotros lo hemos dejado todo, y te hemos seguido.
—Marcos 10:28

¿Dónde queda Él cuando tenemos preocupaciones personales? La mayoría lo abandonará con esta excusa: «Sí, Señor, te he oído llamarme, pero mi familia me necesita, y tengo mis propios intereses. No puedo ir más allá» (ver Lucas 9:57-62). «Entonces —dice Jesús—, no puedes ser mi discípulo» (ver Lucas 14:26-33).

La verdadera consagración siempre irá más allá de la devoción natural. Si nosotros cedemos, Dios se entregará a sí mismo para arropar a todos a nuestro alrededor y cuidará de sus necesidades, que han surgido como consecuencia de nuestra entrega. Cuidado con quedarnos cortos en una total consagración a Dios. La mayoría solo tenemos una visión de lo que esto significa verdaderamente, pero nunca lo hemos experimentado en realidad.

La total entrega de Dios a nuestro favor

La salvación no significa simplemente ser librado del pecado o experimentar la santidad personal. La salvación que proviene de Dios supone dejarme completamente de lado a mí mismo y ser colocado en una unión perfecta con Él. Cuando medito en la experiencia de mi salvación, pienso en ser librado del pecado y obtener la santidad personal. ¡Pero la salvación es mucho más que eso! Significa que el Espíritu de Dios me ha llevado a un contacto íntimo con la Persona de Dios mismo. Y a medida que soy cautivado en una consagración total a Dios, me estremezco con algo infinitamente mayor que yo mismo.

Decir que somos llamados a predicar la santidad o la santificación es perder de vista el punto principal. Somos llamados a proclamar a Jesucristo (VER 1 CORINTIOS 2:2). El hecho de que Él salva del pecado es, en realidad, parte del efecto de su maravillosa y completa entrega a nosotros.

Porque de tal manera amó Dios al mundo, que ha dado…
—JUAN 3:16

Si nos entregamos de verdad, nunca estaremos atentos a nuestros propios esfuerzos para permanecer entregados. Nuestra vida entera será consumida por Aquel a quien nos consagramos. Cuidado con hablar sobre consagración si no sabes nada de ello. De hecho, nunca sabrás nada sobre ello hasta que entiendas que Juan 3:16 significa que Dios se entregó completa y absolutamente a sí mismo por nosotros. En nuestra entrega, debemos darnos a nosotros mismos para Dios de la misma manera en que Él lo hizo por nosotros: total e incondicionalmente, y sin reservas. Las consecuencias y circunstancias resultantes de nuestra consagración nunca entrarán siquiera en nuestra mente porque nuestra vida será totalmente consumida con Él.

Someterse

Lo primero que debo estar dispuesto a admitir cuando comienzo a examinar qué me controla y me domina es que yo soy el único responsable de haberme sometido a lo que sea. Si soy esclavo de mí mismo, soy el único culpable, pues en algún momento del pasado, decidí obedecerme a mí mismo. De la misma manera, si obedezco a Dios, actúo así porque en algún momento de mi vida, me sometí a Él.

> *... Sois esclavos de aquel a quien obedecéis...*
>
> —Romanos 6:16

Si un niño se entrega al egoísmo, descubrirá que se convertirá en el tirano más esclavizador de la tierra. No existe poder suficiente en el alma humana capaz de romper los grilletes de la naturaleza creada por la sumisión. Por ejemplo, sométete por un momento a cualquier cosa relacionada con la naturaleza de la lascivia y, aunque llegues a odiarte a ti mismo por haberte entregado a ello, te convertirás en esclavo de dicha cosa. (Recuerda que la lascivia es: «quiero eso ahora»; ya sea la lascivia de la carne o la de la mente). Ninguna liberación o huida de ella provendrá jamás de algún poder humano, sino solo del poder de la redención. Debes someterte a ti mismo en completa humillación al único que puede quebrar al poder que domina tu vida; es decir, a Jesús. «El Espíritu del Señor está sobre mí, [...] me ha enviado [...] a pregonar libertad a los cautivos» (Lucas 4:18; Isaías 61:1).

Cuando te sometas a algo, pronto percibirás el tremendo control que eso tiene sobre ti. Aunque digas: «Ah, puedo dejarlo cuando quiera», sabrás que no puedes. Te darás cuenta de que el hábito te domina por completo porque te has sometido a él voluntariamente. Es fácil cantar: «Él quebrará todas las cadenas», mientras, al mismo tiempo, estás viviendo una vida de esclavitud a ti mismo. Pero someterse a Jesús quebrará toda clase de esclavitud en la vida de cualquier persona.

La disciplina del miedo

Al inicio de nuestra vida con Jesucristo, estábamos seguros de que conocíamos todo lo que se podía saber sobre seguirlo. Era un placer renunciar a todo y postrarnos ante Él en una valiente demostración de amor. Pero ahora, ya no estamos tan seguros de eso. Jesús va andando muy por delante de nosotros y comenzamos a verlo de una manera diferente y poco familiar: «y Jesús iba delante, y ellos se asombraron» (10:32).

Hay un aspecto de Jesús que hiela hasta lo más profundo el corazón del discípulo y hace que toda su vida espiritual se quede sin aliento. Esa Persona diferente con su «rostro como un pedernal» (Isaías 50:7) camina con gran determinación delante de mí y produce terror en todo mi ser. Ya no parece mi Consejero y Amigo, y tiene un punto de vista del que no sé nada. Lo único que puedo hacer es pararme y observarlo con asombro. Al principio, tenía confianza en que lo entendía, pero ahora, ya no estoy tan seguro. Empiezo a darme cuenta de que hay una distancia entre Jesús y yo, y de que ya no puedo tener tanta intimidad con Él. No tengo ni idea de adónde va, y la meta se ha vuelto extrañamente lejana.

Jesucristo tuvo que entender por completo cada pecado y sufrimiento que los seres humanos pudieran experimentar, y esto es lo que hace que parezca alguien extraño. Cuando vemos este aspecto de Él, nos damos cuenta de que realmente no lo conocemos. Ni siquiera reconocemos alguna característica de su vida, y no sabemos cómo empezar a seguirlo. Está ya muy por delante de nosotros; es un Líder que parece totalmente extraño y con quien no tenemos amistad.

> *... Y le seguían con miedo.*
>
> —Marcos 10:32

La disciplina del miedo es una lección esencial que el discípulo debe aprender. El peligro es que tendemos a mirar atrás, a la época en la que obedecíamos y a nuestros pasados sacrificios a Dios, en un esfuerzo por mantener fuerte nuestro entusiasmo por Él (ver Isaías 50:10-11). Pero cuando llegue la oscuridad del miedo, resiste hasta que pase, porque tras ella vendrá la capacidad de seguir a Jesús de verdad, lo cual proporciona un gozo inexplicablemente maravilloso.

El Señor juzgará

Pablo dice que todos nosotros —predicadores y otras personas— debemos comparecer «ante el tribunal de Cristo». Pero si aprendes aquí y ahora a vivir bajo el escrutinio de la luz pura de Cristo, tu juicio final solo te proporcionará el placer de ver aquello que la obra de Dios ha hecho en ti. Vive recordándote de manera constante acerca del tribunal de Cristo y camina en el conocimiento de la santidad que Él te ha dado. Tolerar una actitud equivocada hacia otra persona hace que sigas al espíritu del diablo, independientemente de tu nivel de santificación. Un juicio carnal de otra persona solo sirve a los propósitos del infierno en ti. Tráelo de inmediato a la luz y confiesa: «Oh, Señor, he sido culpable de esto». Si no lo haces, tu corazón se endurecerá cada vez más. Uno de los castigos del pecado es aceptarlo. No es solo Dios quien castiga por el pecado, sino que el mal se establece a sí mismo dentro del pecador y le hace pagar su precio. Por mucho que luches u ores, no serás capaz de dejar de hacer determinadas cosas, y el castigo del pecado es que poco a poco te irás acostumbrando a él, hasta que por fin, llegues al momento en que ni siquiera te des cuenta de que es pecado. Ningún poder, excepto el que proviene de ser lleno del Espíritu Santo, puede cambiar o prevenir las consecuencias inherentes al pecado.

> *Porque es necesario que todos nosotros comparezcamos ante el tribunal de Cristo…*
>
> —2 Corintios 5:10

«Si andamos en luz, como *Él está en luz*» (1 Juan 1:7). Para muchos de nosotros, andar en la luz significa caminar de acuerdo con el patrón que estipulamos para otra persona. En nuestros días, la más mortal de las actitudes farisaicas no es la hipocresía sino aquella que proviene de vivir una mentira de manera inconsciente.

La llamada de la vida natural

«Procuramos también». Se requiere una decisión y esfuerzo conscientes para mantener nuestra meta principal constantemente a la vista. Esto significa permanecer centrados en la más alta prioridad año tras año. No debemos hacer de ganar almas nuestra primera prioridad, ni de establecer iglesias o promover avivamientos, sino solo de buscar «serle agradables». Lo que nos lleva al fracaso no es la falta de experiencia espiritual, sino la falta de dedicación a mantener nuestros ojos centrados en el objetivo correcto. Al menos una vez a la semana, evalúate ante Dios para ver si tu vida está alcanzando el estándar que Él tiene para ti. Pablo fue como un músico al que no le importa la aprobación de la audiencia, con tal de que pudiera obtener una mirada de aprobación de su Director.

> *... Procuramos también [...] serle agradables.*
> —2 Corintios 5:9

Cualquier meta que tengamos que nos desvíe incluso en el más mínimo grado de la meta central de ser «aprobado por Dios» (2 Timoteo 2:15) puede resultar en nuestro rechazo de un servicio futuro para Él. Cuando disciernas adónde te guía la meta, entenderás por qué es tan necesario mantener «los ojos puestos en Jesús» (Hebreos 12:2). Pablo hablaba de la importancia de controlar su propio cuerpo para que no lo llevara por el camino equivocado. Dijo: «golpeo mi cuerpo, y lo pongo en servidumbre, no sea que [...] yo mismo venga a ser eliminado» (1 Corintios 9:27).

Debo aprender a relacionar todas las cosas con mi meta principal, manteniéndola sin interrupción. Mi valor para Dios en público es medido por lo que soy de verdad en mi vida privada. ¿Es mi meta principal en la vida agradarle y ser aceptable a Él, o es algo menor, independientemente de lo noble que pueda parecer?

¿Voy a llevarme a mí mismo a ese nivel?

... perfeccionando la santidad en el temor de Dios.
—2 CORINTIOS 7:1

«Puesto que tenemos tales promesas». Reclamo las promesas de Dios para mi vida y espero su cumplimiento, y está bien hacerlo; pero esto solo muestra la perspectiva que los humanos tenemos de ellas. La perspectiva de Dios es que a través de sus promesas, yo llegue a reconocer su derecho de propiedad sobre mí. Por ejemplo, ¿me doy cuenta de que mi cuerpo es templo del Espíritu Santo o soy condescendiente con algunos hábitos físicos que claramente no soportarían ser expuestos a la luz de Dios? (1 CORINTIOS 6:19). Dios formó a su Hijo en mí a través de la santificación, apartándome del pecado y haciéndome santo ante sus ojos (VER GÁLATAS 4:19). Pero yo debo empezar a transformar mi vida natural en otra espiritual a través de la obediencia a Él. Dios nos instruye incluso en los detalles más nimios de la vida. Y cuando Él produzca en ti la convicción de pecado, no consultes con carne y sangre, sino purifícate de ello al instante (GÁLATAS 1:16). Mantente puro en tu andar diario.

Debo purificarme de toda la suciedad de mi carne y de mi espíritu hasta que ambos estén en armonía con la naturaleza de Dios. ¿Está mi mente espiritual en perfecto acuerdo con la vida del Hijo de Dios en mí o soy mentalmente rebelde y hostil? ¿Estoy permitiendo que la mente de Cristo sea formada en mí? (VER FILIPENSES 2:5). Cristo nunca defendió sus propios derechos, sino que se mantuvo en un estado de vigilancia interior para someter su espíritu continuamente a su Padre. Yo también tengo la responsabilidad de mantener mi espíritu en concordancia con el suyo. Y cuando lo hago, Jesús me eleva gradualmente al nivel en que Él vivió —de perfecta sumisión a la voluntad de su Padre—, y allí no presto atención a nada que no sea Él. ¿Estoy perfeccionando este tipo de santidad en el temor de Dios? ¿Está Él obrando en mí, y las personas comienzan a verlo más y más en mi vida?

Tómate en serio tu compromiso con Dios y, con alegría, deja todo lo demás. Literalmente, pon a Dios en primer lugar en tu vida.

La vida de fe de Abraham

En el Antiguo Testamento, la relación entre una persona y Dios se determinaba por el grado de separación en la vida de esa persona. Esta separación se demuestra en la vida de Abraham cuando se apartó de su país y de su familia. Cuando pensamos en separación en la actualidad, no nos referimos a un alejamiento literal de los miembros de la familia que todavía no tienen una relación personal con Dios, sino a una separación mental y moral de sus puntos de vista. Jesucristo se refería a eso en Lucas 14:26.

Tener una vida de fe significa no saber nunca para dónde estamos siendo llevados. Pero esto significa amar y conocer a Aquel que da las órdenes. Es literalmente una vida de fe, no de comprensión y razón; una vida de conocer a Aquel que nos llama para que lo sigamos. La fe está fundada en el conocimiento de una Persona, y uno de los mayores engaños en que caemos es creer que si tenemos fe, Dios nos guiará al éxito en el mundo.

... salió sin saber a dónde iba.
—HEBREOS 11:8

La etapa final de una vida de fe es la construcción del carácter, y nos encontramos con muchos cambios a lo largo del proceso. Sentimos la presencia de Dios a nuestro alrededor cuando oramos, pero solo somos momentáneamente transformados. Tendemos a volver a nuestros caminos habituales y la gloria desaparece. La vida de fe no es la de un momento glorioso tras otro, como el batir de las alas de un águila, sino una rutina consistente, una vida de caminar sin fatigarse (ISAÍAS 40:31). No se trata siquiera de una cuestión de la santidad de la santificación, sino de algo que va mucho más allá. Es una fe que ha sido probada y ha resistido la prueba. Abraham no es un modelo o ejemplo de la santidad de la santificación, sino de la vida de fe; una fe probada y real, edificada en el Dios verdadero. «Creyó Abraham a Dios» (ROMANOS 4:3).

Amistad con Dios

El placer de su amistad. En Génesis 18, es evidente el placer de la verdadera amistad con Dios, comparado con el simple sentimiento de su presencia ocasional en la oración. Esto significa estar tan íntimamente en comunión con Él que ya no es necesario pedirle que te muestre su voluntad. Demuestra un nivel de intimidad que confirma lo cerca que estás de la etapa final de tu disciplina en la vida de fe. Cuando posees un patrón correcto de relación con Dios, tienes una vida de libertad, privilegios y regocijo; eres su voluntad. Y todas tus decisiones de sentido común son, en verdad, su voluntad para ti, a no ser que percibas un sentimiento de constreñimiento producido por tu propio espíritu. Puedes tomar decisiones bajo la luz de la perfecta y deliciosa amistad con Dios, sabiendo que si te equivocas, Él producirá en ti un sentimiento de constreñimiento. Cuando Dios hace eso, debes detenerte de inmediato.

... ¿Encubriré yo a Abraham lo que voy a hacer...?
—Génesis 18:17

Las dificultades de su amistad. ¿Por qué Abraham dejó de orar? Porque todavía le faltaba alcanzar intimidad en su relación con Dios, lo cual lo capacitaría para proseguir osadamente con el Señor en oración hasta que sus deseos fueran atendidos. Siempre que nos detenemos un poco antes de expresar nuestros verdaderos deseos en oración, dudando de si eso será la voluntad de Dios, es porque todavía debemos avanzar un nivel más. Esto revela que no estamos disfrutando la misma comunión íntima que Jesús tenía con Dios y que desea para nosotros: «para que sean uno, así como nosotros somos uno» (Juan 17:22). Piensa en lo último por lo que has orado. ¿Estabas buscando tu deseo o a Dios? ¿Tu determinación era obtener alguna dádiva del Espíritu para ti mismo o acercarte a Dios? «Porque vuestro Padre sabe de qué cosas tenéis necesidad, antes que vosotros le pidáis» (Mateo 6:8). El motivo de pedir es poder conocer mejor a Dios. «Deléitate asimismo en el Señor, y Él te concederá las peticiones de tu corazón» (Salmos 37:4). Debemos continuar orando para obtener una perfecta comprensión de Dios mismo.

¿Identificado o solo interesado?

La inevitable necesidad espiritual que cada uno de nosotros tiene es firmar el certificado de fallecimiento de nuestra naturaleza pecaminosa. Debo reunir mis opiniones emocionales y creencias intelectuales, y estar dispuesto a someterlas a un veredicto moral contra la naturaleza del pecado; es decir, contra cualquier reivindicación de mis derechos. Pablo afirmó: «Con Cristo estoy juntamente crucificado». No dijo: «He tomado la decisión de imitarlo»; ni tampoco: «voy a hacer el mayor esfuerzo por seguirlo». Lo que expresó fue: «Me *identifico* con Él en su muerte». En cuanto llego a esta decisión moral y tomo las actitudes debidas, todo lo que Cristo consumó *por* mí en la cruz es consumado en mí. Mi compromiso sin restricciones con Dios da al Espíritu Santo la oportunidad de garantizarme la santidad de Jesucristo.

Con Cristo estoy juntamente crucificado...
—Gálatas 2:20

«Y ya no vivo yo». Mi individualidad permanece, pero mi motivación principal para vivir y la naturaleza que me dirige han sido transformadas radicalmente. Tengo el mismo cuerpo humano, pero ha sido destruida aquella vieja autoridad satánica sobre mí.

«Y lo que ahora vivo en la carne». No es la vida que anhelo, ni siquiera aquella por la que oro, sino la que sé vivir hoy en mi cuerpo mortal (la vida que otros pueden ver): «lo vivo en la fe del Hijo de Dios». Esta no era la fe del propio Pablo en Jesucristo, sino la que el Hijo de Dios le dio (Efesios 2:8). No es más una fe en la fe, sino aquella que trasciende todos los límites imaginables, que solo puede provenir del Hijo de Dios.

El corazón ardiente

Necesitamos aprender el secreto del corazón ardiente. De repente, Jesús se nos aparece, llamas incendian los cielos y recibimos visiones maravillosas. Pero llega el momento en que necesitamos aprender cómo mantener el secreto del corazón ardiente que puede enfrentarse a cualquier cosa. No hay nada como un día simple y monótono, con sus deberes rutinarios y las personas de siempre, para enfriar el corazón ardiente, a menos que aprendamos el secreto de permanecer en Jesús.

… ¿No ardía nuestro corazón en nosotros…?
—Lucas 24:32

Gran parte de las aflicciones por las que pasamos no son resultado del pecado sino de ignorar las leyes de nuestra naturaleza. Por ejemplo, la única prueba que podemos usar para determinar si debemos permitir o no el desarrollo de determinada emoción en nuestra vida es examinar cuál será su resultado final. Haz un análisis lógico hasta su conclusión final, y si el resultado probable es algo que Dios condena, ponle punto final ahora mismo. Sin embargo, si es una emoción que ha sido despertada por el Espíritu de Dios y no permites que siga su curso, esto causará un efecto mucho menor del que Dios había planeado. Así están hechas las personas irrealistas y súper emocionales. Y cuanto mayor es la emoción, más profundo es el nivel de degradación si no se expresa al nivel para el que fue destinada. Si el Espíritu de Dios te ha tocado, haz que sean irrevocables tantas decisiones como sea posible, y deja que las consecuencias sucedan por sí mismas. No podemos quedarnos para siempre en el monte de la transfiguración, expuestos a la luz de las experiencias vividas en él, sino que debemos obedecer a la luz que hemos recibido allí; tenemos que ponerla en práctica. Cuando Dios nos da una visión, debemos negociar con Él solo bajo esa base, cueste lo que cueste.

No podemos encender cuando queramos
el fuego que en el corazón reside;
el espíritu queda tranquilo tras haber soplado;
en el misterio nuestra alma vive.
Pero las tareas en momentos de revelación deseadas
en las horas de oscuridad pueden ser cumplidas.
(*Moralidad*, Mathew Arnold, trad. libre).

¿Tengo una mente carnal?

El hombre natural, o incrédulo, no sabe nada sobre la carnalidad. Los deseos de la carne batallan contra el Espíritu, y viceversa; una guerra que comenzó en el nuevo nacimiento. Esos deseos producen la carnalidad y su percepción. Pero Pablo dijo: «Andad en el Espíritu, y no satisfagáis los deseos de la carne» (GÁLATAS 5:16). En otras palabras, la carnalidad desaparecerá.

¿Eres una persona iracunda o que se irrita fácilmente por nimiedades? ¿Piensas que ningún cristiano puede ser así? Pablo afirma que sí, y conecta esas actitudes con la carnalidad. ¿Hay alguna verdad en la Biblia que despierta de inmediato cierto espíritu de malicia o resentimiento en ti? Si es así, eso demuestra que continúas siendo carnal. Si el proceso de santificación es continuo en tu vida, no habrá ninguna indicación de que ese tipo de espíritu permanece en ti.

Si el Espíritu de Dios detecta alguna cosa equivocada en ti, no te pide que hagas lo correcto, sino solo que aceptes la luz de la verdad. Después, Él enderezará la situación. Un hijo de la luz confesará al instante su pecado y se posicionará con toda sinceridad y franqueza ante Dios. Pero un hijo de las tinieblas alegará: «¡Ah, puedo explicarlo!». Cuando la luz resplandezca y el Espíritu traiga convicción de pecado, actúa como un hijo de luz. Confiesa tu mal proceder y Dios lidiará con tu error. Si por el contrario, intentas justificarte, demostrarás que eres hijo de las tinieblas.

... pues habiendo entre vosotros celos, contiendas y disensiones, ¿no sois carnales...?

—1 CORINTIOS 3:3

¿Cuál es la prueba de que la carnalidad se ha marchado? No te engañes nunca; cuando la carnalidad te deje, lo sabrás; es lo más real que puedes imaginar. Y Dios se ocupará de que tengas varias oportunidades de experimentar el milagro de su gracia. La prueba siempre es un test muy práctico. Te vas a sorprender diciéndote a ti mismo: «¡Si esto hubiera sucedido antes, habría tenido un espíritu de resentimiento!». Y jamás dejarás de ser la persona más maravillada de la tierra ante lo que Dios ha hecho en tu interior.

Menguar para su propósito

Si te vuelves indispensable para la vida de alguien, estás fuera de la voluntad de Dios. Como un siervo, tu primera responsabilidad es ser «amigo del esposo» (JUAN 3:29). Cuando percibes que una persona de tu entorno está comenzando a buscar a Jesucristo, sabes que tu influencia ha sido aplicada en la dirección correcta; y cuando comiences a ver a esa persona en medio de dificultades y luchas dolorosas, no intentes impedir tales aflicciones, sino ora para que esas pruebas aumenten diez veces más, hasta que ningún poder en la tierra o en el infierno pueda mantener a esa persona querida lejos de Jesucristo. Vez tras vez, intentamos ser ángeles amateurs en la vida de alguien. Somos realmente amateurs cuando nos acercamos para intentar evitar la voluntad de Dios y pensamos: «Esta persona no debería atravesar esta dificultad». En lugar de estar siendo amigos del Esposo, dejamos que nuestra solidaridad se transforme en un obstáculo. Y un día, esa persona nos dirá: «Eres un ladrón que ha robado mi deseo de seguir a Jesús; y por tu culpa, lo perdí de vista».

Ten cuidado de regocijarte con alguien por los motivos equivocados, pero expresa siempre una profunda alegría por las razones correctas. «El amigo del esposo [...] se goza grandemente de la voz del esposo; así pues, este mi gozo está cumplido. Es necesario que Él crezca, pero que yo mengüe» (JUAN 3:29-30). Esto fue declarado con alegría y no con tristeza. A fin de cuentas, ¡estaban a punto de ver al Esposo! Y Juan dijo que este era su gozo. Se refiere a colocarse a un lado; una total desaparición del siervo, a quien nunca más se lo recordará.

Es necesario que él crezca, pero que yo mengüe. —JUAN 3:30

Escucha con atención, con todo tu ser, hasta que oigas la voz del Esposo en la vida de otra persona. Y nunca te preocupes por cualquier dificultad, aflicción o enfermedad que pueda sobrevenir. Solo regocíjate con divina alegría porque su voz ha sido escuchada. A menudo, puedes ver que Jesucristo destruye una vida antes de salvarla (VER MATEO 10:34).

Mantener una relación adecuada

> *... El amigo del esposo...*
>
> —Juan 3:29

La bondad y la pureza nunca deberían captar la atención hacia sí mismas, sino solo actuar como imanes que atraigan a las personas hacia Jesucristo. Si mi santidad no está llevando a otros a Él, no es una santidad auténtica; es solo una influencia que despierta emociones impropias y deseos malignos en las personas, y las desvía de la dirección correcta que deben seguir. Una persona que demuestra una santidad maravillosa puede terminar siendo un obstáculo para guiar personas al Señor por mostrar solamente lo que Cristo ha hecho por ella, en lugar de presentar al propio Jesucristo. Otros pensarán esto: «¡Qué amable es esa persona!». Pero esto no es ser un verdadero «amigo del esposo», porque de esa manera, yo estoy creciendo todo el tiempo, y *Él* no.

Para conservar esta amistad con el Esposo y ser fieles, debemos tener más cuidado al cultivar nuestra relación vital y moral con Él por encima de cualquier otra cosa, incluida la obediencia. A veces, no hay nada que obedecer, y nuestra única tarea es conservar una conexión vital con Jesucristo, cuidando de que nada interfiera en ello. En ocasiones, es una cuestión de obediencia. En esos momentos, cuando surgen las crisis, tenemos que descubrir cuál es la voluntad de Dios. Aun así, la mayor parte de nuestra vida no se invierte en intentar permanecer conscientemente en un estado de obediencia, sino en dedicarnos a mantener esa relación, siendo el «amigo del esposo». La obra cristiana puede ser realmente un medio de desviar la atención de una persona de Jesucristo. En lugar de ser amigos del Esposo, podemos volvernos mensajeros amateurs de Dios en la vida de alguien, trabajando contra Él aunque usemos sus propias armas.

La visión espiritual a través de la pureza personal

Pureza no es lo mismo que inocencia; es mucho más que eso. Pureza es el resultado de la continua armonía espiritual con Dios. Tenemos que crecer en pureza. Incluso si nuestra vida con Dios anda bien y nuestra pureza interior está inmaculada, a veces, nuestra vida exterior puede mancharse y ensuciarse. Dios, de manera intencional, no nos protege de esta posibilidad, porque esa es la forma de que reconozcamos la necesidad de mantener nuestra visión espiritual mediante la pureza personal. Si el lado externo de nuestra vida espiritual con Dios es deficiente —incluso en un grado muy pequeño—, debemos dejar todo de lado hasta arreglarlo. Recuerda que la visión espiritual depende de nuestro carácter; son «*los de limpio corazón*» los que «verán a Dios».

Bienaventurados los de limpio corazón, porque ellos verán a Dios. —Mateo 5:8

Dios nos purifica por un acto de su gracia soberana, pero todavía debemos tener cuidado con algo. Es en la vida corpórea donde, por el contacto con otras personas y otros puntos de vista, podemos manchar nuestra reputación. No solo nuestro santuario interior debe mantenerse justo para con Dios sino también el patio externo debe ser presentado en perfecta armonía con la pureza que Él nos concede por su gracia. Nuestra visión y comprensión espirituales se oscurecen inmediatamente cuando nuestro «patio exterior» se ensucia. Si queremos mantener una comunión íntima con nuestro Señor Jesucristo, esto significará negarnos a hacer o incluso pensar ciertas cosas. Y algunas cosas que son aceptables para los demás se volverán inaceptables para nosotros.

Un consejo práctico para ayudar a mantener inmaculada la pureza personal en tus relaciones con las otras personas es comenzar a verlas como Dios las ve. Di a ti mismo: «¡Esa persona es *perfecta en Cristo Jesús*! ¡Aquel amigo o pariente es perfecto en Cristo Jesús!».

La visión espiritual a través del carácter personal

Un estado mental y de visión espiritual elevado solo puede conseguirse mediante la importante práctica del carácter personal. Si procuras vivir en el estándar más alto y mejor de tu vida, Dios te dirá continuamente: «Amigo, da un paso más; sube más alto». También hay una regla constante en la tentación que te llama para que subas; pero al aceptarla, lo único que encuentras son más tentaciones y rasgos del carácter. Dios y Satanás usan la estrategia de elevarte, pero Satanás lo hace para tentar, y el efecto es muy diferente. Cuando el diablo te eleva a un cierto lugar, te induce a pensar que la santificación es algo que va más allá de lo que la carne y la sangre podrán tener o conquistar. Tu vida se transforma en una arriesgada acrobacia en lo más alto de una torre de circo. Te agarras, intentas mantener el equilibrio y no te atreves a moverte. Sin embargo, cuando Dios te eleva hasta los lugares celestiales por su gracia, encuentras una amplia plataforma donde puedes moverte con facilidad.

... Sube acá, y yo te mostraré las cosas que sucederán después de estas.

—APOCALIPSIS 4:1

Compara esta semana en tu vida espiritual con la misma semana del año pasado, y observa cómo Dios ya te ha llamado a un nivel más elevado. Todos hemos sido llevados a mirar desde una perspectiva más elevada. No permitas jamás que Dios te revele una verdad que no comiences a practicar en ese mismo momento, aplicándola a tu vida. Trabaja continuamente en tu crecimiento bajo la luz de este principio.

Tu crecimiento en la gracia no se mide por el hecho de que jamás retrocedes, sino porque tienes discernimiento y comprensión del momento en que te encuentras espiritualmente. ¿Ya has oído a Dios decirte «sube un poco más, hasta acá», no de manera audible sino en lo más íntimo de tu carácter?

«¿Encubriré yo a Abraham lo que voy a hacer?» (GÉNESIS 18:17). Dios tiene que esconderse de nosotros; y así lo hace hasta que por el crecimiento de nuestro carácter personal, llegamos al nivel en que Él puede revelarnos lo que quiere.

¿No habrá algún malentendido?

Solo por el hecho de que no entienda lo que Jesucristo dice, no tengo derecho de pensar que Él deba estar equivocado. Es una visión muy peligrosa —y nunca correcta— pensar que mi obediencia a Dios deshonre a Jesús. Lo único que puede acarrear deshonra es no obedecerle. Poner mi punto de vista de su honra por delante de lo que Él claramente me orienta a hacer nunca es correcto, aunque ese sentimiento provenga de un deseo verdadero de que Jesús no sea avergonzado públicamente. Sé cuándo las instrucciones vienen de Dios por su tranquila persistencia. Pero cuando comienzo a pensar en los *pro* y los *contra*, y dudo y debato en mi mente, introduzco un elemento que no procede de Dios. Eso solo va a llevarme a la conclusión de que sus instrucciones para mí no eran las correctas. Muchos somos leales a nuestras ideas sobre Jesucristo, pero ¿cuántos somos fieles a Jesús mismo? La fidelidad a Jesús significa que debo dar un paso inicial incluso cuando y donde no consigo ver absolutamente nada (MATEO 14:29). Pero la fidelidad a mis propias ideas significa que primero debo tener una visión clara del camino. La fe, sin embargo, no es una comprensión intelectual; la fe es un compromiso deliberado con la persona de Jesucristo, aun cuando no consigo ver el camino delante de mí.

… Vamos a Judea otra vez. Le dijeron los discípulos: […] ¿y otra vez vas allá?

—JUAN 11:7-8

¿Te preguntas si debes dar o no un paso de fe en Jesús, o si es mejor esperar hasta que puedas ver todo con más claridad y, entonces, decidir hacer lo que Él te ha pedido? Solo obedécele con una alegría irrefrenable. Cuando Él te dice algo y tú empiezas a debatir el asunto en tu interior, es porque aún no comprendes qué es lo que honra a Jesús y lo que no. ¿Eres leal a Jesús o a tus propias ideas sobre Él? ¿Eres fiel a lo que Él dice o estás intentando comprometer sus palabras con pensamientos que nunca han venido de su parte? «Haced todo lo que os dijere» (JUAN 2:5).

Las visitas por sorpresa de nuestro Señor

> *Vosotros, pues, también, estad preparados...*
> —Lucas 12:40

La mayor necesidad del obrero cristiano es la disposición a contemplar el rostro de Jesucristo en cada momento. Esto no es fácil, independientemente de cuál haya sido nuestra experiencia. Esta batalla no es contra el pecado, las dificultades o las circunstancias, sino contra vivir tan absorbido por el trabajo para Jesucristo hasta el punto de no estar preparados para ver su rostro cada momento. La gran necesidad no es enfrentar nuestras creencias y doctrinas o la cuestión de ser o no útiles *para Él*, sino que la necesidad es mirarlo a *Él*.

En raras ocasiones, Jesús viene donde lo estamos esperando; Él aparece donde menos lo esperamos y siempre en las situaciones más ilógicas. La única forma de que un siervo se mantenga fiel a Dios es estar preparado para las visitas por sorpresa del Señor. Esta preparación no sucederá por el servicio, sino mediante una intensa realidad espiritual, esperando a Jesucristo en todo momento. Este sentimiento de expectativa proporcionará a nuestra vida un tipo de actitud similar a la curiosidad infantil que tanto le agrada al Señor. Si deseamos prepararnos para Jesucristo, tenemos que dejar de ser religiosos. En otras palabras, debemos dejar de usar la religión como si fuera un estilo de vida sublime; debemos ser espiritualmente auténticos.

Si estás evitando el llamado del pensamiento religioso del mundo actual, y en vez de eso, tienes «puestos los ojos en Jesús» (Hebreos 12:2), colocando tu corazón en aquello que Él desea y pensando con sus pensamientos, serás considerado un soñador, alguien sin espíritu práctico. Sin embargo, cuando Él aparezca de repente en el calor de un día de trabajo, serás el único que esté preparado. No confíes en nadie, e incluso ignora al mejor de los santos de la tierra si este te impide ver a Jesucristo.

¿Santidad o dureza en relación a Dios?

La razón por la que muchos dejamos de orar y nos volvemos duros con Dios es porque solo tenemos un interés emocional en la oración. Parece que suena bien decir que oramos, e incluso leemos libros sobre oración, los cuales nos enseñan todos sus beneficios: que nuestra mente se calma y nuestra alma se eleva cuando oramos. Pero Isaías nos recuerda en este versículo que Dios está sorprendido ante esas interpretaciones de la oración.

La adoración y la intercesión deben caminar juntas; una es imposible sin la otra. Intercesión significa elevarnos hasta el punto de entender la mente de Cristo en relación a la persona por la que estamos orando (Filipenses 2:5). En vez de adorar a Dios, le recitamos discursos sobre cómo debe funcionar la oración. ¿Estamos adorando a Dios o solo competimos con Él, al decir: «Pero Dios, es que no veo cómo vas a poder hacer esto»? Esta es una señal clara de que no estamos adorando.

Cuando perdemos esto de vista, nos volvemos duros y dogmáticos. Lanzamos nuestras peticiones hacia su trono y dictamos lo que queremos que Él haga por nosotros. No adoramos a Dios ni tampoco conformamos nuestras mentes a la de Cristo. Y si somos duros en relación a Dios, nos volveremos insensibles a las otras personas.

> *... Se maravilló que no hubiera quien se interpusiese...*
>
> —Isaías 59:16

¿Estamos adorando a Dios de manera que nos elevamos a su presencia, estableciendo así un tipo especial de comunión íntima con Él para conocer sus pensamientos sobre aquellos por quienes oramos? ¿Estamos viviendo una relación santa con Dios o nos volvemos duros y dogmáticos?

¿Te has encontrado pensando que no hay nadie que interc[illegible] de manera correcta? Entonces, ¡sé tú esa persona! Sé la persona que [illegible] a Dios y vive una relación santa con Él. Implícate en el verdadero mi[illegible]io de la intercesión, recordando que este es, de hecho, un trabajo ardu[illegible] obra que demanda toda tu energía pero que no esconde trampas. P[illegible]r el evangelio tiene sus riesgos, pero la oración intercesora no.

¿Somos atentos o hipócritas?

Si no somos cuidadosos y prestamos mucha atención a la manera en que el Espíritu Santo de Dios actúa en nosotros, nos convertiremos en hipócritas espirituales. Conseguimos ver dónde fallan los demás, y usamos nuestro discernimiento para transformarlo en comentarios ridículos y críticas en lugar de centrarnos en la intercesión a favor de ellos. Dios no nos revela esta verdad sobre los demás por la perspicacia de nuestra mente sino por la facilidad de comprensión de su Espíritu. Si no prestamos atención, estaremos totalmente desinformados de la fuente de discernimiento que Dios nos ha dado, y nos volveremos críticos hacia los demás y olvidaremos que Dios dice: «pedirá, y Dios le dará vida; esto es para los que cometen pecado que no sea de muerte». Ten cuidado de no volverte un hipócrita, empleando todo tu tiempo en la tentativa de poner a las personas en el buen camino con Dios antes de que tú mismo lo adores.

Una de las cargas más sutiles e ilusorias que Dios pone sobre cada uno de nosotros como santos es el discernimiento referente a los demás. El Señor nos da ese discernimiento para que podamos aceptar la responsabilidad de esas almas ante Él y comprender la mente de Cristo en relación a ellas (Filipenses 2:5). Debemos interceder de acuerdo con lo que Dios dice que nos va a dar; es decir, «vida para los que cometen pecado que no sea de muerte». No es que nosotros seamos capaces de poner a Dios en contacto con nuestros pensamientos, sino que tenemos conciencia de que Él es capaz de compartir sus pensamientos con nosotros en relación a las personas por las cuales intercedemos.

Si alguno viere a su hermano cometer pecado que no sea de muerte, pedirá, y Dios le dará vida; esto es para los que cometen pecado que no sea de muerte…

—1 Juan 5:16

¿Puede Jesucristo ver la agonía de su alma en nosotros? No puede hacerlo, a menos que nos identifiquemos íntimamente con Él hasta el punto de tener su perspectiva sobre las personas por las que oramos. Aprendamos a interceder de todo corazón para que Jesús se agrade completa y asombrosamente de nosotros como intercesores.

¿Ayudador o insensible hacia los demás?

¿Necesitamos más argumentos que estos para convertirnos en intercesores: que Cristo vive siempre «para interceder» (Hebreos 7:25) y que el Espíritu Santo «intercede por los santos»? ¿Vivimos en tal relación con los demás que nos dedicamos a la obra de la intercesión como resultado de ser hijos de Dios instruidos por el Espíritu Santo? Deberíamos echar un vistazo a nuestras circunstancias actuales. ¿Acaso las crisis que nos afectan a nosotros o a aquellos con los que compartimos en nuestra casa, en el trabajo, en el país o en cualquier otro lugar parecen oprimirnos? ¿Estamos siendo apartados de la presencia de Dios y nos quedamos sin tiempo para adorar? Si es así, debemos poner punto final a esas distracciones y buscar una relación viva con Dios para que nuestra relación con los demás se mantenga por la obra de intercesión en la que Dios realiza sus milagros.

... Cristo es [...] el que también intercede por nosotros. [... el] Espíritu [...] intercede por los santos.

—Romanos 8:34, 27

Cuidado con intentar adelantarte a Dios con tus propios deseos a fin de hacer su voluntad. Es algo que hacemos en mil y una actividades, y acabamos tan sobrecargados con las personas y los problemas que dejamos de adorarlo y fallamos en la intercesión. Si somos dominados por las cargas y por la presión resultante mientras no estamos en actitud de adoración, eso solo producirá dureza hacia Dios y desesperación en nuestra alma. Dios nos pone continuamente en contacto con personas a las que no tenemos interés en conocer, y a menos que estemos adorando al Señor, la tendencia natural es ser insensibles a ellas. Les damos un versículo rápido de las Escrituras, como si las pinchásemos con una lanza, o las dejamos con algunos consejos a toda prisa, sin el menor cariño fraternal, y seguimos a toda prisa. Un cristiano insensible debe de ser una terrible tristeza para el Señor.

¿Está nuestra vida en el lugar adecuado para poder participar en la intercesión de nuestro Señor y el Espíritu Santo?

La gloria incomparable

Cuando Pablo recuperó la visión, también recibió una revelación espiritual de la persona de Jesucristo. Toda su vida y su predicación fueron totalmente absorbidas por Jesucristo: «Pues me propuse no saber entre vosotros cosa alguna sino a Jesucristo, y a este crucificado» (1 CORINTIOS 2:2). Pablo no permitió nunca más que algo lo atrajera y captase la atención de su mente y de su alma excepto el rostro de Jesucristo.

Debemos aprender a mantener un alto grado de pureza de carácter en nuestra vida, el mismo que nos fue revelado en la visión que tuvimos de Jesucristo.

... El Señor Jesús [...] me ha enviado para que recibas la vista...

—HECHOS 9:17

La característica permanente de un hombre espiritual es la habilidad de entender correctamente el significado del Señor Jesucristo en su vida, y la capacidad de explicarles a los demás los propósitos de Dios. La suprema pasión de su vida es Jesucristo. Siempre que observamos esta cualidad en una persona, sentimos que estamos ante alguien según el corazón de Dios (VER HECHOS 13:22).

Nunca permitas que nada te desvíe de tu percepción de Jesucristo. Se trata de la prueba auténtica para saber si eres espiritual o no. Si otras cosas ejercen cada vez más fascinación sobre una vida, esto significa que no eres espiritual.

Desde que mis ojos contemplaron a Jesús,
perdí de vista todo lo demás.
Mi visión espiritual quedó así encadenada
cuando miré al Cristo crucificado.

(HIMNO ESCRITO POR MARIA DAGWORTHY JAMES, 1810-1883, TRAD. LIT.)

¡Oh, si también tú conocieses!

Jesús acababa de hacer su entrada triunfal en Jerusalén y la ciudad estaba totalmente revolucionada, pero un dios extraño estaba allí: el orgullo de los fariseos. Parecía religioso y justo, pero Jesús lo comparó con «sepulcros blanqueados, que por fuera, a la verdad, se muestran hermosos, mas por dentro están llenos de huesos de muertos y de toda inmundicia» (Mateo 23:27).

¿Qué está cegándote «en este tu día» para que no veas la paz de Dios? ¿Acaso tienes un dios extraño; quizá no un monstruo repugnante sino una naturaleza impura que controla tu vida? Más de una vez en mi vida, Dios me puso cara a cara con un dios extraño, y me quedó claro que yo debería haber desistido de él, pero no lo hice. Salí de la crisis «por poco», solo para descubrir que aún estaba bajo el control de aquel dios extraño. No conozco las cosas que contribuyen a mi propia paz. Es impactante constatar que podemos estar en el lugar exacto donde el Espíritu de Dios puede tener la libertad más absoluta para hablar con nosotros e, incluso así, lo único que hacemos es empeorar las cosas, aumentando nuestra culpa ante los ojos de Dios.

... ¡Oh, si también tú conocieses, a lo menos en este tu día, lo que es para tu paz! Mas ahora está encubierto de tus ojos.

—Lucas 19:42

«¡Oh, si también tú conocieses!». Aquí, las palabras de Dios hieren de lleno el corazón con las lágrimas dejadas por Jesús. Son palabras que imponen responsabilidad por nuestras culpas. Dios nos hace responsables de aquello que nos negamos a ver o somos incapaces de hacerlo a causa de nuestro pecado. «Mas ahora está encubierto de tus ojos» porque nunca le hemos entregado de verdad a Dios nuestra naturaleza. ¡Oh, qué tristeza profunda e infinita por aquello que podría haber sido! Dios nunca abre las puertas que ya han sido cerradas. Abre otras, pero nos recuerda que hay puertas que nosotros hemos cerrado sin necesidad. Nunca tengas miedo de que Dios te haga recordar tu pasado. Deja que tu memoria fluya. Es el agente de Dios para que sintamos la reprobación, la herida y la tristeza. Dios transformará en una maravillosa lección de crecimiento para el futuro aquello que podría haber sido.

El camino para la fe permanente

> *He aquí la hora viene [...] en que seréis esparcidos...*
>
> —JUAN 16:32

Aquí, Jesús no censura a los discípulos. La fe de ellos era verdadera, pero confusa y desenfocada, y no la ponían en práctica en las realidades importantes de la vida. Los discípulos estaban medio perdidos, dispersos en sus preocupaciones, y alimentaban intereses personales aparte de Jesucristo. Una vez que establecemos una relación perfecta con Dios mediante la obra de la santificación del Espíritu Santo, nuestra fe debe ejercitarse en las realidades de la vida cotidiana. Nos sentiremos dispersos, no en el servicio, sino por el vacío de nuestra vida en la que encontraremos ruina y aridez a fin de entender lo que significa la muerte interior frente a las bendiciones de Dios. ¿Estamos preparados para esto? Sin duda, no depende de nuestra elección personal, sino que Dios dirige las circunstancias para prepararnos. Hasta que pasemos por esa experiencia, nuestra fe solo se sustenta en sentimientos y bendiciones; pero en cuanto la vivimos, independientemente de dónde nos ponga Dios o del vacío interior que experimentemos, podemos alabarlo que todo está bien. Este es el significado de practicar la fe en las realidades de la vida.

«Y me dejaréis solo». ¿Acaso nos hemos sentido dispersos y desorientados, y hemos dejado de lado a Jesús por no percibir su cuidado de nosotros? ¿No estamos viendo a Dios actuar en nuestras circunstancias? La soberanía divina permite que pasemos por dificultades. ¿Estamos preparados para dejar que Dios haga lo que desee en nuestra vida? ¿Estamos listos para ser separados de las bendiciones externas y evidentes de Dios? Ante de que Jesucristo sea verdaderamente nuestro Señor, cada uno de nosotros tendrá sus propios objetivos a los cuales servir. Nuestra fe es real, pero no es permanente aún. Y Dios jamás se da prisa. Si estamos dispuestos a esperar, veremos cómo nos muestra que solo nos interesan sus bendiciones y no Él mismo. Es fundamental que percibamos las bendiciones de Dios.

«Confiad, yo he vencido al mundo» (JUAN 16:33). Necesitamos una fortaleza espiritual inconmovible.

Su agonía y nuestro acceso

Nunca conseguiremos comprender perfectamente la agonía de Cristo en el huerto de Getsemaní, pero al menos, no tenemos que malinterpretar los hechos. Se trata de la agonía de Dios y del hombre en una Persona, enfrentando cara a cara al pecado. No podemos aprender sobre Getsemaní a través de una experiencia personal. Getsemaní y el Calvario representan algo totalmente único: son los portales de acceso a la vida para nosotros.

... Llegó Jesús con ellos a un lugar que se llama Getsemaní, y dijo a sus discípulos: [...] quedaos aquí, y velad conmigo.
—Mateo 26:36, 38

No fue la muerte en la cruz lo que causó una agonía tan grande en Jesús en Getsemaní. De hecho, Él declaró enfáticamente que había venido al mundo con el propósito de morir. Su preocupación allí era fallar en su lucha como el Hijo del Hombre. Estaba convencido de que lo haría como el Hijo de Dios, ya que Satanás no podía tocarlo en esa condición. Pero el ataque de Satanás procuraba hacer que nuestro Señor cumpliera la misión divina por su cuenta, como un acto propio del Hijo del Hombre. Si Jesús hubiera actuado así, podría no haber sido nuestro Salvador (Hebreos 9:11-15). Lee el registro de su agonía en Getsemaní a la luz de su primera tentación en el desierto: «el diablo [...] se apartó de Él por un tiempo» (Lucas 4:13). Y en Getsemaní, Satanás atacó de nuevo, pero fue destronado una vez más. El ataque final contra nuestro Señor como el *Hijo del Hombre* fue en Getsemaní.

La agonía en Getsemaní fue la del Hijo de Dios en cumplir su destino como Salvador del mundo. El velo del templo se rasgó por completo para revelar todo el costo pagado por Jesús para que pudiéramos ser hijos de Dios. Su agonía fue el fundamento para la simplicidad de nuestra salvación. La cruz de Cristo fue un triunfo para el *Hijo del Hombre*. No fue solo una señal de que nuestro Señor salió victorioso, sino de que triunfó para salvar a la raza humana. Por el sacrificio del Hijo del Hombre, a cada ser humano se le provee libre acceso a la presencia de Dios.

La colisión de Dios y el pecado

La cruz de Cristo es la verdad revelada del juicio de Dios sobre el pecado. No asocies nunca la idea de martirio con la cruz de Cristo. Fue el triunfo supremo que hizo que se estremecieran los mismísimos fundamentos del infierno. No hay nada más cierto e irrefutable que lo que Jesucristo realizó en la cruz: hizo posible que toda la raza humana volviera a tener una relación correcta con Dios. Jesús hizo de la redención la base de la vida humana; es decir, abrió el camino para que toda persona pudiera disfrutar de la comunión con Dios.

Quien llevó él mismo nuestros pecados en su cuerpo sobre el madero…

—1 PEDRO 2:24

La cruz no fue algo que le *sucedió* a Jesús; Él vino para morir. La cruz fue el propósito de su venida. Jesús es el «Cordero que fue inmolado desde el principio del mundo» (APOCALIPSIS 13:8). La encarnación de Cristo no tendría significado sin la cruz. Ten cuidado de no separar al Dios que *«fue manifestado en carne»* de aquel a quien *«por nosotros lo hizo pecado»* (1 TIMOTEO 3:16; 2 CORINTIOS 5:21). La encarnación tenía como finalidad la redención. Dios vino al mundo en carne con el propósito de quitar el pecado, no para lograr algo para sí mismo. La cruz es el suceso central del tiempo y de la eternidad, y la respuesta para todos los problemas de ambos.

La cruz no es la de un hombre sino la de Dios, y nunca podrá ser totalmente comprendida por medio de la experiencia humana. La cruz es Dios demostrando su naturaleza. Es la puerta a través de la cual todo ser humano puede entrar para tener una unión plena con Dios. No es, sin embargo, una puerta que podemos atravesar de cualquier manera; es una donde permanecemos ligados a la vida que en ella se encuentra.

La esencia de la salvación es la cruz de Cristo; y es tan fácil alcanzar la salvación porque le costó un alto precio a Dios. La cruz fue el lugar donde Él y el pecador se fundieron en una tremenda colisión y donde el camino a la vida se abrió. Pero todo el costo y el dolor fueron absorbidos por el corazón de Dios.

¿Por qué carecemos de entendimiento?

Así como a los discípulos se les mandó que no dijeran nada, tú tampoco debes hacerlo hasta que el Hijo del Hombre haya resucitado en ti; hasta que la vida del Cristo resucitado te domine de tal manera que entiendas completamente lo que Él enseñó mientras estuvo en la tierra. Cuando madures y desarrolles la condición interior adecuada, las palabras que Jesús dijo se volverán tan claras que quedarás admirado de no haberlas entendido antes. De hecho, no podrías haberlas comprendido antes porque no habías alcanzado la condición espiritual correcta para lidiar con ellas.

... Les mandó que a nadie dijesen lo que habían visto, sino cuando el Hijo del Hombre hubiese resucitado de los muertos.
—MARCOS 9:9

No es que el Señor esconda de nosotros esas cosas, sino que no estamos preparados para recibirlas mientras no tengamos la condición correcta en la vida espiritual. Jesús dijo: «Aún tengo muchas cosas que deciros, pero ahora no las podéis sobrellevar» (JUAN 16:12). Debemos tener comunión con la vida resucitada de Jesús antes de poder soportar cualquier verdad que provenga de Él. ¿Entendemos de verdad algo sobre la morada de esa vida resucitada de Jesús? La prueba de que la entendemos es que la Palabra del Señor se nos vuelve comprensible. Dios no puede revelarnos nada si no tenemos su Espíritu; y nuestras opiniones obstinadas e inflexibles impedirán que Dios nos revele nada. Pero en cuanto la vida de la resurrección de Cristo nos domine por entero, nuestra manera de pensar insensible se acabará de inmediato.

«Les mandó que [...] no dijesen». Muchos divulgan lo que han visto en el monte de la transfiguración; hablan sobre la experiencia que tuvieron allí. Han tenido una visión y testifican de ella, pero su vida no se corresponde con lo que vieron, y lo que dicen no es coherente con lo que viven. Su vida no es congruente porque el Hijo del Hombre todavía no ha resucitado en ellos. ¿Cuánto tiempo ha de pasar hasta que la vida de resurrección de Jesús sea formada y evidente en ti y en mí?

El destino de su resurrección

La cruz del Señor es la puerta de entrada a su propia vida. Su resurrección quiere decir que Él tiene el poder de transmitirme su vida. Cuando nací de nuevo, recibí la propia vida del Señor Jesús resucitado. El destino de Cristo en la resurrección, su propósito predeterminado, era «llevar muchos hijos a la gloria» (HEBREOS 2:10). El cumplimiento de su destino le dio el derecho de hacer de todos nosotros hijos e hijas de Dios. Nunca vamos a tener con Dios la misma relación que su Hijo tiene, pero somos llevados por Él a una relación filial con el Padre. Cuando Jesús resucitó de los muertos, lo hizo a una vida enteramente nueva; una que Él nunca había vivido antes de convertirse en el Dios encarnado. Resucitó para una vida que nunca había existido hasta entonces; y su resurrección significa para nosotros que resucitamos a esa nueva vida de Cristo, no a nuestra vida vieja. Un día, tendremos un cuerpo glorioso semejante al suyo resucitado, pero podemos conocer ahora la eficacia y el poder de su resurrección y andar «en vida nueva» (ROMANOS 6:4). El firme propósito de Pablo era «conocerle, *y el poder de su resurrección*» (FILIPENSES 3:10).

¿No era necesario que el Cristo padeciera estas cosas, y que entrara en su gloria?
—LUCAS 24:26

Jesús oró: «como le has dado potestad sobre toda carne, para que dé vida eterna a todos los que le diste» (JUAN 17:2). El término Espíritu Santo es, de hecho, otro nombre que se da a la experiencia de vida eterna que obra en nosotros aquí y ahora. El Espíritu Santo es la deidad de Dios que continúa aplicando el poder de la expiación por la cruz de Cristo en nuestra vida. Gracias a Dios por la gloriosa y majestuosa verdad de que su Espíritu puede desarrollar en nosotros la misma naturaleza de Jesucristo con tan solo obedecerle.

¿Has visto a Jesús?

Ser salvos y ver a Jesús no es lo mismo. Muchas personas que nunca han visto a Jesús han recibido y comparten la gracia de Dios. Pero después de verlo, nunca más somos los mismos. Las otras cosas ya no ejercen la misma atracción con la que antes nos atraían.

Pero después apareció en otra forma a dos de ellos…
—MARCOS 16:12

Debes distinguir siempre entre lo que sabes que Jesús es y lo que Él ya ha hecho por ti. Si tu conocimiento se limita solo a lo que Él ha hecho por ti, no tienes un Dios suficientemente grande. Pero si has tenido una visión de Jesús como Él es en verdad, las experiencias pueden ir y venir, y tú permanecerás firme «como viendo al Invisible» (HEBREOS 11:27). El ciego de nacimiento no sabía quién era Jesús hasta que el Señor se le apareció y se le reveló (Juan 9). Jesús se manifiesta a aquellos por quienes ha hecho algo, pero no podemos determinar ni prever el momento en que vendrá. De repente, en cualquier instante, Él puede aparecer; y entonces, exclamarás: «ahora veo» (JUAN 9:25).

Jesús debe aparecer para ti o para un amigo tuyo de manera individual; nadie puede ver a Jesús a través de ojos ajenos. Y la división sucede cuando una persona ve a Jesús y la otra no. No puedes llevar a tu amigo hasta el punto de que vea a Jesús; Dios debe hacerlo. ¿Has visto a Jesús? Si es así, desearás que otros también lo vean. «Ellos fueron y lo hicieron saber a los otros; y ni aun a ellos creyeron» (MARCOS 16:13). Cuando ves a Jesús, debes contarlo, aunque no te crean.

¡Oh, si pudiera contarles, por cierto creerían en mí!
¡Si tan solo pudiera decirles lo que presencié!
¿Cómo contárselo o cómo hacer que lo acepten?
¿Cómo, a no ser que Él los lleve adonde me llevó a mí también?

Decisión completa y efectiva sobre el pecado

Co-crucifixión. ¿Has tomado ya esta decisión en cuanto al pecado: que debe ser totalmente aniquilado en ti? Requiere mucho tiempo que lleguemos al punto de tomar esta decisión completa y efectiva con relación al pecado. Sin embargo, es el mayor momento en tu vida una vez que decides que el pecado debe morir en ti, no solo ser contenido, acallado o neutralizado, sino crucificado; así como Jesucristo murió por los pecados del mundo. Nadie puede llevar a otra persona a tomar esa decisión. Podemos estar mental y espiritualmente convencidos, pero lo que debemos hacer es tomar la decisión que Pablo nos alienta a tomar en este pasaje bíblico.

Levántate, dedica un momento a solas con Dios, toma esta importante decisión y ora: «Señor, identifícame con tu muerte hasta que sepa que el pecado que hay en mí está muerto». Toma la decisión moral de que el pecado que hay en ti debe morir.

... Nuestro viejo hombre fue crucificado juntamente con él, para que el cuerpo del pecado sea destruido, a fin de que no sirvamos más al pecado.

—ROMANOS 6:6

No se trataba de una divina expectativa futura por parte de Pablo, sino de una experiencia radical y definitiva en su vida. ¿Estás preparado para permitir que el Espíritu de Dios te examine hasta que entiendas el nivel y la naturaleza del pecado que hay en tu vida, para ver cuáles son las cosas que luchan contra el Espíritu de Dios en ti? Si es así, ¿estarás de acuerdo con el veredicto de Dios sobre la naturaleza del pecado en ti, pecado que debe estar identificado con la muerte de Jesús? No puedes considerarte «muerto para el pecado» (ROMANOS 6:11) a menos que hayas lidiado radicalmente con la cuestión de tu voluntad delante de Dios.

¿Has participado del glorioso privilegio de estar crucificado con Cristo hasta que lo único que permanezca en tu cuerpo y tu sangre sea la vida de Jesús? «Con Cristo estoy juntamente crucificado, y ya no vivo yo, mas vive Cristo en mí» (GÁLATAS 2:20).

Divinidad completa y efectiva

Porque si fuimos plantados juntamente con él en la semejanza de su muerte, así también lo seremos en la de su resurrección.
—ROMANOS 6:5

Co-resurrección. La prueba de que en verdad he sido crucificado con Jesús es que tengo una clara semejanza a Él. El Espíritu de Jesús en mí reorganiza mi vida ante Dios. La resurrección de Jesús le dio autoridad al Espíritu para transmitirme esa vida de Dios, y las experiencias de mi vida hoy deben ser edificadas sobre la suya. Puedo tener aquí y ahora la vida resucitada de Jesucristo, la cual se manifestará mediante la santidad.

La idea transmitida en todos los escritos del apóstol Pablo es que tras tomar la decisión de identificarnos con Jesús en su muerte, su vida resucitada invade cada área de mi propia naturaleza humana. Es necesaria la omnipotencia de Dios —su divinidad completa y efectiva— para vivir la vida del Hijo de Dios en un cuerpo mortal. El Espíritu Santo no puede ser aceptado como un huésped que se limite a una sola habitación de la casa; Él lo invade todo. En cuanto decido que mi viejo hombre (es decir, mi herencia pecaminosa) debe identificarse con la muerte de Jesús, el Espíritu Santo invade todo mi ser. Él lo controla todo. Mi responsabilidad es andar en la luz y obedecer todo lo que me revela. Después de tomar esa importante decisión sobre el pecado, es fácil considerarme realmente «muerto para el pecado», porque encuentro la vida de Jesús en mí todo el tiempo (ROMANOS 6:11). Así como existe solo un tipo de humanidad, también hay solo una clase de santidad: la de Jesús. Y esta es la santidad que me ha sido dada. Dios pone en mí la santidad de su Hijo, y así, paso a pertenecer a un nuevo orden espiritual.

Dominio completo y efectivo

C**o-vida eterna.** La vida eterna es aquella que Jesús manifestó en el nivel humano. Es esta misma vida, no una simple copia de ella, la que se manifiesta en nuestro cuerpo mortal cuando nacemos de nuevo. La vida eterna no es una dádiva que viene de Dios; la vida eterna es la dádiva *de Dios*. En cuanto tomemos esa decisión completa y efectiva con relación al pecado, la fuerza y el poder que se manifestaron en Jesús también se mostrarán en nosotros por un acto de la gracia de Dios absoluta y soberana.

«Pero recibiréis poder, cuando haya venido sobre vosotros el Espíritu Santo» (Hechos 1:8); no un poder como una dádiva del Espíritu Santo; el poder es el Espíritu Santo, no algo que Él nos da. La vida que estaba en Jesús se vuelve nuestra por causa de su cruz cuando tomamos la decisión de identificarnos con Él. Si nos resulta difícil reconciliarnos con Dios, se debe a que nos negamos a tomar esta decisión moral con relación al pecado. Pero cuando nos decidimos, la vida de Dios en su plenitud habitará inmediatamente en nosotros. Jesús vino para darnos una provisión interminable de vida: «para que seáis llenos de toda la plenitud de Dios» (Efesios 3:19). La vida eterna no tiene nada que ver con el tiempo; es la vida que Jesús vivió cuando estuvo aquí; y la única fuente de vida es el Señor Jesucristo.

Incluso el más débil de los santos puede experimentar el poder de la divinidad del Hijo de Dios cuando está dispuesto a «soltar». Pero cualquier esfuerzo por «aferrarse» al más mínimo control sobre uno mismo solo disminuirá la vida de Jesús en nosotros. Tenemos que estar en una total y continua entrega, y lentamente pero con seguridad, la majestuosa vida plena de Dios nos invadirá, hasta penetrar en cada parte de nuestro ser. Entonces, Jesús tendrá un dominio completo y efectivo sobre nosotros, y las personas percibirán que hemos estado con Él.

… la muerte no se enseñorea más de él […]; mas en cuanto vive, para Dios vive. Así también vosotros consideraos muertos al pecado, pero vivos para Dios…

—Romanos 6:9-11

Qué hacer cuando la carga es insoportable

Debemos reconocer cuándo tiene sentido llevar una determinada carga y cuándo es un error. Nunca deberíamos llevar la carga del pecado o de la duda; pero hay cargas dadas por Dios que Él no tiene intención de quitarnos. Dios quiere que se las devolvamos a Él: literalmente, «echa [...] tu carga», la cual Él te ha dado, «sobre el Señor». Si nos preparamos para servir a Dios y hacer su obra pero perdemos el contacto con Él, la sensación de responsabilidad será aplastante y de gran derrota. Sin embargo, si le devolvemos al Señor aquello que Él ha puesto sobre nosotros, Dios mismo eliminará ese sentimiento de responsabilidad, sustituyéndolo con una conciencia y una comprensión de quién es Él y de su presencia.

Echa sobre el Señor tu carga...

—SALMOS 55:22

Muchos siervos salen a la obra de Dios con gran valentía y con las motivaciones correctas. Sin embargo, sin una comunión íntima con Jesucristo, pronto se sienten derrotados. No saben qué hacer con su carga; quedan agotados y hacen que las personas comenten: «¡Que final tan lamentable para un comienzo tan prometedor!».

«Echa sobre el Señor tu carga». Has intentado llevarlo todo solo, pero necesitas apoyarte en los hombros de Dios de manera deliberada. «El principado sobre su hombro» (ISAÍAS 9:6). Entrégale a Dios cualquier carga que Él te haya dado. No la eches a un lado sino preséntasela al Señor y ponte ante Él con ella. Verás que tu carga se ve aligerada por el sentimiento de compañía. Sin embargo, no deberías tratar de librarte de ella por ti solo.

Invencibilidad interior

«Porque el Señor al que ama, disciplina» (HEBREOS 12:6). ¡Cómo se vuelven de insignificantes nuestras quejas! El Señor comienza a llevarnos al punto en que podemos tener comunión con Él, solo para escucharnos murmurar y gemir diciendo: «¡Oh, Señor, déjame ser como los demás!». Jesús está pidiéndonos que nos coloquemos junto a Él en el yugo para que podamos tirar juntos. Por esa razón, nos dice: «mi yugo es fácil, y ligera mi carga» (MATEO 11:30). ¿Tienes esta clase de identificación plena con el Señor Jesucristo? Si es así, darás gracias a Dios cuando sientas la presión de su mano sobre ti.

«Él da esfuerzo al cansado, y multiplica las fuerzas al que no tiene ningunas» (ISAÍAS 40:29). Dios viene y nos saca de nuestro sentimentalismo, y entonces, nuestras quejas se transforman en himnos de alabanza. La única manera de conocer la fuerza de Dios es tomar sobre nosotros el yugo de Jesús para aprender de Él.

«El gozo del Señor es vuestra fuerza» (NEHEMÍAS 8:10). ¿De dónde obtienen su gozo los santos de Dios? Si no conociéramos bien a ciertos cristianos, podríamos pensar que tales personas no tienen cargas que llevar en la vida. Pero debemos quitar el velo de nuestros ojos. El hecho de que tengan la paz, la luz y el gozo de Dios es prueba de que una carga también está sobre los hombros de esos santos. La carga que Dios pone sobre nosotros aplasta las uvas y hace que el vino escurra; la mayoría de las personas, sin embargo, solo ve el vino pero no el proceso de aplastamiento. Ningún poder en la tierra ni en el infierno puede vencer al Espíritu de Dios que vive en el espíritu humano; es esto lo que crea la invencibilidad interior.

Llevad mi yugo sobre vosotros, y aprended de mí…

—MATEO 11:29

Si tu vida solo está produciendo quejas en vez de vino, échala a puntapiés sin piedad. Definitivamente, para un cristiano, es un crimen ser débil en la fuerza de Dios.

El fracaso de no prestar más atención

La obediencia de Asa no fue totalmente perfecta en lo referente a las áreas exteriores y visibles de su vida. Fue obediente en lo que consideraba más importante, pero no actuó de manera totalmente correcta. Cuidado con pensar: «Ah, esto no tiene mucha importancia en mi vida». El hecho de que no tenga mucha importancia para ti puede significar que la tiene para Dios. En la vida de un hijo de Dios, no hay nada que no sea importante. ¿Cuánto tiempo más vamos a seguir impidiendo que Dios nos enseñe al menos una cosa? Él nunca pierde la paciencia y continúa enseñándonos. Pero tú alegas: «Sé que estoy bien con Dios», y aun así, «los lugares altos» todavía permanecen en tu vida. Todavía queda un área de desobediencia. ¿Has afirmado que tu corazón está bien con Dios pero hay alguna cosa en tu vida sobre la que Él te hace dudar? Siempre que Dios produzca en ti una duda sobre algo, déjalo inmediatamente, sea lo que sea. Nada en nuestra vida es un detalle insignificante para Dios.

Con todo esto, los lugares altos no eran quitados de Israel, aunque el corazón de Asa fue perfecto en todos sus días.

—2 Crónicas 15:17

¿Hay algo relacionado con tu vida física o intelectual a lo que no estás prestándole atención? Si es así, puedes pensar que ya has arreglado las áreas importantes, pero estás siendo descuidado, fallas en concentrarte adecuadamente. Del mismo modo que tu corazón no necesita un día libre para descansar de latir, así tampoco tienes necesidad de tomarte un día de descanso espiritual para concentrarte en las cuestiones de tu vida. No puedes tomarte unas vacaciones morales para hacer lo que quieras, y aun así, seguir pensando que eres un cristiano moralmente correcto; ni puedes tomarte un descanso espiritual y seguir siendo espiritual. Dios te quiere por completo, y esto significa que tienes que prestar más atención para mantenerte en buena forma. También supone una cantidad enorme de tiempo. Aun así, algunos esperan superar todos los problemas y pasar por diversas experiencias espirituales extremas con tan solo unos pocos minutos de esfuerzo.

¿Eres capaz de bajar del monte?

Entre tanto que tenéis la luz, creed en la luz...
—JUAN 12:36

Todos tenemos momentos en los que nos sentimos en el punto supremo de nuestras capacidades, y afirmamos: «Estoy listo para todo; ¡ojalá pudiera sentirme siempre así!». Sin embargo, no tenemos esa capacidad en nosotros mismos. Esos son momentos de discernimiento que debemos ponerlos en práctica cuando no todo va bien. Muchos de nosotros no nos sentimos útiles para el mundo en el día a día cuando no estamos en lo alto del monte. Incluso así, debemos pautar nuestra vida diaria por el patrón que nos ha sido revelado cuando estábamos en lo alto del monte.

No permitas nunca que el sentimiento que te estimuló en una gran experiencia espiritual se desvanezca. No te coloques en una posición en la que puedas decir: «¡Qué bueno es estar en semejante estado mental!». Actúa inmediatamente; haz algo, aunque la única razón para actuar sea que preferirías no hacerlo. Si durante una reunión de oración Dios te muestra algo que debes hacer, no te limites a decir: «Lo haré»; simplemente *¡hazlo!* Muévete y despójate de tu pereza carnal. La pereza puede verse siempre en nuestros anhelos de grandes momentos; solo hablamos de los planes para cuando estemos en el monte. Sin embargo, debemos aprender a vivir en nuestro día a día «gris» conforme a lo que vimos en el monte.

No desistas cuando te depares con un obstáculo y te sientas confuso; vuelve a la lucha; inténtalo de nuevo. Olvida lo que pasó y sigue adelante. Afírmate en el compromiso que hiciste con Dios mediante un acto de tu propia voluntad. Jamás modifiques tus decisiones, sino ten la certeza de tomarlas a la luz de lo que viste y aprendiste en el monte.

¿Todo o nada?

¿Has pasado por alguna crisis en la que has podido renunciar a todo de manera deliberada, sincera y despreocupada? Es una crisis de la voluntad. Puedes enfrentarte a ella muchas veces de forma externa, pero no servirá para nada. La verdadera y profunda crisis de renuncia, o entrega total, sucede en el interior, no por fuera. Renunciar solo a cosas externas puede ser el indicio de que estamos bajo una total esclavitud.

... Simón Pedro, cuando oyó que era el Señor, se ciñó la ropa (porque se había despojado de ella), y se echó al mar.

—Juan 21:7

¿Ya has entregado deliberadamente toda tu voluntad a Jesucristo? Es una concesión de la voluntad, no de la emoción; cualquier emoción positiva es simplemente una bendición superficial resultante de esa concesión. Si centras tu atención en la emoción, nunca harás tal concesión. No le preguntes a Dios cómo ha de ser la entrega, sino comprométete a someter tu voluntad, independientemente de lo que tus ojos vean, sea en la superficie o en las profundidades de tu interior.

Si has oído la voz de Jesucristo sobre las olas del mar, puedes dejar que todas tus convicciones y tu consistencia cuiden de sí mismas mientras te centres en mantener tu relación personal con Él.

Disposición

Cuando Dios habla, muchos de nosotros somos como personas en la niebla y no respondemos. La respuesta de Moisés a Dios reveló que sabía dónde se encontraba y que estaba preparado. *Disposición* significa tener una relación integral con el Dios vivo y saber dónde estamos en ese momento. ¡Estamos tan ocupados explicándole a Dios dónde nos gustaría ir! La persona que está lista para Dios y su obra es aquella que recibe el premio cuando llega la convocación. Esperamos con la idea de que vendrá una gran oportunidad o algo sensacional; y cuando eso sucede, nos damos prisa para gritar: «Heme aquí». Siempre que sentimos que Jesucristo se está levantando para ejercer autoridad sobre alguna gran tarea, estamos presentes, pero no estamos listos para una responsabilidad difusa.

La disposición para Dios significa que estamos listos para hacer cosas insignificantes o grandiosas; da igual. Significa que no tenemos preferencia en cuanto a lo que queremos hacer, sino que estamos presentes y preparados para el plan de Dios, cualquiera que este sea. Cuando surge alguna tarea, oímos la voz de Dios —como el Señor Jesús escuchó la voz del Padre— y estamos listos para actuar con la total disposición de nuestro amor por Él. Jesucristo desea obrar con nosotros como el Padre lo hizo con Él. Jesús puede colocarnos dondequiera, en tareas agradables o serviles, porque nuestra unión con Cristo es la misma que la de Él con el Padre: «para que sean uno, así como nosotros somos uno» (JUAN 17:22).

... Lo llamó Dios [...]. Y él respondió: Heme aquí.

—ÉXODO 3:4

Debes estar preparado para las visitas inesperadas de Dios. La persona que está siempre lista nunca necesita *prepararse*, ya está preparada. ¡Piensa en el tiempo que perdemos intentando prepararnos tras el llamamiento de Dios! La zarza ardiente simboliza todo aquello que rodea a la persona que ya está lista y que arde con la presencia de Dios mismo.

Cuidado con las tentaciones menores

Joab aprobó la gran prueba de su vida, manteniéndose absolutamente leal a David y sin seguir al fascinante y ambicioso Absalón. Pero incluso así, cerca del final de su vida, se desvió y siguió al débil y cobarde Adonías. Debes estar siempre atento, pues donde alguien retrocedió, ese es exactamente el punto en el que cualquiera puede sentir la tentación de hacer lo mismo (VER 1 CORINTIOS 10:11-13). Puedes haber atravesado victoriosamente una gran crisis, pero ahora debes estar atento a las cosas que pueden parecer las que tienen menos posibilidades de tentarte. Ten cuidado al pensar que las áreas de la vida en las que ya has experimentado victoria en el pasado son hoy las que suponen los menores riesgos de que tropieces y caigas.

... porque también Joab se había adherido a Adonías, si bien no se había adherido a Absalón...

—1 REYES 2:28

Tendemos a decir: «No existe la menor posibilidad de que después de pasar por la mayor crisis de mi vida, me vuelva ahora a las cosas del mundo». No intentes presuponer de dónde va a venir la tentación; el peligro está siempre en las cosas menos probables. Después de una gran experiencia espiritual, sucede que las cosas menos probables comienzan a entrar en escena. Tal vez no sean fuertes ni dominantes, pero están ahí, y si no somos precavidos, nos harán tropezar. Te has mantenido fiel a Dios en pruebas grandes e intensas; ahora, cuidado con las amenazas ocultas. No hace falta que seas absurdamente introspectivo ni que mires el futuro con pavor, pero mantente alerta. Mantén tu memoria aguzada ante Dios. Una fortaleza sin vigilancia supone una doble debilidad, porque es allí donde las tentaciones menos probables conseguirán socavar eficazmente. Los personajes bíblicos tropezaron en sus puntos fuertes, nunca en los débiles.

La única garantía de seguridad es esta: «sois guardados por el poder de Dios» (1 PEDRO 1:5).

¿Puede un santo acusar falsamente a Dios?

> *... Todas las promesas de Dios son en él Sí, y en él Amén...*
> —2 CORINTIOS 1:20

La parábola de Jesús sobre los talentos (MATEO 25:14-30) era una advertencia de que es posible que juzguemos equivocadamente nuestras aptitudes. Esta parábola no tiene nada que ver con los talentos naturales, sino con el don del Espíritu Santo dado por primera vez en Pentecostés. No debemos medir nuestra capacidad espiritual según nuestra educación o intelecto; nuestras aptitudes en cosas espirituales se miden con base en las promesas de Dios. Si obtenemos menos que aquello que Dios desea para nosotros, no tardaremos en acusarlo falsamente como el siervo lo hizo con su señor al decir: «Esperas de mí más de lo que puedo hacer con la capacidad que me has dado. Exiges demasiado de mí y no puedo mantenerme fiel a ti en el lugar donde me pusiste». En lo que se refiere al Espíritu del Dios altísimo, no digas nunca: «no puedo». No permitas nunca que la limitación de tu capacidad natural interfiera. Si ya hemos recibido al Espíritu Santo, Dios espera que su obra sea visible en nosotros.

El siervo se justificó y condenó a su señor en todo sentido, como si dijera: «Tus exigencias son totalmente desproporcionadas respecto a lo que me diste». ¿Hemos acusado falsamente a Dios con el atrevimiento de preocuparnos después de que Él dijera: «Mas buscad primeramente el reino de Dios y su justicia, y todas estas cosas os serán añadidas» (MATEO 6:33)? Preocuparse significa hacer exactamente lo que aquel siervo alegó: «Sé que tu intención es dejarme desprotegido y vulnerable». La persona perezosa por naturaleza en el mundo físico es siempre crítica cuando declara: «No tuve una oportunidad digna». Y aquel que es perezoso en el reino espiritual es crítico en cuanto a Dios. Los perezosos siempre atacan a otras personas de una manera independiente.

No olvidemos nunca que nuestra capacidad y aptitud en los asuntos espirituales se miden por las promesas de Dios y con base en ellas. ¿Es Él capaz de cumplirlas? Nuestra respuesta depende de que hayamos recibido o no el Espíritu Santo.

No hieras al Señor

El Señor debe estar constantemente pasmado con nosotros; pasmado de ver cuán «complicados» somos. Nuestras propias opiniones nos vuelven necios y lentos de entendimiento; sin embargo, cuando somos sencillos, no actuamos como tontos; tenemos discernimiento todo el tiempo. Felipe esperaba la revelación de un tremendo misterio, pero no en Jesús, aquella Persona a la que él pensaba que conocía. El misterio de Dios no está en lo que va a suceder; está ahora, aunque esperemos que se revele en el futuro, en algún suceso significativo e impresionante. No nos negamos a obedecer a Jesús, pero es muy probable que estemos hiriéndolo con lo que le pedimos: «Señor, muéstranos el Padre» (Juan 14:8). Su respuesta es inmediata y directa: «¿No puedes verme?». Él está siempre aquí o no está en ningún lugar. Buscamos que Dios se manifieste *a* sus hijos, pero Él solo se manifiesta *en* sus hijos. Mientras los demás contemplan la evidencia, el hijo de Dios no la ve. Queremos ser plenamente conscientes de lo que Dios obra en nosotros, pero no podemos tener completa conciencia de ello y esperar permanecer razonables o equilibrados en nuestras expectativas con relación a Él. Si todo lo que pedimos a Dios son experiencias, y la conciencia de ellas bloquea nuestro camino, herimos al Señor. Nuestras propias dudas hieren al Señor porque no son las preguntas propias de un hijo.

> *... ¿Tanto tiempo hace que estoy con vosotros, y no me has conocido, Felipe?...*
>
> —Juan 14:9

«No se turbe vuestro corazón» (Juan 14:1, 27). ¿Estoy, entonces, hiriendo a Jesús al permitir que mi corazón se turbe? Si confío en Jesús y en sus atributos, ¿estoy viviendo de acuerdo con esa convicción? ¿Permito que algo perturbe mi corazón o dejo que surjan preguntas infundadas o incontestables? Tengo que llegar al punto de conquistar la relación plena e indudable que acepta todo exactamente como viene de Dios. Él nunca nos guía a un punto en el futuro, sino siempre aquí y ahora. Percibe que el Señor está aquí *ahora*, y la libertad que recibes es inmediata.

La luz que no falla nunca

El siervo de Dios debe ser capaz de vivir tan bien en soledad al punto de que nunca perciba que está solo. En las primeras etapas de la vida cristiana, las decepciones llegarán; personas que solían ser luces se apagarán; y aquellos que acostumbraban a quedarse a nuestro lado partirán. Debemos acostumbrarnos a eso para no sentirnos nunca solos. Pablo dijo: «todos me desampararon [...]. Pero el Señor estuvo a mi lado» (2 Timoteo 4:16-17). No tenemos que edificar nuestra fe sobre luces que fallan sino sobre aquella que nunca se apaga. Cuando los individuos «importantes» se van, nos entristecemos, pero después entendemos que estaban destinados a partir. Entonces, lo único que nos queda es contemplar el rostro de Dios por nuestra propia cuenta.

> *Por tanto, nosotros todos, mirando a cara descubierta [...] de gloria en gloria en la misma imagen, como por el Espíritu del Señor.*
>
> —2 Corintios 3:18

No permitas que nada te impida mirar fijamente el rostro de Dios en lo que se refiere a ti y tus convicciones doctrinales. Y cada vez que vayas a predicar, busca primero el rostro de Dios con relación al mensaje. Entonces, la gloria te rodeará. El siervo cristiano es aquel que siempre busca el rostro de Dios antes de hablar a las personas. El ministerio de Cristo se caracteriza por la gloria permanente de la que el siervo no es consciente en absoluto. «No sabía Moisés que la piel de su rostro resplandecía, después que hubo hablado con Dios» (Éxodo 34:29).

No se nos ha llamado para mostrar abiertamente nuestras dudas ni para revelar las alegrías o los placeres ocultos de nuestra vida con Dios. El secreto de la vida del siervo es mantenerse todo el tiempo en sintonía con Él.

¿Idolatras el trabajo?

Ten cuidado de que ningún trabajo para Dios te lleve a desviar tu atención de Él. Un gran número de obreros cristianos idolatra su trabajo. La única preocupación de los siervos cristianos debería ser mantenerse centrados en Dios. Esto significa que todos los otros límites de la vida —sean estos mentales, morales o espirituales— son completamente libres por la libertad que Dios les da a sus hijos; es decir, a hijos que lo adoran, no a uno descarriado. El siervo que no pone el énfasis en concentrarse de manera seria en Dios tiende a sobrecargarse con la obra. Es un esclavo de sus propios límites; no tiene libertad en el cuerpo, en la mente ni en el espíritu. En consecuencia, se vuelve exhausto y derrotado. No hay libertad ni placer en su vida. Sus nervios, su mente y su corazón se encuentran tan oprimidos que la bendición de Dios no puede reposar en él.

Porque nosotros somos colaboradores de Dios…
—1 Corintios 3:9

Pero lo contrario de eso también es verdad: cuando nos concentramos en Dios, todos los límites de nuestra vida son libres y están bajo el dominio exclusivo de Dios. Estamos exentos de la responsabilidad de la obra; la única responsabilidad que tenemos es vivir en contacto permanente con Dios, sin permitir nunca que nada nos impida cooperar con Él. La libertad que tenemos tras la santificación es la de un niño; las cosas que solían oprimir nuestra vida se desvanecen. Pero tengamos cuidado de recordar que hemos sido liberados con una única finalidad: permanecer totalmente consagrados a Aquel de quien nos volvimos colaboradores.

No tenemos derecho a decidir el lugar donde debemos ser colocados ni tener ideas preconcebidas en cuanto a la obra para la que Dios nos está preparando. El Señor lo tiene todo planeado; sea donde sea que Él nos ponga, nuestra única meta debe ser derramar nuestra vida con sincera devoción a Él en la ejecución de esa obra en particular. «Todo lo que te viniere a la mano para hacer, hazlo según tus fuerzas» (Eclesiastés 9:10).

Advertencia contra el anhelo de éxito espiritual

La mundanalidad no es la trampa que mayor peligro supone para los obreros cristianos, ni el pecado. La trampa en la que caemos es el deseo exagerado de éxito espiritual; un éxito que es medido y ejemplificado con base en patrones establecidos por esta era religiosa en la que vivimos. Nunca busques nada que no sea la aprobación de Dios. Debes estar siempre dispuesto a actuar de la siguiente forma: «Salgamos, pues, a Él, fuera del campamento, llevando su vituperio» (Hebreos 13:13). En Lucas 10:20, Jesús les dijo a los discípulos que no se regocijaran por el éxito en su servicio; sin embargo, este parece ser el principal motivo por el que la mayoría de nosotros nos alegramos. Tenemos una visión comercial; contamos cuántas almas han sido salvas y santificadas; le damos gracias a Dios, y enseguida, pensamos que está todo bien. Nuestro trabajo apenas comienza después de que la gracia de Dios ha establecido el fundamento. Nuestra obra no es salvar almas sino instruirlas sobre Cristo. La salvación y la santificación son obras de la gracia soberana de Dios; nuestro trabajo como sus discípulos es transmitir el mensaje de Jesús a otras personas hasta que caigan totalmente rendidas a Él. Una vida totalmente consagrada a Dios es de más valor para Él que cien que solo han experimentado un leve despertar del Espíritu. Como cooperadores de Dios, debemos reproducir espiritualmente nuestra propia especie; esas vidas serán el testimonio de Dios de que somos realmente sus obreros. Dios, por su gracia, nos eleva a un determinado patrón de vida, y somos responsables de la reproducción de ese mismo patrón en otras personas.

Pero no os regocijéis de que los espíritus se os sujetan...

—Lucas 10:20

A menos que el obrero tenga una «vida [...] escondida con Cristo en Dios» (Colosenses 3:3), puede convertirse para los demás en un dictador irritante en lugar de ser un discípulo vivo y activo. Muchos de nosotros somos dictadores; intentamos imponer nuestras voluntades a individuos y grupos. Pero Jesús nunca nos controla de esa manera. Siempre que el Señor hablaba sobre el discipulado, comenzaba con un «si»; nunca con una afirmación forzada o dogmática: «debes». El discipulado es una opción.

Instar a tiempo

Muchos de nosotros tenemos esa desajustada tendencia a estar preparados para instar solo «fuera de tiempo». La expresión «a tiempo» no se refiere al tiempo como tal sino a nosotros mismos. Este versículo dice «que prediques la palabra; que instes a tiempo y fuera de tiempo». En otras palabras, debemos instar ya sea que queramos hacerlo o no. Si solo hacemos lo que nos apetece, algunos de nosotros nunca haríamos nada. En el campo espiritual, hay personas totalmente inadecuadas para la obra; espiritualmente débiles e ineficaces, que se niegan a hacer algo a no ser que sientan una inspiración sobrenatural. La prueba de que nuestra relación con Dios es correcta es que lo hacemos lo mejor que podemos, nos sintamos inspirados o no.

Uno de los peores peligros para el siervo cristiano es obsesionarse con los excepcionales momentos de inspiración personales. Cuando el Espíritu de Dios nos proporciona un momento de inspiración y discernimiento, decimos: «ahora que he experimentado ese momento, seré siempre así para Dios». No, no lo serás; Dios se ocupará de que no sea así. Esos momentos son exclusivamente una dádiva de Dios. No te los puedes dar a ti mismo cuando te parezca bien. Si dices que siempre vas a tener el mejor desempeño para Dios, como en aquellos momentos excepcionales, te vuelves en realidad en una carga intolerable para Él. Nunca vas a hacer nada a no ser que Él te mantenga consciente de su inspiración en ti todo el tiempo. Si transformamos nuestros mejores momentos en dioses, acabaremos descubriendo que Dios se ha apartado de nuestra vida y de que solo volverá cuando cumplamos con obediencia la tarea que Él nos asignó. Mientras tanto, aprenderemos a no obsesionarnos con los momentos excepcionales que Él nos ha dado.

... Que prediques la palabra; que instes a tiempo y fuera de tiempo...

—2 TIMOTEO 4:2

La escalada suprema

El carácter de la persona determina cómo interpreta la voluntad de Dios (Salmos 18:25-26). Abraham entendió que la orden de Dios significaba que tendría que matar a su hijo, y él solo podría dejar esta creencia tradicional a través del dolor de tal prueba. Esa era la única forma en que Dios pudiera purificar su fe. Si obedecemos lo que Dios ordena, movidos por una convicción sincera, Él nos librará de esas creencias tradicionales que lo distorsionan. Hay muchas creencias de ese tipo de las que debemos librarnos. Por ejemplo, que Dios se lleva a un niño porque su madre lo ama demasiado. Eso es una mentira del diablo y una visión disfrazada de la verdadera naturaleza de Dios. Si el diablo puede impedir que realicemos la escalada suprema y que nos libremos de falsas convicciones acerca de Dios, el Señor nos sostendrá en la prueba que nos servirá para conocerlo mejor.

> *Toma ahora tu hijo [...] y ofrécelo allí en holocausto sobre uno de los montes que yo te diré.*
> —Génesis 22:2

La gran lección que debe aprenderse de la fe de Abraham en Dios es que él estaba preparado para hacer cualquier cosa por el Señor. Estaba allí para obedecer a Dios, independientemente de cualquier creencia contraria que pudiera ser violada por su obediencia. Abraham no era un devoto de sus propias convicciones, de lo contrario, habría sacrificado a Isaac y dicho que la voz del ángel que escuchó era la del diablo. Esa es la actitud de un fanático. Si permaneces fiel a Dios, Él te guiará por todas las barreras hasta llegar a la cámara secreta del conocimiento del Señor. Pero siempre debes estar dispuesto a renunciar a tus convicciones y creencias tradicionales. No le pidas a Dios que te pruebe. Nunca hagas una declaración como la de Pedro, deseando hacer cualquier cosa: «Señor, dispuesto estoy a ir contigo no solo a la cárcel, sino también a la muerte» (Lucas 22:33). Abraham no hizo ninguna declaración de ese tipo; simplemente, permaneció fiel a Dios, y Él purificó su fe.

¿Qué quieres?

> *¿Y tú buscas para ti grandezas?...*
> —Jeremías 45:5

¿Andas buscando grandes cosas en vez de procurar ser una gran persona? Dios quiere que tengas una relación íntima con Él en vez de solo recibir sus dádivas; quiere que lo conozcas. Incluso algunas cosas grandes que queremos no son esenciales; vienen y van. Dios nunca nos da nada por casualidad. No hay nada más fácil que entrar en una relación correcta con Dios, a menos que no sea el Señor a quien realmente deseamos sino solo lo que Él nos puede dar.

Si tan solo has llegado al punto de pedirle cosas a Dios, aún no sabes ni lo más mínimo sobre lo que significa la entrega. Te volviste un cristiano únicamente según tus propias condiciones. Protestas, diciendo: «Yo le pedí a Dios el Espíritu Santo, pero Él no me dio el descanso y la paz que yo esperaba». Inmediatamente, Dios señala la causa: en realidad, no estás buscando al Señor, sino algo para ti mismo. Jesús dice: «Pedid, y se os dará» (Mateo 7:7). Pídele a Dios lo que quieres y no te preocupes por solicitar cosas equivocadas, porque a medida que te acercas a Él, dejarás de pedirlas. «Vuestro Padre sabe de qué cosas tenéis necesidad, antes que vosotros le pidáis» (Mateo 6:8). Entonces, ¿para qué pedir? Para que lleguemos a conocerlo.

¿Estás buscando grandes cosas para ti mismo? ¿Has orado: «Oh, Señor, lléname completamente con tu Espíritu Santo»? Si Dios no lo ha hecho, es porque aún no te has rendido completamente a Él; hay algo que aún te niegas a hacer. ¿Estás preparado para preguntarte qué es lo que realmente deseas de Dios y por qué lo deseas? Dios siempre ignora tu nivel de plenitud actual en función de la que tendrás en el futuro. A Él no le interesa bendecirte y hacerte feliz ahora, sino que está trabajando su propia perfección suprema en ti: «para que sean uno, así como nosotros somos uno» (Juan 17:22).

Lo que vas a recibir

> *... A ti te daré tu vida por botín en todos los lugares adonde fueres.*
>
> —JEREMÍAS 45:5

Este es el firme e inconmovible secreto del Señor para aquellos que confían en Él: «A ti te daré tu vida». ¿Qué más desea el hombre a no ser su vida? Es lo esencial. «Tu vida por botín» significa que adonde quiera que vayas, aunque fuera incluso el infierno, de allí saldrás con vida; nada podrá herirte. Muchos nos sentimos fascinados por la grandeza de las cosas y nos gusta mostrárselas a los demás, no solo ostentando propiedades y bienes sino también nuestras bendiciones. Todo eso que mostramos con orgullo debe ser abandonado. Pero hay algo más importante que nunca pasará: la vida que «está escondida con Cristo en Dios» (COLOSENSES 3:3).

¿Estás preparado para permitir que Dios te lleve a la unidad profunda y total con Él y a no prestar más atención a lo que consideras las grandes cosas de la vida? ¿Estás listo para entregarte totalmente a Dios y renunciar a todo? La verdadera prueba de la entrega o de la sumisión está en negarse a preguntar: «¿Y qué pasa con esto?». Cuidado con tus propias ideas y especulaciones. En el momento en que te cuestionas: «¿qué pasa con esto?», demuestras que aún no te has entregado y que no confías realmente en Dios. Pero una vez que te entregas de verdad, no pensarás más en lo que Dios va a hacer. Entrega significa negarse a uno mismo el lujo de cuestionar. Si te entregas totalmente a Dios, Él te dirá de pronto: «te daré tu vida por botín». La razón por la cual las personas se cansan de la vida es que Dios no les ha dado nada; no recibieron su vida «como un botín». La forma de salir de esa situación es entregarse a Él. Cuando finalmente consigas rendirte totalmente a Dios, te transformarás en la persona más maravillada y feliz de la tierra. Dios te tendrá por completo, sin ninguna limitación, y te dará de regalo tu vida. Si aún no has llegado a ese punto, se debe a la desobediencia en tu vida o a negarte a ser lo suficientemente sencillo.

Bondadosa incertidumbre

La tendencia natural del ser humano es ser lógico y preciso —siempre intentando prever acertadamente el próximo paso— por lo cual consideramos la incertidumbre como algo negativo. Pensamos que debemos alcanzar un fin predeterminado; pero esa no es la naturaleza de la vida espiritual. La naturaleza de la vida espiritual es que tenemos certeza en nuestras incertidumbres. Como consecuencia, no echamos raíces. Nuestro sentido común dice: «¿Y si estuviera en tal circunstancia?»; pero no podemos presuponer cómo reaccionaríamos en una situación en la que nunca hemos estado.

… Y aún no se ha manifestado lo que hemos de ser…

—1 Juan 3:2

La certeza es la característica distintiva de la vida con sentido común; la bondadosa incertidumbre de la gracia es la marca de la vida espiritual. Tener la certeza de Dios significa estar incierto en todos los otros caminos, sin saber lo que el día de mañana traerá. Esto, en general, se expresa con un suspiro de lamento, pero debería ser una expresión de maravillosa expectativa. Estamos inciertos en cuanto al próximo paso, pero tenemos la certeza de Dios. En cuanto nos entregamos a Él y cumplimos la tarea que nos ha asignado, comienza a llenar nuestra vida de sorpresas. Cuando nos volvemos defensores de una determinada creencia, algo muere en nosotros; no creemos en Dios, solo en nuestra creencia sobre Él. Jesús dijo: «si no os volvéis y os hacéis como niños» (Mateo 18:3). La vida espiritual es como la de un niño. No estamos inciertos en cuanto a Dios, sino en cuanto a lo que Él va a hacer a continuación. Si nuestra certeza solo se basa en nuestras creencias, desarrollamos un sentido de autojustificación, nos volvemos absurdamente críticos, y nos limitamos al considerar que nuestras creencias son completas y firmes. Sin embargo, cuando establecemos una correcta relación con Dios, la vida se llena de incertidumbres y expectativas gozosas y espontáneas. Jesús dijo: «creed también en mí» (Juan 14:1). No dijo: «creed en ciertas cosas sobre mí». Dejémosle todo a Él, y la forma en la que Él actuará será gloriosamente incierta, pero puedes tener toda la certeza de que actuará. Solo debes permanecer fiel a Él.

Amor espontáneo

> *El amor es sufrido, es benigno...*
> —1 CORINTIOS 13:4

El amor no es premeditado sino espontáneo; emerge de maneras sorprendentes. No hay certeza exacta en la descripción que Pablo hace del amor. No podemos predeterminar nuestros pensamientos y acciones, diciendo: «ya no voy a pensar nada malo; voy a creer en todas las cosas en las que Jesús quiere que crea». No, la característica del amor es la espontaneidad. No tomamos deliberadamente las afirmaciones de Jesús y las establecemos como un patrón; pero cuando su Espíritu nos controla, vivimos de acuerdo con ese patrón sin ni siquiera percibirlo. Y cuando miramos hacia atrás, nos sorprendemos de cuánto nos hemos despreocupado de nuestras emociones, lo que demuestra claramente la espontaneidad del verdadero amor. La naturaleza de todas las expresiones de la vida de Dios en nosotros solo se revela después de que las experimentamos y quedan en nuestro pasado.

Las fuentes de las que emana el amor están en Dios, no en nosotros. Es absurdo pensar que el amor de Dios está en nuestro corazón de manera natural, como resultado de nuestra propia naturaleza. Su amor está en nosotros solo porque «ha sido derramado en nuestros corazones por el Espíritu Santo» (ROMANOS 5:5).

Si intentamos demostrarle a Dios cuánto lo amamos, es una señal de que no lo amamos de verdad. La evidencia de nuestro amor por Él es la absoluta espontaneidad de dicho amor, el cual fluye naturalmente de su naturaleza dentro de nosotros. Y cuando miramos hacia atrás, somos incapaces de decir por qué hemos hecho ciertas cosas, pero sabemos que las hicimos de acuerdo con la naturaleza espontánea de su amor en nosotros. La vida de Dios se manifiesta de esta forma espontánea porque las fuentes de su amor están en el Espíritu Santo.

Fe, no emoción

Durante algún tiempo, somos plenamente conscientes del interés de Dios hacia nosotros. Después, sin embargo, cuando Él comienza a usarnos en su obra, empezamos a adoptar una mirada triste y a hablar solamente de nuestras dificultades y pruebas. Mientras, Dios desea que cumplamos nuestro trabajo de manera discreta, lejos de los focos. Si dependiera de nosotros, ninguno sería siervo espiritualmente anónimo. ¿Somos capaces de cumplir nuestro deber cuando parece que Dios nos ha cerrado la puerta del cielo? Algunos deseamos ser santos resplandecientes con aureolas doradas y el brillo de la inspiración, y hacer uso de las atenciones del pueblo de Dios todo el tiempo. Un cristiano seguro de sí mismo no tiene valor para Dios; es anormal, inadecuado para la vida diaria y sin ningún parecido con el Señor. No estamos aquí como ángeles en formación, sino como hombres y mujeres que luchan para realizar las tareas de este mundo. Y debemos hacerlo con un poder infinitamente mayor para soportar la lucha porque hemos nacido de lo alto.

Porque por fe andamos, no por vista.
—2 Corintios 5:14

Si continuamente intentamos traer de vuelta los excepcionales momentos de inspiración, es señal de que no es Dios lo que deseamos. Nos volvemos obcecados por los momentos en los que Él se hizo presente en nuestra vida y habló con nosotros, e insistimos en que lo haga de nuevo. No obstante, lo que Dios quiere es que andemos por fe. ¿Cuántos de nosotros nos apartamos desanimados como si dijéramos: «no conseguiré hacer nada más mientras Dios no se manifieste»? Pero Él jamás va a hacer eso. Debemos levantarnos solos, sin ninguna inspiración y sin ningún toque repentino de Dios. Y, para nuestra sorpresa, exclamaremos: «¿Cómo es que Él ha estado aquí todo el tiempo y yo nunca me he dado cuenta?». No busques jamás vivir solo en función de aquellos momentos excepcionales; son sorpresas. Dios solo nos dará toques de inspiración cuando perciba que no hay riesgo de que nos desviemos por culpa de ellos. Nunca debemos hacer de nuestros momentos de inspiración una regla de vida; nuestra obra es nuestra regla.

La paciencia de esperar la visión

Paciencia no es sinónimo de indiferencia; la paciencia conlleva la idea de alguien muy fuerte y capaz de resistir todos los ataques. Tener la visión de Dios es la fuente de la paciencia, porque es ella la que nos transmite la inspiración divina verdadera y adecuada. Moisés no perseveró por su devoción a sus principios de justicia ni por el sentido del deber para con Dios sino porque tenía una visión del Señor. Moisés «se sostuvo como viendo al Invisible» (HEBREOS 11:27). La persona que obtiene la visión de Dios no se dedica a una causa o a una cuestión particular cualquiera; se dedica a Dios mismo. Siempre es posible saber cuándo la visión es de Dios por la inspiración que la acompaña. La inspiración llega hasta ti con grandiosidad y trae vitalidad a tu vida porque todo es reavivado por Dios. Él puede someterte a un período de silencio, así como su Hijo lo experimentó durante la tentación en el desierto. Cuando Dios actúa de esa manera, solo necesitas perseverar, y la fuerza para resistir estará ahí a tu disposición porque ves a Dios.

«Aunque tardare, espéralo». La prueba de que tenemos la visión es que estamos buscando algo mucho más allá de lo que ya hemos alcanzado. No es bueno sentirse satisfecho espiritualmente. El salmista dijo: «¿Qué pagaré al Señor [...]? Tomaré la copa de la salvación» (SALMOS 116:12-13). Nuestra tendencia es buscar la satisfacción dentro de nosotros mismos y decir: «¡Ahora entiendo! ¡Ahora estoy totalmente santificado y puedo resistir!». Al instante, estamos en el camino hacia la ruina. Nuestra búsqueda debe ir más allá de lo que ya hemos alcanzado. Pablo dijo: «No que lo haya alcanzado ya, ni que ya sea perfecto; sino que prosigo» (FILIPENSES 3:12). Si lo que tenemos es solo lo que experimentamos, no tenemos nada. Pero si hemos recibido la inspiración de la visión de Dios, tenemos más de lo que podemos experimentar. Cuídate del gran peligro de la relajación espiritual.

> *... aunque tardare, espéralo...*
>
> —HABACUC 2:3

Intercesión vital

Orando en todo tiempo con toda oración y súplica en el Espíritu...
—Efesios 6:18

A medida que continuamos intercediendo unos por otros, podemos descubrir que nuestra obediencia a Dios en la intercesión tendrá, para aquellos por quienes intercedemos, un costo mayor de lo que jamás habíamos imaginado. El peligro de esto es que empecemos a interceder por empatía a aquellos a quienes Dios estaba elevando de manera gradual a una posición totalmente diferente en respuesta directa a nuestras oraciones. Siempre que retrocedemos en identificarnos con el interés de Dios por los demás y solo tenemos empatía emocional con ellos, la conexión vital con el Señor desaparece. Al actuar así, interponemos nuestra empatía y preocupación por ellos, y esto es una afrenta deliberada al Señor.

Es imposible interceder de forma eficaz y vital sin estar perfecta y completamente seguro en Dios; y los mayores destructores de esa relación de confianza con Él —tan necesaria para la intercesión— son nuestras empatías y prejuicios. La identificación con Dios es la llave para la intercesión, y siempre que dejamos de identificarnos con Él se debe a la compasión por los demás, no al pecado. Es poco probable que el pecado interfiera en nuestra relación intercesora con Dios, pero la empatía sí que lo hará. Es la empatía a nosotros mismos o a los demás la que nos lleva a decir: «No voy a permitir que eso suceda». Y al instante, estamos fuera de esa conexión vital con Dios.

La intercesión vital no te deja tiempo ni inclinación para orar por el «pobrecito de ti». No necesitas luchar contigo mismo para dejar de preocuparte de ti mismo, porque esos pensamientos ni siquiera están presentes. Te identificas completa y enteramente con los intereses de Dios por los demás. El Señor nos da discernimiento sobre la vida de los demás para llamarnos a interceder por ellos, pero nunca para que podamos encontrar sus errores.

La intercesión sustitutoria

Ten cuidado de pensar que la intercesión significa llevar nuestras empatías e intereses personales a la presencia de Dios, y a continuación, exigir que haga todo lo que le pidamos. Nuestro acercamiento a Él se debe por completo a la identificación vicaria o sustitutoria de nuestro Señor con el pecado. Tenemos «libertad para entrar en el Lugar Santísimo por la sangre de Jesucristo».

La inflexibilidad espiritual es el mayor obstáculo para la intercesión porque se basa en una «comprensión» empática de cosas que vemos en nosotros mismos y en los demás, y que creemos que no necesitan ser expiadas. Pensamos que hay ciertas cosas buenas y virtuosas en cada uno de nosotros que no necesitan la redención obtenida en la cruz de Cristo. Solo la pereza y la falta de interés producidos por ese tipo de mentalidad nos vuelven incapaces de interceder. No nos identificamos más con los intereses de Dios por los demás y nos irritamos con Él. Así, nuestras propias ideas están siempre a mano y nuestra intercesión se vuelve solo la glorificación de nuestras afinidades personales. Debemos entender que la identificación de Jesús con el pecado significa un cambio radical de todas nuestras afinidades e intereses. La intercesión vicaria, sustitutoria, significa que, de manera deliberada, sustituimos nuestras empatías naturales hacia otras personas con los intereses de Dios por ellas.

> *... teniendo libertad para entrar en el Lugar Santísimo por la sangre de Jesucristo.*
>
> —Hebreos 10:19

¿Soy inflexible o sustitutivo? ¿Soy irrespetuoso o íntegro en mi relación con Dios? ¿Soy irritable o espiritual? ¿Estoy decidido a hacer mi propia voluntad o resuelto a identificarme con Él?

El juicio y el amor de Dios

El siervo cristiano nunca puede olvidarse de que la salvación es una idea que partió de Dios, no del hombre; por tanto, tiene una profundidad insondable. La salvación no es una experiencia; es la gran idea de Dios. La experiencia es solo la puerta por la que la salvación entra en nuestra conciencia a fin de que tengamos noción de lo que sucede en un nivel mucho más profundo. Nunca prediques la experiencia; predica la gran idea de Dios que está por detrás de ella. Cuando predicamos, no estamos solo proclamando cómo pueden las personas salvarse del infierno, ser purificadas y volverse morales; estamos comunicando la buena noticia sobre Dios.

Porque es tiempo de que el juicio comience por la casa de Dios…

—1 PEDRO 4:17

En las enseñanzas de Jesucristo, la cuestión del juicio siempre se destaca; es la señal del amor de Dios. Nunca te compadezcas de alguien a quien le resulta difícil acercarse a Dios; la culpa no es del Señor. No nos compete descubrir la razón de esa dificultad, sino solo presentar la verdad de Dios, de tal manera que el Espíritu Santo revele lo que está equivocado. El gran test de calidad de nuestra predicación es que lleve a todos a juicio o no. Cuando se anuncia la verdad, el Espíritu Santo lleva a cada persona cara a cara con Dios mismo.

Si alguna vez Jesús nos ordenara hacer algo para lo que Él mismo no nos capacitó, sería un mentiroso. Y si hiciéramos de nuestra incapacidad una piedra de tropiezo o una excusa para no obedecer, significa que estamos diciéndole a Dios que hay algo que Él aún no ha tenido en cuenta. Cada resto de nuestra autoconfianza debe ser exterminado por el poder de Dios. En el momento en que reconozcamos nuestra absoluta debilidad y nuestra dependencia de Él, será entonces cuando el Espíritu Santo manifieste su poder.

La libertad y los estándares de Jesús

El hombre espiritual nunca te exigirá que creas en esto o en aquello; te pedirá que ordenes tu vida con el estándar de Jesús. No se nos llama a creer en la Biblia sino en Aquel a quien la Biblia revela (JUAN 5:39-40). Somos llamados a presentar la libertad para que otros lleguen a ser conscientes de ella, no para darles la libertad para sus pensamientos y opiniones. Y si nosotros somos libres con la libertad de Cristo, los demás serán llevados a conocerla también; la libertad que viene de darse cuenta del control absoluto y la autoridad de Jesucristo.

Estad, pues, firmes en la libertad con que Cristo nos hizo libres…

—GÁLATAS 5:1

Evalúa siempre tu vida solamente con base en los estándares de Jesucristo. Sométete a su yugo, y solo al suyo; y nunca pongas sobre los demás un yugo que no sea el de Jesucristo. Dios necesita mucho tiempo para librarnos de la testarudez de creer que a no ser que piensen como nosotros, todos están equivocados. Su punto de vista nunca es ese. Existe solo una libertad verdadera: la de Jesús cuando actúa en nuestra conciencia, capacitándonos para hacer lo que es correcto.

No seas impaciente con los demás. Recuerda cómo te trató Dios: con paciencia y amabilidad. Sin embargo, nunca diluyas la verdad divina. Déjala actuar y nunca te disculpes por ella. Jesús dijo: «id, y haced discípulos» (MATEO 28:19); no dijo: «hagan adeptos de sus propios pensamientos y opiniones».

Edificar para la eternidad

Nuestro Señor no se refería aquí al costo que tendríamos que considerar, sino al que Él mismo ya había calculado. El costo fueron esos treinta años en Nazaret; esos tres años de popularidad, escándalo y odio; la insondable agonía que experimentó en Getsemaní; y los ataques contra Él en el Calvario, punto central a partir del que todo el tiempo y la eternidad se desarrollan. Jesucristo calculó el costo. En última instancia, las personas no se reirán de Él ni afirmarán: «Este hombre comenzó a edificar, y no pudo acabar» (LUCAS 14:30).

Las condiciones para el discipulado establecidas por el mismo Señor Jesús en los versículos 26, 27 y 33 suponen que los hombres y las mujeres que Él va a utilizar en sus poderosas empresas son aquellos en los que Él ya ha realizado todo lo necesario. «Si alguno viene a mí, y no aborrece a su padre, y madre, y mujer, e hijos, y hermanos, y hermanas, y aun también su propia vida, *no puede ser mi discípulo*» (LUCAS 14:26). Este versículo nos enseña que nuestro Señor sólo va a usar en sus empresas a aquellos que lo aman personalmente, con pasión y gran devoción; aquellos cuyo amor por Él va mucho más allá de cualquiera de las relaciones más cercanas de la tierra. Las condiciones son inexorables, pero gloriosas.

Porque ¿quién de vosotros, queriendo edificar una torre, no se sienta primero y calcula los gastos, a ver si tiene lo que necesita para acabarla?

—LUCAS 14:28

Todo lo que construyamos será inspeccionado por Dios. Cuando Él nos inspeccione con su fuego escrutador y purificador, ¿detectará que edificamos sobre nuestro propio esfuerzo o sobre el fundamento de Jesús (1 CORINTIOS 3:10-15)? Vivimos en una época de extraordinarias empresas, días en que intentamos trabajar para Dios, y ahí se encuentra la trampa. Hablando francamente, jamás podríamos trabajar para Dios. Jesús, como el constructor por excelencia, es quien asume el comando para poder dirigirnos y controlarnos por completo para sus empresas y sus planes de construcción; nadie tiene ningún derecho a exigir el lugar donde será colocado para trabajar.

Fe para perseverar

Perseverar es más que aguantar; más que simplemente resistir hasta el fin. La vida del santo está en las manos de Dios así como el arco y la flecha están en las de un arquero. Dios apunta a algo que el santo no puede ver, pero nuestro Señor continúa estirando la cuerda y tensando el arco, y de vez en cuando, el santo dice: «No aguanto más». Sin embargo, Dios no le presta atención. Continúa tensando cada vez más el arco hasta que tiene a la vista su objetivo, y entonces, dispara y deja que la flecha vuele. Ponte en las manos de Dios. ¿Hay algún área de tu vida en la que necesitas perseverar? Persiste en tu relación íntima con Jesucristo por la perseverancia de la fe. Así como Job, declara: «He aquí, aunque Él me matare, en Él esperaré; no obstante, defenderé delante de Él mis caminos» (Job 13:15).

La fe no es una emoción débil y mísera, sino una confianza fuerte y vigorosa basada en que Dios es amor santo. Y aunque no puedas verlo en este momento ni comprender lo que Él está realizando, lo conoces a *Él*. El desastre sucede en tu vida cuando te falta la compostura mental que proviene de fundamentarte sobre la eterna verdad de que Dios es amor santo. La fe es el esfuerzo supremo de tu vida; hace que te arrojes con un total abandono y confianza en Dios.

Dios se atrevió a arriesgarlo todo en Jesucristo para salvarnos, y ahora quiere que nos entreguemos con confianza ilimitada en Él. Hay áreas en nuestra vida en las cuales esa fe aún no ha actuado, aspectos que todavía no han sido tocados nunca por la vida de Dios. En la vida de Jesucristo, no había ninguna de esas áreas, y tampoco debe haberlas en la nuestra. Jesús oró: «Y esta es la vida eterna: que te conozcan a ti» (Juan 17:3). El verdadero significado de la vida eterna es poder vivir enfrentando cualquier cosa sin vacilar. Si asimilamos esto, la vida se volverá una bella historia, una gloriosa oportunidad de ver maravillas todo el tiempo. Dios nos corrige para ponernos en ese lugar central de poder.

Por cuanto has guardado la palabra de mi paciencia…

—Apocalipsis 3:10

Ir más allá de nuestro alcance

Hay mucha diferencia entre aferrarse a un principio y tener una visión. Un principio no proviene de la inspiración moral, pero una visión sí. Las personas que se entregan por completo a principios idealistas rara vez hacen algo concreto. El concepto que alguien tiene de Dios y sus atributos puede ser usado incluso para justificar y racionalizar una negligencia deliberada de su deber. Jonás intentó disculpar su propia desobediencia diciendo: «porque sabía yo que tú eres Dios clemente y piadoso, tardo en enojarte, y de grande misericordia, y que te arrepientes del mal» (JONÁS 4:2). Yo también puedo tener un concepto equivocado de Dios y de sus atributos, pero esa puede ser precisamente la razón de que no cumpla con mi deber. Sin embargo, donde hay visión, hay también una vida de honestidad e integridad, porque la visión me da el incentivo moral.

Sin profecía el pueblo se desenfrena…
—PROVERBIOS 29:18

Nuestros principios idealistas pueden llevarnos a la ruina. Examínate espiritualmente para ver si tienes visión o solo principios. «Ah, la búsqueda del hombre debería ser mayor que su alcance, o de lo contrario, ¿para qué existe el cielo?».

«Sin profecía [o visión profética]». En cuanto perdemos de vista a Dios, comenzamos a ser negligentes. Dejamos de lado algunas restricciones en relación a actividades que sabemos que están mal. También dejamos de lado la oración y perdemos la visión de Dios en las pequeñas cosas de la vida. Comenzamos simplemente a actuar por cuenta propia. Si estamos viviendo solo de aquello que conseguimos con nuestras manos, actuando por nuestra propia iniciativa, sin esperar nada de Dios ni de sus intervenciones, estamos camino abajo. Hemos perdido la visión. Nuestra actitud hoy, ¿fluye de nuestra visión de Dios? ¿Esperamos que Dios haga cosas mayores que las que ya hizo? ¿Demostramos vigor y vitalidad espiritual?

Toma la iniciativa

Añadid quiere decir que debemos hacer algo. Y corremos el riesgo de olvidar que no podemos hacer lo que Dios hace, y que Él no hará aquello que nosotros podemos hacer. No podemos salvarnos ni santificarnos; Dios hace eso. Sin embargo, el Señor no nos dará buenos hábitos o carácter ni nos forzará a andar correctamente delante de Él. Todo eso tenemos que hacerlo por nuestra propia iniciativa. Tenemos que ocuparnos *nosotros* en nuestra salvación que Dios realizó *en* nosotros (Filipenses 2:12). *Añadir* significa que debemos adquirir el hábito de hacer ciertas cosas, y esto es difícil en las etapas iniciales. Tomar la iniciativa es dar el primer paso; instruirte en el camino que debes seguir.

... añadid a vuestra fe virtud...
—2 Pedro 1:5

Cuidado con la tendencia de preguntar cuál es el camino cuando ya lo sabes perfectamente bien. Toma la iniciativa, deja de dudar, da el primer paso. Sé decidido para actuar de inmediato por fe en aquello que Dios te dice cuando habla, y nunca reconsideres ni alteres tus decisiones iniciales. Si dudas cuando Dios te dice que hagas algo, estás siendo negligente, despreciando la gracia que te sustenta. Toma la iniciativa, toma tu decisión ahora y no retrocedas. No vuelvas atrás, sino di: «*Voy a* escribir esa carta» o «*voy a* pagar esa deuda»; ¡y hazlo! Que sea irrevocable.

Necesitamos adquirir el hábito de escuchar atentamente lo que Dios tiene que decir sobre todas las cosas, teniendo el cuidado de habituarnos a descubrir lo que Él dice y a ponerlo en práctica. Si llega una crisis e instintivamente nos volvemos hacia Dios, sabremos que ya hemos desarrollado el hábito. Tenemos que tomar la iniciativa en el lugar en el que *estamos*, no donde aún no hemos estado.

Amaos los unos a los otros

El amor es algo indefinido para la mayoría de nosotros; no sabemos lo que queremos decir cuando hablamos sobre él. El amor es la preferencia más elevada de una persona por otra. En el campo espiritual, Jesús exige que esta preferencia soberana sea por Él (LUCAS 14:26). Al comienzo, cuando «el amor de Dios es derramado en nuestros corazones por el Espíritu Santo» (ROMANOS 5:5), es fácil poner a Jesucristo en primer lugar. Pero luego, debemos poner en práctica las actitudes mencionadas en el primer capítulo de 2 Pedro para ver que se están cumpliendo en nuestra vida.

Lo primero que Dios hace es quitar de mi vida la falta de sinceridad, el orgullo y la vanidad. Y el Espíritu Santo me revela que Dios me amó, pero no porque yo fuese digno de ello sino porque su naturaleza es amar. Ahora, Él me ordena que muestre este mismo amor a los otros, al declarar: «Que os améis unos a otros, como yo os he amado» (JUAN 15:12). Está diciendo: «Voy a rodearte de muchas personas a quienes quizá no respetes, pero debes demostrarles mi amor de la misma manera que yo te lo manifesté a ti. Este tipo de amor no es frecuente hacia quienes no son dignos de ser amados; es el amor de Dios, y no se hará evidente en nosotros de la noche a la mañana. Algunos tal vez hayamos intentado forzarlo, pero pronto nos cansamos y nos frustramos.

… añadid […] al afecto fraternal, amor.
—2 PEDRO 1:5, 7

«El Señor […] es paciente para con nosotros, no queriendo que ninguno perezca» (2 PEDRO 3:9). Debo mirar dentro de mí y recordar la manera maravillosa en que Él me ha tratado. La profunda comprensión de que Dios me amó más allá de todos los límites me hará salir al mundo para amar a los demás de la misma forma. Puedo sentirme molesto por tener que convivir con alguien difícil. Pero ¡piensa solamente en cómo yo he sido igualmente desagradable para Dios! ¿Estoy dispuesto a identificarme de tal manera con el Señor Jesús que su vida y su dulzura fluyan continuamente a través de mí? Ni el amor natural ni el amor de Dios permanecerán ni crecerán en mí a no ser que los cultive. El amor es espontáneo, pero debe ser cultivado por medio de la disciplina.

El hábito de no tener hábitos

> *Porque si estas cosas están en vosotros, y abundan, no os dejarán estar ociosos ni sin fruto...*
>
> —2 PEDRO 1:8

Cuando empezamos a adquirir un hábito, somos totalmente conscientes de ello. Hay ocasiones en que percibimos que nos volvemos virtuosos y reverentes, pero esa conciencia es solo una etapa por la que pasamos con rapidez a medida que crecemos espiritualmente. Si nos detenemos en esa etapa, desarrollaremos un sentido de orgullo espiritual. La forma correcta de actuar con respecto a los hábitos piadosos es sumergirlos en la vida del Señor hasta que se conviertan en expresiones tan espontáneas de nuestra vida que ya sean inconscientes. Nuestra vida espiritual nos hace prestar una atención introspectiva para autoexaminarnos, porque todos poseemos algunas cualidades que aún no han sido incorporadas en nuestra vida.

Tu dios puede ser solo un pequeño hábito cristiano, como orar o leer la Biblia en determinados momentos del día. Observa cómo tu Padre interrumpirá esos compromisos si comienzas a adorar tu hábito en lugar de lo que este simboliza. Podemos decir: «No puedo hacer eso ahora porque es mi momento de estar a solas con Dios». No, ese no es tu momento con Dios; es la hora de estar con tu hábito. Hay una cualidad que todavía te falta. Identifícala y busca luego oportunidades de desarrollarla en tu vida.

El amor significa que no hay hábitos visibles, sino que están tan sumergidos en el Señor que los practicas sin darte cuenta. Si tienes consciencia de tu propia santidad, te estás limitando a ti mismo y crees que no puedes hacer ciertas cosas; cosas de las cuales Dios no te está privando en absoluto. Esto significa que te falta una cualidad que debe ser añadida a tu vida. La única vida sobrenatural es aquella que el Señor Jesús vivió, y Él se sentía plenamente en casa con Dios en cualquier lugar. ¿Hay algún lugar en el que no te sientes a gusto con Dios? Permite que el Señor actúe por medio de cualquier circunstancia particular hasta que madures en Él e incorpores las cualidades del Señor en tu andar diario. De este modo, tu vida se volverá simple como la de un niño.

El hábito de mantener una conciencia limpia

Los mandamientos de Dios para nosotros se dan en realidad para la vida de su Hijo en nosotros. En consecuencia, para nuestra naturaleza humana en la que su Hijo fue formado (GÁLATAS 4:19), sus mandamientos son difíciles; pero se vuelven divinamente fáciles una vez que obedecemos.

La conciencia es la capacidad que hay en mí que se une al estándar más elevado que conozco y que luego me recuerda continuamente lo que ese patrón exige que haga. Es el ojo del alma que mira en dirección a Dios o a lo que consideramos el estándar más elevado. Eso explica por qué la conciencia es diferente en cada persona. Si tengo el hábito de mantener el estándar de Dios delante de mí, mi conciencia siempre me dirigirá a la ley perfecta del Señor y me indicará lo qué debo hacer. La pregunta es: «¿Obedeceré?». Tengo que esforzarme para mantener mi conciencia tan sensible que pueda vivir sin ofender a nadie. Debo vivir en una armonía tan perfecta con el Hijo de Dios que el espíritu de mi mente sea renovado por cada circunstancia de la vida, y yo sea capaz de experimentar inmediatamente cuál sea la buena, agradable y perfecta voluntad de Dios (ROMANOS 12:2; EFESIOS 4:23).

Y por esto procuro tener siempre una conciencia sin ofensa ante Dios y ante los hombres.

—HECHOS 24:16

Dios siempre nos instruye en los mínimos detalles. ¿Son mis oídos lo suficientemente sensibles como para oír hasta el más leve susurro del Espíritu al punto de saber lo que debo hacer? «Y no contristéis al Espíritu Santo de Dios» (EFESIOS 4:30). Él no habla con la voz de un trueno; su voz es tan suave que podemos ignorarla fácilmente. Lo único que mantiene nuestra conciencia sensible a Él es el hábito de conservar nuestro corazón abierto a Dios. Cuando comiences a cuestionar, detente de inmediato. No preguntes: «¿Por qué no puedo hacer esto?». Estás en el camino equivocado. No hay argumentos cuando la conciencia habla. Sea lo que sea, déjalo y mantén clara tu visión interior.

El hábito de gozarse en la adversidad

Tenemos que desarrollar hábitos divinos para expresar lo que la gracia de Dios ha hecho en nosotros. No es solo una cuestión de ser salvos del infierno sino de serlo «para que también la vida de Jesús se manifieste en nuestros cuerpos». La adversidad nos hace manifestar su vida en nuestro cuerpo mortal. ¿Mi vida está manifestando la esencia de la dulzura del Hijo de Dios o solo la básica irritación del «yo» que tendría sin Él? Lo único que va a capacitarme para apreciar la adversidad es el profundo deseo de permitir que la vida del Hijo de Dios se haga evidente en mí. Independientemente de lo difícil que algo pueda llegar a ser, debo decir: «Señor, me siento feliz por obedecerte en esto». Al instante, el Hijo de Dios se situará delante de mi vida y manifestará en mi cuerpo aquello que lo glorifique.

... para que también la vida de Jesús se manifieste en nuestros cuerpos.
—2 CORINTIOS 4:10

No debes discutir. En cuanto obedeces a la luz de Dios, su Hijo brilla por medio de ti en esa misma adversidad; pero si discutes con Dios, contristas a su Espíritu (EFESIOS 4:30). Debes mantenerte siempre en condiciones apropiadas que permitan que la vida del Hijo de Dios se manifieste en ti, lo cual no va a suceder si das lugar a la autoconmiseración. Nuestras circunstancias son los medios que Dios usa para demostrar cuán maravillosamente perfecto y extraordinariamente puro es su Hijo. Encontrar una nueva manera de manifestar al Hijo de Dios debería hacer que nuestro corazón vibrase con renovado entusiasmo. Una cosa es optar por la adversidad y otra muy diferente es aceptarla mediante la orquestación de nuestras circunstancias por parte de la soberanía de Dios. Y si Dios permite una adversidad, Él mismo es adecuadamente suficiente para suplir todo lo que nos falte (FILIPENSES 4:19).

Mantén tu alma en condiciones adecuadas para manifestar la vida del Hijo de Dios. No vivas de tus recuerdos del pasado sino permite que la Palabra de Dios esté siempre viva y activa en ti.

El hábito de estar a la altura de la ocasión

Recuerda que has sido salvado para que la vida de Jesús pueda manifestarse en tu cuerpo (2 Corintios 4:10). Concentra toda tu energía en el objetivo de alcanzar todo lo que tu elección como hijo de Dios te provee; debes estar a la altura de cualquier ocasión que surja en tu camino.

No has hecho nada para alcanzar tu salvación, pero debes hacer algo para manifestarla. Debes ocuparte *exteriormente* de tu salvación, la cual Dios ya ha realizado *en* ti (Filipenses 2:12). ¿Tu modo de hablar o tu forma de pensar y tus emociones evidencian que ya estás trabajando en ese desarrollo? Si todavía continúas siendo la misma persona miserable, malhumorada, testaruda, es mentira decir que Dios te ha salvado y santificado.

Dios es el Diseñador por excelencia, y Él permite las adversidades en tu vida para que puedas superarlas adecuadamente: «con mi Dios asaltaré muros» (Salmos 18:29). Dios nunca va a eximirte de las exigencias por ser su hijo o hija. En 1 Pedro 4:12, leemos: «Amados, no os sorprendáis del fuego de prueba que os ha sobrevenido, como si alguna cosa extraña os aconteciese». Debes estar a la altura de los desafíos. Haz lo que se te exige. No importa cuánto te duela eso con tal de que le des a Dios la oportunidad de manifestar la vida de Jesús en tu cuerpo.

Que Dios no encuentre más quejas en ninguno de nosotros, sino vigor espiritual, disposición para enfrentar cualquier cosa que Él mismo ponga en nuestro camino. El único objetivo justo de la vida es manifestar al Hijo de Dios; y cuando esto sucede, todas nuestras exigencias a Dios desaparecen. Nuestro Señor nunca le hizo exigencias a su Padre, y nosotros no debemos hacerlo tampoco. Estamos aquí para someternos a su voluntad a fin de que Él pueda actuar por medio de nosotros como lo desee. Una vez que percibimos esto, Él nos hará «pan partido» y «vino derramado» con lo cual alimentará y nutrirá a otros.

... para que sepáis cuál es la esperanza a que él os ha llamado...

—Efesios 1:18

El hábito de reconocer la provisión de Dios

Participamos de la naturaleza divina al recibirla y compartirla mediante sus promesas. Después, debemos trabajarla en nuestra naturaleza desarrollando hábitos espirituales. El primero que debe desarrollarse es reconocer la provisión de Dios a nuestro favor. Sin embargo, decimos: «No puedo». Una de las mentiras más destructivas se esconde en esta declaración. ¡Al hablar así, parece que nuestro Padre celestial nos ha dejado sin un centavo! Pensamos que se trata de una señal de verdadera humildad decir al final del día: «Bueno, he conseguido sobrevivir, pero ha sido una batalla dura». Sin embargo, todo lo que pertenece al Dios todopoderoso es nuestro en el Señor Jesús. Si le obedecemos, Él alcanzará la estrella más distante y el último grano de arena para bendecirnos. ¿Acaso importa de verdad que nuestras circunstancias sean complicadas? ¿Por qué no iban a serlo? Si damos lugar a la autocompasión y empezamos a obtener placer en el sufrimiento, eliminamos las riquezas de Dios de nuestra vida e impedimos que otros disfruten de esa misma provisión. Ningún pecado es peor que la autoconmiseración porque quita a Dios del trono de nuestra vida y lo sustituye con nuestros intereses egoístas. Tal actitud hace que solo nos quejemos, y así, nos convertimos en esponjas espirituales; siempre absorbiendo, sin dar ni sentirnos satisfechos. Y no hay nada de generosidad ni de bondad en nuestra vida.

... llegaseis a ser participantes de la naturaleza divina...

—2 PEDRO 1:4

Antes de que Dios se agrade de nosotros, nos quitará toda nuestra «riqueza», hasta que aprendamos que solo Él es nuestra fuente. «Todas mis fuentes están en ti» (SALMOS 87:7). Si la majestad, la gracia y el poder de Dios no se manifiestan en nosotros, Él nos responsabiliza de ello. «Y poderoso es Dios para hacer que abunde en vosotros toda gracia, a fin de que [...] abundéis» (2 CORINTIOS 9:8). Entonces, aprende a compartir abundantemente la gracia de Dios a los demás, entregándote con generosidad. Que se note y se identifique la naturaleza de Dios en tu vida, y las bendiciones del Señor fluirán a través de ti constantemente.

Su ascensión y nuestro acceso

No hay ninguna experiencia de nuestra vida que se corresponda con los eventos de la del Señor después de la transfiguración. A partir de ese momento crucial, su vida se volvió enteramente sustitutiva. Hasta la transfiguración, Él había demostrado la vida normal y perfecta de un hombre. A partir de entonces, Getsemaní, la cruz, la resurrección, todo se vuelve extraño para nosotros. Su cruz es la puerta por la que todos los miembros de la raza humana pueden acceder a la vida de Dios; por la resurrección, Cristo tiene el derecho de dar vida eterna a cualquier persona; y por la ascensión, nuestro Señor entra en el cielo y mantiene abierta la puerta para la humanidad.

La transfiguración se completó en el monte de la ascensión. Si Jesús hubiera subido al cielo directamente del monte de la transfiguración, habría ido solo. No habría sido más que una gloriosa personalidad. Sin embargo, Él le dio la espalda a la gloria y descendió del monte para identificarse con la humanidad caída.

Y aconteció que bendiciéndolos, se separó de ellos, y fue llevado arriba al cielo.

—Lucas 24:51

La ascensión es la perfecta consumación de la transfiguración. Nuestro Señor regresó a su gloria original, pero no simplemente como el Hijo de Dios sino también a su Padre como el *Hijo del Hombre*. Por la ascensión del Hijo del Hombre, toda persona tiene ahora acceso libre y directo al trono mismo de Dios. Como Hijo del Hombre, Jesucristo deliberadamente limitó su omnipotencia, omnipresencia y omnisciencia. Pero hoy todo eso está bajo su pleno y absoluto poder. Como Hijo del Hombre, Jesucristo tiene todo el poder junto al trono de Dios. Desde la ascensión, Él es el Rey de reyes y el Señor de señores.

Vivir de manera sencilla pero con propósito

Mirad las aves del cielo [...]. Considerad los lirios del campo, cómo crecen...
—MATEO 6:26, 28

«Considerad los lirios del campo, cómo crecen: no trabajan ni hilan», ¡simplemente *existen*! Piensa en el mar, el aire, el sol, las estrellas y la luna; también simplemente existen. ¡Qué ministerio y servicio proporcionan a favor de todos nosotros! Tantas veces debilitamos la influencia de Dios —la cual le gustaría ejercer a través de nosotros— debido a nuestros esfuerzos conscientes para ser firmes y útiles. Jesús dice que solo hay un medio de crecer y desarrollarse espiritualmente: poniendo el foco y concentrándose en Dios. En esencia, Jesús estaba diciendo: «No te preocupes por ser útil a los demás; simplemente cree en mí». En otras palabras, presta atención a la fuente y «de [tu] interior correrán ríos de agua viva» (JUAN 7:38). No podemos descubrir la fuente de nuestra vida natural ni por la lógica ni por la razón, y Jesús quiso enseñar con estas palabras que el crecimiento en nuestra vida espiritual no depende de centrarse solo en dicho crecimiento, sino de concentrarse en el Padre celestial. Él conoce las circunstancias que nos rodean, y si permanecemos centrados en Él, creceremos espiritualmente a pesar de ellas… tal como «los lirios del campo».

Las personas que más influyen en nosotros no son las que nos detienen con su ininterrumpido discurso sino las que viven como las estrellas en el cielo y como «los lirios del campo»: de manera sencilla y sin ostentación. Son esas las vidas que nos moldean y nos perfeccionan.

Si deseas ser útil para Dios, mantén una relación adecuada con Jesucristo y permanece centrado en Él. El Señor te utilizará cada minuto de tu vida, aunque no seas consciente de que estás siendo utilizado por Él.

Libre de la destrucción, me levanto

Dios no mantiene a su hijo inmune a los problemas; Él promete: «Con él estaré yo en la angustia» (SALMOS 91:15). Por más graves y evidentes que sean las adversidades, nada jamás podrá separarte de tu relación con Dios. «Antes, en todas estas cosas somos más que vencedores» (ROMANOS 8:37). Pablo no se refería a situaciones hipotéticas, sino a incidentes peligrosamente reales. Y dijo que somos mucho «más que vencedores en medio de ellas, no por nuestra inteligencia ni por nuestra valentía, sino porque nada de eso afecta nuestra relación esencial con Dios en Jesucristo. Me da pena el cristiano que no tiene nada indeseable en las circunstancias de su vida.

¿Quién nos separará del amor de Cristo?...

—ROMANOS 8:35

«¿Tribulación?». La tribulación nunca es un suceso bienvenido; pero sea cual sea —agotadora, enervante o que simplemente cause debilidad—, es incapaz de «separarnos del amor de Cristo». Nunca permitas que las tribulaciones o los «afanes de este mundo» te separen de la certeza de que Dios te ama (MATEO 13:22).

«¿O [...] angustia?». ¿El amor de Dios podrá sostenernos y aun mantenerse en nosotros incluso cuando todo nos dice que su amor es una mentira y que esa virtud llamada justicia ya no existe?

«¿O [...] hambre?». ¿Podremos no solo creer en el amor de Dios sino también ser «más que vencedores» aun cuando estemos hambrientos?

O Jesucristo es un embaucador y Pablo fue engañado por Él, o algo realmente extraordinario le sucede a aquel que se apoya en el amor de Dios cuando todo parece ir en contra. La lógica se calla ante cada una de estas circunstancias adversas. Solo una cosa puede marcar la diferencia: el amor de Dios en Jesucristo. «Libre de la destrucción, me levanto»... siempre.

Tomar posesión de nuestra propia alma

Al nacer de nuevo, la persona salva enfrenta un período en el que su pensamiento o raciocinio sigue en una dirección diferente de la anterior. Debemos aprender a expresar esta nueva vida dentro de nosotros, lo cual sucede cuando desarrollamos la mente de Cristo (Filipenses 2:5). El texto de Lucas 21:19 quiere decir que tomamos posesión de nuestra alma por la paciencia. Sin embargo, muchos de entre nosotros prefieren permanecer en la entrada de la vida cristiana, en vez de seguir adelante y edificar el alma de acuerdo con la nueva vida que Dios ha puesto en nosotros. Fallamos porque somos ignorantes sobre la manera en que Dios nos ha hecho; atribuimos nuestros errores al diablo, pero en realidad, resultan de nuestra propia naturaleza indisciplinada. ¡Piensa solo en lo que podríamos ser cuando despertamos a la verdad!

Con vuestra paciencia ganaréis vuestras almas.
—Lucas 21:19

Hay ciertas cosas en la vida por las que no necesitamos orar: por nuestro mal humor, por ejemplo. Nunca nos libraremos del mal humor a través de la oración, sino expulsándolo a puntapiés de nuestra vida. La disposición casi siempre tiene que ver con alguna condición física, no con nuestro hombre interior. No dar lugar al malhumor que surge como resultado de la condición física es una lucha continua, pero no debemos someternos a él ni por un segundo. Tenemos que agarrarnos por el cuello y sacudirnos; así descubriremos que podemos hacer todo lo que pensábamos que no seríamos capaces de llevar a cabo. El problema que nos aflige a la mayoría es la simple decisión de *no actuar*. La vida cristiana es una vida de determinación y valentía espiritual, vivida en nuestra carne.

Tener la «ilógica» fe de Dios

Al observar estas palabras de Jesús, descubrimos que es la afirmación más revolucionaria que los oídos humanos jamás han escuchado. «Buscad primeramente el reino de Dios». Incluso aquellos de entre nosotros que se consideran más espirituales argumentan en sentido contrario, diciendo: «Pero yo *debo* vivir; *debo* ganar una cierta cantidad de dinero; *debo* vestirme; *debo* alimentarme». La gran preocupación de nuestra vida no es el reino de Dios sino cómo supliremos nuestras necesidades. Jesús invirtió el orden al decirnos que arregláramos primero nuestra relación con Dios, convirtiendo eso en la prioridad de nuestra vida, y nunca anteponer nuestra preocupación por cuidar de las otras cosas de la vida.

«No os afanéis por vuestra vida» (Mateo 6:25). Nuestro Señor destacó que, a partir de su punto de vista, es absolutamente insensato que estemos afanosos, preocupándonos por nuestra supervivencia. Jesús no dijo que aquel que no se preocupa por nada es bienaventurado; no, tal persona es necia. En cambio, Jesús *sí* enseñó que el discípulo debe convertir su relación con Dios en el centro dominante de su vida y vivir cuidadosamente despreocupado de todo lo demás en comparación con eso. En esencia, Jesús estaba diciendo: «No permitas que el alimento y la bebida controlen tu vida, sino entrégate totalmente a Dios». Algunas personas son descuidadas con lo que comen y beben, y sufren por causa de ello; son negligentes con lo que visten y se presentan de manera inadecuada; no cuidan bien de sus negocios terrenales, y Dios las responsabiliza por ello. Jesús está diciendo que la mayor preocupación de la vida es poner nuestra relación con Dios en primer lugar, y todo lo demás en el segundo.

Mas buscad primeramente el reino de Dios y su justicia, y todas estas cosas os serán añadidas.
—Mateo 6:33

Es una de las más difíciles —y sin embargo la más crucial— disciplinas de la vida cristiana: permitir que el Espíritu Santo nos ponga en absoluta armonía con las enseñanzas que Jesús nos dejó en estos versículos.

La explicación a nuestras dificultades

Si estás pasando por un momento de soledad, aparentemente solo por completo, lee Juan 17. Este pasaje explica exactamente por qué estás donde estás: porque Jesús oró para que pudieras ser uno con el Padre así como Él lo es. ¿Estás ayudando a Dios a que responda esa oración o tienes algún otro objetivo en la vida? Desde que te convertiste en discípulo, ya no puedes ser tan independiente como antes.

Dios revela en Juan 17 que su propósito no es solo responder nuestras oraciones, sino que por medio de ellas, podamos discernir su mente. Sin embargo, hay una oración que Dios debe responder, y es la de Jesús: «Para que sean uno, así como nosotros somos uno» (JUAN 17:22). ¿Estamos unidos a Jesucristo de esta manera?

A Dios no le preocupan nuestros planes; Él no pregunta: «¿Quieres pasar por la pérdida de un ser querido, por esta aflicción o por esa derrota?». No, Él permite que tales cosas sucedan para el cumplimiento de sus planes. Las circunstancias que pasamos nos convierten en personas más agradables, mejores, más nobles o nos vuelven más críticos, más censores y más insistentes en hacer las cosas a nuestra manera. Las cosas que suceden nos vuelven más malvados o más santos, dependiendo eso por completo de nuestra relación íntima con Dios. Si oramos en relación a nuestra vida: «hágase tu voluntad» (MATEO 26:42), recibiremos el aliento y el consuelo a través de Juan 17, al saber que nuestro Padre está actuando de acuerdo con su propia sabiduría y haciendo lo mejor. Cuando comprendamos el propósito de Dios, no nos volveremos mezquinos ni cínicos. Jesús oró para que tuviésemos absoluta unidad con Él, así como Él la tenía con el Padre. Algunos estamos muy lejos de esa unión perfecta; aun así, Dios no nos desamparará hasta que *seamos* uno con Él, porque Jesús oró: «para que *todos* sean uno».

Para que todos sean uno; como tú, oh Padre, en mí, y yo en ti, que también ellos sean uno en nosotros...

—JUAN 17:21

Nuestra cuidadosa incredulidad

Jesús resumió la ansiedad de un discípulo por las circunstancias comunes de la vida como *incredulidad*. Si recibimos el Espíritu de Dios, Él va a tocarnos y sentiremos como si nos preguntase: «¿Dónde entro en esta relación, en estas vacaciones que estás programando o en estos nuevos libros que pretendes leer?». Él siempre insistirá en el mismo punto de vista hasta que aprendamos a hacer de ello nuestro interés primordial. Siempre que ponemos otras cosas en primer lugar, hay confusión.

... No os afanéis por vuestra vida, qué habéis de comer o qué habéis de beber; ni por vuestro cuerpo, qué habéis de vestir...

—Mateo 6:25

«No os afanéis por vuestra vida». No cargues el peso de la preocupación por tu sustento. Sentir ansiedad no es solo un error sino también una actitud de incredulidad. La preocupación significa que no creemos que Dios sea capaz de cuidar de los detalles prácticos de nuestra vida, y esto es lo que más nos preocupa. ¿Te has dado cuenta de lo que Jesús dijo que ahogaría la Palabra que Él ha sembrado en nosotros? ¿El diablo? No, «los afanes del mundo» (Mateo 13:22). Son siempre las pequeñas preocupaciones. Decimos: «No voy a confiar hasta que no pueda verlo»; es en ese momento cuando comienza la incredulidad. La única cura para la incredulidad es la obediencia al Espíritu.

La palabra más importante de Jesús para sus discípulos es *entréguense*.

La alegría de la desesperación

Puede suceder que, como el apóstol Juan, tú también conozcas a Jesucristo íntimamente; y cuando Él aparece de repente ante ti con características desconocidas por completo, lo único que consigues hacer es caer «como muerto a sus pies». Hay veces en las que Dios no puede manifestarse de otra manera que no sea en su majestad; y es el asombro de esta visión lo que te lleva al deleite de la desesperación. Experimentas esta alegría en la falta de esperanza, al percibir que si debes ser levantado, esto debe suceder por la mano de Dios.

«Él puso su diestra sobre mí» (Apocalipsis 1:17). En medio de la grandiosidad, surge un toque, y sabes que es la diestra de Jesucristo. Sabes que no es la mano de la restricción, de la corrección ni del castigo, sino la diestra del Padre eterno. Siempre que su mano está sobre ti, la sensación es de paz y consuelo inefables, que por debajo de ti están sus brazos eternos (Deuteronomio 33:27), llenos de apoyo, provisión, consuelo y fortaleza. Cuando sientes su toque, nada más puede amedrentarte. En medio de toda aquella gloria de su ascensión, el Señor Jesús fue a hablarle a un discípulo insignificante, diciendo: «no temas» (Apocalipsis 1:17). Su ternura es inexplicablemente dulce. ¿Lo conozco de esa forma?

Cuando le vi, caí como muerto a sus pies…
—Apocalipsis 1:17

Piensa bien en aquello que provoca la desesperación. Hay una desesperación sin alegría, sin perspectiva de futuro y sin esperanza de algo mejor. Sin embargo, la alegría de la desesperación surge cuando reconozco que «en mí, esto es, en mi carne, no mora el bien» (Romanos 7:18). Me alegra saber que hay en mí algo que me obliga a caer postrado ante el Señor cuando Él se me revela, y que para que me levante, tendrá que ser por la poderosa mano de Dios. Él no podrá hacer nada por mí mientras yo no reconozca los límites de lo que es humanamente posible y deje que Él haga lo imposible.

¿Lo bueno o lo mejor?

Al comenzar tu vida de fe en Dios, surgieron ante ti muchas posibilidades fascinantes y físicamente gratificantes. Estas cosas son tuyas por derecho; pero si estás viviendo la vida de fe, ejercerás tu derecho a renunciar a esos derechos y permitirás que Dios tome las decisiones por ti. A veces, Dios permite que seas puesto en situaciones de prueba donde tu propio bienestar será la opción a escoger si no estás viviendo la vida de fe. Pero si estás viviendo por fe, con gozo renunciarás a tu derecho y permitirás que Dios tome la decisión por ti. Esta es la disciplina que Él usa para transformar lo natural en espiritual por medio de la obediencia a su voz.

... Si fueres a la mano izquierda, yo iré a la derecha; y si tú a la derecha, yo iré a la izquierda.
—GÉNESIS 13:9

Siempre que nuestro *derecho* se convierte en el factor preponderante de nuestra vida, nuestro discernimiento espiritual se debilitará. El mayor enemigo de la vida de fe en Dios no es el pecado, sino las buenas elecciones que no son suficientemente buenas. Lo bueno siempre es enemigo de lo mejor. En este pasaje, podría parecer que lo más sabio del mundo para Abraham era ejercer su derecho a escoger. Era su derecho, y si se negaba a escoger, las personas a su alrededor lo considerarían un necio por no hacerlo.

Muchos no continuamos creciendo espiritualmente porque preferimos escoger con base en nuestros derechos en lugar de dejar que Dios lo haga por nosotros. Tenemos que aprender a andar según el estándar determinado por Dios. Y Él nos dirá como le dijo a Abraham: «Anda delante de mí» (GÉNESIS 17:1).

Orar como Jesús enseñó

> *Orad sin cesar.*
>
> —1 TESALONICENSES 5:17

Nuestra idea de la oración, sea correcta o equivocada, se basa en nuestro concepto mental sobre ella. El concepto correcto es pensar en la oración como si fuera el aire de nuestros pulmones y la sangre de nuestro corazón. La sangre fluye y nuestro respirar es continuo, «sin cesar»; no tenemos conciencia de ello, pero el proceso nunca se detiene. No siempre somos conscientes de que Jesús nos mantiene en perfecta unidad con Dios, pero si somos obedientes, Él siempre lo hará. La oración no es un ejercicio, es la vida del santo. Ten cuidado de todo aquello que interrumpe elevar una oración. «[Ora] sin cesar»; mantén el hábito infantil de ofrecer continuamente, con todo tu corazón, oraciones a Dios.

Jesús nunca mencionó nada sobre oraciones sin respuesta. Él tenía la certeza absoluta de que la oración siempre es respondida. ¿Será que, por el Espíritu de Dios, tenemos la misma certeza que Jesús tenía sobre la oración? ¿O pensamos en las veces que parecía que Dios no había respondido a nuestro clamor? Jesús dijo: «Porque todo aquel que pide, recibe» (MATEO 7:8). Sin embargo, decimos: «Pero…, pero…». Dios responde las oraciones de la mejor manera; no solo algunas veces sino siempre. No obstante, la evidencia de la respuesta en el área que queremos no siempre es respondida instantáneamente. ¿Esperamos que Dios responda las oraciones?

Es un peligro que queramos diluir lo que Jesús afirmó para que sus palabras se adapten a nuestro sentido común. Pero si la cuestión fuese solo el sentido común, lo que Él dijo no tendría ningún valor. Lo que Jesús nos enseñó sobre la oración son verdades sobrenaturales que Él nos revela.

La vida para conocerlo

Los discípulos tuvieron que esperar en Jerusalén hasta el día de Pentecostés no solo para que estuvieran preparados, sino también porque necesitaban aguardar hasta que el Señor fuera glorificado. Y en cuanto Él fue glorificado, ¿qué sucedió? «Así que, exaltado por la diestra de Dios, y habiendo recibido del Padre la promesa del Espíritu Santo, ha derramado esto que vosotros veis y oís» (HECHOS 2:33). La declaración en Juan 7:39, «pues aún no había venido el Espíritu Santo, porque Jesús no había sido aún glorificado» (JUAN 7:39), no se aplica a nosotros. El Espíritu Santo ya nos *ha sido dado*, y el Señor está glorificado. Nuestra espera no depende de la providencia de Dios sino solo de nuestra propia condición espiritual.

... quedaos vosotros en la ciudad de Jerusalén, hasta que seáis investidos de poder desde lo alto.

—LUCAS 24:49

La influencia y el poder del Espíritu Santo ya actuaban antes de Pentecostés, pero *Él* no estaba aquí. En cuanto el Señor fue glorificado en la ascensión, el Espíritu Santo vino al mundo y permanece aquí desde entonces. Tenemos que recibir la verdad revelada de que Él está aquí. La actitud constante del creyente debe ser la de reconocer y ser cordial al Espíritu Santo en nuestra vida. Cuando recibimos el Espíritu Santo, obtenemos vida nueva de nuestro Señor ascendido al cielo.

No es el bautismo del Espíritu Santo lo que cambia a las personas, sino el poder del Cristo ascendido que toma el control absoluto de nuestra vida por su Espíritu. Muchas veces, separamos cosas que el Nuevo Testamento nunca separa. El bautismo del Espíritu Santo no es una experiencia aparte de Jesucristo; es la evidencia del Cristo ascendido.

El bautismo del Espíritu Santo no te hace pensar sobre el tiempo o la eternidad; es un glorioso *presente*. «Y esta es la vida eterna: que te conozcan a ti» (JUAN 17:3). Comienza a conocerlo ahora y no pares nunca.

Revelación incuestionable

¿Cuándo será «en aquel día»? Será cuando el Señor ascendido te haga uno con el Padre. «En aquel día», serás uno con el Padre así como Jesús lo es; y Él dijo: «En aquel día no me preguntaréis nada». Hasta que la vida resucitada de Jesús se manifieste plenamente en ti, tienes preguntas sobre muchas cosas. Sin embargo, después de un tiempo, descubres que todas tus preguntas han terminado; parece que ya no tienes nada más que averiguar. Has alcanzado el punto de total confianza en la vida resucitada de Jesús, lo que te sitúa en completa unidad con el propósito de Dios. ¿Estás viviendo esa vida ahora? Si no es así, ¿por qué te pasa eso?

En aquel día no me preguntaréis nada...

—JUAN 16:23

«En aquel día», puede haber incontables cosas todavía ocultas a tu entendimiento, pero no se interpondrán entre tu corazón y Dios. «En aquel día no me preguntaréis nada»: no necesitarás preguntar porque estarás seguro de que Dios lo resolverá todo según su voluntad. La fe y la paz descritas en Juan 14:1 se vuelven la verdadera actitud de tu corazón, y a partir de ahí, no hay más cuestionamientos. Si alguna cosa todavía constituye un misterio para ti y eso se interpone entre tú y Dios, no busques la explicación en tu mente. Procúrala en tu espíritu, en tu verdadera naturaleza interior; es allí donde yace el problema. En cuanto tu naturaleza espiritual interior esté dispuesta a someterse a la vida de Jesús, tu entendimiento quedará perfectamente iluminado, y llegarás al lugar donde no hay distancia entre el Padre y tú, su hijo, porque el Señor los ha hecho uno. «En aquel día no me preguntaréis nada».

Una relación imperturbable

«En aquel día pediréis en mi nombre»; es decir, en mi naturaleza. No es «usarás mi nombre como si fuera una palabra mágica», sino «tendremos tanta intimidad que serás uno conmigo». «En aquel día» no es un día de la vida eterna; debe ser hoy, aquí y ahora. «Pues el Padre mismo os ama»; el amor del Padre es la evidencia de que nuestra unión con Jesús es completa y absoluta. El Señor no quiere decir que nuestra vida estará exenta de ciertas dificultades e incertezas externas, sino que así como Él conocía el corazón y la mente del Padre, también nosotros podremos ser elevados por Él a los lugares celestiales por el bautismo del Espíritu Santo, para poder revelarnos las enseñanzas de Dios.

En aquel día pediréis en mi nombre […], pues el Padre mismo os ama…

—Juan 16:26-27

«Todo cuanto pidiereis al Padre en mi nombre» (Juan 16:23). Aquel es un día de paz y de relación imperturbable entre Dios y su santo. Así como Jesús se mantuvo inmaculado y puro en la presencia de su Padre, también nosotros podemos ser elevados a esa misma relación por la eficacia y el poder del bautismo del Espíritu Santo. «Para que sean uno, así como nosotros somos uno» (Juan 17:22).

«Os lo dará» (Juan 16:23). Jesús dice que por causa de su nombre, Dios reconocerá y responderá nuestras oraciones. Qué gran desafío y qué tremenda invitación: ¡orar en su nombre! Por el poder de la resurrección y de la ascensión de Jesús, y por medio del Espíritu Santo que Él envió, podemos ser elevados a tal relación con el Padre. Cuando estamos en esa maravillosa posición, colocados allí por Jesucristo, podemos orar a Dios en el nombre de Jesús, en su naturaleza. Este es un don que nos ha sido concedido por el Espíritu Santo. Y Jesús dijo: «todo cuanto pidiereis al Padre en mi nombre, os lo dará». El carácter soberano de Jesucristo es examinado y validado por sus propias declaraciones.

Sí, ¡pero...!

Imagina que Dios te dice que hagas algo que suponga un enorme desafío y que sea completamente contrario a tu sentido común. ¿Qué harás? ¿Retrocederás? Si adquieres el hábito de hacer algo físicamente, lo harás cada vez que seas probado hasta romper el hábito por pura determinación. Lo mismo sucede en el plano espiritual. Vas a enfrentarte repetidamente con lo que Jesús quiere, pero en cada ocasión volverás al punto de ser probado hasta que estés dispuesto a renunciar totalmente a ti mismo en total entrega a Dios. Pero todavía tendemos a argumentar: «Sí, pero... supongamos que obedezco a Dios en este asunto; ¿qué va a suceder con...?». O incluso decimos: «Sí, voy a obedecer a Dios si lo que me pide no va contra mi sentido común; pero no me pidas que dé un salto al vacío».

Jesucristo exige el mismo espíritu valiente e irrefrenable que demuestra el hombre natural en aquellos que han puesto su confianza en Él. Si alguna vez una persona quiere hacer algo digno de valor, habrá ocasiones en que tendrá que arriesgarlo todo en un salto al vacío. En el plano espiritual, Jesucristo exige que arriesgues todo aquello en lo que estás fundamentado o que crees racionalmente y saltes por la fe en la dirección que Él te indique. Y en cuanto obedezcas, descubrirás de inmediato que lo que Él dice es tan sólidamente consistente como el sentido común.

... Te seguiré, Señor...

—Lucas 9:61

En el ámbito de la razón, las afirmaciones de Jesucristo pueden parecer insensatas; pero cuando las examinas por la prueba de la fe, tus descubrimientos llenarán tu espíritu con la grandiosa sorpresa de que son las propias palabras de Dios. Confía totalmente en Dios, y cuando Él te ponga ante una nueva oportunidad de aventurarte, ofreciéndotela, asegúrate de tomarla. En la hora de la crisis, actuamos como incrédulos; solo uno entre una multitud es lo suficientemente valiente para invertir su fe en el carácter de Dios.

Pon a Dios en primer lugar

Pon tu confianza en Dios en primer lugar. Nuestro Señor nunca puso su confianza en un ser humano. Aun así, nunca anduvo con desconfianza, nunca se amargó, nunca perdió la esperanza respecto a alguien, porque ponía su confianza en Dios en primer lugar. Confiaba totalmente en lo que la gracia de Dios podía hacer por cualquier ser humano. Si pongo mi confianza primero en las personas, el resultado será la desesperación y la desesperanza con respecto a todos. Me volveré amargado porque habré insistido en que las personas sean lo que ninguna puede ser: absolutamente perfectas y correctas. Confía solo en la gracia de Dios, nunca en ti mismo ni en ninguna otra persona.

Pero Jesús mismo no se fiaba de ellos, [...] pues él sabía lo que había en el hombre.

—JUAN 2:24-25

Pon la voluntad de Dios en primer lugar. «He aquí que vengo, oh Dios, para hacer tu voluntad» (HEBREOS 10:9).

El ser humano obedece a aquello que ve como una necesidad; la obediencia de nuestro Señor era la voluntad de su Padre. El grito de guerra de hoy es: «¡Debemos trabajar! Los paganos están muriendo sin Dios. Debemos ir y hablarles del Señor». Pero antes, debemos asegurarnos de que las «necesidades» de Dios y su voluntad en nosotros están siendo personalmente satisfechas. Jesús afirmó: «quedaos [...] hasta que seáis investidos de poder desde lo alto» (LUCAS 24:49). El propósito de nuestro entrenamiento cristiano es llevarnos a una relación correcta con las necesidades de Dios y su voluntad. Una vez que las «necesidades» de Dios hayan sido satisfechas en nosotros, Él abrirá el camino para que hagamos su voluntad supliendo sus «necesidades» en otros lugares.

Pon al Hijo de Dios en primer lugar. «Y cualquiera que reciba en mi nombre a un niño como este, a mí me recibe» (MATEO 18:5).

Dios vino como un bebé, entregándose y confiándose a mí. Él espera que mi vida personal sea un «Belén». ¿Estoy permitiendo que mi vida natural sea transformada lentamente por la vida del Hijo de Dios que habita en mí? El mayor propósito de Dios es que su Hijo pueda manifestarse en mí.

La pregunta sorprendente

¿Puede un pecador ser transformado en un santo? ¿Puede una vida incorrecta convertirse en correcta? Solo hay una respuesta apropiada: «Señor Dios, tú lo sabes» (Ezequiel 37:3). No aceptes nunca una simple lógica religiosa: «Oh, sí, con un poco más de lectura bíblica, tiempo devocional y oración, creo que eso puede suceder».

Es mucho más fácil hacer algo que confiar en Dios; vemos la actividad y confundimos el pánico con la inspiración. Es por eso que hay tan pocos que cooperan con Dios y tantos que trabajan para Él. Preferimos trabajar para Dios que creer en Él. ¿Tengo absoluta certeza de que Dios hará en mí lo que yo mismo no puedo hacer? El grado de desesperanza que tengo en los demás surge porque nunca he percibido lo que Dios ha hecho por mí. ¿Acaso mi experiencia del poder y la majestad de Dios es tan maravillosa que jamás puedo sentir falta de esperanza hacia todos con los que me encuentro? ¿Acaso alguna obra espiritual se ha completado en mí? La medida del pánico en mi vida es semejante a la falta de experiencia espiritual personal.

«He aquí yo abro vuestros sepulcros, pueblo mío» (Ezequiel 37:12). Cuando Dios quiere mostrarte cómo es la naturaleza humana separada de Él, lo demuestra en ti mismo. Si el Espíritu de Dios ya te dio una visión de cómo eres sin la gracia del Señor (y Él solo hace eso cuando su Espíritu está actuando en tu vida), ya te habrás dado cuenta de que, en realidad, ¡no hay criminal que sea la mitad de lo que podrías ser tú desprovisto de su gracia! Mi «sepulcro» fue abierto por Dios, «y yo sé que en mí, esto es, en mi carne, no mora el bien» (Romanos 7:18). El Espíritu de Dios revela continuamente a sus hijos cómo es la naturaleza humana alejada de su gracia.

Y me dijo: Hijo de hombre, ¿vivirán estos huesos?...

—Ezequiel 37:3

¿Te obsesiona algo?

¿Te obsesiona algo? Tal vez digas: «No, nada». Pero la realidad es que todos nos obsesionamos con algo (en general, con nosotros mismos); o si somos cristianos, con nuestra propia experiencia espiritual. El salmista dice que debemos temer al Señor. Esa plena conciencia de que somos morada del Señor viene de Dios mismo; no son solo pensamientos sobre Él. Toda nuestra vida interior y exterior debe estar obsesionada por completo con el intenso deseo de la presencia de Dios. La percepción de un niño está tan obsesionada con la presencia de su madre que aunque el pequeño no esté pensando conscientemente en ella, la primera cosa que viene a su mente cuando surge un problema es la relación de cercanía con la madre. De la misma forma, «...en Él vivimos, y nos movemos, y somos» (Hechos 17:28); observando todas las cosas sobre Él, porque ser constantemente conscientes de la presencia del Señor en nosotros es lo que nos impulsa a vivir.

¿Quién es el hombre que teme al Señor? Él le enseñará...

—Salmos 25:12

Si estamos obsesionados con Dios, nada más podrá interferir en nuestra vida; ni ansiedades ni preocupaciones. Entendemos entonces el motivo por el cual el Señor habló tanto del pecado de la preocupación y de la ansiedad. ¿Cómo nos atrevemos a ser tan incrédulos cuando Dios nos rodea por completo? Sentirnos obsesionados con la presencia de Dios es mantener una barricada efectiva contra todos los ataques del enemigo.

«Gozará él de bienestar» (Salmos 25:13). Dios nos hará descansar en bienestar, manteniéndonos en paz aun en medio de la tribulación, la incomprensión y la calumnia, si nuestra «vida está escondida con Cristo en Dios» (Colosenses 3:3). Pero a veces, nos privamos de la maravillosa verdad revelada de este permanente compañerismo con Dios. «Dios es nuestro amparo» (Salmos 46:1). Nada podrá romper su amparo protector.

La comunión íntima del Señor

¿Cuándo sabes que alguien es tu amigo? ¿Es porque te cuenta sus tristezas secretas? No, es porque te habla de sus alegrías íntimas. Muchas personas te pueden confiar sus tristezas, pero la marca definitiva de la intimidad es cuando comparten sus alegrías secretas contigo. ¿En algún momento hemos dejado que Dios nos cuente alguna de sus alegrías? ¿O somos solo nosotros quienes le contamos nuestros secretos, hablando sin parar y no dándole ni una oportunidad para que converse con nosotros? Al inicio de la vida cristiana, tenemos muchas peticiones para hacerle a Dios. Pero después, descubrimos que el Señor quiere que tengamos una relación más profunda y madura con Él, y también desea que comprendamos sus propósitos. ¿Estamos imbuidos del concepto de Jesús de la oración: «hágase tu voluntad» (Mateo 6:10), hasta el punto de comprender los secretos de Dios? No son solo las grandes bendiciones las que convierten a Dios en lo más precioso para nosotros, sino los pequeños detalles, porque demuestran su maravillosa intimidad con nosotros; Él conoce todos los detalles de la vida de cada uno de nosotros.

«Él le enseñará el camino que ha de escoger» (Salmos 25:12). Al principio, queremos la percepción de que estamos siendo guiados por Dios; después, a medida que crecemos espiritualmente, vivimos tan conscientes de Él que no necesitamos ni siquiera preguntar cuál es su voluntad, porque jamás pensaríamos en escoger ningún otro camino. Si somos salvos y santificados, Dios nos guía utilizando nuestras decisiones diarias. Si estamos a punto de escoger algo que el Señor no quiere, Él nos dará un sentimiento de duda al que tenemos que prestarle atención. Siempre que haya duda, detente de inmediato. No intentes racionalizar, diciendo: «¿Me pregunto por qué no debería hacer esto?». Dios nos instruye en aquello que escogemos; o sea, guía nuestro sentido común. Y cuando nos entregamos por completo a sus enseñanzas y su guía, ya no impedimos la acción de su Espíritu Santo, indagando en todo momento: «Señor ¿cuál es tu voluntad?».

La comunión íntima del Señor es con los que le temen…

—Salmos 25:14

El Dios que nunca nos abandona

¿Qué línea siguen mis pensamientos? ¿Siguen lo que Dios dice o se guían por mis temores? ¿Estoy repitiendo lo que Él expresa o aprendiendo a escucharlo y, entonces, responder a sus palabras? «Porque él dijo: No te desampararé, ni te dejaré; de manera que podemos decir confiadamente: El Señor es mi ayudador; no temeré lo que me pueda hacer el hombre» (Hebreos 13:5-6).

«No te desampararé, ni te dejaré»... jamás, por ningún motivo; ni siquiera por mi pecado, egoísmo, obstinación y desvíos. ¿Permito de verdad que Dios me diga que nunca me dejará? Si aún no he escuchado esta garantía de Dios, necesito escucharla de nuevo.

«No te desampararé ni te dejaré». A veces, no son las dificultades de la vida sino el trabajo cotidiano lo que nos hace pensar que Dios nos va a abandonar. Cuando no hay una gran dificultad que debe ser vencida, ninguna visión de Dios, nada maravilloso ni bello, sino solo la rutina del día a día, ¿aun así oigo esa promesa de Dios?

Suponemos que Dios va a hacer algo excepcional, que está preparándonos y equipándonos para alguna hazaña extraordinaria en el futuro. Sin embargo, a medida que crecemos en su gracia, descubrimos que se está glorificando a sí mismo aquí y ahora, en este preciso momento. Cuando tenemos esa promesa de Dios en nuestra retaguardia, apoyándonos, la más poderosa de las fuerzas se vuelve parte nuestra; y aprendemos a cantar, glorificando al Señor, incluso en los días y en las situaciones cotidianas más comunes y corrientes.

... Porque él dijo: No te desampararé, ni te dejaré.

—Hebreos 13:5

La garantía de Dios

Mi seguridad debe apoyarse en la garantía que Dios me da. Él dice: «No te desampararé, ni te dejaré»; entonces, puedo afirmar con valentía: «El Señor es mi ayudador; no temeré lo que me pueda hacer el hombre» (Hebreos 13:5-6). Es decir, no estaré obsesionado con el miedo. Esto no significa que no seré tentado a tener miedo, sino que recordaré la garantía de Dios. Tendré la valentía de un niño que se esfuerza para alcanzar el nivel deseado por su padre. La fe de muchos comienza a fallar cuando sobrevienen los temores; se olvidan del significado de la promesa de Dios; de respirar hondo espiritualmente. La única forma de quitar el miedo de nuestra vida es prestar atención a las afirmaciones de Dios.

... él dijo [...]; de manera que podemos decir confiadamente...
—Hebreos 13:5-6

¿A qué le tienes miedo? Sea lo que sea, no te acobardes ante esa situación sino decídete a enfrentarla aunque sientas mucho miedo. Cuando parezca no haber nada ni nadie para ayudarte, di: «Pero el Señor es mi socorro en este instante, incluso en medio de esta circunstancia». ¿Estás aprendiendo a escuchar a Dios antes de hablar, o simplemente dices cosas y después intentas hacer que la Palabra de Dios se ajuste a lo que has dicho? Haz tuya la garantía del Padre, y luego, di con valentía: «No temeré». No importa qué tipo de peligro o injusticia te sobrevenga; «porque Él dijo: No te desampararé, ni te dejaré».

La fragilidad humana es algo que se interpone entre las afirmaciones de Dios y nuestros pensamientos. Cuando nos damos cuenta de lo débiles que somos ante los problemas, las dificultades se transforman en gigantes, y nosotros, en saltamontes; y Dios parece como si no existiera. Recuerda su promesa: «*no te desampararé*». ¿Has aprendido a cantar tras escuchar la tónica que Dios te da? ¿Estamos lo suficientemente llenos de valentía para declarar: «el Señor es mi amparo», o estamos sucumbiendo al miedo?

Ocúpate en lo que Dios produce en ti

Tu voluntad está de acuerdo con Dios, pero en tu carne hay una inclinación que te vuelve incapaz de cumplir lo que sabes que debe hacerse. Cuando, al principio, el Señor toca nuestra conciencia, lo primero que esta hace es despertar nuestra voluntad; y la voluntad siempre está de acuerdo con Dios. Sin embargo, dices: «Pero no sé si mi voluntad está de acuerdo con la de Dios». Mira a Jesús y descubrirás que tu voluntad y tu conciencia están siempre de acuerdo con las suyas. Lo que hace que digas: «No voy a obedecer» es algo menos profundo y penetrante que tu voluntad. Es perversidad u obstinación, y estas nunca están de acuerdo con Dios. Lo más profundo del ser humano es su voluntad, no el pecado.

... ocupaos en vuestra salvación con temor y temblor, porque Dios es el que en vosotros produce...

—Filipenses 2:12-13

La voluntad es el elemento esencial en la creación de los seres humanos por parte de Dios; el pecado es una inclinación perversa que entró en las personas. En aquel que ya ha nacido de nuevo, la fuente de la voluntad es el Dios todopoderoso: «Porque Dios es el que en vosotros produce así el querer como el hacer, por su buena voluntad». Con concentración y mucho cuidado, debes ocuparte en aquello que Dios produce en ti; no *trabajar* para completar o ganar tu propia salvación, sino *ocuparte en ella* para demostrar la evidencia de una vida de fe decidida e inquebrantable en la completa y perfecta redención del Señor. Al actuar así, tu voluntad no se opone a la de Dios, sino que la del Señor es la tuya. Tus decisiones naturales estarán de acuerdo con la voluntad de Dios, y vivir esa vida pasará a ser tan natural como respirar. La obstinación es una barrera ininteligible que rechaza la iluminación y bloquea su fluir. El único recurso para destruirla es detonarla con «dinamita», la cual es la obediencia al Espíritu Santo.

¿Creo que el Dios todopoderoso es la Fuente de mi voluntad? El Señor no solo espera que cumpla su voluntad sino que Él mismo está en mí para realizarla.

La mayor fuente de poder

¿Estoy cumpliendo con este ministerio de intercesión en lo más profundo de mi ser? En la verdadera intercesión, no hay trampa ni peligro alguno de ser decepcionado o de mostrar arrogancia. Se trata de un ministerio que produce frutos por medio de los cuales el Padre es glorificado. ¿Estoy dejando que mi vida espiritual se desperdicie o estoy enfocado, haciendo que todo converja en un punto central: la expiación provista por mi Señor? ¿Está Jesucristo dominando más y más aquello por lo que muestro interés? Si el punto central o la influencia más poderosa de mi vida es la expiación en Cristo, cada área de mi vida dará fruto para Él.

Sin embargo, debo usar el tiempo que sea necesario para entender cuál es este punto central de poder. ¿Estoy dispuesto a ceder un minuto de cada hora para concentrarme en eso? «Si permanecéis en mí»; es decir, si seguimos actuando, pensando y trabajando a partir de ese punto central, «pedid todo lo que queréis, y os será hecho» (Juan 15:7). ¿Estoy permaneciendo? ¿Estoy dedicando tiempo a permanecer? ¿Cuál es la mayor fuente de poder en mi vida? ¿Es mi trabajo, servicio y sacrificio por los demás o es mi esfuerzo de trabajar para Dios? No debería ser ninguna de las dos. Lo que debería ejercer el mayor poder en mi vida es la expiación del Señor en mí. Lo que más nos moldea no es aquello a lo que dedicamos más tiempo sino lo que ejerce mayor poder sobre nosotros. Debemos estar decididos a limitar y concentrar nuestros deseos e intereses en la expiación mediante la cruz de Cristo.

Y todo lo que pidiereis al Padre en mi nombre, lo haré…
—Juan 14:13

«Y todo lo que pidiereis al Padre en mi nombre, lo haré». El discípulo que permanece en Jesús es la voluntad de Dios, y lo que parece ser su libre albedrío son, en realidad, los decretos predeterminados de Dios. ¿Es esto un misterio? ¿Parece que contradice la lógica o que es totalmente absurdo? Sí, pero qué gloriosa verdad es para un santo de Dios.

¿Cuál es el próximo paso?

Toma la decisión de saber más que los demás. Si no cortas las amarras que todavía te atan al muelle, Dios tendrá que usar una tormenta para cortarlas y lanzarte al mar. Embarca todas las cosas de tu vida sobre Dios, lánzate al mar en la marea alta de su propósito, y tus ojos se abrirán. Si crees en Jesús, no malgastarás tu tiempo en las aguas tranquilas dentro del puerto, lleno de gozo pero siempre amarrado al muelle. Debes dejar atrás el puerto para adentrarte en las grandes profundidades de Dios y comenzar a conocer las cosas por ti mismo; empezar a tener discernimiento espiritual.

Si sabéis estas cosas, bienaventurados seréis si las hiciereis.
—JUAN 13:17

Cuando sabes que debes hacer algo y lo llevas a cabo, inmediatamente sabes más. Examina en dónde te has vuelto indolente, dónde empezaste a perder interés espiritual, y descubrirás que fue hace tiempo, en un punto en el que no cumpliste algo que sabías que debías hacer y no lo hiciste porque no pensaste que era necesario en aquel momento. Pero ahora no tienes iluminación ni entendimiento, y en un momento de crisis, te encuentras espiritualmente distraído en vez de tener autocontrol. Siempre es peligroso negarse a continuar aprendiendo y saber más.

La contrapartida de la obediencia es una mentalidad en la que creas tus propias oportunidades de sacrificarte, y tu celo y entusiasmo se confunden con el discernimiento. Es más fácil sacrificarte que cumplir tu propósito espiritual, el cual está descrito en Romanos 12:1-2. Es mucho mejor cumplir el propósito de Dios en tu vida mediante el discernimiento de su voluntad que realizar grandes actos de sacrificio personal. «Ciertamente el obedecer es mejor que los sacrificios» (1 SAMUEL 15:22). Evita prestar atención o volver a lo que fuiste antes, cuando lo que Dios quiere es que seas algo que nunca fuiste. «El que quiera hacer la voluntad de Dios, conocerá» (JUAN 7:17).

¿Y ahora? ¿Qué más debo hacer?

Pide si no has recibido. No hay nada más difícil que pedir. Tenemos anhelos y deseos de ciertas cosas, e incluso sufrimos como resultado de no verlos cumplidos, pero no *pedimos* hasta que no llegamos al límite de la desesperación. Es la sensación de no ser reales espiritualmente lo que nos lleva a pedir. ¿Alguna vez has pedido desde lo más profundo de tu total insuficiencia y pobreza? «Si alguno de vosotros tiene falta de sabiduría, pídala a Dios» (SANTIAGO 1:5), pero antes de pedir, asegúrate de que lo que te falta es sabiduría. No puedes enfrentarte con la realidad espiritual siempre que lo desees. Lo mejor que puedes hacer, una vez que te das cuenta de que no eres espiritualmente genuino, es pedirle a Dios que el Espíritu Santo obre en ti, basando tu pedido en la promesa de Jesucristo (LUCAS 11:13). El Espíritu Santo es el único que hace real en tu vida todo aquello que Jesús llevó a cabo por ti.

«Porque todo el que pide, recibe». Esto no significa que no *tendrás* si no pides, sino que hasta que no pidas, no *recibirás* de parte de Dios (VER MATEO 5:45). Ser capaz de recibir significa que tienes que llegar a la relación de un hijo de Dios, y entonces, comprender y apreciar mental, moral y espiritualmente que esas cosas provienen de Él.

Porque todo aquel que pide, recibe...

—LUCAS 11:10

«Y si alguno de vosotros tiene falta de sabiduría». Si te das cuentas de que te falta sabiduría, es porque has llegado a tener contacto con la realidad espiritual; no la ocultes de nuevo con las persianas de la razón. La palabra *pedir* significa en realidad *mendigar*. Algunas personas son lo suficientemente pobres como para preocuparse por su pobreza, y algunos somos lo suficientemente pobres espiritualmente como para mostrar nuestra preocupación. Aun así, nunca recibiremos si pedimos teniendo en mente un resultado concreto, porque lo haremos por nuestra codicia y no por nuestra pobreza. El pobre no se avergüenza de mendigar: «Bienaventurados los *pobres* en espíritu» (MATEO 5:3).

Y después, ¿qué es lo siguiente?

Busca si no lo has encontrado. «Pedís, y no recibís, porque pedís mal» (Santiago 4:3). Si le pides cosas a la vida en vez de a Dios, «pedís mal»; es decir, pides según tu deseo de satisfacción personal. Cuanto más satisfecho estés en lo personal, menos buscarás a Dios. «Buscad, y hallaréis». Esfuérzate; centra tu foco y tus intereses solo en esto. ¿Has visto alguna vez a Dios con toda tu alma, o simplemente le has lanzado un débil gemido tras alguna experiencia emocionalmente dolorosa? «Buscad [enfocaos], y hallaréis».

«A todos los sedientos: Venid a las aguas» (Isaías 55:1). ¿Estás sediento, o te sientes complacido e indiferente, tan satisfecho con tu propia experiencia que ya no buscas nada más en Dios? La experiencia es una puerta de entrada, no un objetivo final. Ten cuidado de no edificar tu fe en la experiencia; de lo contrario, tu vida no sonará real, sino que se escuchará la nota de un espíritu crítico. Recuerda que nunca puedes darle a otra persona lo que has encontrado, pero sí puedes provocar que tenga el deseo de buscarlo.

... buscad, y hallaréis...

—Lucas 11:9

«Llamad, y se os abrirá» (Lucas 11:9). «Acercaos a Dios» (Santiago 4:8). Llama; la puerta está cerrada y tu pulso se acelera a medida que llamas. «Pecadores, limpiad las manos» (4:8); llama un poco más fuerte; empiezas a darte cuenta de que estás sucio. «Purificad vuestros corazones» (4:8). Se vuelve más personal; estás desesperado y serio ahora, harás lo que sea. «Lamentad» (4:9). ¿Alguna vez te has lamentado, expresando tu llanto delante de Dios por la condición de tu vida interior? Ya no te queda ni el menor rastro de autocompasión, sino solo la dificultad y el asombro de humillar el corazón al comprobar qué clase de persona eres realmente. «Humillaos» (4:10). Llamar a la puerta de Dios es una experiencia que produce humildad; tienes que hacerlo como el ladrón crucificado. «Al que llama, *se le abrirá*» (Lucas 11:10).

Llegar allí

Donde no hay pecado ni tristeza y comienza el cántico de los santos. ¿De verdad quiero llegar allí? Puedo hacerlo ahora mismo. Las preguntas que realmente importan en la vida son considerablemente pocas, y todas se responden con estas palabras: «Venid a mí». Las palabras de nuestro Señor no son «haz esto o aquello», sino «venid a mí». Si simplemente fuera a Jesús, mi vida real armonizaría con mis deseos reales. Dejaré de pecar y descubriré que el cántico del Señor comienza en mi vida.

¿Ya has venido a Jesús? Observa la testarudez de tu corazón. Preferirías hacer cualquier cosa antes que este infantil «ven a mí». Si de verdad deseas experimentar qué es dejar de pecar, debes venir a Jesús.

Jesucristo se convierte en una prueba para determinar tu autenticidad. Mira cómo usó la palabra *venid*. En los momentos más inesperados de tu vida, está el susurro del Señor: «Ven a mí», e inmediatamente eres atraído hacia Él. El contacto personal con Jesús lo cambia todo. Sé lo suficientemente «insensato» como para venir y comprometerte con lo que Él dice. La actitud necesaria para que vengas a Jesús es que tu voluntad haya tomado la decisión de renunciar a todo y que te comprometas a Él de manera deliberada y por completo.

Venid a mí…

—Mateo 11:28

«Y yo os haré descansar»; es decir, «yo te sustentaré, ayudándote a que permanezcas firme». Él no dice: «Voy a llevarte a la cama, tomar tu mano y cantarte para que te duermas». En esencia, está diciendo: «Te voy a sacar de la cama, de la indiferencia y el agotamiento, de esa condición de estar medio muerto aunque todavía estés vivo. Voy a traspasarte con el espíritu de la vida y serás sustentado por la perfección de la actividad vital». Aun así, nos volvemos completamente débiles y patéticos, ¡y hablamos de «sufrir» la voluntad del Señor! ¿Dónde está la majestuosa vitalidad y el poder del Hijo de Dios en todo eso?

Llegar allí

> *... Ellos le dijeron: Rabí (que traducido es, Maestro), ¿dónde moras? Les dijo: Venid y ved...*
>
> —JUAN 1:38-39

Donde se adormece nuestro interés personal es donde despierta el verdadero interés. «Se quedaron con él aquel día». Esto es lo único que algunos llegamos a hacer. Nos quedamos con Él un rato, solo para despertar a nuestras propias realidades de la vida. Aparecen nuestros deseos personales, y quedarnos con Él se vuelve algo del pasado. Aun así, no hay ninguna circunstancia de la vida en la que no podamos permanecer en Jesús.

«Tú eres Simón [...]; tú serás llamado Cefas» (JUAN 1:42). Dios escribe nuestro nuevo nombre solamente en aquellas áreas de nuestra vida en las que ha quitado el orgullo, la autosuficiencia y el egoísmo. Algunos tenemos grabado el nuevo nombre únicamente en ciertos puntos, como un sarampión espiritual; y ahí todo parece ir bien. Cuando estamos en nuestro mejor ánimo espiritual, puedes pensar que somos santos de la mejor calidad. Pero no te atrevas a mirarnos cuando no estamos así. Un discípulo de verdad es el que tiene su nuevo nombre escrito por todas partes; aquel cuyos intereses propios, orgullo y autosuficiencia han sido borrados por completo.

El orgullo es el pecado de convertirnos en nuestros propios dioses. Algunos no lo hacemos como los fariseos, sino como el recaudador de impuestos (VER LUCAS 18:9-14). Para ti, decir: «Oh, no soy un santo» es una muestra de humildad, pero es una blasfemia inconsciente contra Dios. Desafías al Señor para que te haga un santo, como si dijeras: «Soy demasiado débil y sin esperanza, y estoy lejos de la expiación realizada por la cruz de Cristo». ¿Por qué no eres un santo? ¿Es porque no quieres o porque no crees que Dios pueda santificarte? Dices que todo sería perfecto si Dios te salvase y te llevase directamente al cielo. ¡Eso es exactamente lo que va a hacer! Y no solo tendremos morada con Él, sino que Jesús dijo de su Padre y de sí mismo: «Vendremos a él, y haremos morada con él» (JUAN 14:23). No pongas condiciones para tu vida; deja que Jesús lo sea todo, y Él hará morada en ti, no solo un día, sino para la eternidad.

Llegar allí

... ven, sígueme.

—LUCAS 18:22

Donde mueren nuestros deseos personales y vive la consagración santificada. Uno de los mayores impedimentos para venir a Jesús es la excusa de nuestro temperamento individual. Lo convertimos, junto con nuestros deseos naturales, en un obstáculo para venir a Jesús. Aun así, lo primero de lo que nos damos cuenta cuando venimos a Jesús es que Él no presta la menor atención a nuestros deseos naturales. Pensamos que podemos entregarle nuestros dones a Dios. Sin embargo, no puedes consagrar lo que no es tuyo. En realidad, solo hay una cosa que puedes dedicarle al Señor: tu derecho sobre ti mismo (ROMANOS 12:1). Si le entregas a Dios tu derecho sobre ti mismo, Él hará de ti un experimento santo; y sus experimentos siempre tienen éxito. La verdadera marca de un santo de Dios es la creatividad interior que fluye de estar totalmente rendido a Jesucristo. En la vida del santo, siempre existe esta maravillosa Fuente, que es el suministro constante de vida original. El Espíritu de Dios es una Fuente de agua que fluye fresca para siempre. Un santo se da cuenta de que es Dios quien diseña sus circunstancias; en consecuencia, no hay quejas sino solo una consagración a Jesús sin ninguna restricción. No intentes nunca hacer de tu experiencia un principio para los demás, sino permite que Dios sea tan creativo y original con ellos como lo es contigo.

Si le entregas todo a Jesús y vienes cuando Él te lo dice, el Señor continuará llamando a través de ti. Tú irás por el mundo reproduciendo el eco de Cristo: «Vengan». Este es el resultado en toda alma que ha renunciado a todo y viene a Jesús.

¿He venido a Él? ¿Vendré *ahora*?

¡Muévete!

Sobre la determinación. El Espíritu de Jesús es puesto en mí por la obra de la expiación de Cristo. Después, debo desarrollar con paciencia una forma de pensar que esté en perfecta armonía con mi Señor. Dios no va a hacerme pensar como Jesús; yo soy quien debe hacerlo. Tengo que llevar «cautivo todo pensamiento a la obediencia a Cristo» (2 Corintios 10:5). «Permaneced en mí» en asuntos intelectuales, financieros, en cada uno de los aspectos que hacen de la vida humana lo que es. Nuestras vidas no están formadas por una sola área claramente definida.

¿Impido que Dios actúe en mis circunstancias, diciendo que eso solo va a servir para obstaculizar mi comunión con Él? ¡Qué irrelevante e irrespetuoso es eso! No importa cuáles sean mis circunstancias. Puedo estar perfectamente seguro de que permanezco en Jesús en cualquiera de ellas tanto como en una reunión de oración. No necesito cambiar ni reorganizar las circunstancias. En el caso de nuestro Señor, su permanencia en el Padre era pura e inmaculada. Donde estuviera su cuerpo, moraba con Dios. Nunca escogió sus propias situaciones, sino que era humilde y se sometía a las determinaciones de los planes del Padre. ¡Piensa tan solo en la maravillosa calma que mostraba la vida de nuestro Señor! Sin embargo, nosotros tendemos a mantener a Dios en un nivel frenético en nuestras vidas. No tenemos esa serenidad que «está escondida con Cristo en Dios» (Colosenses 3:3).

Permaneced en mí...
—Juan 15:4

Piensa en las cosas que estorban tu permanencia en Cristo. Dices: «Sí, Señor. Solo un minuto, aún tengo que hacer esto. Sí, permaneceré en ti en cuanto termine de resolver esto o cuando acabe esta semana. Va a estar todo bien, Señor. Permaneceré en ti». *Muévete*; comienza a permanecer en Cristo *ahora*. Al principio, será necesario un esfuerzo continuo para permanecer en Jesús, pero a medida que prosigas, te resultará tan natural que permanecerás en Él sin necesidad de hacer un esfuerzo consciente. Decídete a permanecer en Jesús donde estés ahora o donde vayas a ser puesto en el futuro.

¡Muévete!

Sobre la rutina. Pedro dijo en este pasaje que nos volvemos «participantes de la naturaleza divina» y que ahora debemos poner «toda diligencia» en la formación de hábitos santos (2 PEDRO 1:4-5). Debemos «añadir» a nuestra vida todo lo que tiene que ver con el carácter. Nadie nace natural ni sobrenaturalmente con el carácter formado; debe ser desarrollado. Tampoco nacemos con hábitos; tenemos que formar hábitos santos con base en la nueva vida que Dios ha puesto en nosotros. No se nos ha hecho para ser ejemplos santos y perfectos, sino para que se nos vea como la esencia de la vida común que exhibe el milagro de la gracia de Dios. La rutina es la gran prueba del carácter genuino. El mayor obstáculo en nuestra vida espiritual es buscar solo la realización de grandes cosas. Entonces, Jesús, «tomando una toalla, [...] comenzó a lavar los pies de los discípulos» (JUAN 13:4-5).

Todos pasamos por momentos carentes de brillo o emoción, en los que solo experimentamos la rutina con sus tareas diarias comunes y corrientes. La rutina, en realidad, es el medio que Dios usa para resguardarnos entre momentos de inspiración que provienen de Él. No esperes que Dios siempre te dé momentos emocionantes, sino aprende a vivir con el poder de Dios en las fases comunes de la rutina de la vida.

Para nosotros, lo difícil es realizar ese «añadid» que Pedro mencionó. Decimos que no esperamos que Dios nos lleve al cielo en un mar de rosas, pero actuamos como si en la práctica lo esperásemos. Necesito comprender que mi obediencia, hasta en el menor detalle de la vida, revela todo el poder omnipotente de la gracia de Dios sobre todas las cosas. Si cumplo mi deber, no solo porque sea mi obligación sino porque creo que Dios planea todas mis circunstancias, justo en ese momento de mi obediencia, toda la gracia maravillosa del Señor será mía por la gloriosa expiación por la cruz de Cristo.

... añadid a vuestra fe...
—2 PEDRO 1:5

¿Pondrás tu vida?

Jesús no me pide que muera por Él, sino que ponga mi vida por Él. Pedro le dijo al Señor: «Mi vida pondré por ti» (JUAN 15:37), y lo dijo con convicción. Tenía un magnífico sentido del heroísmo. Para nosotros, ser incapaces de hacer esta misma afirmación de Pedro sería algo negativo; nuestro sentido del deber solo se hace totalmente evidente a través de nuestro sentido del heroísmo. ¿Alguna vez el Señor te ha preguntado: «Tu vida pondrás por mí» (JUAN 15:38)? Es mucho más fácil morir que poner tu vida diariamente con la convicción de un llamamiento divino. No hemos sido hechos para los esplendorosos momentos de la vida, pero tenemos que caminar a la luz de ellos en nuestro andar cotidiano. Solo hubo un momento de esplendor en la vida de Jesús, y sucedió en el monte de la transfiguración. Fue allí donde Él se vació a sí mismo de su gloria por segunda vez, y después, descendió al valle donde estaba el joven poseído por el demonio (VER MARCOS 9:1-29). Durante treinta y tres años, Jesús puso su vida por nosotros. Y nosotros también deberíamos poner nuestras vidas por los hermanos (1 JUAN 3:16). No obstante, hacer esto se opone a nuestra naturaleza humana.

Nadie tiene mayor amor que este, que uno ponga su vida por sus amigos. […] os he llamado amigos…
—JUAN 15:13, 15

Si soy amigo de Jesús, debo poner mi vida a propósito y cuidadosamente para Él. Es difícil, y gracias a Dios que lo es. La salvación es fácil para nosotros porque tuvo un costo muy alto para Él. Sin embargo, manifestarla en mi vida es algo difícil. Dios salva a una persona, la llena con el Espíritu Santo y después le dice: «Ahora ponla en práctica; sé fiel a mí aunque la naturaleza de todo a tu alrededor te induzca a la infidelidad. Y Jesús nos dice: «Os he llamado amigos». Permanece fiel a tu Amigo y recuerda que su honor está en juego en tu vida terrenal.

Cuidado con criticar a otros

Las instrucciones de Jesús sobre juzgar a otras personas son muy claras; dice: «*¡No lo hagas!*». El cristiano típico demuestra ser el individuo más crítico que existe. La crítica forma parte de las actividades comunes de las personas, pero en el campo espiritual, no se consigue nada con ella. El efecto de la crítica es desmenuzar los puntos fuertes de la persona criticada. El Espíritu Santo es el único que está en condiciones de criticar, y solo Él es capaz de mostrar lo que está mal sin hacer daño ni herir. Es imposible tener comunión con Dios cuando se tiene un espíritu crítico. Esta actitud nos vuelve duros, vengativos, crueles, y nos deja con la lisonjera presunción de que somos superiores a los demás. Jesús nos dice que, como discípulos, tenemos que desarrollar un estado de espíritu que jamás critique. Esto no sucede de manera rápida sino que debe ser desarrollado con el tiempo. Debes tener un cuidado constante con cualquier cosa que te haga sentir superior.

No hay escapatoria del examen penetrante que Jesús realiza en mi vida. Si veo la paja en el ojo de alguien, eso significa que tengo una viga en el mío (Mateo 7:3-5). Todos los errores que puedo ver en alguien Dios también los encuentra en mí. Todas las veces que juzgo a alguien me condeno a mí mismo (Romanos 2:17-24). Deja de medir la vida de los demás. Siempre existe al menos un hecho que desconocemos en la condición de la otra persona. Cuando nos convertimos, lo primero que Dios hace es someternos a una limpieza espiritual. Después de eso, ya no queda espacio para el orgullo en nosotros. Tras discernir lo que hay en mí fuera de la gracia de Dios, nunca conocí a nadie respecto a la cual perdiera toda la esperanza.

No juzguéis, para que no seáis juzgados.
—Mateo 7:1

Sigue reconociendo a Jesús

El viento era realmente violento y las olas muy altas, pero Pedro no las veía al principio. Ni siquiera las tuvo en cuenta; simplemente, reconoció a su Señor, y saltando del barco al verlo, «andaba sobre las aguas». A continuación, empezó a darse cuenta de las cosas que lo rodeaban e inmediatamente comenzó a hundirse. ¿Por qué el Señor no podía darle la capacidad de caminar por debajo de las olas tan bien como lo hizo por encima de ellas? Podría haberlo hecho perfectamente, pero ni una cosa ni la otra se llevarían a cabo sin que Pedro reconociera de manera continua al Señor Jesús.

Reconocemos a Dios en algunas circunstancias, y a continuación, nos miramos a nosotros mismos y nos hundimos. Si verdaderamente estás reconociendo al Señor, no tienes que preocuparte ni de la forma ni del lugar en que Él actúa en las circunstancias que te rodean. Esas circunstancias son verdaderas, pero cuando las miras, colocas de inmediato sobre ti una carga, y no puedes reconocer a Jesús. Entonces, llega su reprensión: «¿Por qué dudaste?» (14:31). Sean cuales sean tus circunstancias actuales, mantén tus ojos fijos en Jesús, confiando completa y permanentemente en Él.

… Pedro […] andaba sobre las aguas para ir a Jesús. Pero al ver el fuerte viento, tuvo miedo…

—Mateo 14:29-30

Si aunque sea por un segundo discutes lo que Dios ya ha dicho, todo va a estar perdido para ti. No empieces nunca a decir: «Bien, ¿me pregunto si habrá hablado realmente Él conmigo?». Sé valiente —sin amarras y dispuesto a arriesgarlo todo— y lanza todo tu ser sobre Él. No sabes cuándo vendrá a ti su voz, pero siempre que percibas la presencia de Dios, por más sutil que sea, debes estar listo para entregarte totalmente, sometiéndoselo todo a Él. Solo a través de la entrega de ti mismo y de tus circunstancias lo reconocerás. Únicamente reconocerás su voz de manera más clara a través de la valentía, cuando estés dispuesto a arriesgarlo todo.

El servicio de una consagración apasionada

Jesús no nos dijo que hiciéramos convertidos a nuestra forma de pensar, sino que cuidásemos de su rebaño y lo alimentáramos con el conocimiento de Él. Consideramos como servicio aquello que hacemos en la obra cristiana, pero Jesucristo llama servicio lo que *somos* para Él, no lo que *hacemos* por Él. El discipulado solo se basa en la devoción a Jesucristo, no en seguir una creencia o doctrina en particular. «Si alguno viene a mí, y no aborrece [...], no puede ser mi discípulo» (Lucas 14:26). En este versículo, no hay argumento ni presión de parte de Jesús para que lo sigamos; Él simplemente dice: «Si quieres ser mi discípulo, debes consagrarte exclusivamente a mí». La persona tocada por el Espíritu de Dios afirma de repente: «¡Ahora comprendo quién es Jesús!»; esta es la fuente de la devoción.

... ¿me amas? [...]. Pastorea mis ovejas.

—Juan 21:16

Hoy hemos sustituido la creencia doctrinal con la personal, y por esta razón hay tantos que se entregan a causas y tan pocos que se consagran a Jesucristo. Las personas no quieren consagrarse realmente a Jesús sino solo a la causa que Él comenzó. Jesucristo resulta profundamente ofensivo para las mentes cultas de nuestro tiempo, para aquellos que solo desean tenerlo como amigo y que no están dispuestos a aceptarlo de otra forma. La obediencia primaria de nuestro Señor era a la voluntad de su Padre, no a las necesidades de las personas; la salvación de los hombres fue el resultado natural de su obediencia al Padre. Si solo me consagro a la causa de la humanidad, pronto me agotaré y llegaré al punto en el que mi amor no será suficiente. Sin embargo, si amo a Jesucristo de forma personal y apasionada, puedo servir a la humanidad aunque las personas me traten como un «felpudo». El secreto de la vida de un discípulo es la devoción a Jesucristo, y su característica principal es la humildad y su aparente insignificancia. Es como el grano de trigo que «cae en la tierra y muere», pero que después brota y cambia todo el paisaje (Juan 12:24).

¿Has llegado ya al «cuando»?

No encontramos en el Nuevo Testamento ninguna oración que sea lamentable, débil y egocéntrica ni un esfuerzo determinado y egoísta de mostrarse digno delante de Dios. Que intente ser recto ante Dios es una señal de que me estoy rebelando contra la expiación hecha por la cruz de Cristo. Oro así: «Señor, purificaré mi corazón si respondes a mi oración; caminaré en tu presencia si me ayudas». Pero *no puedo* justificarme ante Dios; *no puedo* volver perfecta mi vida. Solo puedo arreglar mi vida con Dios si acepto la expiación del Señor Jesucristo como una dádiva absoluta. ¿Soy lo bastante humilde como para aceptarla así? Debo renunciar a mis derechos y reivindicaciones, y detener todo mi esfuerzo personal. Tengo que entregarme completamente en sus manos, y solo entonces podré comenzar a derramar mi vida en la obra sacerdotal de la intercesión. En realidad, muchas oraciones brotan de la incredulidad en la expiación. Jesús no está empezando a salvarnos; nos salvó completamente. Es un hecho consumado, y es un insulto pedirle que haga lo que ya hizo.

Y quitó el Señor la aflicción de Job, cuando él hubo orado por sus amigos...

—Job 42:10

Si no estás recibiendo las bendiciones al «ciento por uno» que Jesús prometió (Mateo 19:29) y no consigues comprender bien la Palabra de Dios, comienza a orar por tus amigos; implícate en el ministerio de la vida interior. «Y quitó el Señor la aflicción de Job, *cuando él hubo orado por sus amigos*». Como alma que ya ha sido salvada, el verdadero propósito de tu vida es la oración intercesora. En cualquier situación que Dios te ponga, ora siempre de inmediato para que la expiación pueda ser reconocida y completamente comprendida en la vida de los demás como ya ha sucedido en la tuya. Ora por tus amigos *ahora*; y ora también *ahora* por aquellos con quienes estás estableciendo contacto.

El ministerio de la vida interior

¿A través de qué derecho nos convertimos en «real sacerdocio? Esa obra se ha consumado a través del derecho obtenido por la expiación mediante la cruz de Cristo. ¿Estamos preparados para dejarnos intencionalmente de lado nosotros y lanzarnos a la obra sacerdotal de la intercesión? Un autoexamen interior de manera continuada para ver si somos como deberíamos genera un tipo de cristianismo débil y egocéntrico en vez de la vida robusta y sencilla de un hijo de Dios. Mientras no establezcamos una relación adecuada con Dios, viviremos como si estuviéramos pendientes de un hilo, diciendo: «¡Qué maravillosa victoria he alcanzado!». Sin embargo, no hay nada en eso que demuestre el milagro de la redención. Cree con todo tu corazón que la redención está completa. No te preocupes más por ti mismo sino comienza a hacer lo que Jesucristo dijo, en esencia: «Ora por el amigo que viene a buscarte a medianoche, ora por los santos de Dios y por todos los hombres». Ora sabiendo que solo eres perfecto en Cristo Jesús, no cuando te basas en ese tipo de súplica: «Oh, señor, he hecho lo mejor; ¡por favor, escúchame ahora!».

Mas vosotros sois [...] real sacerdocio...

—1 PEDRO 2:9

¿Cuánto tiempo le va a costar a Dios librarnos del enfermizo hábito de pensar solo en nosotros? Debemos llegar al punto de cansarnos de nosotros mismos hasta que ya no nos sorprenda nada que Dios pueda decir sobre nosotros. No podemos alcanzar ni comprender la profundidad de nuestra propia miseria. Solo existe un lugar donde estamos a bien con Dios, y ese lugar es Jesucristo. Una vez allí, tenemos que derramar nuestras vidas en este ministerio de la vida interior.

La inmutable ley del juicio

Esta afirmación no es una teoría accidental sino una ley eterna de Dios. Cualquier juicio que emitas servirá de medida exacta mediante la cual serás juzgado. Hay una diferencia entre revancha y retribución. Jesús dijo que la base de la vida es la retribución: «Con la medida que medís, os será medido». Si has sido perspicaz para descubrir los defectos de los demás, recuerda que esa será la medida exacta que se te aplicará a ti también. Aquello que haces hoy es lo que la vida te hará a ti mañana. Y esta ley eterna llega desde el trono de Dios hasta nosotros (VER SALMOS 18:25-26).

Porque con el juicio con que juzgáis, seréis juzgados, y con la medida con que medís, os será medido. —MATEO 7:2

En Romanos 2:1, este principio se aplica de una forma todavía más explícita, pues dice que quien critica a otro es culpado exactamente de lo mismo. Dios no mira solo el acto en sí, sino también la posibilidad de cometerlo, la cual se percibe cuando Él examina nuestro corazón. Para empezar, no creemos en las declaraciones que la Biblia hace. Por ejemplo, ¿de verdad creemos que somos culpables de las cosas que criticamos en los demás? La razón por la que vemos hipocresía, engaño y falsedad en los demás es porque estas actitudes están en nuestro propio corazón. La mayor característica de un santo es la humildad, la cual se hace evidente por la capacidad de decir sincera y humildemente: «Sí, todas esas cosas y otros males podrían manifestarse en mí si no fuese por la gracia de Dios. Por lo tanto, no tengo derecho a juzgar».

Jesús dijo: «No juzguéis, para que no seáis juzgados» (MATEO 7:1). Y continúa afirmando: «con el juicio con que juzgáis, seréis juzgados, y con la medida con que medís, os será medido». ¿Quién de nosotros se atrevería a presentarse ante Dios y decir: «Dios mío, júzgame como yo he juzgado a mis semejantes»? Juzgamos a los demás como pecadores; si Dios nos juzgase de la misma forma, estaríamos condenados al infierno. Pero Él nos juzga con base en la maravillosa expiación de la cruz de Cristo.

Experimentado en quebranto

No somos conscientes de qué es ser «experimentado en quebranto» como lo fue nuestro Señor. Soportamos el sufrimiento y pasamos por él, pero no lo conocemos íntimamente. Al comienzo de nuestra vida, no llegamos a enfrentarnos con la realidad del pecado. Observamos la vida con la mirada de la razón y decimos que si una persona controla sus instintos y se disciplina, podrá llevar una existencia correcta que, poco a poco, dejará espacio para la vida de Dios. Sin embargo, a medida que avanzamos, descubrimos la presencia de algo que no habíamos tenido en cuenta, es decir, el pecado; y eso desbarata todos nuestros pensamientos y planes. El pecado convierte la base de nuestro pensamiento en algo impredecible, incontrolable e irracional.

... varón de dolores, experimentado en quebranto...
—Isaías 53:3

Debemos reconocer que el pecado es una realidad de la vida, no solo un defecto. El pecado es un motín descarado contra Dios, y uno de ellos debe morir en mi vida: o Dios o el pecado. El Nuevo Testamento nos lleva inmediatamente a esta conclusión: si el pecado me gobierna, la vida de Dios en mí estará muerta; si Dios me gobierna, el pecado en mí estará muerto. No hay nada más fundamental que eso. El punto culminante del pecado fue la crucifixión de Jesucristo, y lo que fue realidad en la historia de Dios en la tierra también lo será en la tuya y en la mía; o sea, el pecado matará la vida del Señor en nosotros. Usando la razón, debemos reconocer este aspecto del pecado. Es la única explicación para la venida de Jesucristo al mundo; es también la explicación del quebranto y la tristeza en la vida.

Reconciliarte con la realidad del pecado

No estar reconciliado con la realidad del pecado —es decir, no reconocerlo y negarse a lidiar con él— produce todos los desastres en la vida. Puedes hablar sobre las grandes virtudes de la naturaleza humana, pero hay algo en ella que se reirá burlona de cada principio que tengas. Si te niegas a admitir que existe maldad y egoísmo en los seres humanos, y algo profundamente maligno y errado, cuando el pecado ataque tu vida, en vez de reconocer esa realidad, cederás y dirás que no sirve de nada combatirla. ¿Has tenido en cuenta esta «hora, y la potestad de las tinieblas»? ¿O te ves como alguien que no necesita reconocer el pecado en absoluto? En tus relaciones y amistades, ¿te has reconciliado con la realidad del pecado? Si no, pronto caerás en una trampa y le harás concesiones. Sin embargo, si reconoces el pecado como algo real, percibirás inmediatamente el peligro y dirás: «Sí, puedo ver lo que ese pecado puede llegar a significar». Reconocer la realidad del pecado no destruye la base de la amistad, sino que simplemente establece el respeto mutuo por el hecho de que la base de la vida pecaminosa es desastrosa. Ten cuidado siempre con toda forma de encarar la vida que no reconozca la existencia del pecado.

... esta es vuestra hora, y la potestad de las tinieblas.

—LUCAS 22:53

Jesucristo nunca confió en la naturaleza humana, pero jamás fue cínico ni desconfiado, porque tenía confianza total en lo que Él podía hacer por dicha naturaleza. El hombre o la mujer puros son las personas que se protegen del peligro, no las inocentes. Ni el hombre ni la mujer están seguros nunca. Ninguno tiene el derecho de intentar ser inocente; Dios exige que sean personas puras y virtuosas. La inocencia es una característica infantil. Cualquier persona merece la culpa si no está dispuesta a reconciliarse con la realidad de que el pecado existe.

Recibirte a ti mismo en las llamas del sufrimiento

Como un santo de Dios, mi actitud ante el sufrimiento y las dificultades no debe ser la de pedir que sean evitadas, sino clamar a Dios para que me proteja a fin de que pueda persistir en aquello para lo que fui creado, a pesar de todas las llamas del sufrimiento. Nuestro Señor se recibió a sí mismo aceptando su posición y cumpliendo su propósito en medio del fuego de la tristeza. Él no fue salvo *de* la hora, sino *por* la hora.

Decimos que no debería haber sufrimiento, pero existe y tenemos que aceptarlo y pasar por sus llamas. Si intentamos evitar el dolor, negándonos a lidiar con él, somos insensatos. El sufrimiento es una de las realidades más importantes de la vida; no sirve de nada decir que no debería existir. El pecado, las tristezas y el sufrimiento *existen*, y no nos compete a nosotros decir que Dios ha cometido un error al permitirlos.

El dolor retira una gran parte de la superficialidad de una persona, pero no siempre la convierte en alguien mejor. El sufrimiento me edifica o me destruye. No puedes encontrarte ni aceptarte en el éxito, pues pierdes la cabeza con el orgullo. Tampoco puedes aceptarte en la monotonía de lo cotidiano, pues te entregas a las quejas. La única manera de encontrar nuestro verdadero ser es en las llamas del sufrimiento. La razón de que sea así es algo secundario. El hecho es que está claro en las Escrituras y en la experiencia humana. Siempre puedes reconocer a quien pasó por el fuego del sufrimiento y fue probado; y también sabes que puedes recurrir a esa persona en tu momento de tribulación, pues tendrá tiempo suficiente para ti. Sin embargo, si la persona todavía no ha pasado por las llamas del sufrimiento, tenderá a ser altiva, sin respeto ni tiempo para ti; solo te apartará. Si eres probado y preservado en las llamas del sufrimiento, Dios hará que tu testimonio sea un alimento saludable para otras personas.

... ¿Y qué diré? ¿Padre, sálvame de esta hora? Mas para esto he llegado a esta hora. Padre, glorifica tu nombre...

—Juan 12:27-28

Obtén la gracia de Dios... ahora

... os exhortamos también a que no recibáis en vano la gracia de Dios.

—2 CORINTIOS 6:1

La gracia que recibiste ayer no bastará para hoy. La gracia es el favor desbordante de Dios, y siempre puedes contar con ella conforme a tu necesidad. «En mucha paciencia, en tribulaciones, en necesidades, en angustias», es en esas circunstancias donde se pone a prueba nuestra paciencia (2 CORINTIOS 6:4). ¿No estás confiando en la gracia de Dios? ¿O tal vez piensas en tu interior: «Bueno, creo que esta vez no voy a poder contar con ella»? No es cuestión de orar y pedirle a Dios que te ayude; se trata de tomar posesión de la gracia de Dios *ahora*. Tendemos a hacer de la oración la preparación para nuestro servicio, pero en la Biblia no es así nunca. La oración es la práctica de recurrir a la gracia de Dios. No digas: «Soportaré esto hasta que me pueda retirar y orar». Ora *ya*; recurre a la gracia de Dios en el momento de tu necesidad. La oración es la práctica más normal y útil; no es solo un acto reflejo de tu devoción a Dios. Somos muy lentos para aprender a recibir la gracia de Dios mediante la oración.

«En azotes, en cárceles, en tumultos, en trabajos» (6:5); en todas esas situaciones, muestra el deseo de recibir la gracia de Dios, y esta actitud será la evidencia de que eres un milagro del Señor, tanto para ti como para los demás. Recibe tu gracia ahora, no después. La palabra clave del vocabulario espiritual es *ahora*. Que las circunstancias te lleven para donde quieran, pero continúa recurriendo a la gracia de Dios en todas las condiciones en las que te encuentres. Una de las mayores pruebas de que estás recurriendo a la gracia de Dios es poder humillarte completamente ante los demás sin manifestar el menor rasgo de cualquier otra cosa que no sea su gracia.

«No teniendo nada». No te guardes nada. Derrámate, da lo mejor que tienes y sé siempre pobre. No seas nunca diplomático ni cauteloso con el tesoro que Dios te da. «Mas poseyéndolo todo»; esta es la pobreza que triunfa (2 CORINTIOS 6:10).

El enorme alcance de la liberación personal de Dios

Dios le prometió a Jeremías que lo liberaría personalmente: «Porque ciertamente te libraré, y no caerás [...], sino que tu vida te será por botín» (Jeremías 39:18). Esto es todo lo que Dios promete a sus hijos. Sea donde sea que Dios nos envíe, Él preservará nuestra vida. Lo que poseemos —nuestros bienes personales— no debe importarnos, y tenemos que actuar con mucho desprendimiento con respecto a las posesiones materiales. Si no lo hacemos, experimentaremos temores, sufrimiento y angustia. Tener la perspectiva adecuada es evidencia de la fe profundamente enraizada en el enorme alcance de liberación personal de Dios.

El Sermón del Monte sugiere que cuando estamos al servicio de Jesucristo, no hay tiempo para defendernos. Lo que Jesús dice, en realidad, es lo siguiente: «No te preocupes en ser tratado justamente o no». Procurar la justicia es una señal de que nos desviamos de nuestra devoción a Él. Nunca busques la justicia en este mundo, pero tampoco dejes nunca de practicarla. Si buscamos la justicia, comenzaremos a quejarnos y a ceder al descontento y la autocompasión, como si dijéramos: «¿Por qué me tratan así?». Si estamos consagrados a Jesucristo, no debemos preocuparnos de lo que nos pueda suceder, sea justo o injusto. En realidad, Jesús dice: «Continúa firmemente a hacer lo que te he dicho, y yo guardaré tu vida. Si intentas protegerla, acabarás apartándote de mi liberación». Incluso el cristiano más consagrado se puede volver ateo en una de esas situaciones; dejamos de creer en Dios. Ponemos nuestro sentido común en el trono, y a continuación, decimos que es algo que proviene del Señor. En realidad, nos basamos en nuestro propio entendimiento en vez de fiarnos del Señor de todo corazón (ver Proverbios 3:5-6).

... contigo estoy para librarte, dice el Señor.
—Jeremías 1:8

Asido por la mano de Dios

Nunca escojas ser un obrero de Dios, pero una vez que Él ha puesto su llamamiento en tu corazón, ay de ti si te apartas «a diestra [o] a siniestra» (Deuteronomio 5:32). No estamos aquí para trabajar para Dios por una simple decisión personal sino porque Él nos «asió». Y una vez que eso sucedió, jamás debemos alimentar este pensamiento: «De acuerdo, pero no sirvo para esto». Lo que debes predicar también está determinado por Dios, no por tus propias inclinaciones o deseos. Mantén tu alma siempre en buena relación con Dios y recuerda que eres llamado no solo para dar testimonio sino para anunciar el evangelio. Todo cristiano debe dar testimonio de la verdad de Dios; pero cuando se trata del llamamiento para predicar, debes sentir la presión firme de las manos de Dios sobre ti; es por eso por lo que tu vida está asida por Dios. ¿Cuantos estamos asidos de esa forma?

> *... prosigo, por ver si logro asir aquello para lo cual fui también asido por Cristo Jesús.*
> —Filipenses 3:12

Nunca disminuyas el valor de la Palabra de Dios, sino predícala en su rigor integral. Debe haber una fidelidad inquebrantable a la Palabra, pero cuando vayas a tratar personalmente con tus semejantes, recuerda quién eres; no eres un ser especial creado en el cielo, sino un pecador salvado por la gracia.

«Hermanos, yo mismo no pretendo haberlo ya alcanzado; pero una cosa hago: […] prosigo a la meta, al premio del supremo llamamiento de Dios en Cristo Jesús» (Filipenses 3:13-14).

La disciplina más rigurosa

Jesús no dijo que todos deben cortarse la mano derecha, sino que «si tu mano derecha te es ocasión de caer» al andar junto a Él, es mejor cortarla. Hay muchas cosas que son perfectamente legítimas, pero si pretendes concentrarte en Dios, no podrás hacerlas. Tu mano derecha es una de las mejores cosas que tienes, pero Jesús dice que si te impide seguir sus preceptos, la cortes. El principio que se enseña aquí es la disciplina o lección más rigurosa que se haya presentado a la raza humana.

Y si tu mano derecha te es ocasión de caer, córtala, y échala de ti; pues mejor te es que se pierda uno de tus miembros, y no que todo tu cuerpo sea echado al infierno.

—Mateo 5:30

Cuando Dios te transforma por la regeneración, dándote una nueva existencia por el nuevo nacimiento espiritual, la vida que tenías antes queda mutilada. Hay cientos de cosas que ya no te atreves hacer; cosas que serían pecado para ti y también serían consideradas pecado por personas que te conocen de verdad. Pero quien no es espiritual dirá: «¿Qué hay de malo en eso? ¡Estás loco!». Todavía no ha existido un siervo de Dios que no tuviese que vivir al inicio una vida mutilada. Aun así, es mejor entrar mutilado en la vida eterna pero bello a los ojos de Dios que ser hermoso a los ojos de los hombres pero mutilado ante los ojos de Dios. Al comenzar la vida cristiana, Jesucristo, por su Espíritu, debe impedirte que hagas un gran número de cosas que, para los no cristianos, tal vez sean perfectamente aceptables, pero no para ti. Sin embargo, ten cuidado de no usar tus restricciones para criticar a otra persona.

La vida cristiana, al inicio, está mutilada; pero en Mateo 5:48, Jesús nos ofrece la imagen de una existencia completa y bien equilibrada: «Sed, pues, vosotros perfectos, como vuestro Padre que está en los cielos es perfecto».

¡Hazlo ya!

Ponte de acuerdo con tu adversario pronto…
—Mateo 5:25

En este versículo, Jesucristo determinó un principio importante al decir: «Haz ya aquello que sabes que debes hacer. Hazlo pronto. Si no, se pondrá en marcha un inevitable proceso judicial hasta que pagues el último centavo» (Mateo 5:26), con dolor, angustia y aflicción. Las leyes de Dios son inmutables y no hay forma de escapar de ellas. Las enseñanzas de Jesús siempre penetran directamente en el corazón.

Querer tener la certeza de que mi adversario me va a dar aquello a lo que tengo derecho es algo natural. Pero Jesús dice que es fundamental para mí, una cuestión de importancia eterna, que yo pague a mi adversario aquello que le debo. Desde el punto de vista del Señor, no importa si soy defraudado o no; lo importante es que yo no defraude a nadie. ¿Estoy defendiendo mis derechos o estoy pagando lo que debo desde el punto de vista de Jesucristo?

Hazlo pronto; sométete ahora a juicio. En cuestiones morales y espirituales, debes actuar de inmediato. Si no lo haces, un inexorable proceso se pondrá pronto en marcha. Dios está decidido a hacer que todos sus hijos sean puros, limpios y blancos como la nieve, y mientras haya desobediencia a cualquier punto de sus enseñanzas, Él permitirá que su Espíritu use cualquier proceso que nos pueda llevar a obedecer. Nuestra insistencia en demostrar que tenemos razón es, casi siempre, un claro indicio de que ya habido algún punto de desobediencia. ¡No es de extrañar que el Espíritu de Dios nos aliente con tanta firmeza a andar constantemente en la luz! (ver Juan 3:19-21).

«Ponte de acuerdo con tu adversario pronto». ¿Acaso has llegado de repente a un punto en tu relación con alguien solo para descubrir que guardas ira en tu corazón? Confiésalo sin demora; ponte de acuerdo con Dios. Reconcíliate con esa persona; *¡hazlo ya!*

El castigo inevitable

No existe un cielo que tenga ni siquiera el más mínimo rincón de infierno en él. Dios está decidido a hacer de ti alguien puro, santo y justo, y no permitirá que escapes del escrutinio del Espíritu Santo ni siquiera por un instante. Cuando fuiste acusado, Él te insistió para que acudieras al juicio inmediatamente, pero no obedeciste. Entonces, el inevitable proceso comenzó su curso, hasta terminar en la inevitable condena. Ahora has sido «echado en la cárcel [y…] no saldrás de allí, hasta que pagues el último cuadrante» (Mateo 5:25-26). Aun así, preguntas: «¿Es este un Dios de misericordia y amor?». Visto desde la perspectiva de Dios, es un glorioso ministerio de amor. El Señor va a sacarte puro, sin mancha y sin defecto, pero quiere que admitas la naturaleza que has estado mostrando: la de exigir tus propios derechos. En el momento en que estás dispuesto a que Dios cambie tu naturaleza, sus fuerzas regeneradoras comenzarán a obrar. Y en cuanto te des cuenta de que el propósito de Dios es llevarte a una relación correcta con Él y, después, con los demás, irá hasta los límites más lejanos del universo para ayudarte a tomar el camino correcto. Decide ahora: «Sí, Señor, *escribiré* esa carta»; o «*me reconciliaré* con esa persona ahora mismo».

… no saldrás de allí, hasta que pagues el último cuadrante.

—Mateo 5:26

Esos mensajes de Jesucristo van dirigidos a tu voluntad y tu conciencia, no a tu razón. Si solo discutes contigo mismo sobre esos versículos del Sermón del Monte, apagarás el llamamiento de tu corazón.

Si te encuentras pensando: «¿Por qué no estoy creciendo espiritualmente con Dios?», pregúntate si estás pagando tus deudas desde el punto de vista divino. Haz *ahora* lo que tendrás que hacer algún día. Todo llamamiento o asunto moral conlleva una «obligación»: el reconocimiento de saber lo que debemos hacer.

Las condiciones del discipulado

Si las relaciones más íntimas de la vida de un discípulo entran en conflicto con las exigencias de Jesucristo, nuestro Señor requiere una obediencia inmediata a Él. El discipulado significa la consagración personal y ferviente a una Persona: nuestro Señor Jesucristo. Hay una gran diferencia entre consagrarse a una persona y hacerlo a principios o a una causa. Nuestro Señor nunca proclamó una causa sino la consagración personal a Él. Ser discípulo es ser un esclavo consagrado motivado por el amor al Señor Jesús. Muchos de nosotros, que nos llamamos cristianos, no estamos realmente consagrados a Jesucristo. Nadie en la tierra tiene tal amor ferviente por el Señor Jesús a no ser que el Espíritu Santo le dé esa capacidad de amar. Podemos admirar, respetar y reverenciar al Señor Jesús, pero no podemos amarlo por nuestra propia cuenta. El único que realmente ama al Señor Jesús es el Espíritu Santo, y es Él quien derrama el amor de Dios en nuestros corazones, el propio amor del Señor (Romanos 5:5). Siempre que el Espíritu Santo vea una oportunidad de glorificar a Jesús a través de ti, tomará tu ser y lo enardecerá con una consagración ferviente a Jesucristo.

Si alguno viene a mí, y no aborrece a su padre, y madre, y mujer, e hijos, y hermanos, y hermanas, y aun también su propia vida [...]. Y el que no lleva su cruz y viene en pos de mí [...]. Así, pues, cualquiera de vosotros que no renuncia a todo lo que posee, no puede ser mi discípulo.

—Lucas 14:26-27, 33

La vida cristiana se caracteriza por una creatividad verdadera y espontánea. Como consecuencia, el discípulo está sujeto a la misma acusación que recayó sobre Jesucristo; o sea, la de contradicción. Pero Jesucristo siempre fue coherente en su relación con Dios, y el cristiano también debe serlo en su relación con la vida del Hijo de Dios que está en él; no debe ser coherente con doctrinas rígidas y obstinadas. Las personas se dedican a sus propias doctrinas, y Dios tiene que arrancar de ellas sus ideas preconcebidas antes de que puedan consagrarse a Jesucristo.

Concentrarse en el pecado personal

Cuando llego ante la presencia de Dios, no percibo que soy pecador en un sentido abstracto, sino que, de repente, me doy cuenta de que el centro de mi atención está dirigido a concentrarme en el pecado en determinada área de mi vida. Cualquier persona puede decir fácilmente: «¡Ah, sí, sé que soy pecador!»; pero cuando entra en la presencia de Dios, no consigue escapar con una afirmación vaga y genérica como esa. Nuestra convicción converge hacia un pecado específico, y entonces, como hizo Isaías, percibimos lo que somos realmente. Esta es siempre la señal de que una persona está en la presencia de Dios. Nunca hay un sentido vago de pecaminosidad, sino que el centro de atención está en el pecado en alguna área específica y personal de la vida. Dios comienza convenciéndonos exactamente de aquello a lo que su Espíritu ha dirigido la atención de nuestra mente. Si nos rendimos, sometiéndonos a su convicción de ese pecado particular, Él nos guiará de manera profunda adonde quiere revelarnos la vasta naturaleza de la pecaminosidad subyacente. Esta es la forma en la que Dios siempre lidia con nosotros cuando somos conscientes de su presencia.

… ¡Ay de mí! que soy muerto; […] siendo hombre inmundo de labios…

—Isaías 6:5

Esta experiencia de que nuestra atención se dirija a concentrarnos en el pecado personal es real en la vida de cada uno, desde el mayor de los santos hasta el peor de los pecadores. Cuando una persona comienza a subir por la escalera de la experiencia, puede decir: «No sé dónde me desvié», pero el Espíritu de Dios le señalará algo definido y específico. El efecto de la visión de Isaías de la santidad del Señor llevó su atención a que él era un «hombre inmundo de labios». «Y tocando con él sobre mi boca, dijo: He aquí que esto tocó tus labios, y es quitada tu culpa, y limpio tu pecado» (Isaías 6:7). El fuego purificador debía ser aplicado al lugar donde se había concentrado el pecado.

Uno de los grandes «no» de Dios

> *... no te alteres, que eso empeora las cosas.*
>
> —Salmos 37:8 RVC

Alterarse significa «perder la cabeza» mental o espiritualmente. Una cosa es decir: «No te alteres», pero otra bien diferente es tener una naturaleza incapaz de ser paciente. Parece muy fácil decir: «Confía callado en el Señor y espera en él con paciencia» (Salmos 37:7 RVC), mientras nuestro pequeño mundo alrededor está del revés y se nos obliga a vivir en confusión y agonía como muchas otras personas. En esas condiciones, ¿es posible «confiar en el Señor»? Si este «no» de «no te alteres» no funciona entonces, no lo hará nunca. Este «no» debe funcionar en los días de dificultad e inseguridad, y también en los de paz; si no, nunca lo hará. Y si no funciona en tu caso particular, tampoco lo hará en el de otra persona. Descansar en el Señor no depende en absoluto de tus circunstancias externas, sino de tu relación con Dios mismo.

La preocupación siempre termina en pecado. Tendemos a pensar que un poco de ansiedad y preocupación son simples indicadores de que somos sabios y sensatos, cuando en realidad, son una indicación mucho más acertada de cuán perversos somos. La impaciencia brota de la determinación de hacer las cosas como nosotros queremos. Nuestro Señor nunca se preocupaba ni se mostraba ansioso, pues su propósito jamás era realizar sus propios planes sino cumplir los de Dios. Para un hijo de Dios, la impaciencia es perversidad.

¿Has estado alimentando tu alma necia con la idea de que tus circunstancias son demasiado complicadas para que Dios las pueda controlar? Deja de lado todas tus opiniones y especulaciones, y mora «bajo la sombra del Omnipotente» (Salmos 91:1). Dile con firmeza a Dios que no te vas a alterar más con nada que pueda preocuparte. Toda nuestra impaciencia y preocupación es el resultado de hacer planes sin incluir a Dios.

No excluyas a Dios de tus planes

No hagas planes sin Dios. Parece que Dios tiene una deliciosa manera de frustrar los planes que hacemos cuando no lo tenemos en cuenta. Nos metemos en situaciones que no fueron determinadas por Él, y de repente, nos damos cuenta de que hicimos nuestros planes sin incluirlo, de que ni siquiera lo consideramos como un factor fundamental de la planificación de nuestra vida. Y sin embargo, lo único que nos protegerá de la posibilidad de preocuparnos es incluir a Dios como el factor más importante de dicha planificación.

En asuntos espirituales, tenemos la costumbre de poner a Dios en primer lugar, pero tendemos a pensar que es impropio e innecesario hacer lo mismo en las cuestiones prácticas y cotidianas de nuestra vida. Si llegamos a pensar que tenemos que ponernos nuestro «rostro espiritual» antes de poder acercarnos a Dios, nunca nos aproximaremos a Él. Debemos ir a Él tal como somos.

No hagas planes con tu mente preocupada por la maldad. ¿Acaso Dios desea realmente que hagamos planes sin tener en cuenta la maldad a nuestro alrededor? «El amor [...] no hace nada indebido...» (1 Corintios 13:4-5). El amor no ignora la existencia del mal, pero no lo tiene en cuenta en el momento de hacer planes. Cuando estábamos separados de Dios, teníamos en cuenta el mal, planeando todo con él en mente, e intentábamos razonar todas las cosas desde su punto de vista.

Encomienda al Señor tu camino, y confía en él; y él hará. —Salmos 37:5

No hagas planes si tu ánimo está en un mal día. Si confías de verdad en Cristo, no puedes acumular cosas para un mal día. Jesús dijo: «No se turbe vuestro corazón» (Juan 14:1). Dios no va a impedir que tu corazón se turbe. Es un mandamiento: «No se turbe». Para lograrlo, corrige constantemente tus actitudes —aunque caigas cien veces al día— hasta que desarrolles el hábito de poner a Dios en primer lugar y hacer planes con Él en mente.

Visiones que se hacen realidad

Siempre tenemos una visión de algo antes de que se vuelva real para nosotros. Cuando nos damos cuenta de que la visión es real, aunque todavía no lo sea en nosotros, Satanás viene con sus tentaciones y nos sentimos inclinados a decir que no tiene sentido ni siquiera intentar continuar. En vez de que la visión se haga real para nosotros, hemos entrado en el valle de la humillación.

La vida no es como la escoria inútil,
sino como el hierro obtenido de las entrañas de la desolación,
y forjado con los golpes de la miseria
para ser moldeado y usado.
(Alfred Lorry Tennyson, 1809-1992)

Dios nos da una visión, y después nos hace descender al valle para forjarnos en la forma de dicha visión. Es en el valle donde muchos desfallecemos y nos rendimos. Toda visión dada por Dios solo se hará realidad si tenemos paciencia. ¡Piensa en la gran cantidad de tiempo libre que Dios tiene! Él nunca tiene prisa. Y sin embargo, nosotros vivimos en un estrés frenético. Comenzamos a actuar mientras estamos todavía en la luz de la gloria de la visión, pero esta aún no es real en nosotros. Dios tiene que hacernos descender al valle y hacernos pasar por el fuego y el agua para forjarnos hasta que alcancemos el punto en el cual pueda confiarnos la realidad de la visión. Desde que Dios nos dio la misión, Él ha estado trabajando. Nos está moldeando con la forma de la meta que tiene para nosotros, y aun así, una y otra vez intentamos huir de la mano del Escultor en un esfuerzo por moldearnos con la forma de nuestra propia meta.

El lugar seco se convertirá en estanque...
—Isaías 35:7

La visión que Dios da no es un castillo inalcanzable en el cielo, sino la de aquello que Él quiere que seas aquí. Permite que el Alfarero te coloque en su rueda y te dé vueltas como quiera. Entonces, tan cierto como Dios es Dios y tú eres tú, te convertirás en una imagen idéntica de la visión. Pero no pierdas tu corazón en el proceso. Si alguna vez has recibido una visión de parte de Dios, puedes intentar contentarte con menos, pero el Señor nunca va a permitirlo.

Todos los esfuerzos de valor y excelencia son difíciles

Si vamos a vivir como discípulos de Jesús, debemos recordar que todos los esfuerzos de valor y excelencia son difíciles. La vida cristiana es gloriosamente dura, pero esa dificultad no nos hace desfallecer y desmoronarnos; nos motiva a superarnos. ¿Valoramos lo suficiente la milagrosa salvación de Jesucristo al punto de ser lo mejor posible para su gloria?

Entrad por la puerta estrecha; [...] porque estrecha es la puerta, y angosto el camino que lleva a la vida...

—Mateo 7:13-14

El Señor salva a personas por su gracia soberana a través de la expiación de Jesús, y «Dios es el que en vosotros produce así el querer como el hacer, por su buena voluntad» (Filipenses 2:13). Pero tenemos que «ocuparnos» en esa salvación en nuestra vida práctica diaria (Filipenses 2:12). Si comenzamos a hacer lo que Él ordena solo con base en su redención, comprobaremos que podemos. Si fallamos, se debe a que aún no hemos puesto en práctica lo que Dios ha colocado en nosotros; pero una crisis revelará si lo hemos hecho o no. Si obedecemos al Espíritu de Dios y practicamos en nuestra vida natural lo que Dios ha puesto en nosotros por su Espíritu, cuando la crisis llegue, encontraremos que nuestra propia naturaleza, así como la gracia de Dios, estarán de nuestro lado.

¡Gracias a Dios que Él nos da cosas difíciles para que las hagamos! Su salvación produce gozo, pero también requiere valentía, audacia y santidad. Nos pone a prueba hasta donde podamos resistir. Jesús está llevando «muchos hijos a la gloria» (Hebreos 2:10), y Dios no va a evitar que pasemos por los requisitos exigidos a un hijo. La gracia de Dios produce hombres y mujeres con una fuerte semejanza familiar a Jesucristo; no personas mimadas, consentidas y enclenques. Requiere una tremenda cantidad de disciplina vivir la valiosa y excelente vida de un discípulo de Jesús en el mundo real. Y siempre nos es necesario hacer un esfuerzo para vivir una vida de valor y excelencia.

La voluntad para ser fiel

La voluntad de una persona se expresa en sus acciones. No puedo *renunciar* a mi voluntad; debo ejercitarla, ponerla en acción. Debo tener la *voluntad* de obedecer, y también la de recibir el Espíritu de Dios. Cuando Dios me da una visión de la verdad, no es cuestión de saber lo que Él va a hacer, sino lo que yo haré. El Señor ha estado poniendo delante de cada uno de nosotros algunos grandes propósitos y planes. Lo mejor que puedes hacer es recordar lo que hacías antes de que fueras tocado por Dios. Trae a la memoria el momento en que fuiste salvo, o la primera vez que reconociste a Jesús o que te diste cuenta de alguna verdad. Entonces era fácil entregar tu lealtad a Dios. Recuerda de inmediato esos momentos cada vez que el Espíritu de Dios coloque alguna nueva propuesta ante ti.

... escogeos hoy a quién sirváis...
—Josué 24:15

«Escogeos hoy a quien sirváis». Tu elección debe ser una determinación deliberada; no es algo a lo que te veas abocado automáticamente. Y todo lo demás en tu vida se mantendrá temporalmente en suspenso hasta que tomes una decisión. La propuesta es entre tú y Dios; no la consultes «con carne y sangre» (Gálatas 1:16). Con cada nueva propuesta, las personas a nuestro alrededor parecen aislarse cada vez más, y ahí es donde se desarrolla la tensión. Dios permite que la opinión de sus otros santos te afecte, y aun así, tú te sientes cada vez menos seguro de que los otros entienden de verdad el paso que estás dando. No sirve de nada que intentes averiguar adónde te está guiando Dios; lo único que Él va a explicarte es a sí mismo.

De manera abierta, declárale a Él: «Seré fiel». Pero recuerda que en cuanto escojas ser fiel a Jesucristo, «serás testigo contra ti mismo» (Josué 24:22). No consultes con otros cristianos, sino declara simple y libremente ante Él: «Te serviré». *Ten la voluntad* de ser fiel; y da a los demás el reconocimiento por ser fieles también.

¿Te examinarás a ti mismo?

¿Depositas la más mínima confianza en algo o alguien que no sea Dios? ¿Queda alguna confianza en tus propias cualidades internas o en algún particular conjunto de circunstancias? ¿Sientes algún tipo de confianza personal en lo referente a esa nueva propuesta o plan que Dios ha puesto ante ti? ¿Te examinarás a ti mismo haciéndote estas preguntas? Esta afirmación es cierta: «No puedo vivir una vida santa», pero puedes decidir dejar que Jesucristo te santifique. «Tú no puedes servir al Señor», pero puedes situarte en la posición adecuada para que el poder del Dios todopoderoso fluya a través de ti. ¿Te sientes suficientemente satisfecho con tu relación con Dios como para esperar que Él manifieste su maravillosa vida en ti?

... Josué dijo al pueblo: No podréis servir al Señor...

—Josué 24:19

«El pueblo entonces dijo a Josué: No, sino que al Señor serviremos» (24:21). Esto no es un acto impulsivo sino un compromiso deliberado. Tendemos a decir: «Pero Dios nunca *me* ha llamado *a mí* para esto. Soy demasiado indigno. No puede ser para *mí*». Pero sí, es para ti; y cuanto más débil y frágil seas, mejor. Aquel que todavía depende y confía en algún aspecto personal siempre será el último en decir: «Yo serviré al Señor».

Decimos: «¡Oh, si fuera capaz de creer!». Pero la pregunta es: «¿Voy a creer?». No es de extrañar que Jesucristo hiciera tanto hincapié en el pecado de incredulidad. «Y no hizo allí muchos milagros, a causa de la incredulidad de ellos» (Mateo 13:58). Si creyéramos de verdad que Dios realmente quería decir lo que dijo, ¡imagínate cómo seríamos! ¿Me atrevo de verdad a dejar que Dios sea para mí todo lo que Él dice que será?

El santo espiritualmente perezoso

Todos somos capaces de comportarnos como santos espiritualmente perezosos. Queremos permanecer alejados de los caminos difíciles de la vida, y nuestra meta principal es asegurarnos una apacible jubilación del mundo. Sin embargo, las ideas enfatizadas en estos versículos dicen que debemos estimularnos los unos a los otros y mantenernos unidos. Estas dos cosas requieren una iniciativa: nuestra disposición a dar el primer paso hacia la toma de consciencia de quién es Cristo, no en dirección a la autorrealización. Llevar una vida distante, apartada y aislada es algo diametralmente opuesto a la espiritualidad como la enseñó Jesucristo.

> *Y considerémonos unos a otros para estimularnos al amor y a las buenas obras; no dejando de congregarnos…*
>
> —Hebreos 10:24-25

La verdadera prueba de nuestra espiritualidad tiene lugar cuando nos oponemos a la injusticia, la degradación, la ingratitud y la confusión; cosas que tienden a convertirnos en perezosos espirituales. Mientras somos probados, queremos usar la oración y la lectura de la Biblia con el propósito de encontrar un refugio tranquilo. Usamos a Dios con el mero propósito de encontrar paz y gozo. Solo buscamos disfrutar de Jesucristo, no de una verdadera comprensión de quién es Él. Este es el primer paso en la dirección equivocada. Todas esas cosas que buscamos son simples efectos, y aun así, intentamos convertirlos en causas.

«Pues tengo por justo» —afirmó Pedro— «despertaros con amonestación» (2 Pedro 1:13). Es muy desconcertante ser golpeado con un puñetazo en el estómago por alguien que está siendo utilizado por Dios para sacudirnos, alguien que está lleno de actividad espiritual. El mero activismo no es lo mismo que la actividad espiritual. El activismo puede, en realidad, ser lo opuesto de la actividad espiritual. El verdadero peligro de la pereza espiritual es que no queramos ser estimulados, que todo lo que queramos oír sea sobre una jubilación espiritual del mundo. Sin embargo, Jesucristo nunca alentó la idea de jubilarse. Él dice: «Id, dad las nuevas a mis hermanos» (Mateo 28:10).

El santo espiritualmente activo

Un santo no debe tomar la iniciativa para su autorrealización sino para conocer a Jesucristo. Un santo espiritualmente activo nunca cree que sus circunstancias son fruto de la causalidad, y ni siquiera se le pasa por la cabeza la posibilidad de que su vida se divida entre lo secular y lo sagrado. Contempla cada situación en la que se encuentra como una oportunidad de obtener un mayor conocimiento de Jesucristo, y tiene una actitud de renuncia y entrega absolutas a Él. El Espíritu Santo está decidido a que conozcamos a Jesucristo en cada área de nuestra vida, y nos hará volver al mismo punto vez tras vez hasta que lo hagamos. La autorrealización solo lleva a la glorificación de las buenas obras, mientras que un santo de Dios glorifica a Jesucristo a través de sus obras buenas. Hagamos lo que hagamos —sea comer, beber o lavarles los pies a los discípulos—, tenemos que tomar la iniciativa de percibir y reconocer a Jesucristo en ello. Cada fase de nuestra vida tiene su contrapartida en la de Jesús. Nuestro Señor reconocía su relación con el Padre incluso en las tareas más insignificantes. «Sabiendo Jesús [...] que había salido de Dios, y a Dios iba, [...] tomando una toalla, [...] comenzó a lavar los pies de los discípulos» (JUAN 13:3-5).

A fin de conocerle...
—FILIPENSES 3:10

El objetivo de un santo espiritualmente activo es «a fin de conocerle». ¿Conozco a Jesús donde me encuentro ahora? Si no, le estoy fallando. No estoy aquí para mi autorrealización sino para conocer a Jesucristo. En la obra cristiana, muchas veces nuestra iniciativa y motivación es solo el resultado de percibir que hay un trabajo que debe hacerse y que nosotros tenemos que llevarlo a cabo. Sin embargo, esa no es nunca la actitud de un santo espiritualmente activo. Su objetivo es alcanzar el conocimiento de Jesucristo en cada conjunto de circunstancias.

La iglesia espiritualmente egocéntrica

Reconciliación significa la restauración de la relación entre toda la raza humana y Dios, lo cual la devuelve a la condición que Dios había determinado que fuera. Esto es lo que hizo Jesucristo en la redención. La iglesia deja de ser espiritual cuando se vuelve egocéntrica y solo se interesa en el desarrollo de su propia organización. La reconciliación de la raza humana según el plan de Jesucristo significa reconocerlo no solo en nuestra vida individual sino también en la colectiva. Jesucristo envió apóstoles y maestros para este mismo propósito: que la Persona corporativa de Cristo y su iglesia, compuesta por muchos miembros, pudiera llegar a existir y ser conocida. No estamos aquí para desarrollar una vida espiritual como nosotros queremos ni para disfrutar de un retiro espiritual en calma. Estamos aquí para tener un conocimiento completo de Jesucristo con el propósito de edificar su cuerpo, la iglesia.

Hasta que todos lleguemos [...] a la medida de la estatura de la plenitud de Cristo.
—Efesios 4:13

¿Estoy edificando el cuerpo de Cristo o solo me preocupa mi propio desarrollo personal? La esencia de todo es mi relación personal con Jesucristo: «a fin de conocerle» (Filipenses 3:10). Cumplir el perfecto diseño de Dios para mí requiere mi entrega total, una completa consagración de mí mismo a Él. Siempre que busco cosas para mí mismo, la relación se deforma; y sufriré una gran humillación cuando me dé cuenta de que no he estado verdaderamente interesado en reconocer a Jesucristo mismo, sino solo en saber lo que Él ha hecho por mí.

Mi meta es Dios mismo, no el gozo ni la paz;
ni siquiera la bendición, sino Él mismo, mi Dios.

¿Estoy midiendo mi vida según este estándar o algo inferior?

El precio de la visión

Con frecuencia, la historia personal de nuestra alma con Dios es un relato de la muerte de nuestros héroes. Una y otra vez, Dios tiene que quitar a nuestros amigos para ponerse a sí mismo en el lugar de ellos; y es entonces cuando desfallecemos, fallamos y nos desanimamos. Déjame pensar sobre esto personalmente: cuando murió la persona que representaba para mí todo lo que Dios era, ¿desistí de todo en mi vida? ¿Me enfermé o me desanimé? ¿O hice como Isaías y vi al Señor?

En el año que murió el rey Uzías vi yo al Señor...

—Isaías 6:1

Mi visión de Dios depende de la condición de mi carácter. Mi carácter determina si la verdad puede serme revelada o no. Antes de que pueda decir: «Vi yo al Señor», es necesario que haya algo en mi carácter que se asemeje a Dios. Hasta que nazca de nuevo y empiece realmente a contemplar el reino de Dios, solo puedo ver desde la perspectiva de mis propios prejuicios. Lo que necesito es un procedimiento quirúrgico por parte de Dios; su uso de circunstancias externas para producir la purificación interior.

Tus prioridades deben ser poner a Dios en primer lugar, a Dios en segundo lugar y a Dios en tercer lugar, hasta que tu vida sea un continuo cara a cara con Él y que nadie más sea tenido en cuenta. Entonces, tu oración será: «En todo este mundo, no hay nadie aparte de ti, Dios mío; no hay nadie, solo tú».

Continúa pagando el precio. Deja que Dios vea que deseas vivir a la altura de la visión.

Sufrir las aflicciones y caminar la segunda milla

Este versículo revela la humillación de ser cristiano. En el reino natural, si una persona no devuelve el golpe, es un cobarde. Pero en el reino espiritual, si alguien no devuelve el golpe, es la mayor evidencia de que el Hijo de Dios mora en él. Cuando te insultan, no solo no debes devolver la ofensa sino que tienes que aprovechar la oportunidad para mostrar al Hijo de Dios en tu vida. No puede imitarse la naturaleza de Jesús; o está en ti o no. El insulto personal se vuelve una oportunidad para que el santo revele la increíble dulzura del Señor Jesús.

Pero yo os digo: No resistáis al que es malo; antes, a cualquiera que te hiera en la mejilla derecha, vuélvele también la otra.

—MATEO 5:39

La enseñanza del Sermón del Monte no consiste en decir: «Cumple con tu deber», sino en realidad: «Haz más de lo que debes». No es tu deber caminar la segunda milla ni poner la otra mejilla, pero Jesús dice que si somos sus discípulos, siempre haremos eso. No diremos: «Bueno, no aguanto más; he sido muy malinterpretado y malentendido». Siempre que insisto en obtener mis derechos, le causo sufrimiento al Hijo de Dios. Sin embargo, puedo evitar herirlo recibiendo el golpe yo mismo. Este es el verdadero significado de llevar «en mi carne lo que falta de las aflicciones de Cristo por su cuerpo» (COLOSENSES 1:24). El discípulo se da cuenta de que es el honor de su Señor lo que está en juego en su vida y no el suyo propio.

Nunca busques la justicia en la otra persona, pero nunca dejes de ser justo tú mismo. Siempre buscamos la justicia, aunque la esencia de la enseñanza del Sermón del Monte es: jamás busques justicia, pero nunca dejes de darla.

El honor y el deber de mi vida espiritual

El sentimiento de deuda con Jesucristo abrumaba a Pablo, e invirtió toda su vida para expresarlo. La mayor inspiración en la vida de Pablo era su visión de Jesucristo como su acreedor espiritual. ¿Tengo ese mismo sentimiento de deuda con Cristo en cuanto a cada alma perdida? Como un santo, el honor y el deber de mi vida espiritual es cumplir mi deuda con Cristo en lo referente a esas almas perdidas. Cada pedacito de mi vida que tiene valor se lo debo a la redención de Jesucristo. ¿Estoy haciendo algo para que Jesús pueda hacer que su redención se convierta en una realidad evidente en la vida de otros? Solo seré capaz de hacer eso si el Espíritu de Dios obra en mí ese sentimiento de deuda.

A griegos y a no griegos, [...] soy deudor.
—ROMANOS 1:14

No soy alguien superior a los demás; soy un esclavo del Señor Jesús. Pablo dijo: «¿O ignoráis [...] que no sois vuestros? Porque habéis sido comprados por precio» (1 CORINTIOS 6:19-20). Pablo se vendió a Jesucristo y dijo: «Soy deudor a todas las personas en la faz de la tierra por causa del evangelio de Jesús; solo soy libre para ser un absoluto esclavo del Señor». Esta es la característica de la vida del creyente en cuanto se hace realidad este nivel de honor y deber espiritual. Deja de orar por ti mismo, y como esclavo de Jesús, invierte tu vida en beneficio de los demás. Este es el verdadero significado de vivir como «pan partido» y «vino derramado» día tras día.

El concepto de control divino

En este pasaje, Jesús establece las reglas de conducta para aquellos que tenemos su Espíritu. Nos insta a conservar nuestra mente llena del concepto del control de Dios sobre todas las cosas, lo cual quiere decir que el discípulo debe mantener una actitud de confianza plena, y un anhelo de pedir y buscar.

… ¿Cuánto más vuestro Padre que está en los cielos dará buenas cosas a los que le pidan?

—Mateo 7:11

Llena tu mente con el pensamiento de que Dios está presente. Después de que tu mente esté realmente llena de esa idea, al pasar por dificultades, será tan fácil como respirar recordar esto: «¡Mi Padre celestial sabe todo sobre esto!». No requerirá ningún esfuerzo sino que sucederá de manera natural cuando surjan dificultades e inseguridades. Antes de que formaras en tu mente de una manera tan poderosa ese concepto de control divino, solías ir de persona en persona buscando ayuda. Ahora, sin embargo, recurres a Dios. Jesús establece las reglas de conducta para aquellos que tienen su Espíritu, y estas se basan en el siguiente principio: Dios es mi Padre, Él me ama y nunca pensaré que va a olvidarse de mí. Si es así, ¿por qué debería preocuparme?

Jesús dijo que hay veces en que Dios tiene que mantener las tinieblas de tu vida, pero que debes confiar en Él. A veces, Dios parecerá un amigo insensible, pero no lo es; parecerá un Padre desnaturalizado, pero no lo es; parecerá un juez injusto, pero no lo es. No te olvides de que el designio de Dios está detrás de todas las cosas de manera sólida y en desarrollo. Ni siquiera el menor detalle de la vida sucede sin que la voluntad de Dios esté detrás. Por tanto, puedes descansar en perfecta confianza en Él. La oración no es solo pedir, sino que se trata de una actitud mental que produce la atmósfera en la cual pedir es algo perfectamente natural. «Pedid y se os dará» (Mateo 7:7).

El milagro de la creencia

Pablo era un erudito y un orador de máximo nivel; no estaba hablando aquí movido por una profunda sensación de humildad, sino afirmando que cuando predicaba el evangelio, estaría revelando el poder de Dios si impresionara a las personas con la excelencia de su discurso. La fe en Jesús es un milagro producido solamente por la eficacia de la redención, no por un discurso conmovedor ni por los halagos o la persuasión; solo por el poder absoluto de Dios, el cual no necesita ninguna ayuda. El poder creador de la redención proviene de la predicación del evangelio, pero nunca de la personalidad del predicador.

Y ni mi palabra ni mi predicación fue con palabras persuasivas de humana sabiduría...

—1 Corintios 2:4

Un ayuno verdadero y eficaz que el predicador puede hacer no es abstenerse de alimentos, sino de la elocuencia, del discurso convincente y de todo lo que pueda impedir que el evangelio de Dios sea presentado. El predicador está ahí como representante del Señor; «como si Dios rogase por medio de nosotros» (2 Corintios 5:20). Está allí para anunciar el evangelio de Dios. Si mi predicación es la única causa por la cual las personas desean ser mejores, jamás se acercarán a Jesucristo. Todo lo que haya en mi predicación que me produzca alabanza personal acabará haciendo de mí un traidor a Jesús, e impediré así que el poder creativo de su redención haga su obra.

Y yo, si fuere levantado [...], a todos atraeré a mí mismo (Juan 12:32).

El misterio de creer

Por el milagro de la redención, Saulo de Tarso fue transformado de manera instantánea de fariseo severo y obstinado a esclavo humilde y consagrado al Señor Jesús.

Él dijo: ¿Quién eres, Señor?...
—Hechos 9:5

No hay nada milagroso o misterioso en aquello que podemos explicar. Controlamos lo que somos capaces de explicar; como consecuencia, es natural que busquemos una explicación para todo. No es natural obedecer; no obstante, desobedecer no es necesariamente un pecado. No puede haber verdadera desobediencia ni virtud moral en la obediencia a menos que la persona reconozca la autoridad superior de aquel que está dando las órdenes. Si no existe este reconocimiento, incluso quien está dando las órdenes puede considerar la desobediencia del otro como libertad. Si alguien le ordena a otro: «Debes hacer esto» y «harás aquello», esa persona quebranta el espíritu humano y lo vuelve inútil para Dios. La persona es un mero esclavo de la obediencia, a no ser que por detrás de dicha obediencia esté el reconocimiento de un Dios santo.

Muchas personas comienzan a acercarse a Dios cuando dejan de ser religiosas, porque solo existe un Amo del corazón humano: Jesucristo, no la religión. Pero «¡ay de mí!» si, después de *verlo, no le* obedezco (Isaías 6:5, ver también v. 1). Jesús jamás insistirá en que yo le obedezca; pero si le desobedezco, habré comenzado a firmar el certificado de defunción del Hijo de Dios en mi alma. Cuando estoy cara a cara con Jesucristo y digo: «No obedeceré», Él nunca va a insistir. Pero con esa actitud, comienzo a alejarme mucho del poder regenerador de su redención. Para la gracia de Dios, cuán abominable soy si tan solo me acerco a la luz. No obstante, «¡ay de mí!» si rechazo esa luz (Juan 3:19-21).

La sumisión del creyente

Nuestro Señor jamás insiste en ejercer autoridad sobre nosotros. Nunca dice: «Vas a someterte a mí». Nos deja completamente libres para que le obedezcamos o no; tan libres, en realidad, que podemos escupirle en la cara o condenarlo a muerte como algunos hicieron, y Él jamás dirá ni siquiera una palabra. Pero una vez que su vida es creada en mí por su redención, reconozco al instante su derecho a ejercer una autoridad absoluta sobre mí. Es un dominio completo y efectivo en el cual confieso: «Señor, digno eres» (Apocalipsis 4:11). Solo mi lado indigno se niega a postrarse o someterse a quien es digno. Cuando encuentro a alguien que es más santo que yo y no reconozco su dignidad ni obedezco sus instrucciones, eso manifiesta mi lado indigno. Dios nos enseña a través de esas personas que son un poco mejores que nosotros; no mejores intelectualmente, sino más santas; y el Señor continúa haciéndolo hasta que nos sometemos a Él voluntariamente. A partir de ahí, toda nuestra actitud de vida pasa a ser obedecerle.

Vosotros me llamáis Maestro, y Señor; y decís bien, porque lo soy.
—Juan 13:13

Si nuestro Señor insistiese con nuestra obediencia, sería semejante a un capataz y perdería toda autoridad real. Él nunca insiste en que le obedezcamos, pero cuando lo vemos de verdad, le obedeceremos de inmediato. Entonces, sin esfuerzo, Dios se vuelve el Señor de nuestra vida, y vivimos en adoración a Él todo el día. Lo que revela mi crecimiento en la gracia es la manera en que encaro la obediencia. Debemos tener un mejor concepto de la palabra obediencia, rescatándola del fango del mundo. La obediencia solo es posible entre personas iguales en su relación una con otra, como la relación entre padre e hijo, no entre un amo y un siervo. Jesús demostró esta relación al decir: «Yo y el Padre uno somos» (Juan 10:30). «Y aunque era Hijo, por lo que padeció aprendió la obediencia» (Hebreos 5:8). Jesucristo fue obediente como nuestro Redentor porque Él era el hijo, no para convertirse en el Hijo de Dios.

Depender de la presencia de Dios

No sentimos ninguna emoción al andar; sin embargo, es una prueba de resistencia. Pero caminar y no fatigarse es la mayor prueba de fuerza. La palabra *caminar* (pasar, andar) se usa en la Biblia para expresar el carácter de alguien: «El siguiente día otra vez estaba Juan, y [...] mirando a Jesús que andaba por allí, dijo: He aquí el Cordero de Dios» (JUAN 1:35-36). No hay nada abstracto u oscuro en la Biblia; todo es siempre vivo y real. Dios no dice: «Sé espiritual», sino que ordena: «anda delante de mí» (GÉNESIS 17:1).

Cuando estamos en una mala condición física o emocional, buscamos sentimientos en la vida. En nuestra vida física, esto lleva a que nos esforcemos en contrarrestar el trabajo del Espíritu Santo; en la esfera emocional, desarrolla obsesiones y la destrucción de nuestra moralidad; y en el plano espiritual, si insistimos en tener solo emociones, el resultado será la destrucción de nuestra espiritualidad.

Experimentar la realidad de la presencia de Dios no depende del lugar ni de la circunstancia en que nos encontremos, sino solo de nuestra decisión de poner al Señor ante nosotros de manera continua. El problema empieza cuando nos negamos a confiar en la realidad de su presencia. La experiencia de la que habla el salmista: «Por tanto, no temeremos, aunque...» (SALMOS 46:2) será nuestra cuando pongamos nuestro fundamento en la verdad de la realidad de la presencia de Dios; no solo en una simple percepción de ella sino en la comprensión de su veracidad. Entonces, exclamaremos: «¡Él ha estado aquí siempre!». En los momentos críticos de nuestra vida, necesitamos pedirle a Dios que nos guíe, pero no es necesario estar constantemente diciendo: «Oh, Señor, guíame en esto y en aquello». Por supuesto que Él lo va a hacer, y de hecho, ¡ya lo está haciendo! Si nuestras decisiones diarias no están de acuerdo con su voluntad, Él nos presionará a través de ellas, refrenando nuestro espíritu. Entonces, debemos estar quietos y esperar la dirección de su presencia.

... Los que esperan al Señor [...] caminarán, y no se fatigarán.
—ISAÍAS 40:31

La puerta al reino

Ten cuidado con pensar en nuestro Señor como un maestro solamente. Si Jesucristo fuera solo eso, lo único que Él podría hacer sería frustrarme al poner un estándar que no puedo alcanzar. ¿De qué sirve presentarme un ideal tan sublime si no puedo ni siquiera llegar cerca de alcanzarlo? Sería más feliz si jamás lo conociera. ¿De qué sirve decirme que nunca podré ser «de limpio corazón» (5:8), hacer más de lo que es mi deber, estar completamente consagrado a Dios? Necesito conocer a Jesucristo como mi Salvador para que sus enseñanzas representen para mí algo más que un sublime ideal que me lleve a la desesperación. Pero cuando nazco de nuevo por el Espíritu de Dios, percibo que Jesucristo no vino solo para *enseñar*, sino para *hacer de mí lo que Él enseña que debo ser*. La redención significa que Jesucristo puede poner en cualquier persona la misma naturaleza que gobernó su propia vida, y todos los estándares establecidos por Dios se basan en dicha naturaleza.

Bienaventurados los pobres en espíritu...
—MATEO 5:3

Las enseñanzas del Sermón del Monte producen un sentimiento de desesperación en el hombre natural; es exactamente lo que Jesús quería que sucediera. Mientras alberguemos la idea de que podemos cumplir lo que el Señor enseñó, Dios nos dejará continuar hasta que se exponga nuestra ignorancia cuando tropecemos en algún obstáculo en nuestro camino; solo entonces nos dispondremos a acudir al Señor como mendigos y recibir de Él. «Bienaventurados los pobres en espíritu». Este es el primer principio en el reino de Dios. La base fundamental del reino de Jesucristo es la pobreza, no las riquezas; no tomar decisiones por Jesús, sino tener tal sentido de total insignificancia que finalmente admitamos: «Señor, no soy capaz siquiera de empezar». Entonces, Jesús te dice que eres bienaventurado (5:11). Esta es la puerta de entrada al reino; ¡y aun así, tardamos tanto en aceptar que somos realmente pobres! Reconocer nuestra propia pobreza es lo que nos lleva al lugar adecuado donde Jesucristo completa su obra.

Santificación

El lado de la muerte. En la santificación, Dios tiene que lidiar con nosotros en el lado de la muerte así como en el de la vida. La santificación requiere que vayamos al lugar de la muerte, pero muchos pasamos allí tanto tiempo que nos volvemos mórbidos. Siempre se libra una tremenda batalla antes de que se consume la santificación; algo dentro de nosotros se debate con resentimiento contra las exigencias de Cristo. Cuando el Espíritu Santo empieza a mostrarnos el significado de la santificación, comienza de inmediato la lucha. Jesús dijo: «Si alguno viene a mí, y no aborrece [...] su propia vida, no puede ser mi discípulo» (LUCAS 14:26).

Pues la voluntad de Dios es vuestra santificación...
—1 TESALONICENSES 4:3

En el proceso de santificación, el Espíritu de Dios me despojará de todo hasta que quede solo yo, y ese es el lugar de la muerte. ¿Estoy dispuesto a ser yo y nada más? ¿A no tener amigos, ni padres, ni hermanos ni intereses personales; a simplemente estar listo para morir? Esta es la condición primordial para la santificación. No es de extrañar que Jesús haya dicho: «no he venido para traer paz, sino espada» (MATEO 10:34). Ahí es donde empieza la batalla y donde tantos tropezamos. Nos negamos a identificarnos con la muerte de Jesucristo en este punto, y decimos: «Pero eso es exigir demasiado. ¡Estoy seguro de que Él no me pide eso!». Nuestro Señor *es* exigente y *ciertamente* pide todo eso de nosotros.

¿Estoy dispuesto a menguar hasta ser solo «yo»? ¿Estoy suficientemente decidido a despojarme de todo lo que mis amigos opinan de mí, incluso de lo que pienso de mí mismo? ¿Estoy dispuesto y decidido a entregar a Dios ese simple «yo» desnudo? Cuando lo esté, Él me santificará de forma inmediata y completa, y mi vida quedará libre de estar enfocada y dirigida permanentemente hacia cualquier otra cosa que no sea Dios (1 TESALONICENSES 5:23-24).

Cuando ores: «Señor, muéstrame el significado de la santificación», Él lo hará. Significa ser uno con Jesús. La santificación no es algo que Jesús pone en mí; es *Él mismo* en mí (1 CORINTIOS 1:30).

La santificación

El lado de la vida. El misterio de la santificación significa que las cualidades perfectas de Jesús me son concedidas como un regalo no gradual sino instantáneo en el momento en que, por la fe, comprendo que Él me «ha sido hecho por Dios [...] santificación». La santificación significa nada menos que la santidad de Jesús volviéndose mía y mostrándose a través de mi vida.

El secreto más maravilloso de vivir una vida santa no consiste en imitar a Jesús, sino en permitir que sus cualidades perfectas se manifiesten en mí. La santificación es «Cristo en vosotros» (COLOSENSES 1:27). Es su maravillosa vida la que se me imparte en la santificación; otorgada por la fe como dádiva soberana de la gracia de Dios. ¿Estoy dispuesto a permitir que Dios haga que esa santificación sea tan evidente en mí como lo es en su Palabra?

La santificación significa la impartición de las cualidades santas de Jesucristo en mí. Es la dádiva de su paciencia, santidad, fe, pureza, amor y piedad exhibidas en y a través de cada alma santificada. La santificación no es extraer de Jesús la misma santidad que fue revelada en Él y que ahora se manifiesta en mí. La santificación es una concesión, no una imitación. La imitación es algo totalmente diferente. La perfección de todo está en Jesucristo, y el misterio de la santificación es que todas las cualidades perfectas de Jesús están a mi disposición. Como consecuencia, empiezo a vivir de manera lenta pero segura una vida de inexplicable orden, integridad y santidad. «Guardados por el poder de Dios» (1 PEDRO 1:5).

Mas por él estáis vosotros en Cristo Jesús, el cual nos ha sido hecho [...] santificación...

—1 CORINTIOS 1:30

La naturaleza de Cristo y nuestras motivaciones

Porque os digo que si vuestra justicia no fuere mayor que la de los escribas y fariseos, no entraréis en el reino de los cielos.

—MATEO 5:20

La característica del discípulo no es hacer cosas buenas sino que sus motivaciones lo sean, las cuales llegan a ser así por la gracia sobrenatural de Dios. Lo único que es mejor que *hacer* lo justo es *ser* justo. Jesucristo vino para concederle a todo el que se lo permita una nueva herencia que otorga una justicia que superaría la de los escribas y los fariseos. Lo que Jesús está diciendo es: «Si eres mi discípulo, no solo debes ser justo en tus acciones sino también en tus motivaciones, tus aspiraciones y en los más profundos recovecos de los pensamientos de tu mente». Tus motivaciones deben ser tan puras que el Dios altísimo no pueda ver nada reprochable. ¿Quién puede permanecer firme ante la eterna luz de Dios y no tener nada que Él pueda reprobar? Solo el Hijo de Dios; y Jesucristo afirma que por medio de su redención, puede poner dentro de cualquiera de nosotros su misma naturaleza, y volvernos tan puros y sencillos como un niño. La pureza que Dios exige es imposible a no ser que yo sea regenerado interiormente; y eso es precisamente lo que Jesús se encargó de hacer a través de su redención.

Nadie puede hacerse puro a sí mismo obedeciendo las leyes. Jesucristo no nos da reglas y preceptos; nos da sus enseñanzas que son verdades que solo pueden ser interpretadas por su naturaleza, la cual Él pone en nosotros. El Señor no cambia la naturaleza humana; Él modifica su fuente, y con ello, también sus motivaciones.

¿Soy así de bienaventurado?

> *Bienaventurados...*
> —Mateo 5:3-11

Cuando leemos por primera vez las afirmaciones de Jesús, nos parecen maravillosamente sencillas y extraordinarias, y se arraigan en nuestro subconsciente sin que nos demos cuenta. Por ejemplo, las bienaventuranzas parecen ser al principio meros preceptos hermosos y agradables para las personas excesivamente espirituales y aparentemente inútiles, pero de poquísimo uso práctico en los días rigurosos y acelerados del mundo en que vivimos. Encontramos pronto, sin embargo, que contienen la «dinamita» del Espíritu Santo; y «explotan» cuando las circunstancias de nuestras vidas las detonan. Cuando el Espíritu Santo trae a nuestra mente una de las bienaventuranzas, decimos: «¡Qué afirmación más sorprendente!». Después, debemos decidir si estamos dispuestos a aceptar o no la tremenda revolución espiritual que se producirá en nuestras circunstancias si obedecemos sus palabras. Es así como obra el Espíritu de Dios. No necesitamos nacer de nuevo para aplicar literalmente el Sermón del Monte. Su interpretación literal es tan fácil como un juego de niños. Sin embargo, la interpretación que hace el Espíritu de Dios a medida que aplica las declaraciones del Señor a nuestras circunstancias es el exacto y difícil trabajo de un santo.

Las enseñanzas de Jesús llegan a ser desproporcionadas cuando se comparan con nuestra forma natural de encarar las cosas, y al principio, nos producen una incomodidad increíble. Poco a poco, tenemos que moldear nuestro andar y nuestra forma de hablar a los preceptos de Jesucristo, a medida que el Espíritu Santo los aplica a las circunstancias que vivimos. El Sermón del Monte no es un conjunto de normas y preceptos; es una imagen de la vida que viviremos cuando el Espíritu Santo actúe en nosotros libremente y sin obstáculos.

El camino de la pureza

Al principio, confiamos en nuestra ignorancia, llamándola inocencia; y después, confiamos en nuestra inocencia y la llamamos pureza. Entonces, cuando escuchamos esas duras afirmaciones del Señor, nos asustamos y decimos: «Pero nunca he sentido ninguna de esas cosas terribles en mi corazón». Rechazamos lo que Él nos revela. O Jesucristo es la autoridad suprema en el corazón humano o no vale la pena prestarle atención. ¿Estoy preparado para confiar en la implantación de su Palabra en mi corazón o preferiría hacerlo en mi propia «ignorancia inocente»? Si me examino con sinceridad, con una absoluta conciencia de mi supuesta inocencia y la pongo a prueba, será muy probable que despierte bruscamente a aquello que Jesucristo dijo que era verdad, y quedaré consternado por la maldad y los errores que hay en mí. Pero mientras permanezca escondido en la falsa seguridad de mi propia «inocencia», estaré viviendo en el paraíso de los necios. Si nunca he sido una persona claramente grosera y ofensiva, es solo por mi propia cobardía unida al concepto de protección que obtengo de una vida civilizada. Pero cuando estoy abierta y completamente expuesto ante Dios, descubro que Jesucristo tiene razón en el diagnóstico que hace de mí.

Pero lo que sale de la boca, del corazón sale [...]. Porque del corazón salen los malos pensamientos, los homicidios, los adulterios, las fornicaciones, los hurtos, los falsos testimonios, las blasfemias. Estas cosas son las que contaminan al hombre...

—MATEO 15:18-20

El único medio que realmente provee protección es la redención de Jesucristo. Si me entrego a Él, nunca necesitaré experimentar las terribles posibilidades que yacen en mi corazón. La pureza es algo mucho más profundo que lo que yo puedo alcanzar naturalmente. Pero cuando el Espíritu Santo entra en mí, trae al centro de mi existencia personal el mismo Espíritu que se mostró en la vida de Jesucristo; es decir, el Espíritu Santo, el cual es pureza absoluta e irreprochable.

El camino hacia el conocimiento

La regla de oro para alcanzar entendimiento espiritual no es la búsqueda intelectual sino la obediencia. Si una persona desea conocimiento científico, necesitará usar curiosidad intelectual. Sin embargo, si desea el conocimiento y el discernimiento de Jesucristo, solo podrá obtenerlos por medio de la obediencia. Por tanto, si las cosas espirituales me resultan oscuras y ocultas, puedo tener la certeza de que hay un punto de desobediencia en mi vida. La oscuridad intelectual es el resultado de la ignorancia; pero la oscuridad espiritual es fruto de alguna desobediencia de mi parte.

> *El que quisiere hacer su voluntad, conocerá de la doctrina...*
>
> —Juan 7:17 RVA

Nadie recibe una palabra de Dios sin ser puesto a prueba instantáneamente con respecto a ella. Desobedecemos y después nos sorprendemos porque no crecemos espiritualmente. Jesús dijo: «Por tanto, si traes tu ofrenda al altar, y allí te acuerdas de que tu hermano tiene algo contra ti, deja allí tu ofrenda delante del altar, y anda, reconcíliate primero con tu hermano, y entonces ven y presenta tu ofrenda» (Mateo 5:23-24). En esencia, te dice: «No quiero oír ni una sola palabra más; primero, sé obediente y haz las cosas correctamente». Las enseñanzas de Jesús nos alcanzan donde vivimos. No podemos permanecer ante Él como impostores ni siquiera por un segundo. El Señor nos instruye hasta en el último detalle. El Espíritu de Dios despoja a nuestro espíritu de cualquier autodefensa y nos vuelve sensibles a cosas sobre las que ni siquiera habíamos pensado anteriormente.

Cuando Jesús te sensibiliza de algo a través de su Palabra, no intentes escapar. Si lo haces, te convertirás en un impostor religioso. Analiza bien las cosas respecto a las cuales tiendes simplemente a actuar con indiferencia y las áreas en las que te has negado a ser obediente, y descubrirás por qué no estás creciendo espiritualmente. Como Jesús ordenó: «*anda* [...] *primero*». Incluso con el riesgo de ser tildado de fanático, obedece lo que Dios te dice.

¿El propósito de Dios o el mío?

Tendemos a pensar que si Jesucristo nos exige que hagamos algo y que le seamos obedientes, nos guiará a un gran éxito. Nunca deberíamos pensar que nuestros sueños de éxito son el propósito de Dios para nosotros. De hecho, su propósito puede ser exactamente lo opuesto. Tenemos la idea de que nos está guiando hacia un determinado fin o a un objetivo deseado, pero no es así. La cuestión de si llegamos o no a una meta particular carece de importancia, y alcanzarla se convierte en un mero episodio a lo largo del camino. Aquello que consideramos solo un proceso para alcanzar un objetivo, Dios lo ve como la meta en sí.

… Hizo a sus discípulos entrar en la barca e ir delante de él a […] la otra ribera…

—Marcos 6:45

¿Cuál es mi visión en lo que se refiere al propósito de Dios para mí? Sea el que sea, su propósito para mí es que dependa de Él y de su poder *ahora*. Si consigo mantenerme en calma, fiel y despreocupado en medio de las turbulencias de la vida, la meta del propósito de Dios se está cumpliendo en mí. El Señor no trabaja para un fin determinado; su propósito es el proceso en sí. Lo que desea para mí es que lo vea andando sobre el mar, sin ninguna playa a la vista, sin éxito ni metas en perspectiva, sino simplemente con la certeza absoluta de que todo está bien porque lo veo «andar sobre el mar» (Marcos 6:49). Es el proceso, no el fin, lo que glorifica a Dios.

El entrenamiento de Dios es para ahora, no para después. Su propósito es para este preciso instante, no para el futuro. No tenemos nada que ver con lo que seguirá tras nuestra obediencia, y nos equivocamos al preocuparnos por ello. Lo que las personas llaman preparación, Dios lo ve como la meta en sí.

El propósito de Dios es capacitarme para que vea que Él puede andar por encima de las tormentas de mi vida justo ahora. Si tenemos otra meta en mente, no estamos prestando suficiente atención al momento presente. No obstante, si nos damos cuenta de que la meta es la obediencia momento a momento, cada instante, sea como sea, es precioso.

¿Ves a Jesús en tus nubes?

En la Biblia, las nubes siempre se asocian con Dios. Las nubes son las tristezas, los sufrimientos o las circunstancias inevitables, dentro o fuera de nuestra vida personal, que parecen contradecir la soberanía de Dios. Sin embargo, es a través de esas nubes que el Espíritu de Dios nos está enseñando a caminar por fe. Si nunca hubiera nubes en nuestra vida, no tendríamos fe. «Las nubes son el polvo de sus pies» (Nahum 1:3). Son una señal de que Dios está allí. ¡Es una gran revelación saber que la tristeza, la desolación y el sufrimiento son, en realidad, las nubes que acompañan a Dios! El Señor no se nos puede acercar sin nubes; Él no viene en la luminosidad resplandeciente.

He aquí que viene con las nubes…

—Apocalipsis 1:7

No es cierto afirmar que Dios quiere enseñarnos algo en nuestras pruebas. A través de cada nube que Él pone en nuestro camino, quiere *desenseñarnos* algo. Su propósito al usar la nube es simplificar nuestras creencias hasta que nuestra relación con Él sea exactamente como la de un niño; solo una relación entre Dios y nuestra alma, y donde los demás son solo sombras. Hasta que los demás se vuelvan sombras para nosotros, las nubes y la oscuridad nos rodearán de vez en cuando. ¿Se está volviendo nuestra relación con Dios más sencilla de lo que lo ha sido?

Hay una conexión entre las circunstancias inevitables y extrañas que Dios permite y aquello que sabemos sobre Él; y tenemos que aprender a interpretar los misterios de la vida a la luz de nuestro conocimiento de Dios. Si no somos capaces de encontrarnos cara a cara con la realidad más profunda y oscura de la vida sin que esto perjudique nuestra visión del carácter de Dios, todavía no conocemos al Señor.

«Tuvieron temor al entrar en la nube» (Lucas 9:34). ¿Hay alguien en tu nube que no sea Jesús? Si es así, todo se pondrá más oscuro hasta que llegues al lugar donde no haya nadie más, sino solo Jesús (Marcos 9:8).

La enseñanza del engaño

> *Pero Jesús mismo no se fiaba de ellos, […] pues él sabía lo que había en el hombre.*
> —Juan 2:24-25

Desengaño significa que ya no tendremos más prejuicios, falsas impresiones ni juicios equivocados en la vida; significa liberarse de esos engaños. Sin embargo, aunque ya no volvamos a desengañarnos, nuestra experiencia de desengaño puede volvernos cínicos y demasiado críticos al juzgar a los demás. Pero el desengaño que proviene de Dios nos lleva al punto en que vemos a las personas como realmente son, pero sin ningún cinismo, ni críticas punzantes y amargas. Muchas de las cosas en la vida que nos infligen grandes heridas, lamento o dolor provienen de haber sufrido por hacernos ilusiones. Entre nosotros, no somos personas auténticas basadas en *hechos*, no nos vemos unos a otros como realmente somos; solo somos fieles a nuestras mal concebidas *ideas* de los demás. Según nuestra perspectiva, todo es delicioso y bueno, o es malvado, malicioso y cobarde.

Negarse a ser desengañado es la causa de gran parte del sufrimiento en la vida humana. Y así es como sucede el sufrimiento: si amamos a alguien, pero no amamos a Dios, demandamos de esa persona una perfección y una justicia totales, y cuando no las obtenemos, nos volvemos crueles y vengativos. Pero estamos demandando de un ser humano algo que es imposible que nos dé. Solo hay una Persona que puede satisfacer completamente la absoluta profundidad de la herida del corazón humano, y es el Señor Jesucristo. Él está tan claramente descomprometido en cuanto a toda relación humana porque sabe que las que no se basan en la fidelidad a Él terminarán en desastre. Nuestro Señor no se fiaba de nadie y nunca puso su confianza en las personas; aun así, nunca fue suspicaz ni amargado. La confianza de nuestro Señor en Dios y en lo que la gracia divina podría hacer por cualquiera era tan perfecta que nunca se desesperó, nunca perdió la esperanza por nadie. Si nuestra confianza está depositada en seres humanos, terminaremos desanimándonos de todos.

Volvernos completamente suyos

Muchos de nosotros parecemos estar bien en general, pero todavía quedan áreas en las que somos negligentes y perezosos; no es una cuestión de pecado, sino los restos de nuestra vida carnal que tiende a volvernos descuidados. La negligencia es un insulto al Espíritu Santo. No deberíamos permitirnos ser descuidados ni en la manera en que adoramos a Dios ni en la que comemos y bebemos.

Mas tenga la paciencia su obra completa, para que seáis perfectos y cabales, sin que os falte cosa alguna.

—Santiago 1:4

No solo nuestra relación con Dios debe ser correcta, sino que la expresión exterior de dicha relación también debe serlo. A fin de cuentas, Dios no permitirá que nada se escape; cada detalle de nuestra vida está bajo su escrutinio. Dios nos traerá de regreso de incontables maneras al mismo punto vez tras vez; y nunca se cansará de hacerlo hasta que aprendamos la lección, porque su propósito es llevar a cabo el producto final. Puede que haya un problema como consecuencia de nuestra naturaleza impulsiva, pero vez tras vez, con la paciencia más persistente, Dios nos ha llevado de vuelta a ese punto concreto. O tal vez el problema sea nuestra forma de pensar ociosa y llena de divagaciones, o nuestra naturaleza independiente y egoísta. A través de este proceso, Dios está intentando señalar en nosotros aquello que no está del todo bien en nuestra vida.

Hemos disfrutado de un precioso tiempo en nuestros estudios acerca de la verdad revelada sobre la redención de Dios, y nuestros corazones están perfectamente vueltos hacia Él. Además, su maravilloso trabajo en nosotros nos hace saber que, en general, estamos bien con el Señor. «Mas tenga la paciencia su obra completa». Ten cuidado con volverte descuidado en los pequeños detalles de la vida y decir: «Ah, esto es todo lo que debo hacer por ahora». Sea lo que sea, Dios lo señalará con insistencia hasta que nos volvamos completamente suyos.

Aprender sobre sus caminos

Él viene del lugar de donde nos manda salir. Si te has quedado en casa cuando Dios te dijo que te fueras porque estabas demasiado preocupado por tus allegados allí, en realidad les has robado la enseñanza de Cristo mismo. Cuando obedeciste y dejaste las consecuencias en manos de Dios, el Señor fue a tu ciudad a enseñar; pero mientras fuiste desobediente, obstaculizaste su camino. Determina el punto en el que empiezas a discutir con el Señor y pon lo que tú llamas «tu deber» en contraposición a sus mandamientos. Si dices: «Sé que Él me ha dicho que me vaya, pero mi deber está aquí», esto solo significa que no crees que Jesús habla en serio.

Cuando Jesús terminó de dar instrucciones a sus doce discípulos, se fue de allí a enseñar y a predicar en las ciudades de ellos.
—MATEO 11:1

Él enseña en el lugar donde nos manda no enseñar. «Maestro, [...] hagamos tres enramadas» (LUCAS 9:33).

¿Estamos comportándonos como amateurs, intentando desempeñar en la vida de los demás un papel que solo le compete a Dios? ¿Hacemos tanto ruido al enseñar a los demás que impedimos que Dios pueda acercarse a ellos? Debemos aprender a mantener cerradas nuestras bocas y alertas nuestros espíritus. Dios quiere enseñarnos sobre su Hijo, y quiere convertir nuestros momentos de oración en montes de la transfiguración. Cuando lleguemos a tener la certeza de que Dios va a trabajar de una determinada manera, nunca lo volverá a hacer así de nuevo.

Él actúa donde nos manda esperar. «Quedaos [...] hasta» (LUCAS 24:49). «Espera en el Señor» (SALMOS 37:34) y Él hará. ¡Pero no esperes enfadado espiritualmente o compadeciéndote de ti mismo porque no consigues ver lo que tienes delante! ¿Nos hemos desprendido lo suficiente de nuestros impulsos espirituales de emoción para esperar «en él» (37:7)? Esperar no es quedarse sentado con los brazos cruzados sin hacer nada, sino aprender a llevar a cabo lo que se nos ha ordenado.

Estos son algunos de los aspectos de sus caminos que rara vez reconocemos.

La enseñanza de la adversidad

Una idea común de la vida cristiana es creer que significa ser librado de todas las adversidades. Pero, de hecho, significa ser librado *en* la adversidad, que es algo muy diferente. «El que habita al abrigo del Altísimo morará bajo la sombra del Omnipotente. [...] No te sobrevendrá mal, ni plaga tocará tu morada» (SALMOS 91:1, 10): el lugar donde eres uno con Dios.

Si eres hijo de Dios, seguramente te encontrarás con adversidades, pero Jesús dice que no debes sorprenderte cuando aparezcan. «En el mundo tendréis aflicción; pero confiad, yo he vencido al mundo». Está diciendo: «No tienes nada que temer». Las mismas personas que se negaron a hablar de sus adversidades antes de ser salvadas suelen quejarse y angustiarse después de nacer de nuevo porque tienen una idea equivocada de lo que significa la vida de un santo.

Dios no nos da una vida con todo superado. Nos da vida a medida que superamos los desafíos. La presión de la vida es lo que desarrolla nuestra fuerza. Si no hay tensión, no habrá fuerza. ¿Le estás pidiendo a Dios que te dé vida, libertad y alegría? No puede hacerlo a menos que estés dispuesto a aceptar la tensión. Y una vez que te enfrentes a ella, obtendrás inmediatamente la fuerza. Supera tu propia timidez y da el primer paso. Entonces Dios te dará alimento: «Al que venciere, le daré a comer del árbol de la vida» (APOCALIPSIS 2:7). Si te entregas físicamente por completo, te agotas; pero cuando te entregas espiritualmente, obtienes más fuerza. Dios nunca nos da fuerza para mañana o para la próxima hora, sino solo para la tensión del momento. Nos sentimos tentados a enfrentarnos a las adversidades desde el punto de vista de nuestro propio sentido común. Pero un santo puede confiar incluso cuando al parecer es derrotado por las adversidades, porque la victoria es absurdamente imposible para todos, excepto para Dios.

... En el mundo tendréis aflicción; pero confiad, yo he vencido al mundo.

—JUAN 16:33

El convincente propósito de Dios

> *... les dijo:*
> *He aquí subimos*
> *a Jerusalén...*
> —LUCAS 18:31

En la vida de nuestro Señor, Jerusalén representa el lugar donde alcanzó el pináculo de la voluntad de su Padre. Jesús dijo: «...no busco mi voluntad, sino la voluntad del que me envió, la del Padre» (JUAN 5:30). Tratar de hacer la voluntad del Padre fue la principal preocupación a lo largo de la vida de nuestro Señor. Y sea lo que sea que encontró en el camino —gozo o tristeza, éxito o fracaso—, nunca desistió de ese propósito: «afirmó su rostro para ir a Jerusalén» (LUCAS 9:51).

Lo más importante que debemos recordar es que subimos a Jerusalén para cumplir el propósito de Dios, no el nuestro. En la vida natural, nuestras ambiciones son nuestras, pero en la vida cristiana, no tenemos metas propias. Hablamos mucho hoy sobre nuestras decisiones para Cristo, nuestra determinación de ser cristianos y nuestras decisiones para esto y para aquello; pero en el Nuevo Testamento, el único aspecto que se destaca es el propósito convincente de Dios. «No me elegisteis vosotros a mí, sino que yo os elegí a vosotros» (JUAN 15:16).

No se nos lleva a un acuerdo con el propósito de Dios de manera consciente, sino totalmente inconsciente. No tenemos idea de cuál puede ser la meta de Dios; a medida que avanzamos, su propósito se vuelve cada vez más vago. El punto de mira de Dios parece haber fallado el blanco, porque somos demasiado miopes para ver el objetivo al que está apuntando. Al principio de la vida cristiana, tenemos nuestras propias ideas sobre cuál es el propósito de Dios. Decimos: «Dios quiere que vaya allí» y «Dios me ha llamado para hacer este trabajo especial». Hacemos lo que creemos que es correcto, y sin embargo, el convincente propósito de Dios permanece sobre nosotros. El valor de la obra que hacemos no se puede comparar con el del propósito convincente de Dios. Es simplemente el andamiaje que rodea su obra y su plan. «Jesús llamó aparte a los doce» (LUCAS 18:31 RVC). Dios nos llama aparte constantemente. Todavía no hemos entendido todo lo que hay que saber sobre el convincente propósito de Dios.

La valiente amistad de Dios

¡Oh, la valentía de Dios al confiar en nosotros! ¿Dices: «Pero ha sido imprudente al elegirme porque no hay nada bueno en mí y no tengo valor»? Es exactamente por eso que te eligió a ti. Mientras pienses que eres de valor para Él, no puede elegirte, porque tienes tus propios propósitos para servir. Pero si le permites acabar con tu propia autosuficiencia, puede elegirte para ir con Él «a Jerusalén» (Lucas 18:31). Y esto significará el cumplimiento de propósitos que el Señor no discute contigo.

Tendemos a decir que cuando una persona tiene talentos naturales, será un buen cristiano. No se trata de nuestro equipaje sino de nuestra pobreza; no de lo que traemos sino de lo que Dios pone en nosotros; no es una cuestión de virtudes naturales, de fuerza de carácter, de conocimiento o de experiencia, todo eso no sirve de nada en relación a esto. Lo único de valor es ser llevados al propósito convincente de Dios y ser hechos sus amigos (véase 1 Corintios 1:26-31). Dios es amigo de las personas que conocen su propia pobreza. No puede lograr nada con aquel que piensa que es útil para Él. Como cristianos, no estamos aquí en absoluto para nuestro propio propósito, estamos aquí para el de Dios; y no son lo mismo. No sabemos cuál es el propósito convincente de Dios, pero pase lo que pase, tenemos que mantener nuestra relación con Él. Nunca debemos permitir que algo dañe nuestra relación con Dios, pero si sucede, es preciso dedicar el tiempo necesario para restaurarla. El aspecto más importante del cristianismo no es el trabajo que hacemos sino la relación que mantenemos, así como la influencia y las cualidades producidas por ella. Esto es lo único a lo que Dios nos pide que le prestemos atención, y lo único que está continuamente bajo ataque.

Jesús llamó aparte a los doce…

—Lucas 18:31 RVC

El desconcertante llamamiento de Dios

Dios llamó a Jesucristo a lo que parecía un desastre absoluto; y Jesús llamó a sus discípulos para que lo vieran morir, guiando a cada uno de ellos al lugar donde sus corazones se quebrantaron. Su vida fue un fracaso absoluto desde todos los puntos de vista excepto del de Dios. Pero lo que parecía ser un fracaso desde la perspectiva humana era un triunfo desde la de Dios; porque el propósito del Señor nunca es el mismo que el del hombre.

... y se cumplirán todas las cosas escritas por los profetas acerca del Hijo del Hombre. [...]. Pero ellos nada comprendieron de estas cosas...

—Lucas 18:31, 34

Este llamamiento desconcertante de Dios también llega a nuestras vidas. El llamamiento divino nunca puede entenderse por completo ni explicarse según lo externo; solo puede ser percibido y comprendido internamente por nuestra verdadera naturaleza interior. El llamado de parte de Dios es como el del mar: nadie lo oye excepto la persona que tiene la naturaleza del océano en su interior. No puede definirse concretamente a qué nos llama Dios, porque su llamamiento es simplemente que seamos sus amigos para cumplir sus propósitos. Nuestra indudable prueba reside en creer de verdad que Dios sabe lo que desea. Las cosas que suceden no lo hacen por casualidad sino por el decreto de Dios. Él está obrando sus propósitos en su soberanía.

Si estamos en comunión y unidad con Dios, y reconocemos que nos está guiando a sus propósitos, ya no nos esforzaremos por descubrir cuáles son. A medida que crecemos en la vida cristiana, nos resulta más fácil, porque estamos menos inclinados a decir: «¿Por qué Dios permitió esto o aquello?». Entonces, comenzamos a ver que el propósito convincente de Dios está detrás de todo en la vida y que Él nos está moldeando divinamente en unidad con ese propósito. Un cristiano es alguien que confía en el conocimiento y la sabiduría de Dios, no en sus propias habilidades. Si tenemos un propósito propio, esto destruye la simplicidad y el ritmo tranquilo y relajado que debe caracterizar a los hijos de Dios.

La cruz en la oración

> *En aquel día pediréis en mi nombre...*
> —Juan 16:26

Con demasiada frecuencia pensamos en la cruz de Cristo como algo por lo que tenemos que pasar; pero lo hacemos para poder identificarnos con ella. La cruz representa solo una cosa para nosotros: identificación total, completa y absoluta con el Señor Jesucristo; y no hay nada en lo que esta identificación sea más real para nosotros que en la oración.

«Vuestro Padre sabe de qué cosas tenéis necesidad, antes que vosotros le pidáis» (Mateo 6:8). Entonces, ¿por qué deberíamos pedir? El objetivo de la oración no es obtener respuestas de Dios, sino tener una unidad perfecta y completa con Él. Si solo oramos porque queremos respuestas, nos irritaremos y enojaremos con Dios. Recibimos una respuesta cada vez que oramos, pero no siempre viene de la manera que esperamos, y nuestra irritación espiritual demuestra nuestra negativa a identificarnos verdaderamente en oración con nuestro Señor. No estamos aquí para demostrar que Dios responde a la oración, sino para ser trofeos vivientes de su gracia.

«No os digo que yo rogaré al Padre por vosotros, pues el Padre mismo os ama» (Juan 16:26-27). ¿Has alcanzado tal nivel de intimidad con Dios que lo único que puede explicar tu vida de oración es que has llegado a una unidad total con la vida de oración de Jesucristo? ¿Nuestro Señor ha sustituido tu vida por su vida vital? Si es así, «en aquel día» estarás tan identificado con Jesús que no habrá distinción.

Cuando la oración parece no tener respuesta, ten cuidado con tratar de culpar a otra persona. Esto es siempre una trampa de Satanás. Cuando parece que no recibes una respuesta, siempre hay una razón: Dios usa estos tiempos para darte una enseñanza personal profunda; y no es para nadie más que para ti.

Oración en la casa del Padre

La infancia de nuestro Señor no fue la inmadurez de quien espera convertirse en un hombre adulto. Su infancia es un hecho eterno. ¿Soy un hijo de Dios santo e inocente como resultado de mi identificación con mi Señor y Salvador? ¿Contemplo mi vida como si estuviera en la casa de mi Padre? ¿Vive el Hijo de Dios en la casa de su Padre dentro de mí?

La única realidad perdurable es Dios mismo, y su orden viene a mí momento a momento. ¿Estoy continuamente en contacto con la realidad de Dios, o solo oro cuando las cosas han ido mal, cuando hay algo que perturba mi vida? Debo aprender a identificarme estrechamente con mi Señor en la forma de una santa comunión y una unidad que algunos aún no hemos comenzado a aprender. «En los negocios de mi Padre me es necesario estar», y debo aprender a vivir cada momento de mi vida en la casa de mi Padre.

... le hallaron en el templo [...]. Entonces él les dijo: [...] ¿No sabíais que en los negocios de mi Padre me es necesario estar?

—Lucas 2:46, 49

Piensa en tus propias circunstancias. ¿Estás tan identificado con la vida del Señor que eres simplemente un hijo de Dios que hablas constantemente con Él y te das cuenta de que todo viene de sus manos? ¿El Niño eterno en ti está viviendo en la casa de su Padre? ¿Está la gracia de su vida de servicio obrando a través de ti en tu hogar, en tu trabajo y en tu círculo de amigos? ¿Te has estado preguntando por qué estás pasando por ciertas circunstancias? De hecho, no es que tú tengas que pasar por ellas. Es a causa de tu relación con el Hijo de Dios quien entra en tu vida por medio de la voluntad providencial de su Padre. Debes permitirle caminar contigo, mientras permaneces en perfecta unidad con Él.

La vida de tu Señor tiene que llegar a ser tu vida vital y sencilla, y la forma en que Él trabajó y vivió entre las personas mientras estaba aquí en la tierra debe ser la manera en que trabaja y vive en ti.

Oración en honor del Padre

> *... el Santo Ser que nacerá, será llamado Hijo de Dios.* —LUCAS 1:35

Si el Hijo de Dios ha nacido en mi carne humana, ¿estoy permitiendo que su santa inocencia, sencillez y unidad con el Padre tenga la oportunidad de mostrarse a través de mí? Lo mismo que era cierto para la virgen María en la historia del nacimiento del Hijo de Dios en la tierra lo es para todo santo. El Hijo de Dios nace en mí a través de la acción directa de Dios; entonces yo, como su hijo, debo ejercer el derecho de un niño: estar siempre cara a cara con mi Padre a través de la oración. ¿Me encuentro continuamente diciéndole con asombro a esa parte razonable de mi vida: «¿Por qué querías que me quedase aquí o que fuera para allá? "¿No [sabías] que en los negocios de mi Padre me es necesario estar?"» (LUCAS 2:49). Sean cuales sean nuestras circunstancias, ese Niño santo, inocente y eterno debe estar en contacto con su Padre.

¿Soy lo suficientemente sencillo como para identificarme así con mi Señor? ¿Está recorriendo su maravilloso camino conmigo? ¿Se está cumpliendo la voluntad de Dios de que su Hijo sea formado en mí (LEE GÁLATAS 4:19) o lo he empujado cuidadosamente a un lado? ¡Ah, ese estridente clamor de hoy! ¿Por qué parece que todos están gritando tan fuerte? La gente de hoy clama para que el Hijo de Dios sea ejecutado. No hay lugar aquí para el Hijo de Dios en este momento; no hay lugar para la paz, la santa comunión y la unidad con el Padre.

¿Está el Hijo de Dios orando en mí, dando honor al Padre, o estoy dictándole mis peticiones? ¿Está ministrando en mí como lo hizo en el tiempo de su humanidad aquí en la tierra? ¿Está el Hijo de Dios en mí experimentando su pasión, sufriendo para que sus propios propósitos se cumplan? Cuanto más aprendemos sobre la vida interior de los santos más maduros de Dios, más vemos cuál es realmente el propósito de Dios: cumplir «en mi carne lo que falta de las aflicciones de Cristo» (COLOSENSES 1:24). Y cuando pensamos en lo necesario para «cumplir», siempre hay algo por hacer.

Oración en los oídos del Padre

Cuando el Hijo de Dios ora, lo único que tiene en mente es a su Padre. Dios siempre escucha las oraciones de su Hijo, y si Él ha sido formado en mí (LEE GÁLATAS 4:19), el Padre siempre escuchará las mías. Pero debo asegurarme de que el Hijo de Dios se muestre en mi carne humana. «Vuestro cuerpo es templo del Espíritu Santo» (1 CORINTIOS 6:19); es decir, tu cuerpo es el «Belén» del Hijo de Dios. ¿Le doy al Hijo de Dios la oportunidad de trabajar en mí? ¿Está llevándose a cabo en mí la directa simplicidad de su vida tal como lo fue mientras Él estuvo aquí en la tierra? Cuando estoy en contacto con lo cotidiano de la vida como un ser humano común y corriente, ¿se expresa en mí la oración del Hijo eterno de Dios a su Padre? Jesús dice: «En aquel día pediréis en mi nombre» (JUAN 16:26). ¿A qué día se refiere? Se refiere al día en que el Espíritu Santo vino a mí y me hizo uno con mi Señor.

... Y Jesús, alzando los ojos a lo alto, dijo: Padre, gracias te doy por haberme oído. —JUAN 11:41

¿Está el Señor Jesucristo sumamente satisfecho con tu vida o llevas a cabo un desfile de orgullo espiritual ante Él? Nunca dejes que tu sentido común se vuelva tan prominente y contundente que aparte al Hijo de Dios. El sentido común es un don que Dios dio a nuestra naturaleza humana, pero no es el don de su Hijo. El sentido sobrenatural es el don de su Hijo, y jamás debemos poner nuestro sentido común en el trono. El Hijo siempre reconoce y se identifica con el Padre, pero el sentido común nunca lo ha hecho ni lo hará. Nuestras habilidades comunes y corrientes nunca adorarán a Dios a menos que sean transformadas por el Hijo de Dios que mora en nosotros. Debemos asegurarnos de que nuestra carne humana se mantenga en perfecta sumisión a Él, permitiéndole trabajar a través de ella momento a momento. ¿Estamos viviendo con tal nivel de dependencia humana de Jesucristo que su vida está siendo mostrada en nosotros un instante tras otro?

El santo sufrimiento del santo

Que escojas sufrir significa que algo no funciona bien en ti; pero elegir la voluntad de Dios, aunque eso signifique sufrir, es algo muy diferente. Ningún santo en sus cabales elige el sufrimiento; solo escoge la voluntad de Dios, tal como lo hizo Jesús, tanto si significa sufrir como si no. Y ningún santo debería atreverse a interferir en la lección de sufrimiento que se enseña en la vida de otro.

El santo que satisface el corazón de Jesús hará que otros sean fuertes y maduros para Dios. Pero las personas utilizadas para fortalecernos nunca son aquellas que empatizan con nosotros; de hecho, aquellos que nos dan su empatía nos suponen un obstáculo, porque eso solo sirve para debilitarnos. Nadie entiende mejor a un santo que aquel que vive con la mayor proximidad e intimidad posibles con Jesús. Si aceptamos la empatía de otro santo, nuestro sentimiento espontáneo es: «Dios me está tratando con demasiada dureza y está haciendo que mi vida sea demasiado difícil». Por eso, Jesús dijo que la autoconmiseración era del diablo (LEE MATEO 16:21-23). Debemos ser misericordiosos con la reputación de Dios. Nos resulta fácil empañar el carácter del Señor porque Él nunca discute; nunca trata de defenderse ni reivindicarse a sí mismo. Cuidado con pensar que Jesús necesitó empatía durante su vida en la tierra. Rechazó la empatía de la gente porque, en su gran sabiduría, sabía que nadie en la tierra entendía su propósito (LEE 16:23). Solo aceptó la de su Padre y de los ángeles (LEE LUCAS 15:10).

De modo que los que padecen según la voluntad de Dios, encomienden sus almas al fiel Creador, y hagan el bien.

—1 PEDRO 4:19

Observa la increíble manera que Dios tiene de desperdiciar a sus santos, según la opinión del mundo. Parece que planta a sus santos en los lugares más inútiles. Y luego, decimos: «Dios quiere que yo esté aquí porque soy muy útil para Él». Sin embargo, Jesús nunca midió su vida por cómo o dónde era de mayor utilidad. Dios coloca a sus santos donde van a darle mayor gloria, y nosotros somos totalmente incapaces de juzgar dónde puede ser eso.

Esta experiencia debe suceder

No está mal que dependas de tu «Elías» mientras Dios te lo dé. Pero recuerda que llegará el momento en que deba irse y ya no será tu guía ni tu líder, porque Dios no tiene la intención de que se quede. Incluso pensar en ello hace que digas: «No puedo seguir sin mi "Elías"». Sin embargo, Dios dice que debes continuar.

Solo en tu «Jordán» (2 Reyes 2:14). El río Jordán representa el tipo de separación donde no tienes comunión con nadie más, y donde ninguna otra persona puede librarte de tu responsabilidad. Ahora tienes que poner a prueba lo que aprendiste cuando estabas con tu «Elías». Has estado en el Jordán una y otra vez con él, pero ahora lo estás enfrentando solo. No sirve de nada decir que no puedes ir; este es el momento, y debes hacerlo. Si realmente quieres saber si Dios es o no quien tu fe cree que es, pasa por tu «Jordán» solo.

... Elías subió al cielo en un torbellino. Y [Eliseo] nunca más le vio...
—2 Reyes 2:11-12

Solo en tu «Jericó» (2:15). Jericó representa el lugar donde has visto a tu «Elías» hacer grandes cosas. Sin embargo, cuando llegas allí solo, sientes una fuerte renuencia a tomar la iniciativa y confiar en Dios, queriendo, en cambio, que alguien más la tome por ti. Pero si permaneces fiel a lo que aprendiste mientras estabas con tu «Elías», recibirás una señal, como hizo Eliseo, de que Dios está contigo.

Solo en tu «Bet-el» (2:23). En tu «Bet-el», verás cómo se agota tu inteligencia, pero también cómo empieza la sabiduría de Dios. Cuando agotes tu inteligencia y te sientas inclinado a entrar en pánico, ¡no lo hagas! Permanece fiel a Dios y Él iluminará su verdad de tal manera que hará de tu vida una expresión de adoración. Pon en práctica lo que aprendiste mientras estabas con tu «Elías»: usa su manto y ora (lee 2:13-14). Toma la determinación de confiar en Dios y ya no busques a Elías nunca más.

La teología de descansar en Dios

> *... ¿Por qué teméis, hombres de poca fe?...*
> —Mateo 8:26

Cuando tenemos miedo, lo mínimo que podemos hacer es orar a Dios. Pero nuestro Señor tiene derecho a esperar que aquellos que lo llaman por su nombre tengan una confianza básica en Él. Dios espera que sus hijos tengan tanta confianza en Él que, en cualquier crisis, ellos sean los confiables. Sin embargo, ponemos nuestra confianza en el Señor solo hasta cierto punto; luego volvemos a las oraciones elementales de las personas que ni siquiera conocen a Dios. Agotamos nuestra inteligencia, demostrando que no tenemos ni la más mínima confianza en Él ni en su control soberano del mundo. Nos parece que está dormido y no podemos ver nada más que olas gigantes que rompen en el mar delante de nosotros.

«Hombres de poca fe». Qué dolor tan punzante debe de haber atravesado a los discípulos, ya que seguramente pensaron: «¡Hemos vuelto a fallar!». Y qué dolor agudo nos atravesará cuando, de repente, nos demos cuenta de que podríamos haber traído una alegría plena y absoluta al corazón de Jesús si hubiéramos confiado en Él por completo a pesar de lo que estábamos enfrentando.

Hay momentos en los que no hay ni tormentas ni crisis en nuestras vidas, y hacemos todo lo que está a nuestra mano. Pero cuando surge una crisis, es entonces cuando revelamos al instante en quién confiamos. Si hemos estado aprendiendo a adorar a Dios y a confiar en Él, la crisis revelará que podemos estar a punto de rompernos, pero sin quebrar nuestra confianza en el Señor.

Hemos estado hablando mucho sobre la santificación, pero ¿cuál será el resultado en nuestra vida? Se expresará como un descanso pacífico en Dios, lo cual significa una unidad total con Él. Y esta unidad no solo nos hará impecables ante su mirada, sino que también le producirá a Él un profundo gozo.

No apaguéis al Espíritu

La voz del Espíritu de Dios es tan suave como una brisa de verano; tanto que, a menos que vivas en completa comunión y unidad con Dios, nunca la escucharás. La sensación de advertencia y moderación que el Espíritu nos da llega hasta nosotros de las maneras más asombrosamente suaves. Y si no eres lo suficientemente sensible para detectar su voz, la apagarás y tu vida espiritual se verá afectada. Este sentido de moderación siempre llegará como «un silbo apacible y delicado» (1 Reyes 19:12), tan imperceptible que nadie excepto un santo de Dios lo notará.

Ten cuidado si al compartir tu testimonio personal tienes que mirar continuamente hacia atrás, diciendo: «Una vez, hace varios años, fui salvo». Si has puesto tu «mano en el arado» y caminas en la luz, no puedes «mirar hacia atrás»; el pasado se ha infundido en la maravilla actual de la comunión y la unidad con Dios (Lucas 9:62; lee también 1 Juan 1:6-7). Si sales de la luz, te convertirás en un cristiano sentimental, vivirás solo de tus recuerdos y tu testimonio tendrá un sonido duro y metálico. Ten cuidado con tratar de encubrir tu negativa actual a andar «en luz» recordando tus experiencias pasadas cuando caminabas así (1 Juan 1:7). Siempre que el Espíritu te dé esa sensación de freno, haz un alto y arregla las cosas; de lo contrario, seguirás apagándolo y contristándolo sin siquiera saberlo.

> *No apaguéis al Espíritu.*
> —1 Tesalonicenses 5:19

Supongamos que Dios te lleva a una crisis y casi la soportas, pero no del todo. Él volverá a diseñar la crisis; pero esta vez perderá algo de intensidad. Tendrás menos discernimiento y más humillación por haber desobedecido. Si continúas contristando a su Espíritu, llegará un momento en el que esa crisis no se podrá repetir porque lo habrás apagado por completo. Pero si avanzas en la crisis, tu vida se convertirá en un himno de alabanza a Dios. Nunca te apegarás a nada que siga lastimando al Señor. Para que te libres de ello, debes permitir que Dios te hiera sea como sea.

La disciplina del Señor

Es muy fácil contristar al Espíritu de Dios; lo hacemos despreciando la disciplina del Señor o desanimándonos cuando nos reprende. Si nuestra experiencia de ser apartados del pecado y ser santificados a través del proceso de la santificación es todavía muy superficial, tendemos a confundir la realidad de Dios con otra cosa. Y cuando el Espíritu de Dios nos deja una sensación de advertencia o moderación, somos propensos a decir erróneamente: «Oh, seguro que eso viene del diablo».

«No apaguéis al Espíritu» (1 Tesalonicenses 5:19) y no lo menosprecies cuando te diga: «No sigas siendo ciego en esto; no estás tan lejos espiritualmente como pensabas. Hasta ahora no he podido revelarte esto, pero lo estoy haciendo en este preciso momento». Cuando el Señor te disciplina así, déjalo trabajar en ti a su manera. Permítele que te coloque en una relación correcta delante de Dios.

«Ni desmayes cuando eres reprendido por él». Comenzamos a hacer pucheros, nos irritamos con Dios y luego decimos: «Ah, bueno, no puedo evitarlo. He orado y, de todas formas, las cosas no salieron bien. Así que, simplemente, voy a renunciar a todo». ¡Piensa en lo que pasaría si actuásemos así en cualquier otra área de nuestra vida!

... Hijo mío, no menosprecies la disciplina del Señor, ni desmayes cuando eres reprendido por él.

—Hebreos 12:5

¿Estoy totalmente preparado para permitir que Dios me aferre con su poder y haga una obra en mí que sea verdaderamente digna de Él? La santificación no es mi idea de lo que quiero que Dios haga por mí; es su idea de lo que Él quiere hacer por mí. Pero tiene que llevarme a un estado anímico y espiritual en el que le permita santificarme por completo, cueste lo que cueste (lee 1 Tesalonicenses 5:23-24).

La evidencia del nuevo nacimiento

La respuesta a la pregunta de Nicodemo: «¿Cómo puede un hombre nacer siendo viejo?», es: Solo cuando estás dispuesto a morir a todo en tu vida —incluidos tus derechos, tus virtudes y tu religión— y te predispones a recibir una nueva vida que nunca antes habías experimentado (Juan 3:4). Esta nueva vida se demuestra a través de nuestro arrepentimiento consciente y nuestra santidad inconsciente.

… Os es necesario nacer de nuevo.

—Juan 3:7

«Mas a todos los que le recibieron» (Juan 1:12). ¿Es mi conocimiento de Jesús el resultado de mi propia percepción espiritual interna o solo lo que he aprendido al escuchar a los demás? ¿Hay algo en mi vida que me une con el Señor Jesús como mi Salvador personal? Mi historia espiritual debe tener como fundamento subyacente un conocimiento personal de Jesucristo. Nacer de nuevo significa que veo a Jesús.

«El que no naciere de nuevo, no puede ver el reino de Dios» (Juan 3:3). ¿Estoy buscando solo la evidencia del reino de Dios o reconociendo en verdad su control soberano absoluto? El nuevo nacimiento me da un nuevo poder de visión por el cual empiezo a discernir el control de Dios. Su soberanía ha estado ahí todo el tiempo, pero como Dios es fiel a su naturaleza, no pude verla hasta que yo mismo recibí esa naturaleza.

«Todo aquel que es nacido de Dios, no practica el pecado» (1 Juan 3:9). ¿Estoy tratando de dejar de pecar o he en realidad parado de hacerlo? Nacer de Dios significa que tengo su poder sobrenatural para dejar de pecar. La Biblia nunca pregunta: «¿Debería pecar un cristiano?». La Biblia afirma enfáticamente que *un cristiano no debe hacerlo*. La obra del nuevo nacimiento está siendo eficaz en nosotros cuando no cometemos pecado. No es solo que tenemos el poder de no pecar, sino que de verdad hemos dejado de hacerlo. Sin embargo, 1 Juan 3:9 no quiere decir que *no podamos pecar*; significa simplemente que si obedecemos a la vida de Dios en nosotros, *no tenemos que pecar*.

¿Él me conoce?

¿Cuándo, por desgracia, lo he malinterpretado? (LEE JUAN 20:11-18). Es posible saber todo sobre la doctrina y, aun así, no conocer a Jesús. El alma de una persona se encuentra en grave peligro cuando el conocimiento de la doctrina supera al de Jesús, lo cual impide el contacto íntimo con Él. ¿Por qué lloraba María? La doctrina no significaba más para ella que la hierba bajo sus pies. De hecho, cualquier fariseo la podría haber dejado en ridículo doctrinalmente, pero una cosa que nunca pudieron ridiculizar fue el hecho de que Jesús había echado de ella siete demonios (LEE LUCAS 8:2); sin embargo, sus bendiciones no eran nada para ella en comparación con conocer a Jesús mismo. «Se volvió, y vio a Jesús que estaba allí; mas no sabía que era Jesús. [...] Jesús le dijo: ¡María!» (JUAN 20:14, 16). Cuando la llamó por su nombre, María supo de inmediato que tenía una historia personal con Aquel que hablaba. «Volviéndose ella, le dijo: ¡Raboni!» (20:16).

¿Cuándo he dudado obstinadamente? (LEE JUAN 20:24-29). ¿He estado dudando de algo acerca de Jesús; tal vez una experiencia de la que otros testifican pero que yo aún no he experimentado? Los otros discípulos le dijeron a Tomás: «Al Señor hemos visto» (20:25). Pero Tomás dudó, diciendo: «Si no viere [...], no creeré» (20:25). Tomás necesitaba el toque personal de Jesús. Nunca sabemos cuándo va a llegar ese toque, pero cuando viene, es indescriptiblemente precioso. «Tomás respondió y le dijo: ¡Señor mío, y Dios mío!» (20:28).

> *... a sus ovejas llama por nombre...*
>
> —JUAN 10:3

¿Cuándo lo he negado egoístamente? (LEE JUAN 21:15-17). Pedro negó a Jesucristo con juramentos y maldiciones (LEE MATEO 26:69-75), y sin embargo, después de resucitar, Jesús se le apareció a Pedro a solas. El Señor restauró al apóstol en privado, y luego lo hizo públicamente ante los demás. Y Pedro le dijo: «Señor, [...] tú sabes que te amo» (JUAN 21:17).

¿Tengo una historia personal con Jesucristo? La única señal verdadera del discipulado es la unidad íntima con Él; un conocimiento de Jesús que no puede ser sacudido por nada.

¿Estás desanimado o dedicado?

¿Alguna vez has oído al Maestro decirte algo muy difícil? Si la respuesta es que no, me pregunto si alguna vez le has oído decir algo. Jesús nos dice una cantidad tremenda de cosas que oímos, pero que en realidad no escuchamos. Y cuando lo hacemos, sus palabras son duras e inflexibles.

Jesús no mostró el menor interés en que este joven gobernante rico hiciera lo que le decía ni se esforzó para mantenerlo con Él. Simplemente le dijo: «vende todo lo que tienes [...] y ven, sígueme». Nuestro Señor nunca le suplicó; nunca trató de atraerlo. Solo dijo las palabras más estrictas que jamás se hayan podido oír, y después, lo dejó solo.

Jesús [...] le dijo: Aún te falta una cosa: vende todo lo que tienes, y dalo a los pobres, y tendrás tesoro en el cielo; y ven, sígueme. Entonces él, oyendo esto, se puso muy triste, porque era muy rico. —LUCAS 18:22-23

¿Alguna vez he oído que Jesús me decía algo difícil e inflexible? ¿Me ha dicho algo personalmente que he escuchado de manera consciente; no algo que pueda explicar para bendecir a otros, sino algo que le he oído decirme solo para mí? Este hombre entendió lo que Jesús dijo. Lo oyó claramente, dándose cuenta del impacto total de su significado, y le rompió el corazón. No se fue como una persona desafiante sino como alguien que estaba triste y desanimado. Había ido a Jesús inflamado con celo y determinación, pero las palabras de Jesús lo dejaron helado. En lugar de producir una entusiasta devoción a Jesús, generaron un desánimo desgarrador. Y Jesús no fue tras él sino que lo dejó ir. Nuestro Señor sabe perfectamente que una vez que su palabra es escuchada de verdad, dará fruto tarde o temprano. Lo terrible es que algunos de nosotros impidamos que sus palabras den fruto en nuestra vida presente. Me pregunto qué diremos cuando finalmente decidamos dedicarnos a Él en ese punto en particular. Una cosa es cierta: el Señor nunca nos reprochará nuestros fracasos pasados.

¿Alguna vez la tristeza te ha dejado sin palabras?

El joven rico se alejó de Jesús triste y sin saber qué decir en respuesta a las palabras del Señor. No tenía ninguna duda acerca de lo que Jesús había dicho o de lo que significaba, y aquello le produjo un dolor que lo dejó sin palabras. ¿Alguna vez te has sentido así? ¿Alguna vez ha llegado la Palabra de Dios hasta ti, señalando un área de tu vida y requiriendo que se la entregues? Tal vez el Señor ha señalado ciertas cualidades personales, deseos e intereses, o posiblemente relaciones de tu corazón y tu mente. Si es así, a menudo te has quedado triste y sin palabras. El Señor no irá tras de ti ni tampoco te suplicará. Pero cada vez que te encuentre en el lugar que Él ha señalado, simplemente repetirá sus palabras: «Si vas en serio con lo que dices, estas son las condiciones».

Entonces él, oyendo esto, se puso muy triste, porque era muy rico.
—LUCAS 18:23

«Vende todo lo que tienes» (LUCAS 18:22). En otras palabras, libérate ante Dios de todo lo que podría ser considerado una posesión, hasta que solo quede un simple ser humano de pie ante Él; y entonces, entrégale eso al Señor. Ahí es donde realmente se libra la batalla: en el reino de tu voluntad. ¿Estás más entregado a tu idea de lo que Jesús quiere que lo estés a Él mismo? Si es así, es probable que escuches de su parte una de esas declaraciones duras e inflexibles que te entristecerá. Lo que Jesús dice es difícil; solo resulta fácil cuando es escuchado por aquellos que tienen su naturaleza en ellos. No permitas que cualquier cosa ablande las duras palabras de Jesucristo.

Puedo ser tan rico en mi propia pobreza, o en tener conciencia de que no soy nadie, que nunca seré discípulo de Jesús. O puedo ser tan rico en tener conciencia de que soy alguien que nunca será un discípulo. ¿Estoy dispuesto a ser indigente y pobre incluso en mi propia percepción de mi indigencia y pobreza? Si no, esta es la razón por la que me desanimo. El desaliento es el amor propio desilusionado; y este puede ser amor a mi devoción a Jesús, no amor a Él mismo.

Conciencia de uno mismo

Dios tiene la intención de que vivamos una vida completa en Cristo Jesús, pero hay momentos en que esa vida es atacada desde el exterior. Entonces, tendemos a recurrir al autoexamen, un hábito que pensábamos que había desaparecido. La conciencia de uno mismo es lo primero que estorbará la vida completa en Dios, y también produce una continua sensación de lucha y agitación en nuestra vida. La conciencia de uno mismo no es pecado, y puede producirse por emociones nerviosas o por encontrarnos de repente en un conjunto totalmente nuevo de circunstancias. Sin embargo, nunca es la voluntad de Dios que seamos nada menos que totalmente completos en Él. Todo aquello que obstaculice nuestro descanso en el Señor debe ser rectificado de inmediato, y esto no se logra ignorándolo sino solo yendo a Jesucristo. Si vamos a Él y le pedimos que produzca la conciencia de sí mismo en nosotros, siempre lo hará, hasta que aprendamos por completo a permanecer en Él.

Venid a mí...
—MATEO 11:28

Nunca permitas que nada que divida o destruya la unidad de tu vida con Cristo permanezca en ti sin enfrentarte a ello. Ten cuidado con permitir que la influencia de tus amigos o de tus circunstancias divida tu vida. Esto solo sirve para minar tus fuerzas y ralentizar tu crecimiento espiritual. Ten cuidado con todo lo que pueda dividir tu unidad con el Señor, haciendo que te veas a ti mismo como separado de Él. Nada es tan importante como mantenerse bien espiritualmente; y la única solución es muy simple: «Venid a mí». La profundidad intelectual, moral y espiritual de nuestra autenticidad como persona es probada y medida por estas palabras. Sin embargo, en cada detalle de nuestra vida en la que somos hallados falsos, preferimos rebatir las evidencias antes que ir a Jesús.

Conciencia de Cristo

> *... y yo os haré descansar.*
>
> —Mateo 11:28

Cada vez que algo comience a desintegrar tu vida con Jesucristo, acude a Él de inmediato, pidiéndole que restablezca tu descanso. Nunca permitas que quede nada en tu existencia que te cause falta de reposo. Considera cada detalle de tu vida que esté causando esa desintegración como algo contra lo cual luchar, no como algo que debes permitir que permanezca. Pídele al Señor que ponga conciencia de sí mismo en ti, y la conciencia de ti mismo desaparecerá. Entonces, para ti, Él lo será todo en todo. Ten cuidado con permitir que la conciencia de ti mismo permanezca, porque lenta pero invariablemente despertará la autoconmiseración; y la autoconmiseración es satánica. No te permitas a ti mismo decir: «Bueno, me han malinterpretado, y esto es algo por lo que deberían disculparse conmigo; estoy seguro de que ya debo de haber aclarado esto con ellos». Aprende a dejar en paz a los demás en este asunto. Simplemente, pídele al Señor que te dé conciencia de Cristo, y te mantendrá firme hasta que estés totalmente completo en Él.

Una vida completa es la de un niño. Cuando soy plenamente consciente de mi conciencia de Cristo, algo va mal. La persona enferma es la que realmente sabe lo que es la salud. Un hijo de Dios no es consciente de la voluntad del Señor porque él mismo es esa voluntad. Cuando nos desviamos un poco de la voluntad de Dios, comenzamos a preguntar: «Señor, ¿cuál es tu voluntad?». Un hijo de Dios nunca ora para ser consciente de que Dios responde a la oración, porque descansa en la seguridad de que Él siempre lo hace.

Si tratamos de superar la conciencia de nosotros mismos a través de cualquiera de nuestros propios métodos lógicos, lo único que conseguiremos es hacerla crecer. Jesús dice: «Venid a mí [...] y yo os haré descansar»; es decir, la conciencia de Cristo ocupará el lugar de la nuestra. Dondequiera que Jesús va, establece reposo; el descanso de haber completado en nuestra vida ese proceso que nunca es consciente de que se ha producido.

El ministerio de lo inadvertido

> *Bienaventurados los pobres en espíritu...*
>
> —MATEO 5:3

El Nuevo Testamento señala cosas que a nosotros no nos parecen dignas de atención: «Bienaventurados los pobres de espíritu». Esto, literalmente, significa: «Bienaventurados los mendigos». ¡Los mendigos son algo muy común! La predicación de hoy tiende a señalar la fuerza de voluntad de una persona o la belleza de su carácter, cosas que se notan fácilmente. La declaración que tantas veces escuchamos: «Toma una decisión por Jesucristo», enfatiza algo en lo que nuestro Señor nunca confió. Nunca nos pide que nos decidamos por Él, sino que cedamos ante Él; es algo muy diferente. En el fundamento del reino de Jesucristo está la verdadera belleza de aquellos que son comunes y corrientes. Soy verdaderamente bendecido en mi pobreza. Si no poseo fuerza de voluntad y tengo una naturaleza sin valor ni excelencia, Jesús me dice: «Bienaventurado eres, porque gracias a tu pobreza puedes entrar en mi reino». No puedo entrar en su reino en virtud de mi bondad; solo puedo hacerlo como un absoluto mendigo.

El verdadero carácter de la belleza que habla en nombre de Dios siempre pasa inadvertido para quien posee esa cualidad. La influencia consciente es orgullosa y poco cristiana. Si me pregunto si estoy siendo de alguna utilidad para Dios, al instante pierdo la belleza y la frescura del toque del Señor. «El que cree en mí, […] de su interior correrán ríos de agua viva» (JUAN 7:38). Y si examino la salida del agua, pierdo el toque del Señor.

¿Quiénes son las personas que más nos han influido? Ciertamente no lo son aquellas que pensaban que lo hicieron, sino las que no tenían ni la más mínima idea de que nos estaban influyendo. En la vida cristiana, la influencia piadosa nunca es consciente de sí misma. Si somos conscientes de nuestra influencia, esta deja de tener la belleza genuina que es característica del toque de Jesús. Siempre sabemos cuándo está obrando porque, en lo común y corriente, Él produce algo inspirador.

Yo a la verdad [...]; pero [...] Él...

¿Alguna vez he llegado al punto en mi vida en que puedo decir: «Yo a la verdad [...]; pero [...] Él...»? Hasta que llegue ese momento, nunca sabré lo que significa el bautismo del Espíritu Santo. *Yo a la verdad* estoy al final, y no puedo hacer nada más; *pero Él* empieza justo ahí. Hace aquello que nadie podrá conseguir jamás. ¿Estoy preparado para su venida? Jesús no puede venir y hacer su obra en mí mientras haya algo que bloquee el camino, ya sea bueno o malo. Cuando venga a mí, ¿estoy preparado para que Él saque a la luz todas las cosas equivocadas que he hecho? Es exactamente ahí adonde Él viene. Dondequiera que yo sepa que soy inmundo es donde pondrá sus pies y se quedará; y dondequiera que creo que estoy limpio es de donde se marchará.

Yo a la verdad os bautizo en agua [...]; pero [...] él os bautizará en Espíritu Santo y fuego. —Mateo 3:11

El arrepentimiento no causa un sentido del pecado, sino una sensación de indignidad inexpresable. Cuando me arrepiento, me doy cuenta de que estoy absolutamente indefenso y sé que no soy digno en ninguna manera siquiera de llevar su calzado. ¿Me he arrepentido así o tengo una idea persistente de intentar justificar mis actos? La razón por la cual Dios no puede entrar en mi vida es que no he alcanzado el punto del arrepentimiento completo.

«Os bautizará en Espíritu Santo y fuego». Juan no está hablando aquí del bautismo del Espíritu Santo como una experiencia, sino como una obra realizada por Jesucristo: «os bautizará». La única experiencia de la que son siempre conscientes los que son bautizados con el Espíritu Santo es la de sentir su absoluta indignidad.

«*Yo a la verdad*» fui esto en el pasado, «*pero [...] él*» vino y algo milagroso sucedió. Llega hasta el fin de ti mismo, donde tú no puedes hacer nada pero donde Él lo hace todo.

La oración: Batalla «en lo secreto»

Mas tú, cuando ores, entra en tu aposento, y cerrada la puerta, ora a tu Padre que está en secreto; y tu Padre que ve en lo secreto te recompensará en público.
—Mateo 6:6

Jesús no dijo: «Sueña con tu Padre que está en secreto», sino que afirmó: «ora a tu Padre que está en secreto». La oración es un esfuerzo de la voluntad. Después de que entramos en nuestro lugar secreto y cerramos la puerta, lo más difícil es orar. Parece que no conseguimos mantener nuestra mente en buen estado de funcionamiento, y lo primero con lo que tenemos que luchar es con las distracciones. La gran batalla en la oración privada consiste en superar este problema de nuestro pensamiento ocioso y distraído. Tenemos que aprender a disciplinar nuestra mente y concentrarnos en la oración voluntaria y deliberada.

Debemos tener un lugar especialmente seleccionado para orar, pero una vez que llegamos allí, comienza esa plaga de pensamientos errantes cuando comenzamos a centrarnos en nosotros mismos: «Tengo que hacer esto y debe ser hoy». Jesús dice que «cierres la puerta». Tener una quietud secreta ante Dios significa cerrar deliberadamente la puerta de nuestras emociones y recordarlo a Él. Dios está en secreto y nos ve desde allí. No nos ve como lo hacen los demás ni como nosotros nos vemos a nosotros mismos. Cuando realmente vivimos «en lo secreto», nos resulta imposible dudar de Dios. Llegamos a estar más seguros de Él que de nadie o de nada. Entra «en lo secreto» y descubrirás que Dios estaba justo en medio de tus circunstancias cotidianas todo el tiempo. Crea el hábito de hablar de todo con Él. A menos que aprendas a abrir la puerta de tu vida por completo y dejes entrar a Dios desde tu primer momento de vigilia de cada amanecer, trabajarás con una actitud incorrecta durante todo el día. Pero si abres la puerta de tu vida y «[oras] a tu Padre que está en secreto», todo asunto público de tu vida quedará marcado con la huella duradera de la presencia de Dios.

La búsqueda espiritual

La ilustración de la oración que nuestro Señor usó aquí es la de un buen niño que está pidiendo algo bueno. Hablamos de la oración como si Dios nos oyera independientemente de cuál sea nuestra relación con Él (LEE MATEO 5:45). Nunca digas que no es la voluntad de Dios darte lo que pides. No desmayes ni te rindas, pero averigua la razón por la que no has recibido lo que pedías; aumenta la intensidad de tu búsqueda y examina la evidencia. ¿Tu relación con tu cónyuge, tus hijos y tus compañeros es correcta? ¿Eres un «buen niño» en esas relaciones? ¿Serás capaz de decirle al Señor: «Me he portado de manera irritable y malhumorada, pero aun así, quiero bendiciones espirituales»? No puedes recibirlas y tendrás que prescindir de ellas hasta que tengas la actitud de un «buen niño».

Confundimos desafío con devoción: discutimos con Dios en lugar de rendirnos a Él. Nos negamos a observar las pruebas que indican claramente dónde estamos equivocados. ¿He estado pidiéndole a Dios que me dé dinero para algo que quiero, mientras me niego a pagarle a alguien lo que le debo? ¿He estado pidiéndole a Dios libertad mientras se la niego a alguien que depende de mí? ¿Me he negado a perdonar a alguien y he sido cruel con esa persona? ¿He estado viviendo como un hijo de Dios entre mis parientes y amigos? (LEE MATEO 7:12).

¿Qué hombre hay de vosotros, que si su hijo le pide pan, le dará una piedra?

—MATEO 7:9

Solo soy hijo de Dios al nacer de nuevo, y como su hijo, solo soy bueno cuando «[ando] en luz» (1 JUAN 1:7). Para la mayoría, la oración simplemente se convierte en una expresión religiosa trivial, una cuestión de comunión mística y emocional con Dios. Todos somos buenos en producir niebla espiritual que ciega nuestra vista. Pero si buscamos y examinamos las evidencias, veremos muy claramente lo que está mal: una amistad, una deuda no pagada o una vestimenta inapropiada. No sirve de nada orar a menos que vivamos como hijos de Dios. Entonces, Jesús dice con respecto a sus hijos: «todo aquel que pide, recibe» (MATEO 7:8).

Sacrificio y amistad

Nunca conoceremos el gozo del sacrificio propio hasta que no nos consagremos en cada detalle de nuestra vida. Sin embargo, la consagración personal es lo que más difícil nos resulta. La condicionamos afirmando: «¡Me rendiré si…!». O llegamos cerca de conseguirla diciendo: «Supongo que tengo que dedicar mi vida a Dios». Jamás encontraremos el gozo del sacrificio propio de ninguna de estas maneras.

Pero tan pronto como nos rendimos totalmente, abandonándonos a Jesús, el Espíritu Santo nos da una muestra de su gozo. La meta final del sacrificio propio es poner nuestra vida por nuestro Amigo (LEE JUAN 15:13-14). Cuando el Espíritu Santo entra en nosotros, nuestro mayor deseo es dar nuestra vida por Jesús. Sin embargo, la idea del autosacrificio ni siquiera cruza nuestra mente, porque el sacrificio es la máxima expresión de amor del Espíritu Santo.

> *… os he llamado amigos…*
> —JUAN 15:15

El Señor es nuestro modelo de una vida de sacrificio propio, y fue el ejemplo perfecto. Leemos en Salmos 40:8: «El hacer tu voluntad, Dios mío, me ha agradado». Soportó un sacrificio personal tremendo, pero con una alegría inmensa. ¿Alguna vez me he entregado en sumisión absoluta a Jesucristo? Si Él no es Aquel en quien busco dirección y guía, no hay beneficio en mi sacrificio. Pero cuando mi sacrificio lo hago con los ojos centrados en Él, su influencia que me moldea se hace evidente en mi vida de forma lenta pero segura (LEE HEBREOS 12:1-2).

Ten cuidado con permitir que tus deseos naturales obstaculicen tu andar en amor ante Dios. Una de las formas más crueles de matar el amor natural es mediante el rechazo que resulta de haberlo basado en los deseos naturales. Pero el único deseo verdadero de un santo es el Señor Jesús. El amor a Dios no es algo sentimental o emocional; para un santo, amar como Dios lo hace es lo más práctico que se pueda imaginar.

«Os he llamado amigos». Nuestra amistad con Jesús se basa en la nueva vida que Él creó en nosotros, la cual no se parece a la antigua ni se siente atraída por ella. Es una vida completamente humilde, pura y consagrada a Dios.

¿Te sientes a veces angustiado?

Hay momentos en nuestra vida en los que nuestra paz se basa simplemente en nuestra propia ignorancia. Pero cuando somos despertados a las realidades de la vida, la verdadera paz interior es imposible a menos que la recibamos de Jesús. Cuando nuestro Señor habla de paz, crea paz, porque las palabras que habla «son espíritu y son vida» siempre (JUAN 6:63). ¿He recibido alguna vez lo que Jesús dice? «Mi paz os doy», una paz que viene de mirar su rostro, y comprender y recibir su tranquilidad por completo.

¿Estás muy angustiado en este momento? ¿Te sientes con miedo y confundido por las olas y la turbulencia que Dios, en su soberanía, permite que entren en tu vida? ¿No has dado vuelta toda roca de tu fe pero sigues sin encontrar nada bueno de paz, gozo o consuelo? ¿Tu vida te parece completamente estéril? Entonces, mira hacia arriba y recibe el tranquilo contentamiento del Señor Jesús. Reflejar su paz es la prueba de que estás bien con Dios, porque muestras la libertad de volver tu mente hacia Él. Si no estás bien con Dios, nunca puedes volver tu mente a ninguna parte que no sea hacia ti mismo. Permitir que cualquier cosa te oculte el rostro de Jesucristo te causa problemas o te da una falsa sensación de seguridad.

La paz os dejo, mi paz os doy...

—JUAN 14:27

Con respecto al problema que te está presionando en este momento, ¿tienes «puestos los ojos en Jesús» (HEBREOS 12:2) y recibes su paz? Si es así, Él será para ti una bendición de paz que se exhiba en y a través de tu vida. Pero si solo tratas de preocuparte por salir del problema, destruyes su eficacia en ti y te mereces lo que te venga. Nos angustiamos porque no lo hemos tenido en cuenta. Cuando una persona conversa con Jesucristo, la confusión desaparece, porque no hay confusión en Él. Ponlo todo delante de Jesús, y cuando te enfrentes a la dificultad, el duelo y la tristeza, escúchalo decir: «No se turbe vuestro corazón» (JUAN 14:27).

Vivir tu teología

Ten cuidado con actuar conforme a lo que ves cuando estás en la cima de la montaña con Dios. Si no obedeces a la luz, se convertirá en oscuridad. «Así que, si la luz que en ti hay es tinieblas, ¿cuántas no serán las mismas tinieblas?» (Mateo 6:23). En el momento en que abandonas la santificación o descuidas cualquier otra cosa sobre la que Dios te ha dado su luz, tu vida espiritual comienza a desintegrarse dentro de ti. Aplica constantemente la verdad a tu vida real, ejercítala en todas las áreas, o de lo contrario, la luz que posees será una maldición.

... andad entre tanto que tenéis luz, para que no os sorprendan las tinieblas...

—Juan 12:35

La persona más difícil de tratar es la que tiene la satisfacción de una experiencia pasada pero no está desplegando esa experiencia en su vida cotidiana. Si *dices* que has sido santificado, *demuéstralo*. La experiencia debe ser tan genuina que se vea en tu vida. Ten cuidado con cualquier creencia que te haga autocomplaciente o autogratificante; tal creencia viene del abismo del infierno mismo, independientemente de lo hermosa que pueda sonar.

Tu teología debe funcionar por sí misma y demostrarse en tus relaciones cotidianas más comunes. Nuestro Señor dijo: «si vuestra justicia no *fuere mayor* que la de los escribas y fariseos, no entraréis en el reino de los cielos» (Mateo 5:20). En otras palabras, debes ser más moral que la persona más moral que conozcas. Puedes saberlo todo acerca de la doctrina de la santificación, pero ¿estás poniéndola en práctica en tus problemas cotidianos? Cada detalle de tu vida, ya sea física, moral o espiritual, debe ser juzgado y medido por el estándar de la expiación de la cruz de Cristo.

El propósito de la oración

La oración no es una parte normal de la vida del hombre natural. Se nos ha dicho que la vida de una persona sufrirá si no ora, pero yo lo dudo. Lo que sufrirá es la vida del Hijo de Dios en él, que no se nutre de la comida sino de la oración. Cuando una persona nace de nuevo de lo alto, la vida del Hijo de Dios nace en ella, y esa persona puede dejarla morir de hambre o nutrirla. La oración es la manera en que se nutre la vida de Dios en nosotros. Nuestras ideas comunes con respecto a la oración no se encuentran en el Nuevo Testamento. Consideramos la oración simplemente como un medio para conseguir cosas para nosotros, pero el propósito bíblico de la oración es que podamos llegar a conocer a Dios mismo.

«Pedid, y recibiréis» (JUAN 16:24). Nos quejamos ante Dios, y a veces actuamos con quejas o indiferencia hacia Él; pero en realidad, le *pedimos* muy pocas cosas. ¡Sin embargo, los niños demuestran una magnífica valentía cuando piden! Nuestro Señor dijo: «si no [...] os hacéis como niños» (MATEO 18:3). Pide, y Dios hará. El problema es que nadie hará esto hasta que agote su intelecto. Cuando una persona está al límite de su ingenio, orar ya no parece ser una muestra de cobardía; de hecho, es la única manera en que esa persona puede entrar en contacto con la verdad y la realidad de Dios mismo. Sé tú mismo ante Dios y preséntate ante Él con tus problemas, con esas mismas cosas que te han llevado a agotar tu inteligencia. Pero mientras creas que eres autosuficiente, no necesitas pedirle nada a Dios.

> *... uno de sus discípulos le dijo: Señor, enséñanos a orar...*
>
> —LUCAS 11:1

Decir que «la oración cambia las cosas» no es tan cercano a la verdad como decir: «La oración *me* cambia, y luego yo cambio las cosas». Dios ha establecido las cosas para que la oración, sobre la base de la redención, cambie la forma en que una persona las contempla. La oración no es una cuestión de cambiar las cosas externamente sino de obrar milagros en la naturaleza interior de una persona.

La insuperable intimidad de una fe probada

> *Jesús le dijo: ¿No te he dicho que si crees, verás la gloria de Dios?*
> —JUAN 11:40

Cada vez que te aventures en tu vida de fe, encontrarás algo en tus circunstancias que desde el punto de vista del sentido común, contradice rotundamente tu fe. Pero el sentido común no es fe, y viceversa. De hecho, son tan diferentes como la vida natural y la espiritual. ¿Puedes confiar en Jesucristo en aquello en lo que tu sentido común no consigue hacerlo? ¿Puedes aventurarte con audacia sobre la base de las palabras de Jesucristo, mientras las realidades de tu vida, desde la perspectiva del sentido común, siguen gritando: «Todo es mentira»? Cuando estás en la cima de la montaña, es fácil decir: «Oh, sí, creo que Dios puede hacerlo», pero tienes que descender hasta el valle poseído por demonios y enfrentarte a las realidades que se burlan de tu creencia experimentada en el monte de la transfiguración (LEE LUCAS 9:28-42). Cada vez que mi teología se vuelve clara en mi propia mente, encuentro algo que la contradice. Tan pronto como digo: «Creo que "Dios, pues, suplirá todo lo que [me] falta"», comienza la prueba de mi fe (FILIPENSES 4:19). Cuando mi fuerza se agote y mi visión quede cegada, ¿soportaré victoriosamente esta prueba de mi fe o retrocederé derrotado?

La fe debe ser probada porque solo puede convertirse en tu posesión íntima a través del conflicto. ¿Qué es lo que desafía tu fe en este momento? La lucha probará que tu fe es correcta o la matará. Jesús dijo: «bienaventurado es el que no halle tropiezo en mí» (MATEO 11:6). Lo más importante es la confianza en Jesús: «somos hechos participantes de Cristo, con tal que retengamos firme hasta el fin nuestra confianza del principio» (HEBREOS 3:14). Cree firmemente en Él, y todo lo que te desafía fortalecerá tu fe. Hay luchas continuas en la vida de fe hasta el momento de nuestra muerte física, que es la última gran prueba. La fe es confianza absoluta en Dios; una confianza que ni siquiera puede imaginar que Dios vaya a abandonarnos (LEE HEBREOS 13:5-6).

¿Utilidad o relación?

Jesucristo está diciendo aquí: «No te regocijes en el éxito de tu servicio para mí, sino gózate en que tu relación conmigo está en orden». La trampa en la que puedes caer en la obra cristiana es regocijarte en el servicio exitoso, alegrándote en el hecho de que Dios te ha usado. Sin embargo, es imposible medir lo que Dios va a hacer a través de ti si tienes una relación correcta con Jesucristo. Si mantienes bien tu relación con Él, independientemente de tus circunstancias o de quién encuentres cada día, el Señor seguirá derramando «ríos de agua viva» a través de ti (JUAN 7:38). Y en realidad, es por su misericordia que no te lo hace saber. Una vez que tengas la relación correcta con Dios a través de la salvación y la santificación, recuerda que sean cuales sean tus circunstancias, has sido colocado en ellas por Dios. Y Él utiliza la reacción de tu vida a tus circunstancias para cumplir su propósito, siempre y cuando continúes andando «en luz, como él está en luz» (1 JUAN 1:7).

Pero no os regocijéis de que los espíritus se os sujetan, sino regocijaos de que vuestros nombres están escritos en los cielos. —LUCAS 10:20

Hoy en día tendemos a enfatizar el servicio. Ten cuidado con las personas que buscan ayuda según la utilidad de la otra persona. Si consideras que la utilidad es la clave, Jesucristo fue el mayor fracaso que jamás haya vivido. Para el santo, la dirección y la guía provienen de Dios mismo, no de una medida de la utilidad de dicho santo. Es la obra que Dios hace a través de nosotros lo que cuenta, no lo que nosotros hacemos por Él. Lo único a lo que nuestro Señor le presta atención en la vida de alguien es la relación de esa persona con Dios; algo de gran valor para su Padre. Jesús está llevando «muchos hijos a la gloria» (HEBREOS 2:10).

«... mi gozo [...] vuestro gozo...»

¿Cuál era el gozo que tenía Jesús? El gozo no debe confundirse con la felicidad. De hecho, es un insulto a Jesucristo usar la palabra *felicidad* en relación con Él. El gozo de Jesús fue renunciar a sí mismo y entregarse en sacrificio a su Padre; el gozo de hacer lo que el Padre le envió a hacer: «el cual por el gozo puesto delante de él sufrió la cruz» (Hebreos 12:2). «El hacer tu voluntad, Dios mío, me ha agradado» (Salmos 40:8). Jesús oró para que nuestro gozo continuara cumpliéndose hasta que se convirtiera en el mismo gozo que el suyo. ¿He permitido que Jesucristo me presente su gozo?

Estas cosas os he hablado, para que mi gozo esté en vosotros, y vuestro gozo sea cumplido.

—Juan 15:11

Vivir una vida plena y desbordante no descansa en la salud corporal, en las circunstancias o ni siquiera en ver que la obra del Señor tiene éxito, sino en la comprensión perfecta de Dios, y en la misma comunión y unidad con Él que Jesús disfrutaba. Pero lo primero que obstaculizará este gozo es la sutil irritabilidad que causa pensar demasiado en nuestras circunstancias. Jesús dijo: «las preocupaciones de esta vida [...] entran hasta ahogar la palabra, de modo que esta no llega a dar fruto» (Marcos 4:19 nvi). Y antes de darnos cuenta de lo que ha pasado, estamos atrapados en nuestras preocupaciones. Todo lo que Dios ha hecho por nosotros es simplemente el umbral; Él quiere que lleguemos al lugar donde seamos sus testigos y proclamemos quién es Jesús.

Ten la relación correcta con Dios, encontrando tu gozo allí, y de ti «correrán ríos de agua viva» (Juan 7:38). Sé una fuente a través de la cual Jesús pueda verter su «agua viva». Deja de ser hipócrita y orgulloso, de pensar solo en ti mismo, y vive tu «vida [...] escondida con Cristo en Dios» (Colosenses 3:3). Una persona que tiene la relación correcta con Dios vive dondequiera que vaya una vida tan natural como lo es respirar. Las vidas que más te han bendecido son las de aquellas personas que no eran conscientes de haber sido una bendición.

Destinado a ser santo

Debemos recordar continuamente el propósito de nuestra vida. No estamos destinados a la felicidad ni a la salud, sino a la santidad. Hoy tenemos demasiados deseos e intereses, y estamos consumiendo y desperdiciando nuestra vida en ellos. Quizá muchos sean correctos, nobles y buenos, y pueden cumplirse más tarde, pero mientras tanto, Dios debe hacer que disminuya su importancia. Lo único que realmente importa es si una persona va a aceptar al Dios que lo santificará. Las personas deben tener una relación correcta con Dios cueste lo que cueste.

¿Creo que necesito ser santo? ¿Creo que Dios puede entrar en mí y hacerme santo? Si a través de tu predicación me convences de que soy profano, rechazo tu mensaje. La predicación del evangelio despierta un rechazo intenso porque está diseñado para revelar mi santidad, pero también despierta un intenso anhelo y deseo dentro de mí. Dios solo tiene un destino propuesto para la humanidad: la santidad. Su único objetivo es producir santos. Dios no es una herramienta de bendición eterna para que la gente la use, y no vino a salvarnos por compasión. Lo hizo porque nos creó para ser santos. La expiación por medio de la cruz de Cristo significa que Dios puede llevarme de nuevo a una perfecta unidad consigo mismo a través de la muerte de Jesucristo, sin dejar por más tiempo ningún rastro de nada que se interponga entre nosotros.

Porque escrito está: Sed santos, porque yo soy santo.
—1 PEDRO 1:16

Nunca toleres, por compasión a ti mismo o a los demás, ninguna práctica que no esté en consonancia con un Dios santo. La santidad significa pureza absoluta en tu andar ante Dios, en las palabras que salen de tu boca y en cada pensamiento de tu mente, al poner cada detalle de tu vida bajo el escrutinio de Dios mismo. La santidad no es simplemente lo que Dios me da sino lo que Él me ha dado que se está manifestando en mi vida.

Una vida de sacrificio puro y santo

El que cree en mí, [...] de su interior correrán...

—Juan 7:38

Jesús no dijo: «El que cree en mí percibirá todas las bendiciones de la plenitud de Dios», sino en resumen: «El que cree en mí verá cómo fluye de su interior todo lo que reciba». La enseñanza de nuestro Señor siempre fue contraria a la autorrealización. Su propósito no es el desarrollo de una persona sino hacer que seamos exactamente como Él; y el Hijo de Dios se caracteriza por la autoentrega. Si creemos en Jesús, lo que realmente cuenta no es lo que obtenemos sino lo que Él derrama a través de nosotros. El propósito de Dios no es simplemente convertirnos en uvas hermosas y robustas, sino hacernos de tal forma que Él pueda exprimir nuestra dulzura. Nuestra vida espiritual no puede medirse por el éxito tal como el mundo lo mide sino solo por lo que Dios derrama a través de nosotros; y para nosotros, eso es totalmente imposible de medir.

Cuando María de Betania rompió el vaso «de mucho precio; y [...] se lo derramó sobre su cabeza», nadie pensaba que aquella fuera una ocasión digna de una acción como esa; de hecho, «hubo algunos que [...] dijeron: ¿Para qué se ha hecho este desperdicio de perfume?» (Marcos 14:3-4). Pero Jesús elogió a María por su extravagante acto de devoción, y dijo: «dondequiera que se predique este evangelio, [...] también se contará lo que ésta ha hecho, para memoria de ella» (Marcos 14:9). Nuestro Señor se llena de gozo desbordante cada vez que ve a cualquiera de nosotros hacer lo mismo que María: no estar atados por un conjunto particular de reglas, sino entregarnos totalmente a Él. Dios derramó la vida de su Hijo «para que el mundo sea salvo por él» (Juan 3:17). ¿Estamos preparados para derramar nuestra vida para Él?

«El que cree en mí, [...] de su interior correrán ríos de agua viva», y cientos de otras vidas se refrescarán continuamente. Ahora es el momento de quebrar «el vaso» de nuestra vida, dejemos de buscar nuestra propia satisfacción y nos derramemos delante de Él. Nuestro Señor pregunta quién de nosotros va a hacerlo por Él.

Derramar el agua de la satisfacción

¿Recientemente, qué ha sido para ti como esa «agua del pozo de Belén»: amor, amistad o tal vez alguna bendición espiritual (2 Samuel 23:16)? ¿Has bebido lo que sea, incluso a riesgo de dañar tu propia alma, simplemente para satisfacerte a ti mismo? Si lo has hecho, no puedes derramarlo «para el Señor». Nunca puedes apartar para Dios algo que deseas para ti mismo, para lograr tu propia satisfacción. Si tratas de satisfacerte con una bendición de Dios, te corromperá. Debes sacrificarla, derramándosela a Él, lo cual tu sentido común dice que es un desperdicio absurdo.

... él no la quiso beber, sino que la derramó para el Señor...
—2 Samuel 23:16

¿Cómo puedo derramar «para el Señor» amor natural y bendiciones espirituales? Solo hay una manera: debo tomar la determinación en mi mente de hacerlo. Hay ciertas cosas que otras personas hacen que nunca podrían ser recibidas por alguien que no conoce a Dios, porque es humanamente imposible recompensarlas. En cuanto me doy cuenta de que algo es demasiado maravilloso para mí, que no soy digno de recibirlo y que no está destinado a ningún ser humano, debo derramarlo «para el Señor». Entonces, estas mismas cosas que han llegado a mí serán derramadas como «ríos de agua viva» a mi alrededor (Juan 7:38). Y hasta que no derrame esas cosas para Dios, en realidad van a poner en peligro a los que amo, así como a mí mismo, porque se convertirán en lujuria. Sí, podemos ser lujuriosos en cosas que no son sórdidas y viles. Incluso el amor debe ser transformado al ser derramado «para el Señor».

Si te has vuelto amargo y agrio, es porque cuando Dios te dio una bendición, la acaparaste para ti. Sin embargo, si la hubieras derramado para Él, habrías sido la persona más dulce de la tierra. Si siempre te guardas las bendiciones para ti mismo y nunca aprendes a derramar nada «para el Señor», nadie ampliará su visión de Dios a través de ti.

¡Suyo!

Un misionero es alguien en quien el Espíritu Santo lo ha llevado a comprender esto: tú no eres tuyo (1 Corintios 6:19). Decir: «No soy mío» es haber alcanzado un punto alto en mi estatura espiritual. En la confusión cotidiana real, la verdadera naturaleza de esa vida se evidencia mediante la entrega deliberada de mí mismo a otra persona a través de una decisión soberana, y esa Persona es Jesucristo. El Espíritu Santo me interpreta y me explica la naturaleza de Jesús para hacerme uno con mi Señor, no para que simplemente me convierta en un trofeo para su vitrina. Nuestro Señor nunca envió a ninguno de sus discípulos con base en lo que había hecho por ellos. No fue sino hasta después de la resurrección, cuando los discípulos habían percibido por medio del poder del Espíritu Santo quién era realmente Jesús, que Él les dijo: «Id» (Mateo 28:19; lee también Lucas 24:49 y Hechos 1:8).

... tuyos eran, y me los diste...

—Juan 17:6

«Si alguno viene a mí, y no aborrece a su padre, y madre, y mujer, e hijos, y hermanos, y hermanas, y aun también su propia vida, no puede ser mi discípulo» (Lucas 14:26). No estaba diciendo que esta persona no puede ser buena y recta, sino que no puede ser alguien sobre quien Jesús pueda escribir la palabra «mío». Cualquiera de las relaciones que nuestro Señor menciona en este versículo puede competir con la que tenemos con Él. Tal vez prefiera pertenecer a mi madre, a mi esposa o a mí mismo, pero si ese es el caso, Jesús dice: «No puedes ser mi discípulo». Esto no implica que no seré salvo, pero significa que no puedo ser enteramente *suyo*.

Nuestro Señor hace de su discípulo su propia posesión y se responsabiliza de él. «Me seréis testigos» (Hechos 1:8). El deseo de un discípulo no es *hacer* nada por Jesús, sino *ser* una delicia perfecta para Él. El secreto del misionero es poder decir en verdad: «Yo soy suyo, y Él está llevando a cabo su obra y sus propósitos a través de mí».

¡Sé completamente suyo!

Velar con Jesús

> *... quedaos aquí, y velad conmigo.*
> —MATEO 26:38

«Velad conmigo». Jesús, en realidad, estaba diciendo: «Velen sin pensar en sí mismos para nada, sino háganlo única y exclusivamente por acompañarme a mí». En las primeras etapas de nuestra vida cristiana, no velamos *con* Jesús, velamos *para* Él. No velamos con Él a través de la verdad revelada de la Biblia ni siquiera en las circunstancias de nuestra propia vida. Nuestro Señor está tratando de que comencemos a identificarnos con Él a través de una experiencia particular: nuestro propio «Getsemaní». Pero nos negamos a ir, diciendo: «No, Señor, no consigo ver el significado de esto; y además, es muy doloroso». ¿Y cómo podemos velar con alguien que es tan incomprensible? ¿Cómo vamos a entender a Jesús lo suficiente como para velar con Él en su Getsemaní cuando ni siquiera sabemos por qué está sufriendo? No sabemos cómo velar con Él; solo estamos acostumbrados a la idea de que Jesús vele con nosotros.

Los discípulos amaban a Jesucristo hasta el límite de su capacidad natural, pero no entendían plenamente su propósito. En el huerto de Getsemaní, durmieron como resultado de su propio dolor; y tras tres años de la relación más cercana e íntima de sus vidas, «todos [...], dejándole, huyeron» (MATEO 26:56).

«Y fueron todos llenos del Espíritu Santo» (HECHOS 2:4). Ese «todos» se refiere a las mismas personas, pero algo maravilloso ha sucedido entre esos acontecimientos —la muerte, la resurrección y la ascensión de nuestro Señor— y los discípulos fueron entonces «llenos del Espíritu Santo». Nuestro Señor había dicho: «recibiréis poder, cuando haya venido sobre vosotros el Espíritu Santo» (HECHOS 1:8). Esto significaba que habían aprendido a velar *con* Él el resto de sus vidas.

Los extensos ríos de la vida

Un río llega a lugares que su fuente nunca conoce. Y Jesús dijo que si hemos recibido su plenitud, «ríos de agua viva» fluirán de nosotros, lo cual llegará a bendecir incluso «hasta lo último de la tierra» (Hechos 1:8) sin importar cuán pequeños parezcan los efectos visibles de nuestra vida. No tenemos nada que ver con su flujo: «Esta es la obra de Dios, que creáis» (Juan 6:29). Dios rara vez permite que una persona vea cuánto bendice a los demás.

Un río fluye con una persistencia victoriosa, y supera todas las barreras. Durante un tiempo, sigue su curso de manera constante, pero luego llega a un obstáculo, y durante un período, está bloqueado; sin embargo, pronto crea un camino alrededor del obstáculo. O un río puede desaparecer de la vista durante muchos kilómetros, solo para emerger de nuevo más adelante aún más amplio y más caudaloso que antes. ¿Ves a Dios utilizando la vida de los demás, pero un obstáculo ha llegado a la tuya y te parece que no eres útil para Él? Entonces, sigue prestando atención a la Fuente, y Dios te hará rodear el obstáculo o lo quitará. El río del Espíritu de Dios supera todos los obstáculos. Nunca centres tus ojos en el obstáculo ni en la dificultad. El obstáculo será totalmente insignificante para el río que fluya de continuo a través de ti si tan solo te acuerdas de mantenerte centrado en la Fuente. Nunca permitas que nada se interponga entre tú y Jesucristo; ni la emoción ni la experiencia, nada debe alejarte de la única gran Fuente soberana.

El que cree en mí, [...] de su interior correrán ríos de agua viva.
—Juan 7:38

¡Piensa en los largos ríos curativos que se desarrollan y se nutren en nuestras almas! Dios ha estado abriendo verdades maravillosas para nuestra mente, y cada punto que ha revelado es otra indicación del poder más amplio del río que fluirá a través de nosotros. Si crees en Jesús, descubrirás que Dios ha desarrollado y nutrido de manera poderosa en ti caudalosos ríos de bendición para los demás.

Fuentes de bendiciones

La imagen que nuestro Señor describió aquí no es la de una simple corriente de agua, sino una fuente desbordante. Continúen «llenos» (EFESIOS 5:18) y la dulzura de su relación vital con Jesús fluirá a través de ustedes tan generosamente como se les ha dado. Si descubres que la vida del Señor no está fluyendo como debería, la culpa es tuya; algo está obstruyendo la corriente. ¿Jesús te dijo que te mantuvieras centrado en la Fuente para tu bendición personal? No, debes centrarte en la Fuente para que de ti corran «ríos de agua viva», vida incontenible (JUAN 7:38).

... el agua que yo le daré será en él una fuente de agua que salte para vida eterna.

—JUAN 4:14

Debemos ser fuentes a través de las cuales Jesús pueda fluir como «ríos de agua viva» que bendigan a todos. Sin embargo, algunos somos como el Mar Muerto, siempre recibiendo pero sin dar, porque nuestra relación con el Señor Jesús no es correcta. En cuanto recibamos bendiciones del Señor, Él las derramará a través de nosotros. Pero cada vez que las bendiciones no se derraman en la misma medida en que son recibidas, algo anda mal en nuestra relación con Él. ¿Hay algún obstáculo entre tú y Jesucristo? ¿Hay alguna cosa que obstaculice tu fe en Él? Si no lo hay, Jesús dice que de ti «correrán ríos de agua viva». No es una bendición que transmites ni una experiencia que compartes con los demás, sino un río que fluye continuamente a través de ti. Permanece en la Fuente, protegiendo con cuidado tu fe en Jesucristo y tu relación con Él, y habrá un flujo constante en la vida de los demás sin sequedad ni muerte alguna.

¿Es excesivo decir que los ríos fluirán de un creyente individual? ¿Te miras a ti mismo y dices: «Pero yo no veo los ríos»? A través de la historia de la obra de Dios, por lo general descubrirás que Él comenzó con los que pasan inadvertidos, los desconocidos, los ignorados, pero que han sido firmemente fieles a Jesucristo.

Hazlo tú mismo

Debes demoler algunas cosas de manera deliberada. Ser libre del pecado no es lo mismo que ser liberado de la naturaleza humana. Hay cosas en la naturaleza humana, como los prejuicios, que el santo solo puede destruir dejándolas totalmente de lado. Pero hay otras que tienen que ser destruidas con ímpetu; es decir, a través de la fuerza divina de Dios impartida por su Espíritu. Hay algunas cosas sobre las que no debemos luchar, sino solo estar «firmes, y [ver] la salvación que el Señor hará hoy» (ÉXODO 14:13). Pero toda teoría o pensamiento que se levante como barrera fortificada «contra el conocimiento de Dios» debe ser demolido con determinación recurriendo al poder de Dios, no por esfuerzo humano ni por compromiso (LEE 2 CORINTIOS 10:4).

Derribando argumentos y toda altivez que se levanta contra el conocimiento de Dios...

—2 CORINTIOS 10:5

Solo cuando Dios ha transformado nuestra naturaleza y hemos entrado en la experiencia de la santificación, comienza la lucha. La guerra no es contra el pecado; nunca podemos luchar contra él. Jesucristo lo conquistó al redimirnos. El conflicto se libra al convertir nuestra vida natural en una vida espiritual. Esto nunca resulta fácil, ni Dios pretende que sea así. Solo se logra a través de una serie de elecciones morales. Dios no nos hace santos en el sentido de que santifica nuestro carácter. Nos hace santos en el sentido de que nos ha considerado inocentes ante Él. Y luego tenemos que convertir esa inocencia en carácter santo a través de las decisiones morales que tomamos. Estas elecciones se oponen hostilmente y de manera constante a las cosas de nuestra vida natural que se han enraizado en lo más profundo; las mismas cosas que se elevan como barreras fortificadas «contra el conocimiento de Dios». Podemos desandar el camino, volviéndonos inútiles para el reino de Dios, o demoler decididamente esas cosas, permitiendo que Jesús traiga otro hijo a la gloria (LEE HEBREOS 2:10).

Hazlo tú mismo

Debes disciplinar algunas cosas de manera deliberada. Este es otro aspecto difícil de la vigorosa naturaleza de la santidad. Pablo dijo, según la traducción de Moffatt de este versículo: «Tomo cada proyecto como prisionero para que obedezca a Cristo». ¡Hay tanto trabajo cristiano hoy que nunca ha sido disciplinado sino que ha llegado simplemente a existir por impulso! En la vida de nuestro Señor, cada proyecto estuvo disciplinado a la voluntad de su Padre. Nunca hubo la más mínima tendencia a seguir el impulso de su propia voluntad de manera distinta a la de su Padre: «No puede el Hijo hacer nada por sí mismo» (Juan 5:19). Entonces, comparemos esto con lo que hacemos: tomamos cada pensamiento o proyecto que llega hasta nosotros por impulso y saltamos a la acción de inmediato, en lugar de encarcelarnos y disciplinarnos nosotros mismos para obedecer a Cristo.

Hoy en día, se hace un gran énfasis en el trabajo práctico para los cristianos, y los santos que están «llevando cautivo cada pensamiento [y proyecto]» son criticados, y se les dice que no tienen suficiente determinación y que carecen de celo por Dios o por las almas de los demás. Pero la verdadera determinación y celo se encuentran en obedecer a Dios, no en la inclinación a servirle que surge de nuestra propia naturaleza humana indisciplinada. Sin embargo, es inconcebible, pero cierto, que los santos no están «llevando cautivo cada pensamiento [y proyecto]», sino que simplemente hacen un trabajo para Dios que ha sido instigado por su propia naturaleza humana y que no se ha hecho espiritual a través de una disciplina determinada.

... llevando cautivo todo pensamiento a la obediencia a Cristo.

—2 Corintios 10:5

Tendemos a olvidar que una persona no solo se compromete con Jesucristo para la salvación, sino que también está comprometida y es responsable en cuanto a la visión que Jesucristo tiene de Dios, del mundo, y del pecado y el diablo. Esto significa que cada persona debe reconocer la responsabilidad de ser transformada «por medio de la renovación de [su] entendimiento» (Romanos 12:2).

Armas misioneras

... cuando estabas debajo de la higuera, te vi.
—JUAN 1:48

Adorar en las ocasiones cotidianas. Suponemos que estaríamos listos para la batalla si nos enfrentásemos a una gran crisis, pero no es la crisis la que construye algo dentro de nosotros; simplemente revela de lo que ya estamos hechos. ¿Te encuentras diciendo: «Si Dios me llama a la batalla, por supuesto que me enfrentaré a la ocasión»? Sin embargo, no estarás a la altura de las circunstancias a menos que ya lo hayas hecho en el campo de entrenamiento de Dios. Si no estás haciendo la tarea que ahora tienes más cerca de ti, esa que Dios ha diseñado en tu vida, cuando llegue la crisis, en lugar de estar en forma para la batalla, serás declarado no apto. Las crisis siempre revelan el verdadero carácter de una persona.

Una relación íntima de adoración a Dios es el mayor elemento esencial de la aptitud espiritual. Llegará el momento —como experimentó Natanael en este pasaje— en que una vida «debajo de [tu] higuera» particular ya no será posible. Todo será expuesto, y te darás cuentas de que no tienes ningún valor allí si no has estado adorando día tras día en tu propia casa. Si tu adoración es correcta en tu relación íntima con Dios, cuando Él te libere, estarás listo. Es en la vida invisible, que solo Dios ha visto, donde te has preparado completamente. Y cuando llega la tensión de la crisis, Dios puede confiar en ti.

¿Dices: «Pero no se puede esperar que viva una vida santificada en mis circunstancias actuales. No tengo tiempo para la oración o el estudio bíblico en este momento. Además, mi oportunidad de combatir no ha llegado todavía; pero cuando venga, por supuesto que estaré listo»? No, no lo estarás. Si no has estado adorando cotidianamente, cuando te involucres en la obra de Dios, no solo serás inútil para ti mismo sino también un obstáculo para los que te rodean.

El campo de entrenamiento de Dios, donde se encuentran las armas misioneras, es la vida íntima, personal y de adoración del santo.

Armas misioneras

Servir en oportunidades cotidianas. Servir en las oportunidades cotidianas que nos rodean no significa que seleccionemos nuestro propio entorno; significa que somos la opción especial que Dios escoge para que estemos disponibles para que Él nos utilice en cualquiera de los entornos aparentemente aleatorios que ha diseñado para nosotros. El carácter que exhibimos en nuestro entorno presente es una indicación de cómo seremos en otros.

Las cosas que Jesús hizo fueron las más insignificantes de lo cotidiano, y esto es una indicación de que se necesita todo el poder de Dios en mí para llevar a cabo a su manera incluso las tareas más comunes. ¿Puedo usar una toalla como Él lo hizo? Toallas, platos, sandalias y todas las demás cosas comunes de nuestras vidas revelan de manera inmediata de qué estamos hechos. Necesitamos al Dios todopoderoso encarnado en nosotros para realizar el deber más trivial como corresponde.

Jesús dijo: «Porque ejemplo os he dado, para que como yo os he hecho, vosotros también hagáis» (JUAN 13:15). Fíjate en el tipo de personas que Dios pone a tu alrededor, y te sentirás humillado una vez que te des cuenta de que esta es realmente su manera de revelarte el tipo de persona que has sido para Él. Ahora dice que debemos demostrar de manera exacta a los que nos rodean lo que Él nos ha mostrado.

Pues si yo, el Señor y el Maestro, he lavado vuestros pies, vosotros también debéis lavaros los pies los unos a los otros.

—JUAN 13:14

¿Le respondes diciendo: «Ah, voy a hacer todo eso cuando ya esté en el campo misionero»? Hablar de esta manera es como tratar de producir las armas de guerra mientras estás en las trincheras del campo de batalla: te matarán mientras intentas hacerlo.

Tenemos que recorrer la «segunda milla» con Dios (LEE MATEO 5:41). Sin embargo, algunos nos rendimos tras los primeros diez pasos. Entonces, decimos: «Bueno, esperaré hasta que me acerque a la próxima gran crisis de mi vida». Pero si no servimos constantemente en las oportunidades cotidianas, no haremos nada cuando llegue la crisis.

Experimentar confusión espiritual

Hay momentos en tu vida espiritual en los que hay confusión, y para salir de ella, no basta con decir que no deberías sentirte confuso. No es una cuestión de bien y de mal, sino de que Dios te lleva por un camino que temporalmente no entiendes; y solo cuando pases por la confusión espiritual, llegarás a comprender lo que Él quiere para ti.

Cuando su amistad está oculta (LEE LUCAS 11:5-8). Jesús presentó aquí la ilustración de un hombre que parece no cuidar de su amigo. En realidad, estaba diciendo que así es como el Padre celestial se les presentará a veces. Pensarán que es un amigo cruel, pero recuerden: no lo es. Llegará el momento en que todo se explicará. Parece haber una nube en la amistad del corazón; y a menudo, incluso el amor mismo tiene que esperar en el dolor y las lágrimas para recibir la bendición de la comunión y la unidad más plenas. Cuando Dios parezca estar completamente escondido, ¿permanecerás confiado en Él?

Entonces Jesús respondiendo, dijo: No sabéis lo que pedís...

—MATEO 20:22

Cuando su paternidad está en las sombras (LEE LUCAS 11:11-13). Jesús dijo que hay ocasiones en que tu Padre aparecerá como si fuera un padre antinatural; como insensible e indiferente, pero recuerda: «todo aquel que pide, recibe» (LUCAS 11:10). Si lo único que ves en este momento es una sombra en el rostro del Padre, aférrate al hecho de que al final te dará un entendimiento claro y que se justificará plenamente con respecto a todo lo que ha permitido en tu vida.

Cuando su fidelidad parece extraña (LEE LUCAS 18:1-8). «Cuando venga el Hijo del Hombre, ¿hallará fe en la tierra?» (LUCAS 18:8). ¿Encontrará el tipo de fe que cuenta con Él a pesar de la confusión? Mantente firme en la fe, creyendo que lo que Jesús dijo es verdad, aunque mientras tanto, no entiendas lo que Dios está haciendo. Tiene asuntos más grandes en juego que las cosas particulares que le estás pidiendo en este momento.

Después de la entrega, ¿qué?

La verdadera entrega no es simplemente la de nuestra vida externa, sino la sumisión de nuestra voluntad; y una vez hecho eso, dicha entrega es completa. La mayor crisis a la que nos enfrentamos es la entrega de nuestra voluntad. Sin embargo, Dios nunca obliga a que eso se haga, y nunca suplica. Espera pacientemente hasta que esa persona se rinda voluntariamente a Él. Y una vez que esa batalla ha sido librada, jamás es necesario volver a pelearla.

Entrégate para recibir liberación. «Venid a mí [...], y yo os haré descansar» (MATEO 11:28). Solo después de haber comenzado a experimentar lo que la salvación realmente significa, entregamos nuestra voluntad a Jesús para descansar. Sea lo que sea que nos cause una sensación de incertidumbre es, en realidad, un llamado a nuestra voluntad: «Venid a mí». Y esto es algo voluntario.

Entrégate para consagrarte. «Si alguno quiere venir en pos de mí, niéguese a sí mismo» (MATEO 16:24). Lo que se rinde aquí es *yo mismo* a Jesús, con su descanso en el corazón de mi ser. Dice: «Si quieres ser mi discípulo, debes entregarme tu derecho a ti mismo». Y una vez hecho esto, el resto de tu vida no mostrará nada más que la evidencia de esta entrega, y nunca más tendrás que preocuparte por lo que el futuro pueda traerte aparejado. Sean cuales sean tus circunstancias, Jesús es totalmente suficiente (LEE 2 CORINTIOS 12:9 Y FILIPENSES 4:19).

> *... he acabado la obra que me diste que hiciese.*
>
> —JUAN 17:4

Entrégate para morir. «Y te ceñirá otro, y te llevará» (JUAN 21:18; LEE TAMBIÉN EL VERSÍCULO 19). ¿Has aprendido qué significa ser ceñido para morir? Ten cuidado con alguna entrega que hagas a Dios en un momento de éxtasis de tu vida, porque serás propenso a querer recuperarla. La verdadera entrega es una cuestión de estar «juntamente con él en la semejanza de su muerte» (ROMANOS 6:5) hasta que no te atraiga nada que no le agrade a Él.

Y después de que te entregues, ¿qué sucederá? Toda tu vida debe caracterizarse por un afán de mantener ininterrumpidas la comunión y la unidad con Dios.

¿Razonamientos u obediencia?

La simplicidad es el secreto para ver las cosas con claridad. Un santo no *piensa* claramente hasta después de mucho tiempo, pero debe ver claramente sin ninguna dificultad. No se puede pensar en medio de la confusión espiritual para dejar las cosas claras; para eso, debes obedecer. En asuntos intelectuales, puedes analizar las cosas, pero en asuntos espirituales, eso solo te llevará a divagar y sentirte más confuso. Si hay algo en tu vida sobre lo que Dios te está presionando, obedécelo en ese asunto. Presenta todos tus razonamientos y «todo pensamiento a la obediencia a Cristo» con respecto a ese tema, y todo te quedará tan claro como la luz del día (2 Corintios 10:5). Tu capacidad de razonamiento llegará después; pero el razonamiento no es lo que vemos. Vemos como niños; y cuando tratamos de ser sabios, no vemos nada (lee Mateo 11:25).

... la simplicidad que es en Cristo.
—2 Corintios 11:3 RVA

Incluso lo más pequeño que permitimos en nuestra vida que no está bajo el control del Espíritu Santo es completamente suficiente para producir confusión espiritual; y pasar todo nuestro tiempo pensando en ello nunca lo aclarará. La confusión espiritual solo puede ser superada por medio de la obediencia. Tan pronto como obedecemos, tenemos discernimiento. Esto es humillante porque cuando estamos confundidos, sabemos que la razón se encuentra en la condición de nuestra mente. Pero cuando nuestro poder natural de visión está entregado y sometido en obediencia al Espíritu Santo, se convierte en el mismo poder por el cual percibimos la voluntad de Dios, y toda nuestra vida se mantiene en sencillez.

A qué renunciar

¿Has renunciado «a lo oculto y vergonzoso» en tu vida, a las cosas que tu sentido del honor o tu orgullo no permitirá que salgan a la luz? Puedes ocultarlas fácilmente. ¿Hay un pensamiento en tu corazón sobre alguien que no te gustaría que saliera a la luz? Si es así, renuncia tan pronto como se te ocurra; renuncia a todo por completo hasta que no haya ningún tipo de deshonestidad o astucia oculta. La envidia, los celos y las luchas no necesariamente surgen de tu antigua naturaleza del pecado, sino de la carne que se usó para este tipo de cosas en el pasado (LEE ROMANOS 6:19 Y 1 PEDRO 4:1-3). Debes mantenerte continuamente alerta para que no surja nada en tu vida que te cause vergüenza.

«No andando con astucia» (2 CORINTIOS 4:2). Esto significa no recurrir a algo simplemente para imponer tu opinión. Esta es una trampa terrible. Sabes que Dios te permitirá trabajar de una sola manera: en el camino de la verdad. Entonces, ten cuidado con atrapar a la gente por el otro lado, por el camino del engaño. Si actúas engañosamente, la plaga y la ruina de Dios estarán sobre ti. Lo que puede ser astuto para ti, puede que no lo sea para los demás; Dios te ha llamado a un nivel más alto. Nunca apagues tu sentido de ir en pos de lo supremo: lo mejor de ti para su gloria. Para ti, hacer ciertas cosas significaría entrar en tu vida con un propósito distinto de lo supremo y mejor, y apagarías la motivación que Dios te ha dado. Muchas personas se han vuelto atrás porque tienen miedo de contemplar las cosas desde la perspectiva de Dios. La gran crisis espiritual llega cuando una persona tiene que avanzar un poco más en su fe que en las creencias que ya ha aceptado.

… renunciamos a lo oculto y vergonzoso…

—2 CORINTIOS 4:2

Orar a Dios en secreto

El pensamiento principal en el área de la religión es: mantén tus ojos fijos en Dios, no en las personas. Tu motivación no debe ser el deseo de ser conocido como una persona que ora. Encuentra una habitación en la cual orar donde nadie sepa lo que estás haciendo; cierra la puerta y habla con Dios en secreto. No tengas más motivación que conocer a tu Padre en los cielos. Es imposible continuar con tu vida como discípulo sin tiempos definidos de oración secreta.

«Y orando, no uséis vanas repeticiones» (Mateo 6:7). Dios no nos escucha porque oremos de manera ferviente. Nos escucha únicamente sobre la base de la redención. A Dios nunca le impresiona nuestra seriedad. La oración no es solo obtener cosas de Dios; esta es solo la clase de oración más básica. Orar significa entrar en perfecta comunión y unidad con Dios. Si el Hijo de Dios se ha formado en nosotros a través de la regeneración (lee Gálatas 4:19), seguirá avanzando más allá de nuestro sentido común y cambiará nuestra actitud con respecto a las cosas por las que oramos.

«Todo aquel que *pide*, recibe» (Mateo 7:8). Oramos tonterías religiosas sin ni siquiera involucrar nuestra voluntad, y luego decimos que Dios no ha respondido; pero en realidad, nunca le hemos *pedido* nada. Jesús dijo: «pedid todo lo que *queréis*» (Juan 15:7). Pedir significa que nuestra voluntad debe estar involucrada. Cada vez que Jesús hablaba de la oración, lo hacía con una maravillosa sencillez infantil. Y luego, respondemos con nuestra actitud crítica, diciendo: «Sí, pero incluso Jesús dijo que debemos *pedir*». Pero recuerda que tenemos que pedirle cosas al Señor que estén en consonancia con el Dios a quien Jesucristo reveló.

Mas tú, cuando ores, entra en tu aposento, y cerrada la puerta, ora a tu Padre que está en secreto…

—Mateo 6:6

¿Hay algo bueno en la tentación?

La palabra *tentación* ha llegado a significar algo malo para nosotros hoy, pero tendemos a usarla de manera incorrecta. La tentación en sí misma no es pecado; es algo que estamos obligados a enfrentar por el simple hecho de ser humanos. No ser tentados significaría que ya somos tan vergonzosos que resultaríamos más que despreciables. Sin embargo, muchos sufrimos tentaciones que nunca deberíamos experimentar, y simplemente porque nos hemos negado a permitir que Dios nos eleve a un nivel más alto donde enfrentaríamos tentaciones de otro tipo.

La naturaleza interior de una persona —aquello que posee en la parte interior y espiritual de su ser— determina por qué es tentado en el exterior. La tentación se ajusta a la verdadera naturaleza de la persona que está siendo tentada y revela sus posibilidades. Cada persona determina o establece el nivel de su propia tentación, porque esta le llegará según el nivel de su naturaleza interior que la controla.

La tentación llega hasta mí y me sugiere un posible atajo para la realización de mi meta más alta; no me dirige hacia lo que sé que es malo, sino hacia lo que entiendo que es bueno. La tentación es algo que me confunde por un tiempo, y no sé si algo está bien o mal. Cuando me rindo a ella, he hecho de la lujuria un dios, y la tentación misma se convierte en la prueba de que fue solo mi propio miedo lo que me impidió caer antes en el pecado.

No os ha sobrevenido ninguna tentación que no sea humana...

—1 Corintios 10:13

La tentación no es algo de lo que podamos escapar; de hecho, es algo esencial en la vida completa de una persona. Ten cuidado con pensar que nadie es tentado como tú; lo que experimentas es la herencia común de la raza humana, no es algo que nadie haya soportado antes. Dios no nos salva de las tentaciones; nos sostiene en medio de ellas (lee Hebreos 2:18 y 4:15-16).

Su tentación y la nuestra

Hasta que nacemos de nuevo, el único tipo de tentación que entendemos es la que se menciona en Santiago 1:14: «cada uno es tentado, cuando de su propia concupiscencia es atraído y seducido». Pero a través de la regeneración, nos elevamos a otro reino donde hay otras tentaciones que enfrentar; es decir, el tipo de tentaciones que nuestro Señor enfrentó. Las tentaciones de Jesús no nos atraían cuando éramos incrédulos porque no se sentían a gusto en nuestra naturaleza humana. Las tentaciones de nuestro Señor y las nuestras están en diferentes reinos hasta que nacemos de nuevo y nos convertimos en sus hermanos. Las tentaciones de Jesús no son las de un mero hombre sino las de Dios como Hombre. A través de la regeneración, el Hijo de Dios se forma en nosotros (VÉASE GÁLATAS 4:19), y en nuestra vida física, Él tiene el mismo entorno que tenía cuando estaba en la tierra. Satanás no nos tienta sólo para que hagamos cosas malas; también nos tienta a que perdamos lo que Dios ha puesto en nosotros a través de la regeneración, es decir, la posibilidad de ser de valor para el Señor. No nos ataca para hacernos pecar sino para hacernos cambiar nuestro punto de vista, y solo el Espíritu de Dios puede detectar esto como una tentación del diablo.

Porque no tenemos un sumo sacerdote que no pueda compadecerse de nuestras debilidades, sino uno que fue tentado en todo según nuestra semejanza, pero sin pecado.

—HEBREOS 4:15

La tentación significa una prueba de las posesiones que se mantienen en la parte interior y espiritual de nuestro ser a través de un poder exterior y ajeno a nosotros. Esto hace que la tentación de nuestro Señor sea explicable. Después del bautismo de Jesús, tras haber aceptado su misión de ser aquel «que quita el pecado del mundo» (JUAN 1:29), «fue llevado por el Espíritu al desierto» (MATEO 4:1) y a los mecanismos de prueba del diablo. Sin embargo, no se cansó ni se agotó. Pasó por la tentación «sin pecado» y retuvo completamente intactas todas las posesiones de su naturaleza espiritual.

¿Permanecerás con Jesús?

Es verdad que Jesucristo está con nosotros a través de nuestras tentaciones, pero ¿permanecemos con Él a través de las suyas? Muchos le damos la espalda a permanecer con Jesús desde el preciso momento en que experimentamos lo que Él puede hacer. Cuando Dios cambie tus circunstancias, observa si estás permaneciendo en el lado de Jesús, o en el del mundo, la carne y el diablo. Llevamos su nombre, pero ¿permaneceremos con Él? «Desde entonces muchos de sus discípulos volvieron atrás, y ya no andaban con él» (JUAN 6:66).

Las tentaciones de Jesús continuaron durante su vida terrenal, y continuarán a lo largo de la vida del Hijo de Dios en nosotros. ¿Permanecemos con Jesús en la vida que estamos viviendo en este momento?

Pensamos que debemos protegernos de algunas de las cosas que Dios coloca a nuestro alrededor. ¡Que nunca suceda eso! Es Dios quien planea nuestras circunstancias, y sean cuales sean, debemos ver de enfrentarlas mientras continuamos permaneciendo con Él en sus tentaciones. Son sus tentaciones; no son para nosotros, sino tentaciones a la vida del Hijo de Dios en nosotros. El honor de Jesucristo está en juego en nuestra vida corporal. ¿Permanecemos fieles al Hijo de Dios en todo aquello que ataca a su vida en nosotros?

Pero vosotros sois los que habéis permanecido conmigo en mis pruebas.

—LUCAS 22:28

¿Permanecerás con Jesús? El camino pasa por Getsemaní, a través de la puerta de la ciudad, y llega «fuera del campamento» (HEBREOS 13:13). El camino es solitario y continúa hasta que ya no hay ni rastro de una huella que seguir, sino solo la voz que dice: «Síganme» (MATEO 4:19 NVI).

El divino mandamiento de la vida

La exhortación que nuestro Señor nos hace en Mateo 5:38-48 es que seamos generosos en nuestro comportamiento hacia todos. Ten cuidado con vivir de acuerdo con tus afectos naturales en tu vida espiritual. Todo el mundo tiene afectos naturales; algunas personas que nos gustan y otras que no. Sin embargo, nunca debemos permitir que esos gustos y aversiones gobiernen nuestra vida cristiana. «Si andamos en luz, como él está en luz, tenemos comunión unos con otros» (1 JUAN 1:7), incluso con aquellos hacia los que no sentimos afecto.

El ejemplo que nuestro Señor nos dio aquí no es el de una buena persona, o incluso el de un buen cristiano, sino el de Dios mismo: «Sed [...] perfectos, como vuestro Padre [...] es». En otras palabras, simplemente muéstrale a la otra persona lo que Dios te ha mostrado a ti. Y el Señor te dará muchas oportunidades en la vida real para demostrar si eres perfecto como Él lo es o no. Ser discípulo significa identificarse de manera deliberada con los intereses que Dios tiene en otras personas. Es el mandamiento del Señor Jesús: amar a los demás como Él nos ha amado, para que se sepa que somos sus discípulos (JUAN 13:34-35).

La verdadera expresión del carácter cristiano no está en hacer el bien sino en ser semejantes a Dios. Si su Espíritu ha transformado tu interior, mostrarás rasgos de carácter divino en tu vida, no solo buenas características humanas. La vida del Señor en nosotros se expresa como la vida *de Dios*, no como la vida humana tratando de ser piadosa. El secreto de la vida de un cristiano es que lo sobrenatural se vuelve natural como resultado de la gracia de Dios. Esto se hace evidente en los detalles prácticos y cotidianos de la vida, y no solo en los momentos de íntima comunión con Dios. Y cuando experimentamos situaciones que nos producen confusión y un aluvión de actividad, nos encontramos con la sorpresa de que tenemos el poder de permanecer maravillosamente preparados incluso en medio de todo ello.

Sed, pues, vosotros perfectos, como vuestro Padre que está en los cielos es perfecto.

—MATEO 5:48

El propósito predestinado del misionero

Lo primero que sucede después de reconocer nuestra elección por parte de Dios en Cristo Jesús es la destrucción de nuestras ideas preconcebidas, nuestro pensamiento intolerante y todas nuestras otras lealtades; nos convertimos únicamente en siervos del propósito de Dios. Toda la raza humana fue creada para glorificar a Dios y disfrutar de Él para siempre. El pecado la ha desviado hacia otro curso, pero no ha alterado en lo más mínimo el propósito de Dios. Y cuando nacemos de nuevo, somos llevados a entender el gran propósito de Dios para la raza humana; es decir, que nos creó para sí mismo. Esta comprensión de nuestra elección por parte de Dios es la más gozosa de la tierra, y debemos aprender a confiar en este tremendo propósito creativo del Señor. Lo primero que Él hará será comprometernos con los intereses del mundo entero a través del canal de nuestros corazones. El amor de Dios, e incluso su propia naturaleza, se introduce en nosotros. Y vemos la naturaleza de Dios todopoderoso puramente enfocada en Juan 3:16: «*Porque de tal manera amó Dios al mundo*».

Ahora pues, dice el Señor, el que me formó desde el vientre para ser su siervo…

—Isaías 49:5

Debemos mantener continuamente nuestra alma abierta al propósito creativo de Dios, y nunca confundirla ni nublarla con nuestras propias intenciones. Si lo hacemos, Dios tendrá que apartar nuestras intenciones por la fuerza, por mucho que esto pueda doler. Un misionero es creado para el propósito de ser un siervo de Dios en quien Él se glorifica. Cuando nos demos cuenta de que es a través de la salvación de Jesucristo que estamos perfectamente hechos para el propósito de Dios, entenderemos por qué Jesucristo es tan estricto e implacable en sus demandas. Exige justicia absoluta a sus siervos porque ha puesto en ellos la naturaleza misma de Dios.

Ten cuidado, no sea que olvides el propósito de Dios para tu vida.

El Señor y Maestro del misionero

Tener un Señor y Maestro no es lo mismo que ser dominado y enseñado. Tener un Señor y Maestro significa que hay alguien que me conoce mejor de lo que me conozco a mí mismo, que está más cerca que un amigo, y que entiende las profundidades más remotas de mi corazón y es capaz de satisfacerlas plenamente. Significa tener a alguien que me ha hecho tener la certeza de que ha cumplido y resuelto todas las dudas, incertidumbres y problemas que hay en mi mente. Tener un Señor y Maestro es esto y nada menos: «porque uno es vuestro Maestro, el Cristo» (MATEO 23:8).

Nuestro Señor nunca toma medidas para obligarme a hacer lo que quiere. A veces, deseo que Dios me domine y me controle para forzarme a hacer lo que Él quiere, pero no lo hará. Y en otras ocasiones, desearía que me dejara en paz, y tampoco lo hace.

«Me llamáis Maestro, y Señor», ¿pero lo es? *Maestro* y *Señor* tienen poco lugar en nuestro vocabulario. Preferimos las palabras *Salvador*, *Santificador* y *Sanador*. La única palabra que realmente describe la experiencia de someterse es el *amor*, y sabemos poco sobre el amor tal como Dios lo revela en su Palabra. La forma en que usamos la palabra *obedecer* es prueba de ello. En la Biblia, la obediencia se basa en una relación entre iguales; por ejemplo, la de un hijo con su padre. Nuestro Señor no era simplemente siervo de Dios: era su Hijo. «Y aunque era Hijo, por lo que padeció aprendió la obediencia» (HEBREOS 5:8). Si somos conscientes de que estamos siendo dominados, esta idea en sí misma es una prueba de que no tenemos ningún señor. Si esta es nuestra actitud hacia Jesús, estamos lejos de la relación que Él quiere tener con nosotros. Nos quiere en una relación en la cual Él se convierta tan fácilmente en nuestro Maestro y Señor que no nos demos cuenta de ello; una relación en la cual lo único que sabemos es que somos suyos para obedecerle.

Vosotros me llamáis Maestro, y Señor; y decís bien, porque lo soy. […] De cierto, de cierto os digo: El siervo no es mayor que su señor…

—JUAN 13:13, 16

La meta del misionero

En nuestra vida natural, nuestras ambiciones cambian a medida que crecemos, pero en la vida cristiana, la meta se da al principio, y el principio y el fin son exactamente los mismos; es decir, nuestro Señor. Comenzamos con Cristo y terminamos con Él, «hasta que todos lleguemos [...] a la medida de la estatura de la plenitud de Cristo» (Efesios 4:13), no solo a nuestra propia idea de lo que debe ser la vida cristiana. El objetivo del misionero es hacer la voluntad de Dios, no ser útil o ganar a los perdidos. Un misionero es útil y *gana* a los perdidos, pero esa no es su meta. Su meta es hacer la voluntad de su Señor.

En la vida de nuestro Señor, Jerusalén fue el lugar donde llegó al clímax de la voluntad de su Padre a estar en la cruz; y a menos que vayamos allí con Jesús, no tendremos amistad ni comunión con Él. Nada desvió a nuestro Señor de su camino a Jerusalén. Nunca se apresuró para atravesar ciertas aldeas donde fue perseguido ni se quedó en otras donde fue bendecido. Ni la gratitud ni la ingratitud lo apartaron lo más mínimo de su propósito de ir «a Jerusalén».

«El discípulo no es más que su maestro, ni el siervo más que su señor» (Mateo 10:24). En otras palabras, las mismas cosas que le pasaron a nuestro Señor nos sucederán en nuestro camino hacia nuestra «Jerusalén». Se mostrará a través de nosotros el trabajo de Dios, las personas serán bendecidas, y una o dos mostrarán gratitud mientras que el resto mostrará una ingratitud absoluta, pero nada debe desviarnos de ir hasta nuestra Jerusalén.

... les dijo: He aquí subimos a Jerusalén...
—Lucas 18:31

«Le crucificaron allí» (Lucas 23:33). Esto es lo que sucedió cuando nuestro Señor llegó a Jerusalén, y ese acontecimiento es la puerta a nuestra salvación. Los santos, sin embargo, no terminan en la crucifixión; por la gracia del Señor, terminan en gloria. Mientras tanto, nuestro lema debe ser resumido por cada uno de nosotros, diciendo: «Yo también voy "a Jerusalén"».

El «anda» de la preparación

Nos resulta fácil imaginar que, de pronto, llegaremos a un punto en nuestra vida en el cual estaremos totalmente listos; pero la preparación no se logra de repente. De hecho, es un proceso que debe mantenerse con constancia. Es peligroso acomodarnos y sentirnos complacidos con nuestro nivel actual de experiencia. La vida cristiana requiere más y más preparación.

El sentido del sacrificio en la vida cristiana resulta fácilmente atractivo para un creyente nuevo. Desde un punto de vista humano, lo único que nos atrae a Jesucristo es nuestro sentido de lo heroico; y de repente, las palabras de nuestro Señor nos examinan al detalle y ponen a prueba esta ola de entusiasmo. «*Anda*, reconcíliate primero con tu hermano». El «andar» de la preparación es permitir que la Palabra de Dios te examine de cerca. Tu sentido del sacrificio heroico no es lo suficientemente bueno. El Espíritu Santo va a detectar en ti aquello que nunca podrá obrar a su servicio; y nadie más que Dios puede detectar esa naturaleza en ti. ¿Tienes algo que ocultarle a Dios? Si es así, deja que Él te escudriñe con su luz. Si hay pecado en tu vida, no te conformes con *admitirlo*; *confiésalo*. ¿Estás dispuesto a obedecer a tu Señor y Maestro cualquiera que sea la humillación que se deba aplicar a tus derechos?

Por tanto, si traes tu ofrenda al altar, y allí te acuerdas de que tu hermano tiene algo contra ti, deja allí tu ofrenda delante del altar, y anda, reconcíliate primero con tu hermano, y entonces ven y presenta tu ofrenda.

—Mateo 5:23-24

No ignores nunca la convicción que el Espíritu Santo te trae. Si es lo suficientemente importante como para que el Espíritu de Dios te haga pensar en ello, es porque se trata de algo que está detectando en ti. Estabas buscando algo grande a lo cual someterte, mientras Dios te está hablando de algo pequeño a lo que debes renunciar. Pero detrás de eso pequeño se encuentra la fortaleza de la obstinación, y dices: «No voy a renunciar a mis derechos». Dios quiere que renuncies precisamente a eso si vas a ser un discípulo de Jesús.

El «anda» de la relación

La enseñanza de nuestro Señor se puede resumir en esto: la relación que nos exige es imposible a menos que haya hecho una obra sobrenatural en nosotros. Jesucristo exige que su discípulo no permita ni el más mínimo rastro de resentimiento en su corazón cuando se enfrenta a la tiranía y la injusticia. Ninguna pasión podrá sostenerse nunca ante la tensión a la que Jesucristo someterá a su siervo. Solo una cosa soportará la tensión, y es una relación personal con Jesús mismo; una relación que haya sido examinada, purificada y probada hasta que solo quede un propósito y yo pueda decir realmente: «Estoy aquí para que Dios me envíe donde Él lo desee». Todo lo demás puede volverse confuso menos esta relación con Jesucristo.

Y a cualquiera que te obligue a llevar carga por una milla, ve con él dos.

—Mateo 5:41

El Sermón del Monte no es un objetivo inalcanzable; es una declaración de lo que me sucederá cuando Jesucristo haya cambiado mi naturaleza poniendo la suya en mí. Jesucristo es el único que puede cumplir el Sermón del Monte.

Si vamos a ser discípulos de Jesús, debemos ser transformados en ello sobrenaturalmente. Y mientras mantengamos conscientemente la determinación de ser sus discípulos, podemos estar seguros de que no lo somos. Jesús dice: «No me elegisteis vosotros a mí, sino que yo *os elegí a vosotros*» (Juan 15:16). Así comienza la gracia de Dios. Es un llamamiento del que nunca podremos escapar; podemos desobedecerlo, pero nunca podemos iniciarlo ni producirlo nosotros mismos. Somos atraídos a Dios por obra de su gracia sobrenatural, y nunca lograremos descubrir dónde comenzó esa obra. La conformación de un discípulo por parte de nuestro Señor es sobrenatural. No se basa en ninguna capacidad natural nuestra en absoluto. Dios no nos pide que hagamos las cosas que son naturalmente fáciles para nosotros. Solo nos pide que hagamos aquello para lo que estamos perfectamente capacitados a través de su gracia; y ahí es donde siempre llega la cruz que debemos llevar.

El «anda» de la reconciliación

Este versículo dice: «si traes tu ofrenda al altar, y allí te acuerdas de que tu hermano tiene algo contra ti». No está diciendo: «Si buscas y encuentras algo a causa de tu exagerada sensibilidad», sino: «si [...] te acuerdas». Es decir, si el Espíritu de Dios te hace pensar conscientemente en algo, «reconcíliate primero con tu hermano, y entonces ven y presenta tu ofrenda» (Mateo 5:24). Nunca te opongas a la intensa sensibilidad del Espíritu de Dios en ti cuando te está instruyendo hasta en el más mínimo detalle.

... si [...] te acuerdas de que tu hermano tiene algo contra ti...
—Mateo 5:23

«Reconcíliate primero con tu hermano». La directriz de nuestro Señor es simple: «reconcíliate primero». En realidad, dice: «Regresa por donde viniste, por el camino que te indica la convicción que se te ha dado en el altar; adopta una actitud en tu mente y alma hacia la persona que tiene algo en contra de ti, de manera que la reconciliación sea tan natural como respirar». Jesús no menciona a la otra persona; dice que *tú andes*. No se trata de tus derechos. La verdadera marca del santo es que puede renunciar a sus propios derechos y obedecer al Señor Jesús.

«Y entonces ven y presenta tu ofrenda». El proceso de reconciliación está claramente marcado. Primero, tenemos el espíritu heroico de sacrificio; después, la repentina moderación producida por la sensibilidad del Espíritu Santo; y luego, somos detenidos en el punto de nuestra convicción. A esto le sigue la obediencia a la Palabra de Dios, lo cual construye una actitud o estado de ánimo que no culpa a aquel con quien has tenido un desencuentro. Y finalmente, viene la entrega alegre, sencilla y sin obstáculos de tu ofrenda para Dios.

El «anda» del renunciamiento

> *... uno le dijo en el camino: Señor, te seguiré adondequiera que vayas.*
> —LUCAS 9:57

La actitud de nuestro Señor hacia este hombre fue de severo desaliento, «pues él sabía lo que había en el hombre» (JUAN 2:25). Nosotros diríamos: «¡No consigo imaginarme por qué perdió la oportunidad de ganar a ese hombre! ¡Imagínate, ser tan frío con él y hacer que se fuera tan desanimado!». Nunca te disculpes por tu Señor. Las palabras del Señor duelen y ofenden hasta que no queda nada que pueda herirse u ofenderse. Jesucristo no sentía ninguna ternura hacia cualquier cosa que pudiera arruinar el servicio de alguien a Dios. Las respuestas de nuestro Señor no se basaron en ningún capricho o pensamiento impulsivo, sino en el conocimiento de «lo que había en el hombre». Si el Espíritu de Dios trae a tu mente una palabra del Señor que te lastima, puedes estar seguro de que hay algo en ti que Él quiere herir hasta hacerlo morir.

Lucas 9:58. Estas palabras destruyen el argumento de servir a Jesucristo porque es una tarea agradable. Y la rigurosidad del rechazo que Él me exige no permite que quede nada en mi vida sino solo mi Señor, yo mismo y un sentimiento de esperanza desesperada. Dice que debo dejar que todos los demás vengan o se vayan y ser guiado únicamente por mi relación con Él. Y añade: «el Hijo del Hombre no tiene dónde recostar la cabeza».

Lucas 9:59. Este hombre no quería decepcionar a Jesús ni mostrar falta de respeto por su padre. Ponemos nuestro sentido de lealtad a nuestros parientes por delante de nuestra fidelidad a Jesucristo, obligándolo a ocupar el último lugar. Cuando tus lealtades entren en conflicto, obedece siempre a Jesucristo, cueste lo que cueste.

Lucas 9:61. La persona que dice: «Señor, te seguiré, pero...» es aquella que está lista para ir pero nunca lo hace. Este hombre tenía sus reservas. La llamada exigente de Jesús no deja lugar para despedidas; despedirse, como lo hacemos a menudo, es pagano, no cristiano, porque nos desvía del llamamiento. Cuando recibas el llamado de Dios, empieza a andar y no te detengas nunca.

El «anda» de la identificación incondicional

... Jesús [...] le dijo: Una cosa te falta: anda, vende todo lo que tienes, y dalo a los pobres [...]; y ven, sígueme, tomando tu cruz.

—MARCOS 10:21

El joven y rico gobernante tenía la controladora pasión de ser perfecto. Cuando vio a Jesucristo, quiso ser como Él. Cuando nuestro Señor llama a un discípulo, nunca pone su santidad personal por encima de todo lo demás. Su consideración principal es la absoluta aniquilación de mi derecho a mí mismo y mi identificación con Él, lo cual significa tener una relación con Jesús en la que no haya infidelidades. Lucas 14:26 no tiene nada que ver con la salvación o la santificación, sino que se ocupa únicamente de la identificación incondicional con Jesucristo. Muy pocos sabemos realmente lo que significa el «anda» de la identificación incondicional con alguien, y el abandono y la entrega a Jesús.

«Entonces Jesús, mirándole, lo amó» (MARCOS 10:21). Esta mirada de Jesús requerirá que tu corazón rompa para siempre la lealtad a cualquier otra persona o cosa. ¿Alguna vez Jesús te ha mirado así? Su mirada transforma, penetra y cautiva. Donde eres suave y flexible con Dios es donde el Señor te ha mirado. Si eres duro y vengativo, testarudo en tu propio camino y siempre seguro de que la otra persona es más propensa que tú a estar equivocada, hay áreas enteras de tu naturaleza que nunca han sido transformadas por su mirada.

«Una cosa que te falta». Desde la perspectiva de Jesucristo, la unidad con Él, sin nada en medio, es lo único bueno.

«Vende todo lo que tienes». Debo humillarme hasta ser simplemente una persona viva. Fundamentalmente, debo renunciar a posesiones de todo tipo, pero no para ser salvo (porque solo una cosa salva a una persona y es la confianza absoluta en la fe en Jesucristo) sino para seguir a Jesús. «Y ven, sígueme». Y el camino es el que Él recorrió.

La percepción del llamamiento

Tendemos a olvidar el toque profundamente espiritual y sobrenatural de Dios. Si eres capaz de decir exactamente dónde estabas cuando recibiste el llamado de Dios y puedes explicar todo al respecto, me pregunto si en verdad has sido llamado. El llamado de Dios no viene así; es mucho más sobrenatural. El llamamiento en la vida de una persona puede venir como un trueno o amanecer poco a poco. Pero por más rápida o lenta que venga esta toma de conciencia, siempre va acompañada de una corriente subyacente de lo sobrenatural, algo que es inexplicable y produce un «resplandor». En cualquier momento, la súbita conciencia de este llamado incalculable, sobrenatural y sorprendente que se ha apoderado de tu vida puede romperse: «[Yo] os elegí» (JUAN 15:16). El llamamiento de Dios no tiene nada que ver con la salvación y la santificación. No estás llamado a predicar el evangelio porque eres santificado; el llamado a predicar el evangelio es completamente diferente. Pablo lo describe como una compulsión que fue colocada sobre él.

... porque me es impuesta necesidad; y ¡ay de mí si no anunciare el evangelio!

—1 CORINTIOS 9:16

Si has ignorado, y por tanto eliminado, el gran llamamiento sobrenatural de Dios a tu vida, repasa tus circunstancias. Observa dónde has antepuesto tus propias ideas de servicio o tus habilidades particulares al llamado de Dios. Pablo dijo: «¡ay de mí si no anunciare el evangelio!». Había tomado conciencia del llamado de Dios, y su compulsión por anunciar el evangelio era tan fuerte que no valía la pena dedicar sus energías a ninguna otra cosa.

Si un hombre o una mujer es llamado por Dios, no importa cuán difíciles puedan ser las circunstancias. Dios administra cada energía para trabajar para su propósito final. Si estás de acuerdo con el propósito de Dios, Él no solo pondrá en perfecta armonía tu nivel consciente sino también todos los otros niveles más profundos de tu vida, a los que no puedes llegar por ti mismo.

Las atribuciones del llamamiento

Tomamos nuestra propia consagración espiritual y tratamos de convertirla en un llamamiento de Dios, pero cuando nos reconciliamos con el Señor, Él aparta todo esto. Entonces, nos produce un dolor tremendo y cautivador a fin de que fijemos nuestra atención en algo que ni siquiera soñamos que podría ser su llamado para nosotros. Y por un momento radiante e intermitente, vemos su propósito y decimos: «Heme aquí, envíame a mí» (Isaías 6:8).

Este llamamiento no tiene nada que ver con la santificación personal sino con el pan roto y el vino derramado. Sin embargo, Dios nunca puede convertirnos en vino si nos oponemos a los dedos que Él decide usar para exprimirnos. Decimos: «¡Si Dios tan solo usara sus propios dedos y me hiciera pan roto y vino derramado de una manera especial, no me opondría!». Pero cuando para aplastarnos utiliza a alguien que no nos gusta o unas circunstancias a las que dijimos que nunca nos someteríamos, nos oponemos. Sin embargo, nunca debemos tratar de elegir el lugar de nuestro propio martirio. Si alguna vez vamos a ser convertidos en vino, tendremos que ser triturados; no se pueden beber uvas. Las uvas se convierten en vino solo cuando han sido exprimidas.

Ahora me gozo en lo que padezco por vosotros, y cumplo en mi carne lo que falta de las aflicciones de Cristo por su cuerpo, que es la iglesia.

—Colosenses 1:24

Me pregunto qué dedos ha estado usando Dios para exprimirte. ¿Has sido tan duro como una canica y has escapado? Si aún no estás maduro, y si Dios te *hubiera* exprimido de todos modos, el vino producido habría sido notablemente amargo. Ser una persona santa significa que los elementos de nuestra vida natural experimentan la presencia misma de Dios cuando son providencialmente quebrantados en su servicio. Tenemos que ser puestos en Dios y estar de acuerdo con Él antes de que podamos ser pan roto en sus manos. Permanece con Dios y deja que Él haga lo que quiera, y descubrirás que está produciendo el tipo de pan y vino que beneficiará a sus otros hijos.

El lugar de la exaltación

> *Jesús [...] los llevó aparte solos a un monte alto...*
> —MARCOS 9:2

Todos hemos experimentado tiempos de exaltación en la montaña, cuando vimos cosas desde la perspectiva de Dios y hemos querido permanecer en aquel lugar. Pero Dios nunca nos permitirá que nos quedemos allí. La verdadera prueba de nuestra vida espiritual es exhibir el poder de descender de la montaña. Si solo tenemos el poder de subir, algo anda mal. Es maravilloso estar en la montaña con Dios, pero una persona solo llega allí para que, más tarde, pueda bajar y levantar al pueblo poseído por demonios en el valle (LEE MARCOS 9:14-18). No estamos hechos para las montañas, para los amaneceres o para las otras atracciones hermosas en la vida; estas cosas están destinadas a ser meros momentos de inspiración. Estamos hechos para el valle y las cosas comunes de la vida, y es ahí donde tenemos que demostrar nuestra resistencia y fuerza. Sin embargo, nuestro egoísmo espiritual siempre quiere momentos repetidos en la montaña. Sentimos que podríamos hablar y vivir como ángeles perfectos si pudiéramos quedarnos en la cima. Esos momentos de exaltación son excepcionales y tienen su significado en nuestra vida con Dios, pero debemos tener cuidado de permitir que nuestro egoísmo espiritual quiera convertirlos en el único tiempo.

Tendemos a pensar que todo lo que sucede debe convertirse en una enseñanza útil. En realidad, debe convertirse en algo incluso mejor que la enseñanza; es decir, el carácter. La cima de la montaña no está destinada a enseñarnos nada, está destinada a *hacernos* algo. Hay una terrible trampa en preguntarnos siempre: «¿De qué sirve esta experiencia?». Nunca podemos medir los asuntos espirituales de esa manera. Los momentos en la cima de la montaña son ocasiones raras, y están *destinadas* a algo en el propósito de Dios.

El lugar de la humillación

Después de cada momento de exaltación, recibimos una súbita bofetada de realidad, donde no hay nada hermoso, poético ni emocionante. La altura de la cima de la montaña se mide por el sombrío trabajo en el valle, pero es en el valle donde tenemos que vivir para la gloria de Dios. Lo *vemos* glorificado en la montaña, pero nunca *vivimos* allí para su gloria. Es en el lugar de la humillación donde encontramos nuestro verdadero valor para Dios; donde se revela nuestra fidelidad. Por el simple egoísmo natural de nuestro corazón, la mayoría de nosotros puede hacer cosas si siempre se encuentra en algún nivel heroico de intensidad. Pero Dios quiere que estemos en el nivel cotidiano sombrío, donde vivimos en el valle de acuerdo con nuestra relación personal con Él. Pedro pensó que sería maravilloso permanecer en la montaña, pero Jesucristo bajó a los discípulos de allí y se introdujo en el valle, donde se explicó el verdadero significado de la visión (LEE MARCOS 9:5-6, 14-23).

... si puedes hacer algo, ten misericordia de nosotros, y ayúdanos.
—MARCOS 9:22

«Si puedes hacer algo». Se necesita el valle de la humillación para quitarnos el escepticismo. Mira tu propia experiencia y descubrirás que hasta que aprendiste quién era realmente Jesús, eras un hábil escéptico acerca de su poder. Cuando estabas en la cima de la montaña podías creer cualquier cosa, pero ¿qué sucedió cuando te enfrentaste a las realidades del valle? Tal vez puedas dar un testimonio de tu santificación, pero ¿qué pasa con lo que es una humillación para ti en este momento? La última vez que estuviste en la montaña con Dios, viste que todo el poder en el cielo y en la tierra pertenecía a Jesús. ¿Serás escéptico ahora simplemente porque estás en el valle de la humillación?

El lugar del ministerio

«Sus discípulos le preguntaron aparte: ¿Por qué nosotros no pudimos echarlo fuera?» (MARCOS 9:28). La respuesta depende de la relación personal con Jesucristo. Este género con nada puede salir, sino con concentración y redoblada concentración en Él. Podemos quedarnos impotentes, como los discípulos, al tratar de realizar la obra de Dios sin concentrarnos en su poder y querer hacerlo por medio de las ideas que salen de nuestra propia naturaleza. Realmente lo deshonramos con nuestra ansia de trabajar para Él sin conocerlo.

Y les dijo: Este género con nada puede salir, sino con oración y ayuno.
—MARCOS 9:29

Cuando enfrentas un caso difícil y nada sucede exteriormente, aún puedes saber que habrá libertad y alivio por tu continua concentración en Jesucristo. El deber tuyo en el servicio y en el ministerio es vigilar que no haya nada entre Jesús y tú. ¿Hay algo ahora? Si es así, debes superar ese obstáculo, pero no pasándolo por alto con irritación o evitándolo sino enfrentándolo y atravesándolo en la presencia de Jesucristo. Entonces, ese problema y todo lo que hayas experimentado con relación a él, glorificará al Señor de una manera que solo conocerás cuando lo veas cara a cara.

Debemos ser capaces de levantar alas como las águilas, pero también saber cómo descender. El poder del creyente consiste en bajar y saber vivir en el valle. Pablo dijo: «Todo lo puedo en Cristo que me fortalece» (FILIPENSES 4:13). Las situaciones a las que se refería eran en su mayoría humillantes. Sin embargo, tenemos la facultad de rehusar la humillación, diciendo: «No, gracias, me gusta mucho más estar en la cima con Dios». ¿Puedo enfrentar las circunstancias como realmente son a la luz de Jesucristo? ¿O las situaciones tal como son destruirán mi fe en Él y me llenarán de pánico?

La visión y la realidad

Da gracias a Dios por poder ver todo lo que aún no has sido. Has tenido la visión, pero todavía no eres su realidad en absoluto. Es cuando estamos en el valle —donde demostramos si seremos los elegidos— que la mayoría da marcha atrás. No estamos del todo preparados para los golpes y moretones que deben venir si vamos a convertirnos en la forma de la visión. Hemos visto lo que no somos, y lo que Dios quiere que seamos, pero ¿estamos dispuestos a ser maltratados en la forma de la visión que Dios utilizará? Las palizas siempre vendrán de la manera más común y cotidiana y a través de personas comunes y corrientes.

... a los [...] llamados a ser santos...
—1 Corintios 1:2

Hay momentos en que sabemos cuál es el propósito de Dios; si vamos a dejar que la visión se convierta en carácter real, esto depende de nosotros, no de Dios. Si preferimos relajarnos en la cima de la montaña y vivir en la memoria de la visión, no seremos de utilidad real en las cosas comunes y corrientes que constituyen la vida humana. Tenemos que aprender a vivir confiando en lo que vimos en la visión, no simplemente existir en un deleite extático y en una reflexión consciente sobre Dios. Esto significa vivir las realidades de nuestra vida a la luz de la visión, hasta que la verdad de esta se lleve realmente a cabo en nosotros. Cada pedacito de nuestro entrenamiento va en esa dirección. Aprende a dar gracias a Dios porque Él da a conocer sus exigencias.

Nuestro pequeño «yo soy» siempre se enfada y hace pucheros cuando Dios dice *hazlo*. Deja que tu pequeño «yo soy» se encoja ante la ira e indignación de Dios: «... YO SOY EL QUE SOY [...] me envió a vosotros (Éxodo 3:14). Él debe tener el dominio. ¡¿No te atraviesa la idea de darte cuenta de que Dios no solo sabe dónde vivimos sino que también conoce las zanjas por las que nos arrastramos?! Nos cazará tan rápido como un rayo. Ningún ser humano conoce a las personas como Dios.

La naturaleza de la degeneración

La Biblia no dice que Dios castigó a la raza humana por el pecado de un hombre, sino que la naturaleza del pecado —es decir, mi derecho a mí mismo— entró en la raza humana a través de un hombre. Pero también dice que otro hombre tomó sobre sí el pecado de la raza humana y lo quitó; una revelación infinitamente más profunda (LEE HEBREOS 9:26). La naturaleza del pecado no es inmoralidad y maldad, sino la naturaleza de la autorrealización que nos lleva a decir: «Yo soy mi propio dios». Esta naturaleza puede mostrarse a través de la moralidad adecuada o la inmoralidad inapropiada, pero siempre tiene una base común: mi derecho a mí mismo. Cuando nuestro Señor se enfrentó a personas con todas las fuerzas del mal en ellas o a otras que eran de vida limpia, moral y recta, no prestó atención a la degradación moral de una ni hizo caso al logro moral de la otra. Miró algo que no vemos; es decir, la naturaleza del hombre (LEE JUAN 2:25).

Por tanto, como el pecado entró en el mundo por un hombre, y por el pecado la muerte, así la muerte pasó a todos los hombres, por cuanto todos pecaron.

—ROMANOS 5:12

El pecado es algo con lo que nací y no puedo tocar; solo Dios toca el pecado mediante la redención. Es a través de la cruz de Cristo que Dios redimió a toda la raza humana de la posibilidad de la condenación por la herencia del pecado. Dios no responsabiliza en ninguna parte a alguien por tener la herencia del pecado, y no condena a nadie debido a ella. La condenación llega cuando me doy cuenta de que Jesucristo vino a librarme de esta herencia de pecado y, aun así, me niego a dejar que lo haga. A partir de ese momento, empiezo a conseguir el sello de la condenación. «Y esta es la condenación [y el momento crítico]: que la luz vino al mundo, y los hombres amaron más las tinieblas que la luz, porque sus obras eran malas» (JUAN 3:19).

La naturaleza de la regeneración

Si Jesucristo me va a regenerar, ¿a qué problema se enfrenta? Es simplemente esto: tengo una herencia sobre la que no pude opinar ni decidir. No soy santo, y tampoco es probable que lo sea; y si lo único que Jesucristo puede hacer es decirme que debo ser santo, su enseñanza solo hace que me desespere. Pero si Jesucristo es verdaderamente un regenerador, alguien que puede poner su propia herencia de santidad en mí, puedo comenzar a ver lo que quiere decir cuando afirma que debo ser santo. La redención significa que Jesucristo puede poner en cualquier persona la naturaleza hereditaria que estaba en sí mismo, y todas las normas que nos da se basan en esa naturaleza: *su enseñanza está destinada a ser aplicada a la vida que pone dentro de nosotros*. La acción apropiada de mi parte es simplemente estar de acuerdo con el veredicto de Dios sobre el pecado tal como se juzga en la cruz de Cristo.

... cuando agradó a [Dios] revelar a su Hijo en mí...

—GÁLATAS 1:15-16

La enseñanza del Nuevo Testamento sobre la regeneración es que cuando una persona sienta su propia necesidad, Dios pondrá el Espíritu Santo en su espíritu, y su espíritu personal será energizado por el Espíritu del Hijo de Dios, «hasta que Cristo sea formado en vosotros» (GÁLATAS 4:19). El milagro moral de la redención es que Dios puede poner una nueva naturaleza en mí mediante la cual logro vivir una vida totalmente nueva. Cuando finalmente llego al borde de mi necesidad y conozco mis propias limitaciones, Jesús dice: «Bienaventurados sois» (MATEO 5:11). Pero debo llegar a ese punto. Dios no puede poner en mí —la persona moral responsable que soy— la naturaleza que estaba en Jesucristo a menos que yo sea consciente de mi necesidad de ella.

Así como la naturaleza del pecado entró en la raza humana a través de un hombre, el Espíritu Santo lo hizo a través de otro Hombre (LEE ROMANOS 5:12-19). Y la redención significa que puedo ser librado de la herencia del pecado, y que por medio de Jesucristo, puedo recibir una herencia pura e impecable; es decir, el Espíritu Santo.

La naturaleza de la reconciliación

El pecado es una relación fundamental; no es *hacer* algo mal, sino *ser* malo. Es una independencia deliberada y decidida de Dios. La fe cristiana basa todo en la extrema y segura de sí misma naturaleza del pecado. Otros sistemas de fe se ocupan de *los pecados*; la Biblia lidia con solo *el pecado*. Lo primero que Jesucristo enfrentó en las personas fue la herencia de pecado, y es porque hemos ignorado esto en nuestra presentación del evangelio que el mensaje ha perdido su punzada y su poder explosivo.

La verdad revelada de la Biblia no es que Jesucristo tomó sobre sí nuestros pecados carnales, sino que cargó la herencia de pecado que ningún hombre puede siquiera tocar. Dios «hizo pecado» a su propio Hijo para que pudiera convertir al pecador en un santo. A lo largo de la Biblia se revela que nuestro Señor tomó sobre sí el pecado del mundo a través de la *identificación con nosotros*, no a través de la *empatía hacia nosotros*. Cargó deliberadamente sobre sus propios hombros y soportó en su propio cuerpo el pecado completo y acumulativo de la raza humana. «Al que no conoció pecado, *por nosotros lo hizo pecado*», y al hacerlo, estableció la salvación para toda la raza humana solo sobre la base de la redención. Jesucristo reconcilió a la raza humana, poniéndola de nuevo donde Dios diseñó que estuviera. Y ahora, toda persona puede experimentar esa reconciliación, siendo llevada a la unidad con Dios sobre la base de lo que nuestro Señor hizo en la cruz.

Al que no conoció pecado, por nosotros lo hizo pecado, para que nosotros fuésemos hechos justicia de Dios en él.
—2 Corintios 5:21

Un hombre no puede redimirse a sí mismo: la redención es obra de Dios, y está absolutamente terminada y completa; y su aplicación a cada individuo es una cuestión de su propia acción o respuesta a ella. Siempre debe diferenciarse la verdad revelada de la redención de la experiencia consciente y real de la salvación en la vida de una persona.

Ir a Jesús

¡No es humillante que nos digan que debemos ir a Jesús! Piensa en las cosas en las que no iremos a Jesucristo. Si quieres saber cuán auténtico eres, ponte a prueba con estas palabras: «Venid a mí». En todas las dimensiones en las que no eres auténtico, discutirás o evadirás el tema por completo en lugar de ir; pasarás por el dolor en lugar de ir; y harás cualquier cosa en lugar de recorrer la última vuelta de la carrera de necedades aparentemente indescriptibles, y dirás: «Así como soy, voy». Mientras tengas aún la más mínima falta de respeto espiritual, esto siempre se revelará en que estás esperando que Dios te diga que hagas algo muy grande; sin embargo, lo único que te dice es: «Ven».

Venid a mí…
—Mateo 11:28

«Venid a mí». Cuando oigas estas palabras, sabrás que algo debe suceder en ti antes de que puedas ir. El Espíritu Santo te mostrará lo que tienes que hacer, y esto implicará cualquier cosa que desarraigue todo lo que te impida llegar a Jesús. Y no vas a conseguir avanzar hasta que estés dispuesto a hacerlo. El Espíritu Santo buscará esa fortaleza inamovible dentro de ti, pero no podrá incentivarla a menos que estés dispuesto a dejar que lo haga.

Demasiado a menudo, has acudido a Dios con tus peticiones y te has ido pensando: «¡Esta vez he recibido lo que de verdad quería!». Y sin embargo, te has ido sin nada, mientras que Dios ha estado todo el tiempo con sus manos extendidas, no solo para agarrarte sino también para que tú también lo agarres a Él. Piensa en la paciencia invencible, inconquistable e incansable de Jesús, quien con amor, dice: «Venid a mí».

Construir sobre la expiación

... [Presentad] vuestros miembros a Dios como instrumentos de justicia.
—ROMANOS 6:13

No puedo salvarme y santificarme; no puedo expiar el pecado; no puedo redimir al mundo; no puedo corregir lo que está mal, purificar lo impuro o santificar lo profano. Todo esto es la obra soberana de Dios. ¿Tengo fe en lo que Jesucristo ha hecho? Ha hecho la expiación perfecta para el pecado. ¿He desarrollado el hábito de pensar en ello de manera constante? La mayor necesidad que tenemos no es *hacer* sino *creer*. La redención de Cristo no es una experiencia; es el gran acto de Dios que ha realizado por medio de Cristo, y tengo que edificar mi fe sobre dicho acto. Si construyo mi fe en mi propia experiencia, produzco el tipo de vida menos bíblico: una existencia aislada, con mis ojos centrados únicamente en mi propia santidad. Cuidado con esa santidad humana que no se basa en la expiación del Señor. No tiene otro valor que una vida de aislamiento, es inútil para Dios y una molestia para el hombre. Mide todo tipo de experiencia que tengas en función de nuestro Señor. No podemos hacer nada agradable a Dios a menos que construyamos deliberadamente sobre el fundamento de la expiación mediante la cruz de Cristo.

La expiación de Jesús debe exhibirse de maneras prácticas y sin pretensiones en mi vida. Cada vez que obedezco, la deidad absoluta del Señor está de mi lado, de modo que la gracia de Dios y mi obediencia natural están en perfecto acuerdo. Obedecer significa que he depositado por completo mi confianza en la expiación, y mi obediencia es inmediatamente satisfecha por el deleite de la gracia sobrenatural de Dios.

Cuidado con la santidad humana que niega la realidad de la vida natural; es un fraude. Pruébate continuamente a ti mismo, o pon a prueba la expiación y pregunta: «¿Dónde está el discernimiento de la expiación en esto y en aquello?».

¿Cómo voy a saberlo?

No hacemos crecer una relación espiritual paso a paso: o la tenemos o no. Dios no continúa limpiándonos cada vez más del pecado: «pero si andamos en luz, [...] nos limpia de todo pecado» (1 JUAN 1:7). Es una cuestión de obediencia; y una vez que obedecemos, la relación se perfecciona instantáneamente. Pero si nos apartamos de la obediencia por un segundo, la oscuridad y la muerte vuelven a trabajar.

Todas las verdades reveladas de Dios se sellan hasta que nos son abiertas por medio de la obediencia. Nunca las abrirás a través de la filosofía o el pensamiento; pero una vez que obedeces, un destello de luz viene de inmediato. Deja que la verdad de Dios te haga trabajar sumergiéndote en ella, en vez de preocuparte por ella. La única manera de conocer la verdad de Dios es dejar de tratar de averiguar, y nacer de nuevo. Si obedeces a Dios en lo primero que te muestra, al instante te abre la siguiente verdad. Podrías leer volúmenes sobre la obra del Espíritu Santo, cuando cinco minutos de obediencia total e intransigente dejarían las cosas tan claras como la luz del sol. No digas: «¡Supongo que algún día entenderé estas cosas!». Puedes entenderlas ahora. Y no es el estudio lo que te proporcionará esa comprensión, sino la obediencia. Aun el trocito más pequeño de obediencia abre el cielo, y las verdades más profundas de Dios se convierten inmediatamente en tuyas. Sin embargo, Dios nunca te revelará más verdad sobre sí mismo hasta que ya hayas obedecido lo que ya sabes. Cuidado con llegar a ser uno «de los sabios y de los entendidos». «El que quiera hacer la voluntad de Dios, conocerá» (JUAN 7:17).

... Jesús, dijo: Te alabo, Padre, Señor del cielo y de la tierra, porque escondiste estas cosas de los sabios y de los entendidos, y las revelaste a los niños.

—MATEO 11:25

El silencio de Dios... y después, ¿qué?

¿Dios te ha confiado su silencio, un silencio que tiene un gran significado? Los silencios de Dios son, en realidad, sus respuestas. ¡Piensa en esos días de silencio absoluto en la casa de Betania! ¿Hay algo comparable a esos días en tu vida? ¿Puede Dios confiar en ti de esa forma o sigues pidiéndole una respuesta visible? Dios te dará las mismas bendiciones que pides si te niegas a ir más lejos sin ellas, pero su silencio es la señal de que te está llevando a una comprensión aún más maravillosa de sí mismo. ¿Estás de luto ante Dios porque no has tenido una respuesta audible? Cuando no oigas a Dios, descubrirás que Él ha confiado en ti de la manera más íntima posible: con silencio absoluto; no un silencio de desesperación sino de placer, porque vio que podías soportar una revelación aún mayor. Si Dios te ha dado un silencio, alábalo. Está llevándote al torrente principal de sus propósitos. La verdadera evidencia de la respuesta en el tiempo es simplemente una cuestión de la soberanía de Dios. El tiempo no es nada para Dios. Durante un período, habrás dicho: «Le pedí a Dios que me diera pan, pero en vez de eso, me dio una piedra» (LEE MATEO 7:9). No te dio una piedra, y hoy descubriste que te dio el «pan de vida» (JUAN 6:35).

Cuando oyó, pues, que estaba enfermo, se quedó dos días más en el lugar donde estaba.

—JUAN 11:6

Una cosa maravillosa sobre el silencio de Dios es que su quietud es contagiosa; se mete en ti, haciendo que te vuelvas perfectamente confiado para que puedas decir con sinceridad: «Sé que Dios me ha oído». Su silencio es la prueba misma de que lo ha hecho. Mientras tengas la idea de que Dios siempre te bendecirá como respuesta a tu oración, lo hará, pero nunca te dará la gracia de su silencio. Si Jesucristo te está llevando a entender que la oración es para la glorificación de su Padre, Él te dará la primera señal de su intimidad: el silencio.

Mantener el paso de Dios

La verdadera prueba de la vida espiritual y del carácter de una persona no es lo que hace en los momentos extraordinarios de la vida sino durante los tiempos comunes y corrientes cuando no sucede nada tremendo ni emocionante. El valor de una persona se revela en su actitud hacia las cosas comunes de la vida, cuando no está bajo el foco (VER JUAN 1:35-37 Y 3:30). Resulta doloroso alcanzar a Dios y mantener su ritmo; significa acompañar espiritualmente su segundo aliento. Al aprender a caminar con Dios, siempre existe la dificultad de mantener su paso, pero una vez que lo hemos hecho, la única característica que se muestra es la vida misma de Dios. El individuo se fusiona en una unidad personal con Él, y solo se muestra el paso de Dios y su poder.

Es difícil mantener el paso con Dios porque en cuanto comenzamos a caminar con Él, nos encontramos con que su ritmo nos ha superado aun antes de que hayamos dado tres pasos. Tiene diferentes maneras de hacer las cosas, y debemos ser entrenados y disciplinados en esas formas. Se dijo de Jesús: «No se cansará ni desmayará» (ISAÍAS 42:4) porque nunca obró desde su perspectiva individual, sino que siempre lo hizo desde la de su Padre. Y debemos aprender a hacer lo mismo. La verdad espiritual se aprende a través de la atmósfera que nos rodea, no del razonamiento intelectual. Es el Espíritu de Dios el que cambia la atmósfera de nuestra forma de ver las cosas, y entonces comienzan a ser posibles cosas que antes eran imposibles. Mantener el paso de Dios no significa nada menos que la unidad con Él. Lleva mucho tiempo llegar allí, pero sigue adelante. No te rindas porque el dolor sea intenso en este momento; sigue avanzando, y en poco tiempo, descubrirás que tienes una nueva visión y un nuevo propósito.

Caminó, pues, Enoc con Dios…
—GÉNESIS 5:24

Desánimo individual y crecimiento personal

> *... crecido ya Moisés, salió a sus hermanos, y los vio en sus duras tareas...*
> —Éxodo 2:11

Moisés vio la opresión de su pueblo y se sintió seguro de que él era quien lo iba a librar; y justamente indignado, comenzó a enmendar sus errores. Después de realizar su primer intento por Dios y por lo que era correcto, el Señor permitió que Moisés fuera llevado a un desaliento vacío, y lo envió al desierto para alimentar ovejas durante cuarenta años. Al final de ese tiempo, Dios se le apareció y le dijo: «[Saca] de Egipto a mi pueblo». Pero Moisés le dijo a Dios: «¿Quién soy yo para que vaya?» (Éxodo 3:10-11). Al principio, Moisés había pensado que él era quien debía liberar al pueblo, pero antes tenía que ser entrenado y disciplinado por Dios. Tenía razón en su perspectiva individual, pero no fue el adecuado para esa labor hasta que aprendió sobre la verdadera comunión y unidad con Dios.

Podemos tener la visión de Dios y una comprensión muy clara de lo que Él quiere, y aun así, cuando comenzamos a hacerlo, nos llega algo equivalente a los cuarenta años de Moisés en el desierto. Es como si Dios hubiera ignorado todo, y cuando estamos completamente desanimados, Él regresa y revive el llamado que nos hizo. Y entonces, comenzamos a temblar y decimos: «¿Quién soy yo para que vaya?». Debemos aprender que el gran paso de Dios se resume en estas palabras: «YO SOY EL QUE SOY [...] me envió a vosotros» (Éxodo 3:14). También debemos aprender que nuestro esfuerzo individual por Dios es solo una muestra de falta de respeto por Él; debemos entregar nuestra individualidad mediante una relación personal con Dios para que Él pueda decir: «tengo complacencia» (Mateo 3:17). Nos centramos en la perspectiva individual correcta de las cosas; tenemos la visión y podemos decir: «Sé que esto es lo que Dios quiere que haga». Pero aún no hemos aprendido a mantener el paso de Dios. Si estás pasando por un período de desánimo, llegará un momento de gran crecimiento personal para ti.

La clave de la obra del misionero

Y Jesús se acercó y les habló diciendo: Toda potestad me es dada en el cielo y en la tierra. Por tanto, id, y haced discípulos a todas las naciones…

—MATEO 28:18-19

La clave de la obra del misionero es la autoridad de Jesucristo, no las necesidades de los perdidos. Tendemos a ver a nuestro Señor como alguien que nos ayuda en nuestros esfuerzos por Dios. Sin embargo, Él se coloca como el Soberano absoluto y Señor supremo sobre sus discípulos. No dice que los perdidos nunca serán salvos si no vamos; simplemente dice: «id, y haced discípulos a todas las naciones». Es decir: «Ve sobre la base de la verdad revelada de mi soberanía, y enseña y predica tu experiencia de vida conmigo».

«Pero los once discípulos se fueron […] al monte donde Jesús les había ordenado» (MATEO 28:16). Si quiero conocer la soberanía universal de Cristo, debo conocerlo a Él personalmente. Debo dedicar tiempo para adorar a Aquel cuyo nombre llevo. Jesús dice: «Venid a mí» —este es el lugar para encontrar a Jesús— «todos los que estáis trabajados y cargados» (MATEO 11:28)… ¡y cuántos misioneros están así! Descartamos por completo este maravilloso mensaje del Soberano universal del mundo, pero son las palabras de Jesús a sus discípulos aplicadas aquí y ahora.

«Por tanto, id». «Ir» significa simplemente «vivir». En Hechos 1:8, encontramos la descripción de *cómo* hacerlo. Jesús no dijo en este versículo: «Id a Jerusalén, Judea y Samaria», sino: «me *seréis testigos* en [todos estos lugares]». Toma sobre sí la obra de enviarnos. «Si permanecéis en mí, y mis palabras permanecen en vosotros» (JUAN 15:7): este es el camino para seguir *yendo*. Dónde se nos ponga no es asunto de nuestra incumbencia, porque Dios diseña soberanamente nuestros *trayectos*.

«Pero de ninguna cosa hago caso, ni estimo preciosa mi vida para mí mismo, con tal que acabe mi carrera con gozo, y el ministerio que recibí del Señor Jesús, para dar testimonio del evangelio de la gracia de Dios» (HECHOS 20:24). Esta es la manera de seguir adelante hasta que nos hayamos ido de esta vida.

La clave del mensaje del misionero

La clave del mensaje del misionero es la propiciación en Cristo Jesús: su sacrificio por nosotros que satisfizo completamente la ira de Dios. Mira cualquier otro aspecto de la obra de Cristo —ya sea sanar, salvar o santificar— y verás que no hay nada ilimitado en eso. Pero «he aquí el Cordero de Dios, que quita el pecado del mundo», esto es ilimitado (Juan 1:29). El mensaje del misionero es la importancia ilimitada de Jesucristo como propiciación por nuestros pecados, y un misionero es alguien que está inmerso en la verdad de esta revelación.

La verdadera clave del mensaje del misionero es el aspecto «remisorio» de la vida de Cristo, no su amabilidad, su bondad, ni tampoco su revelación de la paternidad de Dios para nosotros. «Que se predicase en su nombre el arrepentimiento y el *perdón* de pecados en todas las naciones» (Lucas 24:47). El mayor mensaje de importancia ilimitada es que «él es la propiciación de nuestros pecados». El mensaje del misionero no es nacionalista, favoreciendo a un país o a unos individuos; es para «todas las naciones». Cuando el Espíritu Santo viene a mí, no considera mis parcialidades o preferencias; simplemente me lleva a la unidad con el Señor Jesús.

Y él es la propiciación por nuestros pecados; y no solamente por los nuestros, sino también por los de todo el mundo.
—1 Juan 2:2

Un misionero es alguien que está obligado por vínculo matrimonial a la misión y el propósito declarados de su Señor y Maestro. No debe defender su propio punto de vista, sino solo proclamar «al Cordero de Dios». Es más fácil pertenecer a una facción que simplemente dice lo que Jesucristo ha hecho por mí; más fácil llegar a ser un devoto de la sanación divina, o de un tipo especial de santificación o del bautismo del Espíritu Santo. Pero Pablo no dijo: «¡ay de mí si no anunciare lo que Cristo ha hecho por mí», sino: «¡ay de mí si no anunciare el evangelio!» (1 Corintios 9:16). Y este es el evangelio: «¡el Cordero de Dios que quita el pecado del mundo!».

La clave de las órdenes del Maestro

Rogad, pues,
al Señor de la mies,
que envíe
obreros a su mies.
—MATEO 9:38

La clave de la difícil tarea del misionero está en la mano de Dios, y es la oración, no es el trabajo; es decir, no el trabajo como se define hoy en día, el cual suele hacer que nuestras prioridades se alejen de Dios. La clave de la difícil tarea del misionero tampoco es la del sentido común ni la de la medicina, la civilización, la educación o incluso la evangelización. La clave está en seguir las órdenes del Señor; la clave es la oración: «Rogad, pues, al Señor de la mies». En el ámbito natural, la oración no es práctica sino absurda. Tenemos que darnos cuenta de que la oración es insensata desde el punto de vista del sentido común.

Desde la perspectiva de Jesucristo, no hay naciones, sino solo *el mundo*. ¿Cuántos oramos sin tener en cuenta a las personas sino solo a Jesucristo? Él es el dueño de la cosecha que se produce a través de la angustia y mediante la convicción de pecado. Esta es la mies por la cual tenemos que orar, para que los obreros sean enviados a cosechar. Nos mantenemos ocupados en el trabajo, mientras que la gente a nuestro alrededor está madura y lista para ser cosechada; no cosechamos ni siquiera uno de ellos, sino simplemente perdemos el tiempo de nuestro Señor en actividades y programas demasiado llenos de energía. Supongamos que una crisis entrara en la vida de tu padre o de tu hermano, ¿estás ahí como obrero para cosechar la mies de Jesucristo? ¿Es tu respuesta: «¡Ah, pero tengo un trabajo especial que hacer!»? Ningún cristiano tiene un trabajo especial que hacer. Un cristiano está llamado a ser propiedad de Jesucristo —«el siervo no es mayor que su señor» (JUAN 13:16)—, alguien que no le dicta a Jesucristo lo que piensa hacer. Nuestro Señor no nos llama a ninguna obra especial; nos llama a sí mismo. «Rogad, pues, al Señor de la mies», y Él diseñará tus circunstancias para enviarte como su obrero.

La clave de las obras mayores

La oración no nos equipa para obras mayores; la oración es la obra mayor. Sin embargo, pensamos en ella como un ejercicio de sentido común de nuestros poderes superiores que simplemente nos prepara para la obra de Dios. En las enseñanzas de Jesucristo, la oración es la obra del milagro de la redención en mí, el cual produce ese mismo milagro en los demás por medio del poder de Dios. La forma en que el fruto permanece firme es a través de la oración, pero recuerda que es la oración basada en la agonía de Cristo en la redención, no en la agonía propia. Debemos ir a Dios como sus hijos, porque solo un niño recibe respuestas a sus oraciones; un hombre «sabio» no lo hace (VER MATEO 11:25).

La oración es *la* batalla, y no importa dónde estés. Aunque Dios pueda planear tus circunstancias, tu deber es orar. Nunca pienses esto: «No sirvo de nada donde estoy», porque ciertamente no puedes ser usado donde aún no has sido puesto. Dondequiera que Dios te haya puesto y sean cuales sean tus circunstancias, debes orar, ofreciéndole tus oraciones sin cesar. Y Él promete: «Y todo lo que pidiereis al Padre en mi nombre, lo haré» (JUAN 14:13). Sin embargo, nos negamos a orar a menos que nos emocione o nos ilusione, lo cual es la forma más intensa de egoísmo espiritual. Debemos aprender a trabajar según la dirección de Dios, y Él dice que *oremos*. «Rogad, pues, al Señor de la mies, que envíe obreros a su mies» (MATEO 9:38).

De cierto, de cierto os digo: El que en mí cree, las obras que yo hago, él las hará también; y aun mayores hará, porque yo voy al Padre.

—JUAN 14:12

No hay nada emocionante en la obra de un simple trabajador, pero es este el que hace posibles las ideas del genio; y es el santo trabajador quien hace posible las ideas de su Maestro. Cuando trabajas en la oración, siempre hay resultados desde la perspectiva de Dios. Qué asombro será ver —una vez que el velo sea finalmente levantado— todas las almas que han sido cosechadas por ti, simplemente porque has mantenido el hábito de recibir tus órdenes de Jesucristo.

La clave de la devoción del misionero

Nuestro Señor nos dijo cómo nuestro amor por Él debe manifestarse, cuando preguntó: «¿Me amas?» (JUAN 21:17). Y luego, dijo: «Apacienta mis ovejas». En realidad, eso significa: «Identifíca*te* con *mis* intereses en otras personas»; no quiere decir: «Identifíca*me* con *tus* intereses en otras personas». En 1 Corintios 13:4-8, nos muestra las características de este amor: es en realidad el amor de *Dios* expresado. La verdadera prueba de mi amor por Jesús es muy práctica, y todo lo demás es solo charla sentimental.

Porque ellos salieron por amor del nombre de Él...
—3 JUAN 7

La fidelidad a Jesucristo es la obra sobrenatural de la redención que ha sido realizada en mí por el Espíritu Santo: «el amor de Dios ha sido derramado en nuestros corazones por el Espíritu Santo» (ROMANOS 5:5). Y es ese amor en mí que efectivamente funciona por mi intermedio y entra en contacto con todos los que conozco. Me mantengo fiel a su nombre, aunque la visión del sentido común de mi vida parezca negarlo y declarar que no tiene más poder que la niebla matinal.

La clave de la devoción del misionero es que no está apegado a nada y a nadie excepto a nuestro Señor mismo. No significa simplemente desvincularnos de las cosas externas que nos rodean. Nuestro Señor estaba increíblemente en contacto con las cosas comunes y corrientes de la vida, pero tenía un desapego interior a todo lo que no fuera Dios. El desapego externo es a menudo una indicación real de un apego interior secreto y creciente a las cosas de las que nos mantenemos alejados externamente.

El deber de un misionero fiel es enfocarse de manera constante y continua en mantener su alma abierta a la naturaleza del Señor Jesucristo. Los hombres y mujeres que nuestro Señor envía a sus misiones son seres humanos comunes, pero son también personas controladas por su devoción a Él, la cual ha sido llevada a cabo mediante la obra del Espíritu Santo.

El secreto desatendido

El gran enemigo del Señor Jesucristo hoy es la idea de una obra práctica que no tiene fundamento en el Nuevo Testamento sino que proviene de los sistemas del mundo. Esta obra insiste en un sinfín de energías y actividades, pero no en la vida privada con Dios. El énfasis se pone en lo incorrecto. Jesús dijo: «El reino de Dios no vendrá con advertencia, [...] porque he aquí el reino de Dios está entre vosotros» (LUCAS 17:20-21). Es una cosa oculta y oscura. Un trabajador cristiano activo vive con demasiada frecuencia para ser visto por otros, mientras que es el área más íntima y personal la que revela el poder de la vida de una persona.

Debemos librarnos de la plaga del espíritu de esta era religiosa en la que vivimos. En la vida de nuestro Señor, no existió ni la presión ni la prisa de la tremenda actividad que consideramos tan importante hoy en día; y un discípulo debe ser como su Maestro. El punto central del reino de Jesucristo es una relación personal con Él, no la utilidad pública para los demás.

Las actividades prácticas no son la fuerza de este Instituto de Capacitación Bíblica; toda su fuerza reside en que aquí estás inmerso en las verdades de Dios para empaparte de ellas ante Él. No tienes idea de dónde o cómo Dios va a diseñar tus circunstancias futuras, e ignoras a qué estrés y tensión se te va a someter en casa o en el extranjero. Y si pierdes tu tiempo en exceso de actividad, en lugar de estar inmerso en las grandes verdades fundamentales de la redención de Dios, te desmoronarás cuando llegue el estrés y la tensión. Pero si este tiempo a remojo delante de Dios se está invirtiendo en arraigarse y fundamentarse en Él —lo cual puede parecer poco práctico—, permanecerás fiel a Él pase lo que pase.

Respondió Jesús: Mi reino no es de este mundo...

—JUAN 18:36

¿La voluntad de Dios es la mía?

La santificación no es una cuestión de si Dios está dispuesto a santificarme; ¿es *mi* voluntad? ¿Estoy dispuesto a dejar que Dios haga en mí todo lo que se ha hecho posible gracias a la expiación de la cruz de Cristo? ¿Estoy dispuesto a permitir que Jesús se convierta en santificación para mí y a que su vida sea mostrada en mi carne humana? (VER 1 CORINTIOS 1:30). Cuidado con decir: «Ah, estoy deseando ser santificado». No, no lo estás. Reconoce tu necesidad, pero deja de anhelar y haz que sea una cuestión de acción. Recibe a Jesucristo para que llegue a ser santificación para ti por una fe absoluta e incuestionable, y el gran milagro de la expiación de Jesús será real en tu vida.

Pues la voluntad de Dios es vuestra santificación...
—1 TESALONICENSES 4:3

Todo lo que Jesús hizo posible se convierte en mío a través del don gratuito y amoroso de Dios sobre la base de lo que Cristo logró en la cruz. Y mi actitud como alma salvada y santificada es la santidad profunda y humilde (no existe una santidad orgullosa). Es una santidad basada en el arrepentimiento agonizante, en un sentimiento de vergüenza y degradación inexpresables, y también en la asombrosa comprensión de que el amor de Dios se mostró para conmigo mientras yo no le prestaba ninguna atención a Él (LEE ROMANOS 5:8). Lo completó todo para mi salvación y santificación. No es de extrañar que Pablo dijera que nada «nos podrá separar del amor de Dios, que es en Cristo Jesús Señor nuestro» (ROMANOS 8:39).

La santificación me hace uno con Jesucristo, y en Él, uno con Dios; y esto se logra solo por medio de la magnífica expiación de Cristo. Nunca confundas el efecto con la causa. El efecto en mí es la obediencia, el servicio y la oración; y es el resultado del agradecimiento y la adoración inexpresables por la milagrosa santidad que se ha producido en mí a causa de la expiación mediante la cruz de Cristo.

¿Impulsividad o discipulado?

En nuestro Señor, no había ningún tipo de carácter impulsivo o irreflexivo, sino solo una fuerza tranquila que nunca entraba en pánico. La mayoría desarrolla su cristianismo acorde con su propia naturaleza, no con la de Dios. La impulsividad es un rasgo de la vida natural, y nuestro Señor siempre la ignora porque obstaculiza el desarrollo de la vida de un discípulo. Observa cómo el Espíritu de Dios da una sensación de moderación a la impulsividad; de repente, nos trae un sentimiento de insensatez autoconsciente que, de inmediato, nos hace querer reivindicarnos. La impulsividad está bien en un niño, pero es desastrosa en los mayores; un adulto impulsivo siempre es una persona mimada. La impulsividad necesita ser entrenada mediante la disciplina hasta que se convierta en intuición.

Pero vosotros, amados, edificándoos sobre vuestra santísima fe…

—Judas 20

El discipulado se construye por entero sobre la gracia sobrenatural de Dios. Caminar sobre el agua es fácil para alguien con audacia impulsiva, pero andar en tierra firme como discípulo de Jesucristo es algo totalmente diferente. Pedro caminó sobre el agua para ir a Jesús, pero «le siguió de lejos» en tierra firme (Marcos 14:54). No necesitamos la gracia de Dios para resistir las crisis; la naturaleza humana y el orgullo son suficientes para que podamos enfrentar de manera magnífica el estrés y la tensión. Pero se requiere la gracia sobrenatural de Dios para vivir veinticuatro horas de cada día como un santo, atravesando la monotonía y viviendo una existencia común y corriente, desapercibida e ignorada como discípulo de Jesús. Está arraigado en nosotros que tenemos que hacer cosas excepcionales para Dios, pero no las hacemos. Tenemos que ser excepcionales en las cosas comunes de la vida, y santos en las calles normales, entre la gente común; y esto no se aprende en cinco minutos.

El testimonio del Espíritu

Corremos el peligro de entrar en un espíritu de negociación con Dios cuando acudimos a Él; queremos el testimonio del Espíritu antes de haber cumplido lo que Dios nos dice que hagamos.

¿Por qué Dios no se te revela? No puede. No es que no lo hará, pero no puede porque eres un obstáculo mientras no te sometas a Él en una entrega total. Sin embargo, una vez que lo hagas, Dios da inmediatamente testimonio de sí mismo. No puede dar testimonio de ti, sino que al instante, da testimonio de su propia naturaleza en ti. Si recibieras el testimonio del Espíritu ante la realidad y la verdad que proviene de la obediencia, simplemente resultaría en una emoción sentimental. Pero cuando actúas sobre la base de la redención y ya no le faltas al respeto a Dios debatiendo con Él, de inmediato da su testimonio. En cuanto dejas de rebatir y discutir, Dios da testimonio de lo que ha hecho, y te asombra tu total falta de respeto al haberlo hecho esperar. Si estás debatiendo sobre si Dios puede o no liberar del pecado, deja que lo haga o dile que no puede. No cites a esta o a aquella persona. Simplemente, obedece lo que dice en Mateo 11:28: «Venid a mí todos los que estáis trabajados y cargados, y yo os haré descansar». *Ven*, si estás cansado; y *pide*, si sabes que eres malo (VER LUCAS 11:9-13).

El Espíritu mismo da testimonio a nuestro espíritu…

—ROMANOS 8:16

El Espíritu de Dios da testimonio de la redención de nuestro Señor, y de nada más. No puede ser testigo de nuestra razón. Tendemos a confundir la simplicidad que proviene de nuestras decisiones naturales de sentido común como si fuera el testimonio del Espíritu, pero Él solo da testimonio de su propia naturaleza y de la obra de redención, nunca de nuestra razón. Si estamos tratando de hacer que dé testimonio de nuestra razón, no es de extrañar que estemos en tinieblas e incertidumbre. Lánzalo todo por la borda, confía en el Señor, y Él te dará el testimonio del Espíritu.

¡Nada de la vieja vida!

Nuestro Señor nunca tolera nuestros prejuicios. Se opone directamente a ellos y hace que mueran. Tendemos a pensar que Dios tiene un interés especial en nuestros prejuicios particulares, y estamos muy seguros de que nunca va a lidiar con nosotros como tiene que hacerlo con los demás. Incluso nos decimos a nosotros mismos: «Dios tiene que tratar con otras personas de una manera muy estricta, pero por supuesto, sabe que mis prejuicios están bien». ¡Pero debemos aprender que Dios no acepta nada de la vieja vida! En lugar de estar del lado de nuestros prejuicios, nos los está quitando deliberadamente. Es parte de nuestra educación moral contemplar cómo su providencia mata nuestros prejuicios y ver cómo lo hace. Dios no respeta nada de lo que le traemos. Solo hay una cosa que Dios quiere de nosotros, y es nuestra entrega incondicional.

Cuando nacemos de nuevo, el Espíritu Santo comienza a obrar su nueva creación en nosotros, y llegará un momento en que no quede nada de la vieja vida. Nuestra vieja perspectiva sombría desaparece, al igual que nuestra vieja actitud hacia las cosas; y «todo esto proviene de Dios» (2 Corintios 5:18). ¿Cómo vamos a conseguir una vida sin lujuria ni interés propio, y que no sea sensible al ridículo de los demás? ¿Cómo vamos a tener el tipo de amor que «es bondadoso [...], no se irrita, ni lleva cuentas del mal»? (1 Corintios 13:4-5 RVA). La única manera es impidiendo que algo de la vieja vida permanezca y confiando solo en Dios de manera simple y perfecta; una confianza tal que ya no queremos sus bendiciones sino solo a Él mismo. ¿Hemos llegado al punto en que Dios puede retirarnos sus bendiciones sin que nuestra confianza en Él se vea afectada? Una vez que veamos realmente a Dios trabajar, nunca más nos preocuparemos por las cosas que suceden porque confiamos en nuestro Padre celestial, a quien el mundo no puede ver.

De modo que si alguno está en Cristo, nueva criatura es; las cosas viejas pasaron; he aquí todas son hechas nuevas.

—2 Corintios 5:17

La perspectiva correcta

La perspectiva correcta de un siervo de Dios no debe solo acercarse a lo más alto que pueda llegar, sino que debe ser *la* más alta. Ocúpate de mantener vigorosamente la perspectiva de Dios, y recuerda que debe hacerse todos los días, poco a poco. No pienses a nivel finito. Ningún poder externo puede tocar la perspectiva adecuada.

La perspectiva correcta que debemos mantener es que estamos aquí para un solo propósito: ser cautivos marchando en la procesión de los triunfos de Cristo. No estamos expuestos en el escaparate de Dios; estamos aquí para mostrar una sola cosa: el cautiverio de nuestra vida a la obediencia a Cristo (LEE 2 CORINTIOS 10:5). ¡Qué pequeñas son todas las demás perspectivas! Por ejemplo, están los que dicen: «Estoy solo, luchando por Jesús»; o: «Debo mantener la causa de Cristo y defender este fuerte para Él». Pero Pablo dijo en resumen: «Estoy en la procesión de un conquistador, y no importa cuáles sean las dificultades porque siempre me llevan en triunfo». ¿Esta idea se está resolviendo en nosotros de manera práctica? El gozo secreto de Pablo fue que Dios lo tomó como un rebelde flagrante contra Jesucristo y lo convirtió en cautivo; y esto se convirtió en su propósito. Ser cautivo del Señor era el gozo de Pablo, y no tenía otro interés en el cielo ni en la tierra. Es vergonzoso para un cristiano hablar de conseguir la victoria. Debemos pertenecer tan completamente al vencedor que la victoria siempre es de Él, y nosotros «somos más que vencedores por medio de aquel» (ROMANOS 8:37).

Mas a Dios gracias, el cual nos lleva siempre en triunfo en Cristo Jesús...
—2 CORINTIOS 2:14

«Para Dios somos grato olor de Cristo» (2 CORINTIOS 2:15). Estamos embebidos con el dulce aroma de Jesús, y dondequiera que vayamos, somos un maravilloso refrigerio para Dios.

Someterse al propósito de Dios

> *... me he hecho de todo, para que de todos modos salve a algunos.*
>
> —1 CORINTIOS 9:22

Un obrero cristiano tiene que aprender a ser una persona de Dios de gran valor y excelencia en medio de una multitud de cosas escasas e inútiles. Nunca protestes diciendo: «¡Si estuviera en otro lugar!». Todo el pueblo de Dios es gente común que se ha hecho extraordinaria por el propósito que se le ha dado. A menos que tengamos el propósito correcto, intelectualmente en nuestra mente y amorosamente en nuestro corazón, nos desviaremos de inmediato de ser útiles a Dios. No somos trabajadores de Dios por elección. Muchas personas eligen deliberadamente ser obreros, pero no tienen ningún propósito de la gracia todopoderosa de Dios o su poderosa Palabra en ellos. Todo el corazón, la mente y el alma de Pablo fueron consumidos por el gran propósito de lo que Jesucristo vino a hacer, y nunca perdió eso de vista. Debemos enfrentarnos continuamente a un hecho central: «Jesucristo, y a éste crucificado» (1 CORINTIOS 2:2).

«Yo os elegí» (JUAN 15:16). Guarda estas palabras como un maravilloso recordatorio en tu teología. No es que hayas elegido a Dios, sino que Él te ha tomado a ti. Dios trabaja doblando, rompiendo, moldeando y haciendo exactamente lo que Él escoge. ¿Y por qué lo hace? Lo hace con un solo propósito; poder decir: «Este es mi hombre, y esta es mi mujer». Tenemos que estar en la mano de Dios para poder colocar a los demás en la Roca, Jesucristo, tal como Él nos ha colocado a nosotros.

Nunca escojas ser obrero; pero una vez que Dios te ha llamado, ay de ti si «te apartares» (DEUTERONOMIO 28:14). El Señor hará contigo lo que nunca hizo antes de que su llamamiento llegara a ti; y hará contigo lo que no está haciendo con otras personas. Déjalo actuar como Él quiere.

¿Qué es un misionero?

Un misionero es alguien enviado por Jesucristo tal como Él fue enviado por Dios. El gran factor de control no son las necesidades de las personas, sino el mandato de Jesús. La fuente de nuestra inspiración en nuestro servicio a Dios está detrás de nosotros, no adelante. La tendencia actual es poner la inspiración por delante: barrer todo lo que está frente a nosotros y hacer que se ajuste a nuestra definición de éxito. Pero en el Nuevo Testamento, la inspiración se coloca detrás de nosotros, y es el Señor Jesús mismo. La meta es serle fiel: llevar a cabo *sus* planes.

Entonces Jesús les dijo otra vez: […] Como me envió el Padre, así también yo os envío.
—JUAN 20:21

El apego personal al Señor Jesús y su perspectiva es lo único que no debe pasarse por alto. En la obra misionera, el gran peligro es que el llamamiento de Dios sea reemplazado por las necesidades de las personas, al punto de que la empatía humana por esas necesidades abrumará por completo el significado de ser enviado por Jesús. Las necesidades son tan enormes y las condiciones tan difíciles que todo el poder de nuestra mente flaquea y falla. Tendemos a olvidar que la única gran razón detrás de toda obra misionera no tiene como prioridad la elevación de las personas, ni su educación ni sus necesidades, sino que es, ante todo, el mandato de Jesucristo: «Por tanto, id, y haced discípulos a todas las naciones» (MATEO 28:19).

Al mirar hacia atrás en la vida de los hombres y las mujeres de Dios, la tendencia es decir: «¡Qué sabiduría maravillosamente aguda e inteligente tenían, y cuán perfectamente entendieron todo lo que Dios quería!». Pero la mente aguda e inteligente detrás de ellos era la de Dios, en absoluto lo era la sabiduría humana. Damos crédito a la sabiduría humana cuando deberíamos dárselo a la guía de Dios que se manifestaba a través de personas infantiles que eran lo suficientemente «insensatas» como para confiar en la sabiduría de Dios y su equipamiento sobrenatural.

La metodología de las misiones

Jesucristo no dijo: «Ve y salva almas» (la salvación de las almas es la obra sobrenatural de Dios), sino: «id, y haced discípulos a todas las naciones». Sin embargo, no puedes hacer discípulos a menos que tú también lo seas. Cuando los discípulos regresaron de su primera misión, se llenaron de gozo porque aun los demonios se les sujetaban. Pero Jesús declaró en realidad: «No te regocijes en el servicio exitoso; el gran secreto del gozo es que tienes la relación correcta conmigo» (VER LUCAS 10:17-20). Lo más esencial del misionero es permanecer fiel al llamamiento de Dios y darse cuenta de que su único propósito es discipular hombres y mujeres para Jesús. Recuerda que hay una pasión por las almas que no proviene de Dios sino de nuestro deseo de convertir a personas a nuestro punto de vista.

El desafío para el misionero no proviene de que las personas sean difíciles de llevar a la salvación, de que los rebeldes sean difíciles de recuperar o de que haya una barrera de indiferencia insensible. No, el desafío proviene de la perspectiva de la propia relación personal del misionero con Jesucristo: «¿Creéis que puedo hacer esto?» (MATEO 9:28). Nuestro Señor nos hace esta pregunta con firmeza y nos confronta en cada situación individual que encontramos. El único gran desafío para nosotros es: ¿Conozco a mi Señor resucitado? ¿Conozco el poder de su Espíritu que habita en mí? ¿Soy lo suficientemente sabio a la vista de Dios, pero lo suficientemente necio según la sabiduría del mundo, para confiar en lo que Jesucristo ha dicho? ¿O estoy abandonando la gran posición sobrenatural de la confianza ilimitada en Cristo Jesús, que es realmente el único llamado de Dios para un misionero? Si sigo cualquier otro método, me aparto por completo de aquello prescrito por nuestro Señor: «Toda potestad me es dada [...]. *Por tanto, id*» (MATEO 28:18-19).

Por tanto, id, y haced discípulos a todas las naciones...

—MATEO 28:19

Justificación por fe

No soy salvo por creer; simplemente me doy cuenta de que soy salvo. Y no es el arrepentimiento lo que me salva; el arrepentimiento es solo la señal de que me doy cuenta de lo que Dios ha hecho por medio de Cristo Jesús. El peligro aquí es poner el énfasis en el efecto en lugar de en la causa. ¿Es mi obediencia, consagración y dedicación lo que me hace estar bien con Dios? ¡No, nunca! Estoy bien con Dios porque, antes de todo eso, Cristo murió. Cuando me dirijo a Dios y por fe acepto lo que Él revela, la expiación milagrosa por la cruz de Cristo me coloca instantáneamente en una relación correcta con Dios. Y como resultado del milagro sobrenatural de la gracia de Dios, soy justificado; no porque lamente mi pecado o porque me he arrepentido, sino por lo que Jesús ha hecho. El Espíritu de Dios trae justificación con una luz desgarradora y radiante, y sé que soy salvo, aunque no sé cómo se logró.

Porque si siendo enemigos, fuimos reconciliados con Dios por la muerte de su Hijo, mucho más, estando reconciliados, seremos salvos por su vida.

—Romanos 5:10

La salvación que proviene de Dios no se basa en la lógica humana sino en la muerte sacrificial de Jesús. Solo podemos nacer de nuevo por la expiación de nuestro Señor. Los hombres y mujeres pecadores pueden transformarse en nuevas creaciones, pero no mediante su arrepentimiento o su creencia sino por medio de la maravillosa obra de Dios en Cristo Jesús que precedió a toda nuestra experiencia (ver 2 Corintios 5:17-19). La inconquistable seguridad de la justificación y la santificación es Dios mismo. No tenemos que lograr estas cosas nosotros mismos, sino que se han conseguido por medio de la expiación de la cruz de Cristo. Lo sobrenatural se vuelve natural para nosotros a través del milagro de Dios, y nos damos cuenta de lo que Jesucristo ya ha hecho: «*Consumado es*» (Juan 19:30).

Sustitución

La visión moderna de la muerte de Jesús es que murió por nuestros pecados por compasión a nosotros. Sin embargo, el punto de vista del Nuevo Testamento es que tomó nuestro pecado sobre sí mismo no por compasión sino por su identificación con nosotros. Fue *hecho pecado.* Nuestros pecados son quitados debido a la muerte de Jesús, y la única explicación para su muerte es su obediencia a su Padre, no su compasión por nosotros. No somos aceptables para Dios porque hayamos obedecido ni porque hayamos prometido renunciar a las cosas, sino por la muerte de Cristo, y por ninguna otra razón. Decimos que Jesucristo vino a revelar la paternidad y la bondad de Dios, pero el Nuevo Testamento dice que vino a quitar ¡el pecado del mundo! (VER JUAN 1:29). Y la revelación de la paternidad de Dios es solo para aquellos a quienes Jesús ha sido presentado como Salvador. Al hablar al mundo, Jesucristo nunca se refirió a sí mismo como Aquel que reveló al Padre, sino dijo ser un obstáculo (VER JUAN 15:22-24). En Juan 14:9, Jesús les declaró a sus discípulos: «El que me ha visto a mí, ha visto al Padre».

> *Al que no conoció pecado, por nosotros lo hizo pecado, para que nosotros fuésemos hechos justicia de Dios en él.*
>
> —2 CORINTIOS 5:21

Nunca se enseña en el Nuevo Testamento que Cristo murió por mí y que por lo tanto estoy completamente libre de castigo. Lo que *sí* se enseña es que «por todos murió» (2 CORINTIOS 5:15) —no, «murió mi muerte»— y que por medio de la identificación con su muerte, puedo ser liberado del pecado y tener su propia justicia impartida como un don para mí. La sustitución que se enseña en el Nuevo Testamento es doble: «Al que no conoció pecado, por nosotros lo hizo pecado, *para que nosotros fuésemos hechos justicia de Dios en él*». La enseñanza no es Cristo *por* mí, a menos que esté decidido a que Cristo se forme *en* mí (VER GÁLATAS 4:19).

Fe

La fe como oposición activa al sentido común supone un entusiasmo equivocado y una estrechez de mente; y el sentido común como oposición a la fe demuestra una confianza equivocada en la razón como base de la verdad. La vida de fe lleva a ambas cosas a la relación adecuada. El sentido común y la fe son tan diferentes entre sí como la vida natural lo es de la espiritual, y como la impulsividad lo es de la inspiración. Nada de lo que Jesucristo ha dicho encaja con el sentido común, sino que es un sentido de revelación; y este está completo mientras que el sentido común se queda corto. Sin embargo, la fe debe ser analizada y probada antes de hacerse real en tu vida. «Sabemos que [...] todas las cosas les ayudan a bien» (ROMANOS 8:28) para que, pase lo que pase, el poder transformador de la providencia de Dios transforme la fe perfecta en realidad. La fe siempre funciona de manera personal, porque el propósito de Dios es ver que esta se haga realidad en sus hijos.

> *... sin fe es imposible agradar a Dios...*
>
> —HEBREOS 11:6

Para cada detalle del sentido común en la vida, hay una verdad que Dios ha revelado por la cual podemos demostrar en nuestra experiencia práctica lo que creemos que Él es. La fe es un principio tremendamente activo que siempre pone a Jesucristo en primer lugar. La vida de fe dice: «Señor, tú lo has dicho; parece irracional, pero voy a salir con valentía, confiando en tu Palabra» (COMO EJEMPLO, VER MATEO 6:33). Convertir la fe intelectual en nuestra posesión personal *es siempre* una lucha, no solo a veces. Dios nos lleva a circunstancias particulares para educar nuestra fe, porque la naturaleza de la fe es hacer que el objeto de esta sea muy real para nosotros. Hasta que conocemos a Jesús, Dios es simplemente un concepto, y no podemos tener fe en Él. Pero una vez que escuchamos a Jesús decir: «El que me ha visto a mí, ha visto al Padre» (JUAN 14:9), tenemos de inmediato algo que es real, y nuestra fe es ilimitada. La fe es la persona completa en la relación correcta con Dios a través del poder del Espíritu de Jesucristo.

La prueba de fe

> *... si tuviereis fe como un grano de mostaza, [...] nada os será imposible.*
>
> —MATEO 17:20

Tenemos la idea de que Dios nos recompensa por nuestra fe, y puede ser así en las etapas iniciales. Pero no ganamos nada a través de ella; la fe nos lleva a la relación correcta con Dios y le da la oportunidad a Él de obrar. Sin embargo, Dios a menudo tiene que llegar al fondo de tu experiencia como su santo para ponerte en contacto directo consigo mismo. Quiere que entiendas que es una vida de *fe*, no de disfrute emocional de sus bendiciones. El comienzo de tu vida de *fe* fue muy angosto e intenso, centrado en una pequeña cantidad de experiencia que incluía tanto emoción como fe, y estaba lleno de luz y dulzura. Luego, Dios retiró sus bendiciones conscientes para enseñarte a andar por fe (LEE 2 CORINTIOS 5:7). Y ahora vales mucho más para Él que en aquellos días en que te deleitabas conscientemente en tu emocionante testimonio.

La fe, por su propia naturaleza, debe ser analizada y probada. Y la verdadera prueba de la fe no es que nos resulte difícil confiar en el Señor, sino que nuestra mente debe comprobar que el carácter de Dios es digno de confianza. La fe que se pone en práctica en la realidad debe experimentar tiempos de aislamiento ininterrumpido. Nunca confundas la prueba de la fe con la disciplina común de la vida, porque gran parte de lo que llamamos prueba de la fe es el resultado inevitable de estar vivos. La fe, como la Biblia la enseña, es aquella confianza en Dios que se enfrenta a todo lo que la contradice; es una fe que afirma: «Permaneceré fiel al carácter de Dios sin importar lo que Él haga». La expresión más elevada y grandiosa de fe en toda la Biblia es: «aunque él me matare, en él esperaré» (JOB 13:15).

«No sois vuestros»

> *¿O ignoráis que [...] no sois vuestros?*
> —1 CORINTIOS 6:19

No existe tal cosa como una vida privada o un lugar para esconderse en este mundo para un hombre o una mujer que sea íntimamente consciente de los sufrimientos de Jesucristo y los comparta. Dios divide la vida privada de sus santos y la convierte en un camino para el mundo por un lado y para sí mismo por el otro. Ningún ser humano puede soportar esto a menos que se identifique con Jesucristo. No somos santificados para nosotros mismos. Estamos llamados a la intimidad con el evangelio, y suceden cosas que parecen no tener nada que ver con nosotros. Pero Dios nos está poniendo en comunión consigo mismo. Déjalo actuar. Si te niegas, no tendrás ningún valor para Él en su obra redentora en el mundo, sino que serás un estorbo y un obstáculo.

Lo primero que Dios hace es basarnos en una fuerte realidad y verdad. Lo hace hasta que nuestras preocupaciones personales han sido sometidas a su camino para el propósito de su redención. ¿Por qué no deberíamos experimentar angustia? A través de esas puertas, Dios está abriendo caminos de comunión con su Hijo. La mayoría de nosotros colapsa en el primer apretón del dolor. Nos sentamos en la puerta del propósito de Dios y entramos en una muerte lenta a través de la autoconmiseración. Y toda la supuesta empatía cristiana de los demás nos ayuda a ir a nuestro lecho de muerte. Pero Dios no. Él viene a aferrarte con la mano perforada de su Hijo, como para decirte: «Entra en comunión conmigo; levántate y brilla». Si Dios puede lograr sus propósitos en este mundo a través de un corazón quebrantado, ¿por qué no darle gracias por romper el tuyo?

¿Obediencia o independencia?

Nuestro Señor nunca insiste en nuestra obediencia. Subraya definitivamente lo que *debemos* hacer, pero nunca nos *obliga* a hacerlo. Tenemos que obedecerlo por una unidad de espíritu con Él. Es por eso que cada vez que nuestro Señor hablaba de discipulado, lo precedía con un «si», que significa: «No es necesario que lo hagas si no quieres». «Si alguno quiere venir en pos de mí, niéguese a sí mismo» (Lucas 9:23). En otras palabras: «Para ser mi discípulo, que someta a mí su derecho a sí mismo». Nuestro Señor no está hablando de nuestra posición eterna, sino de que seamos valiosos para Él en esta vida aquí y ahora. Por eso suena tan severo (ver Lucas 14:26). Nunca trates de dar sentido a estas palabras separándolas de Aquel que las dijo.

El Señor no me da reglas, pero deja muy clara su norma. Si mi relación con Él es de amor, haré lo que dice sin dudarlo. Si dudo, es porque amo a alguien que he puesto en competencia con Él; es decir, yo mismo. Jesucristo no me obligará a obedecerle, pero debo hacerlo. Y tan pronto como le obedezco, cumplo mi destino espiritual. Mi vida personal puede estar llena de acontecimientos pequeños y mezquinos, totalmente insignificantes. Pero si obedezco a Jesucristo en las circunstancias al parecer aleatorias de la vida, estas se convierten en agujeros a través de los cuales veo el rostro de Dios. Entonces, cuando quede cara a cara con Dios, descubriré que por medio de mi obediencia, miles fueron bendecidos. Cuando la redención de Dios lleva un alma humana al punto de la obediencia, siempre es productiva. Si obedezco a Jesucristo, la redención de Dios fluirá a través de mí a la vida de los demás, porque detrás del acto de la obediencia está la realidad del Dios todopoderoso.

Si me amáis, guardad mis mandamientos.

—Juan 14:15

Un esclavo de amor de Jesús

> *Con Cristo estoy juntamente crucificado, y ya no vivo yo, mas vive Cristo en mí…*
>
> —GÁLATAS 2:20

Estas palabras significan la ruptura y el colapso de mi independencia provocada por mis propias manos, y la entrega de mi vida a la supremacía del Señor Jesús. Nadie puede hacer esto por mí; debo hacerlo yo mismo. Dios puede llevarme a este punto trescientas sesenta y cinco veces al año, pero no puede empujarme a través de él. Significa la ruptura de la dura capa externa de mi independencia individual de Dios y el liberarme de mí mismo y de mi naturaleza para alcanzar la unidad con Él; no seguir mis propias ideas, sino elegir la lealtad absoluta a Jesús. Una vez que estoy en ese punto, no hay posibilidad de confusión. Muy pocos sabemos algo acerca de la lealtad a Cristo o entendemos lo que quiso decir cuando afirmó: «*por mi causa*» (MATEO 5:11). Esto es lo que hace fuerte a un santo.

¿Ha llegado esa ruptura de mi independencia? Todo lo demás es un fraude religioso. El único punto que decidir es: ¿Voy a rendirme? ¿Me entregaré a Jesucristo sin poner ninguna condición sobre cómo llegará el quebrantamiento? Debo estar separado de mi propia comprensión de mí mismo. Cuando llego a ese punto, inmediatamente tiene lugar la realidad de la identificación sobrenatural con Jesucristo. Y el testimonio del Espíritu de Dios es inconfundible: «Con Cristo estoy juntamente crucificado».

La pasión del cristianismo viene de renunciar deliberadamente a mis propios derechos y convertirme en un esclavo de amor de Jesucristo. Mientras no lo haga, no empezaré a ser un santo.

Un estudiante al año que escuchara el llamamiento de Dios sería suficiente para que Él hubiese creado la Universidad de Capacitación Bíblica. Esta universidad no tiene valor como organización, ni siquiera académicamente. Su único valor para que exista es que Dios pueda ayudarse a sí mismo en las vidas. ¿Permitiremos que lo haga en nosotros o estamos más preocupados por nuestras propias ideas sobre lo que vamos a ser?

La autoridad de la verdad

Es esencial que des a las personas la oportunidad de actuar según la verdad de Dios. La responsabilidad le corresponde al individuo; no se puede actuar en lugar de otra persona. Tiene que ser su propio acto deliberado, pero el mensaje evangélico siempre debe llevarlo a la acción. Negarse a actuar deja a una persona paralizada, en el mismo lugar donde estaba anteriormente. Pero una vez que actúa, nunca es igual. Es la aparente locura de la verdad que se presenta en el camino de cientos de personas que han sido convencidas por el Espíritu de Dios. Una vez que me impulso a actuar, inmediatamente empiezo a vivir. Menos que eso es nada. Los momentos que realmente vivo son aquellos en los que actúo con toda mi voluntad.

Cuando una verdad de Dios establece su hogar en tu alma, nunca permitas que pase sin actuar sobre ella de forma interna en tu voluntad; no necesariamente de manera externa en tu vida física. Regístralo con tinta y con sangre; trabájala en tu vida. El santo más débil que hace transacciones con Jesucristo es liberado en cuanto actúa, y el poder ilimitado de Dios está a su disposición. Llegamos a la verdad de Dios, confesamos que estamos equivocados, pero reincidimos. Luego, nos acercamos de nuevo y retrocedemos, hasta que terminamos dándonos cuenta de que no sirve para nada. Cuando nos enfrentamos a tal palabra de verdad de nuestro Señor redentor, debemos movernos directamente para hacer transacciones con Él. «Venid a mí» (Mateo 11:28). La palabra *venid* significa «actuar». Sin embargo, lo último que queremos hacer es venir. Pero todos los que vienen saben que, en ese mismo momento, el poder sobrenatural de la vida de Dios los invade. El poder dominante del mundo, de la carne y del diablo está ahora paralizado; no por tu acción, sino porque esta te ha unido a Dios y te ha conectado a su poder redentor.

Acercaos a Dios, y él se acercará a vosotros…

—Santiago 4:8

Participantes de sus padecimientos

Si vas a ser utilizado por Dios, Él te llevará a través de un número de experiencias que no están en absoluto destinadas para ti personalmente. Están diseñadas para hacerte útil en sus manos y para permitirte entender lo que ocurre en la vida de los demás. Debido a este proceso, nunca te sorprenderás por lo que te suceda. Dices: «Ah, no puedo tratar con esa persona». ¿Por qué no puedes? Dios te dio suficientes oportunidades para aprender de Él sobre ese problema; pero te alejaste, sin hacer caso a la lección, porque te parecía una tontería perder tu tiempo de esa manera.

Sino gozaos por cuanto sois participantes de los padecimientos de Cristo...

—1 PEDRO 4:13

Los sufrimientos de Cristo no eran los de la gente común. Sufrió «según la voluntad de Dios» (1 PEDRO 4:19), teniendo un punto de vista diferente al nuestro sobre el sufrimiento. Solo a través de nuestra relación con Jesucristo podemos entender lo que Dios busca en su trato con nosotros. Cuando se trata de sufrimiento, es parte de nuestra cultura cristiana querer conocer el propósito de Dios de antemano. En la historia de la Iglesia cristiana, la tendencia ha sido evitar ser identificado con los sufrimientos de Jesucristo. La gente ha tratado de llevar a cabo las órdenes de Dios a través de un atajo propio. El camino de Dios es siempre el del sufrimiento, el de la «larga senda hasta casa».

¿Somos partícipes de los sufrimientos de Cristo? ¿Estamos preparados para que Dios destierre nuestras ambiciones personales? ¿Estamos listos para que Dios destruya nuestras decisiones individuales, transformándolas sobrenaturalmente? Esto significará no saber por qué Dios nos está llevando así, porque saberlo nos haría espiritualmente orgullosos. Nunca nos damos cuenta al instante de a que nos está sometiendo Dios; lo vivimos más o menos sin entenderlo. Entonces, de repente, llegamos a un lugar de iluminación y nos damos cuenta: «¡Dios me ha fortalecido y ni siquiera me había dado cuenta!».

Teología íntima

Marta creía en el poder que Jesucristo tenía a su disposición; creía que si Él hubiera estado allí, podría haber sanado a su hermano. También creía que Jesús tenía una intimidad especial con Dios, y que lo que le pidiera al Padre, Él lo haría. Pero necesitaba una intimidad personal más cercana con Jesús. La teología de Marta tuvo su cumplimiento en el futuro. Pero Jesús continuó atrayéndola y acercándola hasta que su creencia se convirtió en una posesión íntima. Luego, se convirtió lentamente en una herencia personal: «Sí, Señor; yo he creído que tú eres el Cristo» (JUAN 11:27).

... ¿Crees esto?
—JUAN 11:26

¿El Señor está lidiando contigo de la misma manera? ¿Jesús te está enseñando a tener una intimidad personal con Él? Permítele hacerte a ti esa pregunta: «¿Crees *esto*?». ¿Te enfrentas a una área de duda en tu vida? ¿Has llegado, como Marta, a una encrucijada de circunstancias abrumadoras en las que tu teología está a punto de convertirse en una creencia muy personal? Esto sucede solo cuando un problema personal nos hace conscientes de nuestra propia necesidad.

Creer es comprometerse. En el ámbito del aprendizaje intelectual, me comprometo mentalmente y rechazo cualquier cosa que no esté relacionada con esa creencia. En el ámbito de la creencia personal, me comprometo moralmente con mis convicciones y me niego a comprometerlas. Pero en la íntima creencia personal, me comprometo espiritualmente con Jesucristo y tomo la determinación de ser dominado solo por Él.

Entonces, cuando me siento cara a cara con Jesucristo y me dice: «¿Crees esto?», me parece que la fe es tan natural como respirar. Y quedo pasmado cuando pienso en lo necio que he sido al no confiar en Él antes.

La oculta sacralidad de las circunstancias

Las circunstancias de la vida de un santo son ordenadas por Dios. En la vida de un santo no existe el azar. Dios, por su providencia, te lleva a circunstancias que no puedes entender en absoluto, pero que el Espíritu de Dios sí las entiende. Te lleva a lugares, entre personas y a ciertas condiciones para lograr un propósito definido a través de la intercesión del Espíritu en ti. Nunca te pongas delante de tus circunstancias y digas: «Voy a ser mi propia providencia aquí; voy a observar esto de cerca o a protegerme de aquello». Todas tus circunstancias están en la mano de Dios, y por lo tanto, nunca tienes que pensar que son antinaturales o únicas. Tu parte en la oración intercesora no es angustiarte sobre cómo interceder, sino usar las circunstancias cotidianas y las personas que Dios pone a tu alrededor para llevarlas ante su trono y permitir que el Espíritu en ti tenga la oportunidad de interceder por ellas. De esta manera, Dios tocará al mundo entero con sus santos.

Y sabemos que a los que aman a Dios, todas las cosas les ayudan a bien…
—ROMANOS 8:28

¿Estoy dificultando la obra del Espíritu Santo al ser impreciso e inseguro o al tratar de hacer su obra por Él? Debo cumplir con el lado humano de la intercesión, utilizando las circunstancias en las que me encuentro y a las personas que me rodean. Debo mantener mi vida consciente como un lugar sagrado para el Espíritu Santo. Entonces, al llevar a diferentes personas a Dios a través de la oración, el Espíritu Santo intercede por ellos.

Tu intercesión nunca puede ser la mía, y la mía nunca puede ser tuya, «pero el Espíritu mismo intercede» en la vida de cada uno de nosotros (ROMANOS 8:26). Y sin esa intercesión, la vida de los demás quedaría en la pobreza y en la ruina.

El inigualable poder de la oración

Percibimos que el Espíritu Santo nos da energía para orar y sabemos lo que es orar de acuerdo con el Espíritu, pero a menudo, no nos damos cuenta de que el Espíritu Santo mismo realiza oraciones en nosotros que no podemos expresarlas nosotros mismos. Cuando nacemos de nuevo por obra de Dios y el Espíritu de Dios habita en nuestro interior, expresa por nosotros lo inexpresable.

«Él», el Espíritu Santo en ti, «conforme a la voluntad de Dios intercede por los santos» (Romanos 8:27). Y Dios escudriña tu corazón, pero no para saber cuáles son tus oraciones conscientes, sino para averiguar cuál es la oración del Espíritu Santo.

El Espíritu de Dios utiliza la naturaleza del creyente como un templo en el cual ofrecer sus oraciones de intercesión. Tu «cuerpo es templo del Espíritu Santo» (1 Corintios 6:19). Cuando Jesucristo limpió el templo, «no consentía que nadie atravesase el templo llevando utensilio alguno» (Marcos 11:16). El Espíritu de Dios no te permitirá usar tu cuerpo para tu propia conveniencia. Jesús expulsó implacablemente a todos los que compraban y vendían en el templo, y dijo: «Mi casa será llamada casa de oración [...]. Mas vosotros la habéis hecho cueva de ladrones» (Marcos 11:17).

... qué hemos de pedir como conviene, no lo sabemos, pero el Espíritu mismo intercede por nosotros con gemidos indecibles.

—Romanos 8:26

¿Nos hemos dado cuenta de que nuestro «cuerpo es templo del Espíritu Santo»? Si es así, debemos ocuparnos de mantenerlo puro para Él. Tenemos que recordar que nuestra vida consciente —aunque solo sea una pequeña parte de nuestra persona total— debe ser considerada por nosotros como un «templo del Espíritu Santo». Él se responsabilizará de la parte inconsciente que no conocemos, pero nosotros debemos prestar atención y proteger la parte consciente de la que somos responsables.

Servicio sagrado

El obrero cristiano tiene que ser un «intermediario» sagrado. Debe estar tan estrechamente identificado con su Señor y con la realidad de su redención que Cristo pueda desarrollar continuamente su vida de creación a través de él. No me refiero a que la fuerza de la personalidad de un individuo se imponga a la de otro, sino a la presencia real de Cristo que se manifiesta a través de todos los aspectos de la vida del obrero. Cuando predicamos los hechos históricos de la vida y muerte de nuestro Señor como se transmiten en el Nuevo Testamento, nuestras palabras se hacen sagradas. Dios usa estas palabras, sobre la base de su redención, para crear algo en aquellos que escuchan, lo cual nunca podría haber sido de otra manera creado. Si simplemente predicamos los efectos de la redención en la vida humana en lugar de la verdad revelada y divina sobre Jesús mismo, el resultado no es un nuevo nacimiento en aquellos que escuchan. El resultado es un estilo de vida religioso refinado, y el Espíritu de Dios no puede dar testimonio de ese nuevo nacimiento porque tal predicación está en un reino que no es el suyo. Debemos asegurarnos de que estamos viviendo en tal armonía con el Señor que, al proclamar su verdad, Él pueda crear en otros aquellas cosas que solo Dios puede hacer.

Ahora me gozo en lo que padezco por vosotros, y cumplo en mi carne lo que falta de las aflicciones de Cristo...
—COLOSENSES 1:24

Cuando decimos: «¡Qué personalidad maravillosa, qué persona fascinante y qué maravillosa perspicacia!», ¿qué oportunidad tiene el evangelio de Dios a través de todo eso? No puede pasar, porque lo que atrae es el mensajero y no el mensaje. Si alguien atrae a través de su personalidad, esto se convierte en su atractivo. Sin embargo, si se identifica con el Señor mismo, el llamamiento se convierte en lo que Jesucristo puede hacer. El peligro es gloriarse en los hombres, pero Jesús dice que solo lo exaltemos *a Él* (VER JUAN 12:32).

Colaboración en el evangelio

> *… colaborador nuestro en el evangelio de Cristo…*
>
> —1 Tesalonicenses 3:2

Después de la santificación, es difícil afirmar cuál es tu propósito en la vida, porque Dios te ha movido a ello por medio del Espíritu Santo. Te está utilizando ahora para sus propósitos en todo el mundo, ya que utilizó a su Hijo con el propósito de salvarnos. Si buscas grandes cosas para ti mismo, pensando: «El Señor me ha llamado para esto y para eso», atrincheras a Dios e impides que te utilice. Mientras mantengas tus propios intereses y ambiciones personales, no puedes estar completamente alineado o identificado con los intereses de Dios. Esto solo puede conseguirse renunciando a todos tus planes personales de una vez por todas y permitiendo que Dios te lleve directamente a su propósito para el mundo. Tu comprensión de sus caminos también debe ser sometida a Él, porque ahora son los caminos del Señor.

Debo aprender que el propósito de mi vida le pertenece a Dios, no a mí. Dios me está utilizando desde su gran perspectiva personal, y lo único que me pide es que confíe en Él. Nunca debería decir: «Señor, esto me causa mucho dolor». Hablar así me convierte en un obstáculo. Cuando dejo de decirle a Dios lo que quiero, puede obrar libremente su voluntad en mí sin ningún obstáculo. Puede aplastarme, exaltarme o hacer cualquier otra cosa que desee. Solo me pide que tenga fe absoluta en Él y en su bondad. La autoconmiseración es del diablo, y si me revuelco en ella, no puedo ser utilizado por Dios para su propósito en el mundo. Hacer esto crea para mí mi propio y cómodo «mundo dentro del mundo», y a Dios no se le permitirá sacarme de allí debido a mi miedo a ser «congelado».

La escalada suprema

El mandato de Dios es: «Toma *ahora*», no luego. ¡Es increíble cómo replicamos! Sabemos que algo está bien, pero tratamos de encontrar excusas para no hacerlo de inmediato. Si vamos a escalar a la altura que Dios revela, no se puede dejar para más tarde, debe hacerse ahora. Y el sacrificio tiene que realizarse a través de nuestra voluntad antes de que lo llevemos a cabo realmente.

«Y Abraham se levantó muy de mañana [...], y fue al lugar que Dios le dijo» (Génesis 22:3). ¡Oh, la maravillosa sencillez de Abraham! Cuando Dios habló, él no consultó «con carne y sangre» (Gálatas 1:16). Ten cuidado cuando quieras consultar «con carne y sangre», o incluso con tus propios pensamientos, ideas o entendimientos; con cualquier cosa que no se base en tu relación personal con Dios. Estas son todas las cosas que compiten con Él y dificultan la obediencia al Señor.

Abraham no escogió cuál sería el sacrificio. Guárdate siempre del servicio autoelegido para Dios. El sacrificio personal puede ser una enfermedad que deteriore tu servicio. Si Dios ha hecho dulce tu copa, bébela con gracia; o incluso si la ha hecho amarga, bébela en comunión con Él. Si la voluntad providencial de Dios significa un momento duro y difícil para ti, vívelo. Pero nunca decidas el lugar de tu propio martirio, como si dijeras: «Solo iré hasta allí, pero no más lejos». Dios escogió la prueba para Abraham, y este no se retrasó ni protestó, sino que obedeció firmemente. Si no estás viviendo en contacto con Dios, es fácil culparlo o juzgarlo. Debes pasar por el juicio antes de tener derecho a pronunciar un veredicto, porque al pasar por la prueba, aprendes a conocer mejor a Dios. Él está trabajando en nosotros para alcanzar sus metas más altas, hasta que su propósito y el nuestro lleguen a ser uno.

Y dijo: Toma ahora tu hijo...
—Génesis 22:2

La vida transformada

¿Qué entendimiento tienes de la salvación de tu alma? La obra de salvación significa que, en tu vida real, las cosas cambian drásticamente. Ya no miras las cosas de la misma manera. Tus deseos son nuevos y las cosas viejas han perdido su poder para atraerte. Esta es una de las pruebas para determinar si la obra de salvación en tu vida es genuina: ¿ha cambiado Dios las cosas que realmente te importan? Si aún continúas anhelando las cosas viejas, es absurdo hablar de haber nacido de lo alto. Si naces de nuevo, el Espíritu de Dios hace que el cambio sea muy evidente en tu vida real y en tu pensamiento. Y cuando llega una crisis, eres la persona más sorprendida de la tierra por la maravillosa diferencia que hay en ti. Es imposible imaginar que *tú* lo hiciste. Esta transformación completa y sorprendente es la evidencia misma de que eres salvo.

De modo que si alguno está en Cristo, nueva criatura es; las cosas viejas pasaron; he aquí todas son hechas nuevas.
—2 Corintios 5:17

¿Qué diferencia ha hecho mi salvación y santificación? Por ejemplo, si me expongo a la luz de 1 Corintios 13, ¿puedo permanecer en pie o me avergüenzo y esquivo el tema? La verdadera salvación, obrada en mí por el Espíritu Santo, me libera completamente. Y mientras camine «en luz, como él está en luz» (1 Juan 1:7), Dios no ve nada que reprender porque su vida se está llevando a cabo en cada parte detallada de mi ser; no en el nivel consciente, sino aún más profundamente que en mi conciencia.

Fe o experiencia

Debemos luchar a través de nuestros estados de ánimo, sentimientos y emociones en devoción absoluta al Señor Jesús. Tenemos que salir de nuestro pequeño mundo de experiencias para entrar en una consagrada devoción a Él. Piensa en quién dice el Nuevo Testamento que es Jesucristo, y luego medita en la despreciable escasez de la miserable fe que mostramos al decir: «¡No he tenido ni esta ni esa experiencia!». Piensa en lo que la fe en Jesucristo reclama y proporciona. Puede presentarnos sin culpa ante el trono de Dios; inefablemente puros, absolutamente justos y profundamente justificados. Permanece en la fe adoradora absoluta «en Cristo Jesús, el cual nos ha sido hecho por Dios sabiduría, justificación, santificación y redención» (1 Corintios 1:30). ¡Cómo nos atrevemos a hablar de hacer un sacrificio por el Hijo de Dios! ¡Estamos salvados del infierno y la destrucción total, y luego hablamos de hacer sacrificios!

… [el] Hijo de Dios, el cual me amó y se entregó a sí mismo por mí.

—Gálatas 2:20

Debemos centrar de manera continua y poner firmemente nuestra fe en Jesucristo; no en un Jesucristo de «reunión de oración» o en un Jesucristo de «libro», sino en el Jesucristo del Nuevo Testamento, que es Dios encarnado y debe hacernos caer muertos a sus pies. Nuestra fe debe estar en Aquel de quien brota nuestra salvación. Jesucristo quiere nuestra devoción absoluta y sin restricciones a sí mismo. Nunca podremos *experimentar* a Jesucristo ni vincularlo egoístamente en los rincones de nuestro propio corazón. Nuestra fe debe edificarse sobre una confianza sólida y decidida en Él.

Debido a nuestra confianza en la experiencia, vemos la firme impaciencia del Espíritu Santo contra la incredulidad. Todos nuestros temores son pecaminosos, y creamos nuestros propios miedos al negarnos a nutrirnos de nuestra fe. ¡Cómo puede alguien que se identifica con Jesucristo sufrir dudas o miedos! Nuestra vida debe ser un himno absoluto de alabanza que resulta de una creencia perfecta, incontenible y triunfante.

Descubrir el diseño divino

Debemos ser tan uno con Dios que no necesitemos pedir su guía continuamente. La santificación significa que somos hechos hijos de Dios. La vida de un niño es normalmente obediente, hasta que elige desobedecer. Pero en cuanto decide desobedecer, se produce un conflicto interno inherente. En el plano espiritual, el conflicto interior es la advertencia del Espíritu de Dios. Cuando nos avisa de esta manera, debemos detenernos de inmediato y renovarnos en el espíritu de nuestra mente para comprobar cuál es la buena voluntad de Dios (VER ROMANOS 12:2). Si nacemos de nuevo por el Espíritu de Dios, nuestra devoción a Él se ve obstaculizada —o incluso detenida— si le pedimos continuamente que nos guíe aquí y allá. «Guiándome el Señor», al mirar hacia atrás, vemos la presencia de un diseño increíble. Si nacemos de Dios, veremos la guía de su mano y le atribuiremos el mérito.

Todos podemos ver a Dios en cosas excepcionales, pero es necesario el crecimiento de la disciplina espiritual para verlo a Él en cada detalle. Nunca creas que los llamados eventos aleatorios de la vida sean nada menos que una orden señalada por Dios. Prepárate para descubrir sus designios divinos en cualquier lugar y en todas partes.

... guiándome el Señor en el camino...

—GÉNESIS 24:27

Ten cuidado de no obsesionarte con la consistencia de tus propias convicciones en lugar de estar consagrado a Dios. Si eres un santo y dices: «Nunca haré esto o eso», lo más probable es que eso sea exactamente lo que Dios va a pedirte. Nunca hubo un ser más inconsistente en esta tierra que nuestro Señor, pero Él nunca fue inconsistente con su Padre. La consistencia importante en un santo no es con un principio, sino en referencia a la vida divina. Es la vida divina la que continuamente descubre más y más cosas sobre la mente de Dios. Es fácil ser un fanático excesivo de lo que significa ser constantemente fiel, porque Dios causa una increíble humildad con respecto a nuestra presunción religiosa cuando somos fieles a Él.

«¿Qué a ti?»

Una de las lecciones más difíciles de aprender proviene de nuestra obstinada negativa a abstenernos de interferir en la vida de otras personas. Lleva mucho tiempo darse cuenta del peligro de ser una providencia amateur; es decir, interferir con el plan de Dios para los demás. Ves a alguien sufriendo y dices: «No va a sufrir, y me aseguraré de que no lo haga». Pones tu mano justo delante de la voluntad permisiva de Dios de detenerla, y entonces Dios dice: «¿qué a ti?». ¿Hay estancamiento en tu vida espiritual? No permitas que continúe, sino entra en la presencia de Dios y averigua cuál es la razón. Posiblemente descubras que se debe a que has estado interfiriendo en la vida de otro, proponiendo cosas que no tenías derecho a proponer o aconsejando cuando no tenías derecho a aconsejar. Cuando tengas que aconsejar a otra persona, Dios aconsejará a través de ti con la comprensión directa de su Espíritu. Tu parte es mantener la relación correcta con Dios para que su discernimiento pueda venir continuamente a través de ti con el propósito de bendecir a otra persona.

... Pedro [...] dijo a Jesús: Señor, ¿y qué de éste? Jesús le dijo: [...] ¿qué a ti? Sígueme tú.

—JUAN 21:21-22

La mayoría de nosotros vive solo dentro del nivel de la conciencia, sirviendo de manera consciente y conscientemente dedicados a Dios. Esto demuestra inmadurez y el hecho de que aún no estamos viviendo la vida cristiana real. La madurez se produce en la vida de un hijo de Dios en el nivel inconsciente, hasta que nos entregamos tan totalmente a Él que ni siquiera somos conscientes de que nos utiliza. Cuando somos conscientes de que somos utilizados como pan partido y vino derramado, tenemos otro nivel que alcanzar, uno en el que toda conciencia de nosotros mismos y de lo que Dios está haciendo a través de nosotros queda completamente eliminada. Un santo nunca es consciente de que es un santo; un santo es conscientemente dependiente de Dios.

¡Aún humano!

En las Escrituras, el gran milagro de la encarnación se desliza en la vida común de un niño; el gran milagro de la transfiguración se desvanece en el valle poseído por demonios abajo; la gloria de la resurrección desciende a un desayuno a la orilla del mar. Esto no es un anticlímax, sino una gran revelación de Dios.

Tenemos tendencia a buscar maravillas en nuestra experiencia, y confundimos acciones heroicas con héroes reales. Una cosa es pasar por una crisis con grandeza, pero otra muy diferente es pasar todos los días glorificando a Dios cuando no hay testigos ni focos, y nadie nos presta la más mínima atención. Si no estamos buscando aureolas, al menos queremos algo que haga que la gente diga: «¡Qué hombre maravilloso de oración es este!». O: «¡Qué gran mujer de devoción es esta!». Si estás debidamente dedicado al Señor Jesús, has alcanzado la altura noble en la que nadie se daría cuenta personalmente de ti. Lo único que se nota es el poder de Dios que viene a través de ti constantemente.

Queremos poder decir: «¡Ah, he tenido un maravilloso llamamiento de Dios!». Pero hacer incluso las tareas más humildes para la gloria del Señor requiere que el Dios Todopoderoso encarnado obre en nosotros. Ser por completo imperceptible exige que el Espíritu de Dios nos haga absolutamente humanos. La verdadera prueba de la vida de un santo no es el éxito sino la fidelidad en el nivel humano de la vida. Tendemos a establecer el éxito en la obra cristiana como nuestro propósito, pero nuestro objetivo debe ser mostrar la gloria de Dios en la vida humana; vivir una vida «escondida con Cristo en Dios» en nuestras situaciones humanas diarias (Colosenses 3:3). Nuestras relaciones humanas son las verdaderas condiciones en las que debe mostrarse la vida ideal de Dios.

... hacedlo todo para la gloria de Dios.

—1 Corintios 10:31

La meta eterna

Abraham, en este punto, ha llegado al lugar donde está en contacto con la naturaleza misma de Dios. Ahora entiende la realidad del Señor.

Mi meta es Dios mismo... / A cualquier precio, querido Señor, por cualquier camino.

«A cualquier precio, por cualquier camino» significa someterse a la manera en que Dios nos lleva a la meta.

No hay posibilidad de cuestionar a Dios cuando habla si lo hace a su propia naturaleza en mí. La obediencia inmediata es el único resultado. Cuando Jesús dice: «Venid», simplemente voy. Cuando dice: «Déjalo», lo dejo. Cuando dice: «Confía en Dios en este asunto», confío. Esta obra de obediencia es la evidencia de que la naturaleza de Dios está en mí.

La revelación de Dios de sí mismo a mí está influenciada por mi carácter, no por el de Dios.

Es porque soy común. / Tus caminos tan a menudo me parecen comunes.

Es a través de la disciplina de la obediencia que llego al lugar donde Abraham estaba y veo quién es Dios. Dios nunca será real para mí hasta que me encuentre cara a cara con Él en Jesucristo. Entonces, sabré y podré proclamar con valentía: «En todo el mundo, Dios mío, no hay nadie más que tú, no hay nadie más que tú».

Las promesas de Dios no tienen ningún valor hasta que, a través de la obediencia, llegamos a comprender la naturaleza de Dios. Podemos leer algunas cosas en la Biblia todos los días durante un año y tal vez no signifiquen nada para nosotros. Entonces, puesto que hemos sido obedientes a Dios en algún pequeño detalle, de repente vemos lo que Dios quiere decir y su naturaleza se nos manifiesta instantáneamente. «Todas las promesas de Dios son en él Sí, y en él Amén» (2 Corintios 1:20). Nuestro «sí» debe nacer de la obediencia, cuando por obediencia ratificamos una promesa de Dios, diciendo: «Amén» o «así sea». Esa promesa se convierte en nuestra.

... Por mí mismo he jurado, dice el Señor, que por cuanto has hecho esto, [...] de cierto te bendeciré...

—Génesis 22:16-17

Conquistar la libertad

Si queda incluso un pequeño rastro de autosatisfacción individual en nosotros, esta siempre dice: «No puedo rendirme» o «no puedo ser libre». Pero la parte espiritual de nuestro ser nunca dice: «No puedo»; simplemente empapa todo a su alrededor. Nuestro espíritu tiene hambre de más y más. Es la forma en que estamos hechos. Estamos diseñados con una gran capacidad para Dios, pero el pecado, nuestra individualidad y el pensamiento equivocado nos impiden llegar a Él. Dios nos libera del pecado; nosotros tenemos que librarnos de nuestra individualidad. Esto significa ofrecerle nuestra vida natural a Dios y sacrificársela a Él para que la transforme en vida espiritual a través de nuestra obediencia.

... si el Hijo os libertare, seréis verdaderamente libres. —Juan 8:36

Dios no presta atención a nuestra individualidad natural en el desarrollo de nuestra vida espiritual. Su plan recorre nuestra vida natural. Debemos velar para que apoyemos y ayudemos a Dios, y no nos opongamos a Él diciendo: «No puedo hacer eso». Dios no nos disciplinará; debemos hacerlo nosotros mismos. Dios no traerá nuestros «argumentos [...] y llevando cautivo todo pensamiento a la obediencia a Cristo» (2 Corintios 10:5); nosotros tenemos que hacerlo. No digas: «Oh, Señor, sufro de pensamientos errantes». *No* sufras de pensamientos errantes. Deja de escuchar a la tiranía de tu vida natural individual y conquista la libertad en la vida espiritual.

«Si el Hijo os libertare». No sustituyas *Hijo* por *Salvador* en este pasaje. El *Salvador* nos ha liberado del pecado, pero esta es la libertad que proviene de ser liberado de mí mismo por el *Hijo*. Es lo que Pablo quiso decir en Gálatas 2:20, cuando afirmó: «Con Cristo estoy juntamente crucificado». Su individualidad se había quebrantado y su espíritu se había unido a su Señor; no solo se fusionó en Él, sino que se hizo uno con Él. «Seréis verdaderamente libres»; libre hasta la esencia misma de tu ser, de adentro hacia fuera. Tendemos a confiar en nuestra propia energía, en vez de ser energizados por el poder que proviene de la identificación con Jesús.

Cuando Él venga

Muy pocos sabemos algo acerca de la convicción de pecado. Conocemos la experiencia de ser perturbados porque hemos hecho cosas malas. Pero la convicción de pecado por parte del Espíritu Santo borra toda relación en la tierra y nos hace conscientes de una sola: «Contra ti, contra ti solo he pecado» (Salmos 51:4). Cuando una persona es convencida de pecado de esta manera, sabe con toda su conciencia que Dios no se atrevería a perdonarlo. Si el Señor lo perdonara, esa persona tendría un sentido más intenso de la justicia que Dios. Dios sí perdona, pero para hacerlo, le costó que su corazón se rompiera dolorosamente en la muerte de Cristo. El gran milagro de la gracia de Dios es que perdona el pecado; y es la muerte de Jesucristo solamente la que permite que la naturaleza divina perdone y permanezca fiel a sí misma al hacerlo. Es una tontería superficial decir que Dios nos perdona porque es amor. Una vez que hayamos sido convencidos de pecado, nunca volveremos a decir esto. El amor de Dios significa Calvario… ¡nada menos! El amor de Dios se deletrea en la cruz y en ningún otro lugar. La única base por la cual Dios puede perdonarme es la cruz de Cristo. Es allí donde su conciencia queda satisfecha.

Y cuando él venga, convencerá al mundo de pecado…

—Juan 16:8

El perdón no significa simplemente que soy salvo del infierno y he sido preparado para el cielo (nadie aceptaría el perdón en ese nivel). El perdón significa que soy perdonado para entrar en una relación recientemente creada que me identifica con Dios en Cristo. El milagro de la redención es que Dios me convierte a mí, el profano, en el estandarte de sí mismo, el Santo. Esto lo hace poniendo en mí una nueva naturaleza: la naturaleza de Jesucristo.

El perdón de Dios

> *En quien tenemos [...] el perdón de pecados...*
>
> —EFESIOS 1:7

Cuidado con la agradable visión de la paternidad de Dios: Dios es tan bueno y amoroso que, por supuesto, nos perdonará. Este pensamiento, basado únicamente en la emoción, no se puede encontrar en ninguna parte del Nuevo Testamento. La única base sobre la que Dios puede perdonarnos es la tremenda tragedia de la cruz de Cristo. Basar nuestro perdón en cualquier otro terreno es una blasfemia inconsciente. El único terreno sobre el cual Dios puede perdonar nuestro pecado y reconciliarnos con Él es a través de la cruz de Cristo. ¡No hay otra manera! El perdón, que es tan fácil de aceptar para nosotros, costó la agonía en el Calvario. Nunca debemos tomar el perdón de pecado, el don del Espíritu Santo y nuestra santificación en la fe sencilla, y luego olvidar el enorme costo para Dios que hizo nuestro todo eso.

El perdón es el milagro divino de la gracia. El costo para Dios fue la cruz de Cristo. Para perdonar el pecado, mientras que Dios permaneciera siendo santo, este precio tenía que pagarse. Nunca aceptes una visión de la paternidad de Dios que borre la expiación. La verdad revelada de Dios es que, sin la expiación, no puede perdonar; contradiría su naturaleza si lo hiciera. La única manera en que podemos ser perdonados es siendo traídos de vuelta a Dios a través de la expiación de la cruz. El perdón de Dios solamente es posible en el reino sobrenatural.

En comparación con el milagro del perdón de pecado, la experiencia de la santificación es pequeña. La santificación es simplemente la maravillosa expresión o evidencia del perdón de los pecados en una vida humana. Pero lo que despierta la fuente más profunda de gratitud en un ser humano es que Dios haya perdonado su pecado. Pablo nunca se alejó de esto. Una vez que te das cuenta de todo lo que le costó a Dios perdonarte, serás retenido como si estuvieras atornillado, retenido por el amor de Dios.

Consumado es

La muerte de Jesucristo es el cumplimiento en la historia de la mente y la intención de Dios. No hay lugar para ver a Jesucristo como un mártir. Su muerte no fue algo que le haya pasado *a* Él, algo que se podría haber evitado. Su muerte fue la razón por la que vino.

Nunca construyas tu caso para pedir perdón sobre la idea de que Dios es nuestro Padre y nos perdonará porque nos ama. Eso contradice la verdad revelada de Dios en Jesucristo. Hace que la cruz sea innecesaria y la redención «mucho ruido y pocas nueces». Dios perdona el pecado solo por la muerte de Cristo. Dios no podría perdonar a las personas de ninguna otra manera que por la muerte de su Hijo, y Jesús es exaltado como Salvador debido a su muerte. «Vemos [...] a Jesús, coronado de gloria y de honra, *a causa del padecimiento de la muerte*» (HEBREOS 2:9). La mayor nota de triunfo jamás escuchada por los oídos de un universo sobresaltado fue la que sonó en la cruz de Cristo: «Consumado es» (JUAN 19:30). Esta es la última palabra en la redención de la humanidad.

... he acabado la obra que me diste que hiciese.

—JUAN 17:4

Todo lo que disminuye o destruye por completo la santidad de Dios, a través de una visión falsa de su amor, contradice la verdad de Dios tal como fue revelada por Jesucristo. Nunca te permitas creer que Jesucristo está con nosotros y contra Dios, por piedad y compasión, o que se convirtió en una maldición por nosotros debido a la empatía que sentía hacia nosotros. Jesucristo se convirtió en una maldición por nosotros por decreto divino. Nuestra parte en tomar conciencia del tremendo significado de su maldición es la convicción de pecado. La convicción se nos da como un don de vergüenza y arrepentimiento; es la gran misericordia de Dios. Jesucristo aborrece el pecado en las personas, y el Calvario es la medida de su aborrecimiento.

Superficial y profundo

Cuídate de permitirte pensar que los aspectos superficiales de la vida no son ordenados por Dios; lo son al igual que los profundos. A veces, nos negamos a ser superficiales, pero no por nuestra profunda devoción a Dios sino porque deseamos impresionar a otras personas con el hecho de que no somos superficiales. Esto es una señal segura de orgullo espiritual. Debemos tener cuidado, porque así es como el desprecio por los demás se produce en nuestra vida. Y nos convierte en una reprimenda andante para otras personas porque son más superficiales que nosotros. Ten cuidado con hacerte pasar por una persona profunda; Dios se convirtió en un bebé.

Ser superficial no es una señal de ser pecaminoso, ni la superficialidad es una indicación de que no hay profundidad en tu vida; el océano tiene una orilla. Incluso las cosas superficiales de la vida —como comer y beber, caminar y hablar— son ordenadas por Dios. Estas son todas cosas que nuestro Señor hizo. Las hizo como Hijo de Dios, y dijo: «El discípulo no es más que su maestro» (MATEO 10:24).

Si, pues, coméis o bebéis, o hacéis otra cosa, hacedlo todo para la gloria de Dios.

—1 CORINTIOS 10:31

Estamos protegidos por las cosas superficiales de la vida. Tenemos que vivir la superficie, la vida de sentido común de una manera común y corriente. Entonces, cuando Dios nos da las cosas más profundas, obviamente están separadas de las preocupaciones superficiales. Nunca muestres la profundidad de tu vida a nadie más que a Dios. Somos tan nauseabundamente serios, tan desesperadamente interesados en nuestro propio carácter y reputación, que nos negamos a comportarnos como cristianos en los intereses superficiales de la vida.

Decide no tomar a nadie en serio excepto a Dios. Tal vez descubras que la primera persona con la que debes ser el más crítico, ya que es el mayor fraude que hayas conocido, eres tú mismo.

La distracción del menosprecio

De lo que debemos tener cuidado no es del daño a nuestra creencia en Dios sino a nuestra disposición cristiana o estado de ánimo. «Guardaos, pues, en vuestro espíritu, y no seáis desleales» (Malaquías 2:16). Nuestro estado de ánimo tiene efectos poderosos. Puede ser el enemigo que penetra directamente en nuestra alma y distrae nuestra mente de Dios. Hay ciertas actitudes que nunca debemos atrevernos a consentir. Si lo hacemos, descubriremos que nos han distraído de la fe en Dios. Hasta que volvamos a un estado de ánimo tranquilo ante Él, nuestra fe no tiene ningún valor, y nuestra confianza en la carne y en el ingenio humano es lo que gobierna nuestra vida.

Ten misericordia de nosotros, oh Señor, ten misericordia de nosotros, porque estamos muy hastiados de menosprecio.
—Salmos 123:3

Cuidado con «los afanes de este siglo» (Marcos 4:19). Son las cosas que en sí producen las actitudes equivocadas en nuestra alma. Es increíble el enorme poder que hay en las cosas simples para apartar nuestra atención de Dios. Niégate a ser ahogado por «los afanes de este siglo».

Otra cosa que nos distrae es nuestra pasión por la reivindicación. San Agustín oró: «Oh Señor, líbrame de esta lujuria de reivindicarme siempre». Tal necesidad de reivindicación constante destruye la fe de nuestra alma en Dios. No digas: «Necesito explicarme», o «debo hacer que la gente entienda». Nuestro Señor nunca explicó nada; dejó que los malentendidos o los conceptos erróneos de los demás se corrigieran solos.

Cuando discernimos que otras personas no están creciendo espiritualmente y permitimos que ese discernimiento se convierta en crítica, bloqueamos nuestra comunión con Dios. El Señor nunca nos da discernimiento para que critiquemos sino para que intercedamos.

La dirección del enfoque

> *He aquí, como los ojos de los siervos miran a la mano de sus señores, [...] así nuestros ojos miran al Señor nuestro Dios...*
>
> —SALMOS 123:2

Este versículo describe la dependencia total de Dios. Así como los ojos de un siervo están fijos en su amo, nuestros ojos deben estar dirigidos y enfocados en Dios. Así es como se obtiene el conocimiento de su rostro y la forma en que Dios se nos revela (VER ISAÍAS 53:1). Nuestra fortaleza espiritual comienza a vaciarse cuando dejamos de elevar nuestros ojos hacia Él. Nuestra resistencia se desploma, no tanto por los problemas externos que nos rodean sino por los conflictos en nuestro pensamiento. Pensamos injustamente: «Supongo que me he estado exigiendo mucho, aguantando demasiado y tratando de parecerme a Dios en vez de ser una persona humilde normal». Debemos aprender que ningún esfuerzo puede ser demasiado elevado.

Por ejemplo, llegaste a una crisis en tu vida, tomaste una posición por Dios e incluso recibiste el testimonio del Espíritu como confirmación de que lo que hiciste era correcto. Pero ahora, tal vez han pasado semanas o años, y poco a poco estás llegando a la conclusión: «Bueno, tal vez lo que hice mostró demasiado orgullo o fue superficial. ¿Estaba tomando una posición un poco demasiado elevada para mí?». Tus amigos «racionales» vienen y dicen: «No seas tonto. Sabíamos cuando hablaste por primera vez de este despertar espiritual que era un impulso pasajero, que no podías mantener la tensión. Y de todos modos, Dios no espera que perseveres». Tú respondes: «Bueno, supongo que mis expectativas eran demasiado altas». Eso suena humilde, pero significa que tu confianza en Dios se ha ido y que ahora estás confiando en la opinión del mundo. El peligro viene cuando, al dejar de confiar en Dios, descuidas concentrar tus ojos en Él. Solo cuando Dios te detenga de repente, te darás cuenta de que has sido el perdedor. Siempre que haya un drenaje espiritual en tu vida, corrígelo inmediatamente. Date cuenta de que algo ha estado interponiéndose entre tú y Dios, y cámbialo o retíralo de inmediato.

El secreto de la consistencia espiritual

Pero lejos esté de mí gloriarme, sino en la cruz de nuestro Señor Jesucristo...

—GÁLATAS 6:14

Cuando una persona nace de nuevo, parece inconsistente debido a sus emociones incoherentes y al estado de las cosas externas o las circunstancias en su vida. El apóstol Pablo tuvo una consistencia subyacente fuerte y constante en su vida. En consecuencia, podía dejar que su vida externa cambiara sin angustia interna porque estaba plantado y arraigado en Dios. Casi todos no somos consistentes espiritualmente porque estamos más preocupados por serlo por fuera. En la expresión externa de las cosas, Pablo vivía en el sótano, mientras que sus críticos vivían en el piso más alto. Y estos dos niveles no comienzan a tocarse entre sí. No obstante, la consistencia de Pablo estaba profundamente basada en los fundamentos. La gran base de su consistencia fue la agonía de Dios en la redención del mundo; es decir, la cruz de Cristo.

Declárate tus creencias a ti mismo otra vez. Vuelve a los fundamentos de la cruz de Cristo, eliminando cualquier creencia que no se base en ella. En la historia secular, la cruz es una cosa infinitamente pequeña, pero desde la perspectiva bíblica, es de más importancia que todos los imperios del mundo. Si dejamos de enfatizar la tragedia de Dios en la cruz en nuestra predicación, esta no va a producir nada. No transmitirá la energía de Dios al hombre; puede ser interesante, pero no tendrá poder. Sin embargo, cuando predicamos la cruz, la energía de Dios es liberada. «Agradó a Dios salvar a los creyentes por la locura de la predicación. [...] nosotros predicamos a Cristo crucificado» (1 CORINTIOS 1:21, 23).

El punto central del poder espiritual

Si quieres conocer el poder de Dios —es decir, la vida de resurrección de Jesús— en tu carne humana, debes morar en la tragedia de Dios. Aléjate de tu preocupación personal sobre tu propia condición espiritual, y con un espíritu completamente abierto, considera la tragedia de Dios. Al instante, el poder de Dios estará en ti. «*Mirad a mí*» (Isaías 45:22). Presta atención a la fuente externa, y el poder interior estará allí. Perdemos poder porque no nos centramos en lo correcto. El efecto de la cruz es la salvación, la santificación, la sanación y mucho más, pero no debemos predicar ninguna de estas cosas. Debemos predicar «a Jesucristo, y a éste crucificado» (1 Corintios 2:2). La proclamación de Jesús hará su propia obra. Concéntrate en el punto central de Dios en tu predicación, y aunque tus oyentes parezcan no prestarle atención, nunca volverán a ser los mismos. Si comparto mis propias palabras, no son más importantes que las tuyas para mí. Pero si compartimos la verdad de Dios unos con otros, la encontraremos una y otra vez. Tenemos que centrarnos en el gran punto del poder espiritual: la cruz. Si nos mantenemos en contacto con ese centro de poder, su energía se libera en nuestra vida. En los movimientos de santidad y en las reuniones de experiencia espiritual, el foco no tiende a ponerse en la cruz de Cristo sino en sus efectos.

> *... sino en la cruz de nuestro Señor Jesucristo...*
> —Gálatas 6:14

La debilidad de la Iglesia está siendo criticada hoy; y la crítica está justificada. Una razón para esa debilidad es que el foco no se ha colocado en el verdadero centro de poder espiritual. No hemos morado lo suficiente en la tragedia del Calvario ni en el significado de la redención.

La consagración del poder espiritual

Si habito en la cruz de Cristo, no me vuelvo simplemente devoto en mi interior ni solo me interesa mi propia santidad. Me concentro fuertemente en los intereses de Jesucristo. Nuestro Señor no era un recluso ni un santo fanático que practicaba la abnegación. No se apartó físicamente de la sociedad, pero estaba desconectado interiormente todo el tiempo. No estaba distante, pero vivía en otro mundo. De hecho, estaba tanto en el mundo común y corriente de todos los días que los religiosos de su época lo acusaron de glotón y borracho. Sin embargo, nuestro Señor nunca permitió que nada interfiriera con su consagración del poder espiritual.

... por quien el mundo me es crucificado a mí, y yo al mundo.
—GÁLATAS 6:14

No es consagración genuina pensar que podemos negarnos a ser utilizados por Dios ahora para almacenar nuestro poder espiritual para usarlo después. Es un error terrible. El Espíritu de Dios ha liberado a muchas personas de su pecado, sin embargo, estas no están experimentando la plenitud en su vida; no hay un verdadero sentido de libertad. El tipo de vida religiosa que vemos hoy en todo el mundo es completamente diferente a la vigorosa santidad de la vida de Jesucristo. «No ruego que los quites del mundo, sino que los guardes del mal» (JUAN 17:15). Debemos estar *en* el mundo, pero no ser *de* él, de modo que estemos separados en lo interior pero no en lo exterior (VER JUAN 17:16).

Nunca debemos permitir que nada interfiera con la consagración de nuestro poder espiritual. La consagración (estar dedicado al servicio de Dios) es nuestra parte; la santificación (ser apartado del pecado y ser santo) es la parte de Dios. Debemos determinar deliberadamente estar interesados solo en lo que a Dios le interesa. Cuando te enfrentas a un problema desconcertante, la manera de tomar esa determinación es preguntarte: «¿Es esta la clase de cosas en la que Jesucristo está interesado o es algo que le interesa al espíritu que se opone diametralmente a Él?».

Las riquezas del indigente

El evangelio de la gracia de Dios despierta a la vez en las almas humanas un anhelo y un resentimiento igualmente intensos, porque la verdad que revela no es apetecible ni fácil de tragar. Hay un cierto orgullo en las personas que hace que den y den, pero venir y aceptar un regalo es otra cosa. Daré mi vida al martirio; dedicaré mi vida al servicio; haré cualquier cosa. Pero no me humilles al nivel del pecador que más merece el infierno ni me digas que lo único que tengo que hacer es aceptar el don de la salvación por medio de Jesucristo.

Tenemos que darnos cuenta de que no podemos merecer ni ganar nada de Dios a través de nuestros propios esfuerzos. Debemos recibirlo como un regalo o no hacerlo. La mayor bendición espiritual que recibimos es cuando llegamos a comprender que somos indigentes. Hasta que llegamos a ese punto, nuestro Señor no tiene poder. No puede hacer nada por nosotros mientras creamos que somos suficientes en nosotros mismos. Debemos entrar en su reino por la puerta de la indigencia. Mientras seamos «ricos» —sobre todo en el área del orgullo o de la independencia—, Dios no puede hacer nada por nosotros. Solo cuando tenemos hambre espiritual, recibimos el Espíritu Santo. El don de la naturaleza esencial de Dios es colocado y hecho eficaz en nosotros por el Espíritu Santo. Nos imparte la vida vivificante de Jesús, haciéndonos verdaderamente vivos. Toma lo que estaba *más allá* de nosotros y lo coloca *dentro de* nosotros. E inmediatamente, una vez que *el más allá* ha llegado *dentro*, se eleva hasta *lo superior*, y somos elevados al reino donde Jesús vive y reina (VER JUAN 3:5).

... siendo justificados gratuitamente por su gracia...

—ROMANOS 3:24

La supremacía de Jesucristo

Él me glorificará…
—Juan 16:14

Los movimientos de santidad de hoy no tienen nada de la realidad dura del Nuevo Testamento sobre ellos. No hay nada en ellos que necesite la muerte de Jesucristo. Lo único que se requiere es un ambiente piadoso, una oración y una adoración. Este tipo de experiencia no es sobrenatural ni milagrosa. No costó los sufrimientos de Dios ni se tiñó con «la sangre del Cordero» (Apocalipsis 12:11). No está marcada ni sellada por el Espíritu Santo como algo genuino, y tampoco tiene ningún signo visual que haga que la gente exclame con sorpresa y asombro: «¡Esta es la obra de Dios todopoderoso!». Sin embargo, el Nuevo Testamento solo trata sobre la obra de Dios y nada más.

El ejemplo del Nuevo Testamento de la experiencia cristiana es el de una devoción personal y apasionada a la Persona de Jesucristo. Cualquier otro tipo de supuesta experiencia cristiana se desvincula de la Persona de Jesús. No hay regeneración; no hay un nacer de nuevo en el reino en el que Cristo vive y es el Rey supremo. Solo existe la idea de que Él es nuestro modelo. En el Nuevo Testamento, Jesucristo es el Salvador mucho antes de que sea el modelo. Hoy en día, está siendo retratado como la figura central de una religión, un mero ejemplo. Él es eso, pero es infinitamente más. Es la salvación misma; ¡es el evangelio de Dios!

Jesús dijo: «Pero cuando venga el Espíritu de verdad, él […] me glorificará» (Juan 16:13-14). Cuando me comprometo con la verdad revelada del Nuevo Testamento, recibo de Dios el don del Espíritu Santo, el cual comienza entonces a interpretarme lo que Jesús hizo. El Espíritu de Dios hace en mí internamente todo lo que Jesucristo hizo por mí externamente.

«Por la gracia de Dios soy lo que soy»

La forma en que continuamente hablamos de nuestras incapacidades es un insulto a nuestro Creador. Quejarse por nuestra incompetencia es acusar falsamente a Dios de habernos pasado por alto. Entra en el hábito de examinar desde la perspectiva de Dios aquellas cosas que suenan tan humildes para los hombres. Te sorprenderás de lo increíblemente inapropiadas e irrespetuosas que son para Él. Decimos cosas como: «Ah, no debería afirmar ser santificado; no soy un santo». Pero decir esto significa para Dios: «No, Señor, es imposible que tú me salves y me santifiques; hay oportunidades que no he tenido, y tantas imperfecciones en mi cerebro y en mi cuerpo. No, Señor, no es posible». Esto puede sonar maravillosamente humilde para los demás, pero ante Dios, es una actitud de desafío.

Pero por la gracia de Dios soy lo que soy; y su gracia no ha sido en vano para conmigo…
—1 CORINTIOS 15:10

Por el contrario, las cosas que parecen humildes ante Dios pueden sonar exactamente lo contrario para las personas. Decir: «Gracias a Dios, sé que soy salvo y santificado», es a los ojos de Él la expresión más pura de humildad. Significa que te has entregado tan completamente al Señor que sabes que Él es verdadero. Nunca te preocupes en cuanto a si lo que dices suena humilde ante los demás o no. En cambio, sé siempre humilde ante Dios y permítele ser tu todo en todo.

Solo hay una relación que realmente importa, y esta es tu relación personal con tu Redentor y Señor. Si sostienes esto a toda costa, dejando de lado todo lo demás, Dios cumplirá su propósito a través de tu vida. Una vida individual puede ser de valor incalculable para los propósitos de Dios; y la tuya puede ser esa vida.

La ley y el evangelio

La ley moral no considera nuestras debilidades como seres humanos; de hecho, no tiene en cuenta nuestra herencia o enfermedades. Tan solo exige que seamos absolutamente morales. La ley moral nunca cambia, ni para los más altos de la sociedad ni para los más débiles del mundo. Es perdurable y eternamente la misma. La ley moral, ordenada por Dios, no se hace débil para los débiles justificando nuestras faltas. Sigue siendo absoluta para toda la eternidad. Si no somos conscientes de esto, es porque estamos muertos. Una vez que nos damos cuenta, nuestra vida se convierte de inmediato en una tragedia fatal. «Y yo sin la ley vivía en un tiempo; pero venido el mandamiento, el pecado revivió y yo morí» (Romanos 7:9). Cuando comprendemos esto, el Espíritu de Dios nos convence de pecado. Hasta que una persona llega a ese punto y ve que no hay esperanza, la cruz de Cristo le sigue pareciendo absurda. La convicción de pecado siempre produce un sentido temeroso y limitador de la ley. Vuelve al ser humano desesperado; *«vendido al pecado»* (Romanos 7:14). Yo, un pecador culpable, nunca puedo obrar para hacer lo correcto con Dios; es imposible. Solo hay una manera por la cual puedo arreglar las cosas con Dios, y es a través de la muerte de Jesucristo. Debo deshacerme de la idea subyacente de que alguna vez puedo estar bien con Dios debido a mi obediencia. ¡Quién de nosotros podría obedecer a Dios con una perfección absoluta!

> *Porque cualquiera que guardare toda la ley, pero ofendiere en un punto, se hace culpable de todos.*
> —Santiago 2:10

Solo comenzamos a darnos cuenta del poder de la ley moral una vez que vemos que viene con una condición y una promesa. Pero Dios nunca nos coacciona. A veces, deseamos que nos haga ser obedientes; y en otras ocasiones, deseamos que nos deje en paz. Cada vez que la voluntad de Dios tiene el control total, elimina toda presión. Y cuando elegimos deliberadamente obedecerle, Él llegará a la estrella más remota y a los confines de la tierra para ayudarnos con todo su poder.

Perfección cristiana

Es una trampa presumir que Dios quiere convertirnos en especímenes perfectos de lo que Él puede hacer. El propósito de Dios es hacernos uno consigo mismo. El énfasis de los movimientos de santidad tiende a ser que Dios está produciendo especímenes de santidad para ponerlos en su museo. Si aceptas este concepto de santidad personal, el propósito determinado de tu vida no será para el Señor, sino para lo que llamas la evidencia de Dios en tu vida. ¿Cómo podemos decir: «Nunca podría ser la voluntad de Dios que yo esté enfermo»? Si fue la voluntad de Dios moler a su propio Hijo (VER ISAÍAS 53:10), ¿por qué no hacértelo a ti? Lo que brilla y revela a Dios en tu vida no es tu relativa lógica de lo que un santo debe ser, sino tu relación genuina y viviente con Jesucristo, y tu devoción desbordante a Él, ya sea que estés bien o enfermo.

La perfección cristiana no es —ni nunca puede ser— la perfección humana. La perfección cristiana se trata de una relación con Dios que se muestra verdadera incluso en medio de los aspectos aparentemente poco importantes de la vida humana. Cuando obedeces al llamamiento de Jesucristo, lo primero que te golpea es la falta de sentido de las cosas que tienes que hacer. El siguiente pensamiento que te llama la atención es que otras personas parecen estar viviendo vidas perfectamente coherentes. Esas vidas pueden dejarte con la idea de que Dios es innecesario, que a través de tu propio esfuerzo humano y devoción puedes alcanzar el estándar de Dios para tu vida. En un mundo caído, esto nunca se puede hacer. Estoy llamado a vivir en una relación tan perfecta con Dios que mi vida produzca un anhelo de Él en la vida de los demás, no de admiración hacia mí. Los pensamientos sobre mí mismo obstaculizan mi utilidad para Dios. El propósito de Dios no es perfeccionarme para hacerme un trofeo en su vitrina; me está llevando al lugar donde puede utilizarme. Que el Señor haga lo que Él quiera.

No que lo haya alcanzado ya, ni que ya sea perfecto...

—FILIPENSES 3:12

«No con ejército, ni con fuerza»

Si al predicar el evangelio sustituyes con tu conocimiento del camino de la salvación la confianza en el poder del evangelio, impides que las personas se topen con la realidad. Mientras proclamas tu conocimiento del camino de la salvación, asegúrate de ver que tú mismo estés arraigado y fundamentado por la fe en Dios. Nunca confíes en la claridad de tu presentación, sino asegúrate de que estés confiando en el Espíritu Santo a medida que des tu explicación. Confía en la certeza del poder redentor de Dios, y Él creará su propia vida en las personas.

… ni mi palabra ni mi predicación fue con palabras persuasivas de humana sabiduría, sino con demostración del Espíritu y de poder.
—1 Corintios 2:4

Una vez que estás arraigado en la realidad, nada puede sacudirte. Si tu fe se basa en experiencias, es probable que cualquier cosa que suceda la altere. Pero nada puede cambiar a Dios ni la realidad de la redención. Basa tu fe en eso, y estarás tan eternamente seguro como Dios mismo. Cuando tengas una relación personal con Jesucristo, nunca más serás conmovido. Este es el significado de la santificación. Dios desaprueba nuestros esfuerzos humanos por aferrarnos al concepto de que la santificación es simplemente una experiencia, mientras olvidamos que aun nuestra santificación también debe ser santificada (ver Juan 17:19). Debo entregar deliberadamente mi vida santificada a Dios para su servicio, a fin de que pueda utilizarme como sus manos y sus pies.

La ley de la oposición

La vida sin guerra es imposible en el reino natural o en el sobrenatural. Es una realidad que hay una lucha continua en las áreas física, mental, moral y espiritual de la vida.

> *... Al que venciere...*
> —Apocalipsis 2:7

La salud es el equilibrio entre las partes físicas de mi cuerpo y todas las cosas y fuerzas que me rodean. Para mantener una buena salud, debo tener suficiente fuerza interna para luchar contra las cosas externas. Todo lo que está fuera de mi vida física está diseñado para causar mi muerte. Los mismos elementos que me sostienen mientras estoy vivo trabajan para deteriorar y desintegrar mi cuerpo una vez que está muerto. Si tengo suficiente fuerza interior para luchar, ayudo a producir el equilibrio necesario para la salud. Lo mismo ocurre con la vida mental. Si quiero mantener una vida mental fuerte y activa, tengo que luchar. Esta lucha produce el equilibrio mental llamado pensamiento.

En el área moral es lo mismo. Cualquier cosa que no me fortalezca moralmente es un enemigo de mi virtud interior. Si logro triunfar —con lo cual se produce la virtud—, dicho triunfo depende del nivel de excelencia moral en mi vida. Pero debemos luchar para ser morales. La moralidad no ocurre por accidente; la virtud moral se adquiere.

Y espiritualmente también es lo mismo. Jesús dijo: «En el mundo tendréis aflicción» (Juan 16:33). Esto significa que cualquier cosa que no sea espiritual lleva a mi caída. Jesús continuó diciendo: «pero confiad, yo he vencido al mundo». Debo aprender a luchar y superar las cosas que vienen en mi contra; y de esa manera, producir el equilibrio de la santidad. Entonces, encontrarse con la oposición se vuelve una delicia.

La santidad es el equilibrio entre mi naturaleza y la ley de Dios expresada en Jesucristo.

El templo del Espíritu Santo

Soy responsable ante Dios por la forma en que controlo mi cuerpo bajo su autoridad. Pablo dijo que no desechó «la gracia de Dios»; es decir, que no la hizo ineficaz (GÁLATAS 2:21). La gracia de Dios es absoluta e ilimitada, y la obra de salvación a través de Jesús es completa y está terminada para siempre. No estoy siendo salvado, soy salvo. La salvación es tan eterna como el trono de Dios, pero debo poner a trabajar o usar lo que Dios ha puesto dentro de mí. «Ocupaos en vuestra salvación» (FILIPENSES 2:12) significa que soy responsable de usar lo que se me ha dado. También significa que debo mostrar en mi propio cuerpo la vida del Señor Jesús, no de forma misteriosa o secreta, sino abierta y audazmente. «Golpeo mi cuerpo, y lo pongo en servidumbre» (1 CORINTIOS 9:27). Todo cristiano puede tener su cuerpo bajo control absoluto para Dios.

... solamente en el trono seré yo mayor que tú.
—GÉNESIS 41:40

El Señor nos ha dado la responsabilidad de gobernar sobre todo el «templo del Espíritu Santo», incluidos nuestros pensamientos y deseos (1 CORINTIOS 6:19). Somos responsables de ellos, y nunca debemos ceder a los que son indebidos. Pero casi todos somos mucho más severos cuando juzgamos a los demás que cuando lo hacemos con nosotros mismos. Ponemos excusas para lo que hay en nosotros, mientras condenamos las cosas en la vida de los demás simplemente porque no estamos de forma natural inclinados a hacerlas.

Pablo dijo: «os ruego [...] que presentéis vuestros cuerpos en sacrificio vivo» (ROMANOS 12:1). Lo que debo decidir es si estoy de acuerdo o no con mi Señor y Maestro en que mi cuerpo sea su templo. Una vez que estoy de acuerdo, todas las reglas, reglamentos y requisitos de la ley concernientes al cuerpo se resumen para mí en esta verdad revelada: mi cuerpo es el «templo del Espíritu Santo».

Mi arcoíris en las nubes

Es la voluntad de Dios que los seres humanos entren en una relación correcta con Él, y sus pactos están diseñados para este propósito. ¿Por qué Dios no me salva? Ha cumplido y provisto mi salvación, pero aún no he entrado en una relación con Él. ¿Por qué Dios no hace todo lo que pedimos? Lo ha hecho. El punto es: ¿Entraré en esa relación de pacto? Todas las grandes bendiciones de Dios están terminadas y completas, pero no son mías hasta que entablo una relación con Él sobre la base de su pacto.

Esperar a que Dios actúe es incredulidad carnal. Significa que no tengo fe en Él. Espero que Él haga algo en mí para poder confiar en ello. Pero el Señor no lo hará, porque esa no es la base de la relación entre Dios y el hombre. El hombre debe ir más allá del cuerpo y los sentimientos físicos en su pacto con Dios, así como Él va más allá de sí mismo al tenderle la mano al hombre con su pacto. Es una cuestión de fe en Dios, algo muy raro. Solo tenemos fe en nuestros sentimientos. No creo en Dios hasta que Él pone algo tangible en mi mano para que yo sepa que lo tengo. Entonces, digo: «Ahora creo». No se muestra fe en algo así. Dios dice: «*Mirad a mí*, y sed salvos» (Isaías 45:22).

> *Mi arco he puesto en las nubes, el cual será por señal del pacto entre mí y la tierra.* —Génesis 9:13

Cuando realmente he hecho una transacción con Dios sobre la base de su pacto, dejando de lado todo lo demás, no hay un sentido de logro personal, ningún ingrediente humano en ello. En cambio, hay una sensación totalmente abrumadora de ser llevado a la unidad con Dios; y mi vida se transforma e irradia paz y alegría.

Arrepentimiento

La convicción de pecado es una de las cosas más infrecuentes que le suceden a una persona. Es el comienzo de la comprensión de Dios. Jesucristo dijo que cuando el Espíritu Santo viniera, convencería a las personas de pecado (VER JUAN 16:8). Y cuando el Espíritu Santo agita la conciencia de una persona y la lleva a la presencia de Dios, no es la relación de esa persona con los demás la que le molesta, sino su relación con el Señor. «Contra ti, contra ti solo he pecado, y he hecho lo malo delante de tus ojos» (SALMOS 51:4). Las maravillas de la convicción de pecado, el perdón y la santidad están tan entrelazadas que es solo la persona perdonada la que es verdaderamente santa. Demuestra que es perdonada por ser lo opuesto a lo que era antes, por la gracia de Dios. El arrepentimiento siempre la lleva al punto de decir: «He pecado». La señal más segura de que Dios está trabajando en su vida es cuando dice eso y lo dice con sinceridad. Menos que eso es solo el mero dolor por haber cometido errores tontos; una acción reflexiva causada por el disgusto personal.

La entrada en el reino de Dios se realiza a través de los agudos y repentinos dolores del arrepentimiento que chocan con la respetable «bondad» del hombre. Entonces, el Espíritu Santo, que produce esas luchas, comienza la formación del Hijo de Dios en la vida de esa persona (VER GÁLATAS 4:19). Esta nueva vida se revelará en el arrepentimiento consciente, seguido por la santidad inconsciente; nunca al revés. El fundamento del cristianismo es el arrepentimiento. Estrictamente hablando, una persona no puede arrepentirse cuando lo desea; el arrepentimiento es un don de Dios. Los viejos puritanos solían orar por «el don de las lágrimas». Si alguna vez dejas de entender el valor del arrepentimiento, estás permitiéndote permanecer en pecado. Examínate a ti mismo para ver si has olvidado cómo estar verdaderamente arrepentido.

Porque la tristeza que es según Dios produce arrepentimiento para salvación...

—2 CORINTIOS 7:10

El poder imparcial de Dios

Pisoteamos la sangre del Hijo de Dios si pensamos que somos perdonados porque lamentamos nuestros pecados. La única razón para que Dios perdone nuestros pecados —y para la profundidad infinita de su promesa de olvidarlos— es la muerte de Jesucristo. Nuestro arrepentimiento es simplemente el resultado de nuestra comprensión personal de la expiación por la cruz de Cristo, que Él nos ha provisto. «Cristo Jesús [...] nos ha sido hecho por Dios sabiduría, justificación, santificación y redención» (1 Corintios 1:30). Una vez que nos damos cuenta de que Cristo se ha convertido en todo esto para nosotros, el gozo ilimitado de Dios comienza en nuestro interior. Y dondequiera que el gozo de Dios no esté presente, la sentencia de muerte sigue vigente.

Porque con una sola ofrenda hizo perfectos para siempre a los santificados.

—Hebreos 10:14

Independientemente de quién o qué seamos, Dios nos restaura a una posición correcta consigo mismo solo por medio de la muerte de Jesucristo. Dios no hace esto porque Jesús le suplica que lo haga sino porque murió. No se puede obtener; solo se acepta. Toda súplica por salvación que ignora deliberadamente la cruz de Cristo es inútil. Es como llamar a una puerta que no es la que Jesús ya ha abierto. Protestamos diciendo: «Pero no quiero ir por ese camino. Es demasiado humillante ser recibido como un pecador». La respuesta de Dios a través de Pedro es: «no hay otro nombre [...] en que podamos ser salvos» (Hechos 4:12). Lo que al principio parece ser falta de corazón por parte de Dios es, en realidad, la verdadera expresión de su amor. Hay una entrada ilimitada a su camino. «En quien tenemos redención por su sangre» (Efesios 1:7). Identificarnos con la muerte de Jesucristo significa que debemos morir a todo lo que nunca fue parte de Él.

Dios únicamente salva a personas malas solo cuando Él las hace buenas. Nuestro Señor no pretende que estemos bien cuando todos estamos equivocados. La expiación por la cruz de Cristo es la propiciación que Dios utiliza para hacer santos a las personas profanas.

La oposición de lo natural

La vida natural en sí misma no es pecaminosa. Pero debemos abandonar el pecado, sin tener nada que ver con él de ninguna manera. El pecado pertenece al infierno y al diablo. Yo, como hijo de Dios, pertenezco al cielo y al Señor. No se trata de renunciar al pecado, sino a mi derecho a mí mismo, a mi independencia natural y a mi voluntad personal. Aquí es donde hay que pelear la batalla. Las cosas que son correctas, nobles y buenas desde el punto de vista natural son las mismas que nos impiden ser lo mejor de Dios. Una vez que llegamos a comprender que la excelencia moral natural se opone a la consagración a Dios o la contrarresta, llevamos nuestra alma al centro de su mayor batalla. Muy pocos debatiríamos sobre lo que es sucio, malo y equivocado, pero sí debatimos sobre lo que es bueno. Lo bueno se opone a lo mejor. Cuanto más alta sea la escala de excelencia moral por la que se mueve una persona, más intensa será la oposición a Jesucristo. «Los que son de Cristo han crucificado la carne». El costo para tu vida natural no es solo una o dos cosas, sino todo. Jesús dijo: «Si alguno quiere venir en pos de mí, niéguese *a sí mismo*» (MATEO 16:24). Es decir, debe negar su derecho a sí mismo y darse cuenta de quién es Jesucristo antes de hacer nada. No rehúses ir al funeral de tu propia independencia.

Pero los que son de Cristo han crucificado la carne con sus pasiones y deseos.
—GÁLATAS 5.24

La vida natural no es espiritual, y solo se puede hacer espiritual a través del sacrificio. Si no sacrificamos voluntariamente lo natural, lo sobrenatural nunca podrá volverse natural para nosotros. No hay camino alto o fácil. Cada uno tiene los medios para lograrlo enteramente por sus propios medios. No se trata de orar sino de sacrificarse, y así, llevar a cabo la voluntad de Dios.

La ofrenda de lo natural

Pablo no estaba lidiando con el pecado en este capítulo de Gálatas, sino con la relación de lo natural con lo espiritual. Lo natural solo puede convertirse en espiritual a través del sacrificio. Sin esto, una persona llevará una vida dividida. ¿Por qué exigió Dios que se sacrificara lo natural? Él no lo exigió. No es la voluntad perfecta de Dios, sino su voluntad permisiva. La voluntad perfecta de Dios era que lo natural se transformara en espiritual por medio de la obediencia. El pecado es lo que hizo necesario que lo natural fuera sacrificado.

Porque está escrito que Abraham tuvo dos hijos; uno de la esclava, el otro de la libre.
—GÁLATAS 4:22

Abraham tuvo que ofrecer a Ismael antes de ofrecer a Isaac (VER GÉNESIS 21:8-14). Algunos de nosotros estamos tratando de ofrecer sacrificios espirituales a Dios antes de haber sacrificado lo natural. La única manera en que podemos ofrecer un sacrificio espiritual a Dios es presentando nuestro cuerpo en sacrificio vivo (VER ROMANOS 12:1). La santificación significa más que ser liberado del pecado. Es mi compromiso deliberado con el Dios de mi salvación, y estar dispuesto a pagar lo que cueste.

Si no sacrificamos lo natural a lo espiritual, la vida natural resistirá y desafiará a la vida del Hijo de Dios en nosotros y producirá una agitación continua. Este es siempre el resultado de una naturaleza espiritual indisciplinada. Nos equivocamos porque nos negamos obstinadamente a disciplinarnos física, moral o mentalmente. Nos disculpamos diciendo: «Bueno, no me enseñaron a ser disciplinado cuando era niño». Entonces, ¡disciplínate ahora! Si no lo haces, arruinarás toda tu vida personal para Dios.

Dios no participa activamente en nuestra vida natural mientras sigamos mimándola y satisfaciéndola. Pero una vez que estemos dispuestos a echarla al desierto y decididos a mantenerla bajo control, Dios estará con ella. Entonces, proveerá pozos y oasis, y cumplirá todas sus promesas para lo natural (VER GÉNESIS 21:15-19).

Individualidad

La individualidad es el duro caparazón que rodea la vida espiritual interior. La individualidad empuja a los demás a un lado, separando y aislando a las personas. Lo vemos como la característica principal de un niño, y con razón. Cuando confundimos la individualidad con la vida espiritual, permanecemos aislados. Este caparazón es la cubierta natural creada por Dios, diseñada para proteger la vida espiritual. Pero nuestra individualidad debe ser cedida a Dios para que nuestra vida espiritual sea llevada a la comunión con Él. La individualidad falsifica la espiritualidad, así como la lujuria falsifica el amor. Dios diseñó la naturaleza humana para sí mismo, pero la individualidad corrompe esa naturaleza para alcanzar sus propios propósitos.

Entonces Jesús dijo a sus discípulos: Si alguno quiere venir en pos de mí, niéguese a sí mismo...

—MATEO 16:24

Las características de la individualidad son la independencia y la voluntad propia. Entorpecemos nuestro crecimiento espiritual más que de cualquier otra manera al afirmar continuamente nuestra individualidad. Si dices: «No puedo creer», es porque tu individualidad está bloqueando el camino; la individualidad nunca puede creer. Pero nuestro espíritu no puede dejar de hacerlo. Vigílate de cerca cuando el Espíritu de Dios esté obrando en ti. Te lleva a los límites de tu individualidad donde hay que elegir. La elección consiste en decir: «No me rendiré»; o rendirse, rompiendo la dura caparazón de la individualidad, lo cual permite que la vida espiritual surja. El Espíritu Santo lo va reduciendo progresivamente a una cosa (VER MATEO 5:23-24). Es tu individualidad la que se niega a reconciliarte con tu hermano (VER 5:24). Dios quiere llevarte a la unidad con Él, pero a menos que estés dispuesto a renunciar a tu derecho a ti mismo, no puede hacerlo. «Niéguese a sí mismo»; niega su derecho independiente a sí mismo. Entonces, la vida real, la espiritual, tiene la oportunidad de crecer.

Personalidad

La personalidad es la parte única e ilimitada de nuestra vida que nos hace distintos a los demás. Es demasiado vasto para comprenderlo. Una isla en el mar puede ser solo la cima de una gran montaña, y nuestra personalidad es como esa isla. No conocemos las grandes profundidades de nuestro ser; por lo tanto, no podemos medirnos. Comenzamos pensando que podemos, pero pronto nos damos cuenta de que realmente solo hay un Ser que nos entiende completamente, y ese es nuestro Creador.

La personalidad es la marca característica del hombre interior y espiritual, así como la individualidad es la característica del hombre exterior y natural. Nuestro Señor nunca puede ser descrito en términos de individualidad e independencia, sino solo en los de su Persona total. «Yo y el Padre uno somos» (JUAN 10:30). La personalidad se fusiona, y solo alcanzas tu verdadera identidad una vez que te mezclas con otra persona. Cuando el amor o el Espíritu de Dios vienen sobre una persona, esta se transforma. Entonces, ya no insistirá en mantener su individualidad. Nuestro Señor nunca se refirió a la individualidad de una persona o a su posición aislada, sino que habló en términos de la persona total: «que sean uno, así como nosotros somos uno». Una vez que tus derechos a ti mismo se entregan a Dios, tu verdadera naturaleza personal comienza a responder a Él de inmediato. Jesucristo trae libertad a tu persona total, e incluso tu individualidad se transforma. La transformación es provocada por el amor: la devoción personal a Jesús. El amor es el resultado desbordante de una persona en verdadera comunión con otra.

... que sean uno, así como nosotros somos uno.

—JUAN 17:22

Oración intercesora

No puedes interceder verdaderamente a través de la oración si no crees en la realidad de la redención. De lo contrario, solo estarás convirtiendo la intercesión en una compasión inútil hacia los demás, lo que servirá únicamente para aumentar la satisfacción que tienen de permanecer fuera del contacto con Dios. La verdadera intercesión implica colocar ante Dios a la persona o la circunstancia que parece estar aplastándote, hasta que su actitud hacia esa persona o circunstancia te cambie a ti. Intercesión significa cumplir «lo que falta de las aflicciones de Cristo» (COLOSENSES 1:24), y precisamente por eso hay tan pocos intercesores. La gente describe la intercesión diciendo: «Es ponerse en el lugar de otra persona». ¡Esto no es verdad! La intercesión es ponerse en el lugar de Dios; es tener su mente y su perspectiva.

> *... la necesidad de orar siempre, y no desmayar.*
> —LUCAS 18:1

Como intercesor, ten cuidado de no buscar demasiada información de Dios con respecto a la situación por la que estás orando, porque podría abrumarte. Si averiguas demasiado, más de lo que Dios ha ordenado que sepas, no puedes orar; las circunstancias de las personas se vuelven tan abrumadoras que ya no eres capaz de llegar a la verdad subyacente.

Nuestra tarea es estar en un contacto tan cercano con Dios que podamos tener su mente sobre todo; pero eludimos esa responsabilidad sustituyendo el hacer por el interceder. Y sin embargo, la intercesión es lo único que no tiene inconvenientes porque mantiene nuestra relación completamente abierta con Dios.

Lo que debemos evitar en la intercesión es orar para que alguien sea simplemente «parcheado». Debemos orar para que esa persona esté completamente en contacto con la vida misma de Dios. Piensa en la cantidad de personas que Dios ha colocado en nuestro camino, ¡solo para ver cómo las abandonamos! Cuando oramos sobre la base de la redención, Dios crea algo que no puede hacer de otra manera que no sea a través de la oración intercesora.

La gran vida

Cada vez que experimentamos algo difícil en nuestra vida personal, nos sentimos tentados a culpar a Dios. Pero somos nosotros los que estamos equivocados, no Dios. Culpar a Dios es evidencia de que nos negamos a abandonar alguna desobediencia en alguna área de nuestra vida. Pero en cuanto la abandonamos, todo se vuelve tan claro como la luz del día para nosotros. Mientras tratemos de servir a dos amos —nosotros y Dios—, habrá dificultades combinadas con duda y confusión. Nuestra actitud debe ser de plena confianza en Dios. Una vez que llegamos a ese punto, no hay nada más fácil que vivir la vida de un santo. Nos encontramos con dificultades cuando tratamos de usurpar la autoridad del Espíritu Santo para nuestros propósitos personales.

La marca de la aprobación de Dios cada vez que le obedeces es la paz. Él envía una paz inconmensurable y profunda; no una paz natural, «como el mundo la da», sino la paz de Jesús. Cuando la paz no llega, espera hasta que lo haga, o trata de averiguar por qué no viene. Si estás actuando por tu propio impulso o por un sentido de lo heroico, para ser visto por los demás, la paz de Jesús no se mostrará. Esto no muestra unidad con Dios ni confianza en Él. El espíritu de sencillez, claridad y unidad nace por medio del Espíritu Santo, no a través de tus decisiones. Dios contrarresta nuestras tercas decisiones con un llamamiento a la simplicidad y la unidad.

La paz os dejo,
mi paz os doy;
yo no os la doy
como el mundo
la da. No se turbe
vuestro corazón,
ni tenga miedo.

—Juan 14:27

Mis preguntas surgen cada vez que dejo de obedecer. Cuando obedezco a Dios, los problemas vienen, pero no entre Él y yo sino como un medio para hacer que mi mente examine con asombro su verdad revelada. Pero todo problema que se interponga entre Dios y yo es resultado de la desobediencia. Cualquier problema que venga mientras obedezco a Dios (y habrá muchos) aumenta mi deleite sobreabundante de gozo, porque sé que mi Padre sabe y se interesa, y puedo ver y anticipar cómo va a resolver mis problemas.

Aprobado ante Dios

Si no puedes expresarte bien en cada una de tus creencias, trabaja y estudia hasta que puedas. Si no lo haces, otras personas pueden perderse las bendiciones que provienen de conocer la verdad. Esfuérzate en volver a expresarte a ti mismo de manera clara y comprensible una verdad de Dios, y Él usará esa misma explicación cuando la compartas con otra persona. Pero debes estar dispuesto a pasar por la prensa de Dios donde las uvas son trituradas. Debes luchar, experimentar y ensayar tus palabras para comunicar la verdad de Dios con claridad. Entonces, llegará el momento en que esa misma expresión se convertirá en el vino de fuerza de Dios para otra persona. Pero si no eres diligente y dices: «No voy a estudiar y a luchar para expresar esta verdad con mis propias palabras; las tomaré prestadas de otra persona», las palabras no serán de ningún valor para ti ni para los demás. Trata de decirte a ti mismo lo que crees que es la verdad absoluta de Dios, y así estarás dándole a Dios la oportunidad de transmitírsela a otra persona a través de ti.

Procura con diligencia presentarte ante Dios aprobado, como obrero que no tiene de qué avergonzarse y que usa bien la palabra de verdad.

—2 TIMOTEO 2:15

Practica siempre agitar tu propia mente a fondo para pensar en lo que has creído con facilidad. Tu posición no es realmente tuya hasta que te la apropias a través del sufrimiento y el estudio. El autor u orador del que más aprendes no es el que te enseña algo que no sabías antes, sino el que te ayuda a tomar una verdad con la que has luchado silenciosamente, darle forma, y comunicarla con claridad y valentía.

Luchar ante Dios

Debes aprender a luchar *contra* las cosas que obstaculizan tu comunión con Dios y luchar en oración *por* otras personas; pero luchar *con* Dios en oración no es bíblico. Si alguna vez luchas con Dios, quedarás lisiado para el resto de tu vida. Si agarras a Dios y luchas con Él —como lo hizo Jacob— simplemente porque está trabajando de una manera que no cuenta con tu aprobación, lo obligas a descoyuntarte (VER GÉNESIS 32:24-25). No te conviertas en un lisiado por luchar contra los caminos de Dios, sino sé alguien que luche ante Dios contra las cosas de este mundo, porque «somos más que vencedores por medio de [Él]» (ROMANOS 8:37). Luchar ante Dios tiene un impacto en su reino. Si me pides que ore por ti y no estoy completo en Cristo, mi oración no logra nada. Pero si estoy completo en Cristo, mi oración trae victoria todo el tiempo. La oración es efectiva solo cuando hay integridad: «tomad toda la armadura de Dios».

... tomad toda la armadura de Dios, [...] orando en todo tiempo...

—EFESIOS 6:13, 18

Haz siempre una distinción entre la voluntad perfecta de Dios y su voluntad permisiva, la cual utiliza para lograr su propósito divino para nuestra vida. La voluntad perfecta de Dios es inmutable. Es con su voluntad permisiva, o las diversas cosas que Él permite en nuestras vidas, que debemos luchar ante el Señor. Es nuestra reacción a estas cosas permitidas por su voluntad permisiva lo que nos permite llegar al punto de ver su voluntad perfecta para nosotros. «Y sabemos que a los que aman a Dios, todas las cosas les ayudan a bien» (ROMANOS 8:28); a los que permanecen fieles a la voluntad perfecta de Dios: su llamamiento en Cristo Jesús. La voluntad permisiva de Dios es la prueba que utiliza para revelar a sus verdaderos hijos e hijas. No debemos ser cobardes y decir automáticamente: «Sí, es la voluntad del Señor». No tenemos que luchar ni pelear *con Dios*, pero debemos luchar ante Dios *con las cosas*. Cuidado con rendirte por pereza. En cambio, presenta una lucha gloriosa y te encontrarás lleno de poder con su fuerza.

Redención: Crear la necesidad que esta satisface

El evangelio de Dios crea el sentido de necesidad del evangelio. ¿Está oculto el evangelio para los que ya son siervos? No, Pablo dijo: «Pero si nuestro evangelio está aún encubierto, entre los que se pierden está encubierto; en los cuales el dios de este siglo cegó el entendimiento de los incrédulos» (2 Corintios 4:3-4). En su mayoría, las personas se consideran completamente morales y no tienen sentido de la necesidad del evangelio. Es el Señor quien crea este sentido de necesidad en un ser humano, pero esa persona permanece totalmente inconsciente de su necesidad hasta que Dios se manifiesta. Jesús dijo: «Pedid, y se os dará» (Mateo 7:7). Pero Dios no puede dar hasta que la persona lo pida. No es que Él quiera retenernos algo, sino que ese es el plan que ha establecido para el camino de la redención. A través de nuestra petición, Dios pone su proceso en marcha, creando algo en nosotros que era inexistente hasta que lo pedimos. La realidad interior de la redención es que está creando todo el tiempo. Y como la redención crea la vida de Dios en nosotros, también crea las cosas que pertenecen a esa vida. Lo único que puede satisfacer la necesidad es lo que la creó. Este es el significado de la redención: crea y satisface.

… el hombre natural no percibe las cosas que son del Espíritu de Dios, porque para él son locura…

—1 Corintios 2:14

Jesús dijo: «Y yo, si fuere levantado de la tierra, a todos atraeré a mí mismo» (Juan 12:32). Cuando predicamos nuestras propias experiencias, la gente puede estar interesada, pero no despierta ningún sentido real de necesidad. Pero una vez que Jesucristo es «levantado», el Espíritu de Dios crea una conciencia de la necesidad de Él. El poder creativo de la redención de Dios solo obra en el alma de los seres humanos a través de la predicación del evangelio. Nunca es el intercambio de experiencias personales lo que salva a las personas, sino la verdad de la redención. «Las palabras que yo [Jesús] os he hablado son espíritu y son vida» (Juan 6:63).

Prueba de fidelidad

Solo una persona fiel cree realmente que Dios controla de forma soberana sus circunstancias. Damos por sentadas nuestras circunstancias, diciendo que Dios tiene el control, pero en verdad no lo creemos. Actuamos como si las cosas que pasan estuvieran completamente controladas por personas. Ser fieles en todas las circunstancias significa que solo tenemos una lealtad, un solo objeto de nuestra fe: el Señor Jesucristo. El Señor puede hacer que nuestras circunstancias se desmoronen repentinamente, lo cual puede provocar que nos demos cuenta de nuestra infidelidad hacia Dios por no reconocer que Él había ordenado la situación. Nunca vimos lo que estaba tratando de lograr, y ese acontecimiento exacto nunca se repetirá en nuestra vida. Aquí es donde viene la prueba de nuestra fidelidad. Si aprendemos a adorar a Dios, incluso durante las circunstancias difíciles, Él las cambiará de forma beneficiosa muy rápidamente si así lo desea.

> *Y sabemos que a los que aman a Dios, todas las cosas les ayudan a bien…*
>
> —Romanos 8:28

Ser fieles a Jesucristo es lo más difícil que tratamos de hacer hoy. Seremos fieles a nuestro trabajo, a servir a los demás o a cualquier otra cosa; simplemente, no nos pidan que seamos fieles a Jesucristo. Muchos cristianos se vuelven muy impacientes cuando hablamos de fidelidad a Jesús. Nuestro Señor es destronado más deliberadamente por los obreros cristianos que por el mundo. Tratamos a Dios como si fuera una máquina diseñada solo para bendecirnos, y pensamos en Jesús como otro de los obreros.

La meta de la fidelidad no es que trabajemos para Dios, sino que Él sea libre de realizar su obra a través de nosotros. Dios nos llama a su servicio y nos impone enormes responsabilidades. No espera quejas de nuestra parte y no ofrece ninguna explicación de la suya. Dios quiere utilizarnos como lo hizo con su propio Hijo.

El objetivo de nuestro mensaje

Nunca seas comprensivo con una persona cuya situación te hace concluir que Dios está tratando duramente con él. El Señor puede ser más tierno de lo que podemos concebir, y de vez en cuando, nos da la oportunidad de tratar firmemente con alguien para que Él sea visto como el tierno. Si una persona no puede acudir a Dios, es porque oculta algo a lo que no piensa renunciar; puede admitir su pecado, pero no tiene la menor intención de renunciar a ello. Es imposible tratar con personas así. Debemos llegar profundamente a sus vidas, hasta la raíz del problema, lo cual causará hostilidad y resentimiento hacia el mensaje. La gente quiere la bendición de Dios, pero no soporta nada que vaya al corazón de la cuestión.

... no he venido para traer paz, sino espada.

—MATEO 10:34

Si eres sensible a la manera de Dios, tu mensaje como su siervo será despiadado e insistente, penetrante hasta la raíz misma. De otra forma, no habrá curación. Debemos transmitir el mensaje con tanta fuerza que una persona no pueda ocultarse sino que deba aplicar su verdad. Trata con las personas tal como se encuentran, hasta que comiencen a darse cuenta de su verdadera necesidad. Luego, mantén en alto el estándar de Jesús para sus vidas. Su respuesta tal vez sea: «Nunca podremos ser así». Entonces, explícales: «Jesucristo dice que debes serlo». «Pero ¿cómo vamos a poder?». «No puedes, a menos que tengas un nuevo Espíritu» (VER LUCAS 11:13).

Debe generarse una sensación de necesidad antes de que tu mensaje sea de alguna utilidad. Miles de personas en este mundo profesan ser felices sin Dios. Pero si pudiéramos ser verdaderamente felices y morales sin Jesús, ¿por qué vino? Lo hizo porque ese tipo de felicidad y paz es solo superficial. Jesucristo vino a «traer [...] espada» a través de todo tipo de paz que no se base en una relación personal con Él.

El tipo adecuado de ayuda

Muy pocos tenemos alguna comprensión de la razón por la que Jesucristo murió. Si la compasión es lo único que los seres humanos necesitan, la cruz de Cristo es un absurdo y no hay absolutamente ninguna necesidad de ella. Lo que el mundo necesita no es «un poco de amor», sino una cirugía profunda.

Cuando te encuentres cara a cara con una persona que está perdida, recuérdate a ti mismo sobre Jesucristo en la cruz. Si esa persona puede llegar a Dios de otra manera, la cruz de Cristo es innecesaria. Si crees que estás ayudando a personas perdidas con tu empatía y comprensión, eres un traidor a Jesucristo. Tú mismo debes tener una relación correcta con Él y derramar tu vida en ayudar a los demás a su manera, y no hacerlo de una forma humana que ignore a Dios. El tema de la religión del mundo hoy en día es servir de una manera agradable y sin confrontación.

Pero nuestra única prioridad debe ser presentar a Jesucristo crucificado, para exaltarlo todo el tiempo a Él (VER 1 CORINTIOS 2:2). Toda creencia que no esté firmemente arraigada en la cruz de Cristo desviará a la gente. Si el propio obrero cree en Jesucristo y confía en la realidad de la redención, sus palabras serán convincentes para los demás. Lo extremadamente importante es que la relación sencilla del obrero con Jesucristo sea fuerte y creciente. Su utilidad para Dios depende de eso, y de eso solo.

El llamamiento para un obrero del Nuevo Testamento es exponer el pecado y revelar a Jesucristo como Salvador. Por lo tanto, no siempre puede ser encantador y amable, pero debe estar dispuesto a ser severo para conseguir una cirugía mayor. Dios nos envía para exaltar a Jesucristo, no para dar discursos maravillosamente hermosos. Debemos estar dispuestos a examinar a los demás tan profundamente como Dios lo ha hecho con nosotros. También debemos tener la firme intención de detectar esos pasajes de las Escrituras que trasmitirán la verdad, y luego, no tener miedo de aplicarlos.

> *Y yo, si fuere levantado [...], a todos atraeré a mí mismo.*
>
> —JUAN 12:32

¿Experiencia o verdad revelada de Dios?

Mi experiencia no es lo que hace que la redención sea real; la redención *es* la realidad. La redención no tiene un significado verdadero para mí hasta que se elabora a través de mi vida consciente. Cuando nazco de nuevo, el Espíritu de Dios me lleva más allá de mí mismo y de mis experiencias, y me identifica con Jesucristo. Si me dejan solo con mis experiencias personales, me quedo con algo que no se produce por la redención. Pero las experiencias producidas por la redención se demuestran a sí mismas llevándome más allá de mí mismo, hasta el punto de dejar de prestar atención a las experiencias como base de la realidad. En cambio, veo que solo la realidad misma produjo dichas experiencias. Mis experiencias no valen nada a menos que me mantengan en la fuente de la verdad: Jesucristo.

... hemos recibido [...] el Espíritu que proviene de Dios, para que sepamos lo que Dios nos ha concedido.

—1 CORINTIOS 2:12

Si tratas de contener al Espíritu Santo dentro de ti, con el deseo de producir más experiencias espirituales internas, descubrirás que Él romperá el candado y te llevará de nuevo al Cristo histórico. Nunca apoyes una experiencia que no tenga a Dios como su fuente y la fe en Dios como resultado. Si lo haces, tu experiencia es anticristiana, sin importar qué visiones o ideas hayas tenido. ¿Es Jesucristo el Señor de tus experiencias o pones esas experiencias por encima de Él? ¿Te gusta más la experiencia que tu Señor? Debes permitir que Jesucristo sea Señor sobre ti y no prestar atención a ninguna experiencia sobre la cual Él no enseñoree. Entonces, llegará un momento en que Dios hará que te impacientes con tu propia experiencia, y podrás decir sinceramente: «Me da igual lo que experimente, ¡estoy seguro de Él!».

Sé implacable y duro contigo mismo si tienes el hábito de hablar de las experiencias que has tenido. La fe basada en la experiencia no es fe; la fe basada en la verdad revelada de Dios es la única que existe.

La atracción del Padre

> *Ninguno puede venir a mí, si el Padre que me envió no le trajere...*
>
> —JUAN 6:44

Cuando Dios comienza a atraerme a sí mismo, el problema de mi voluntad entra en juego de inmediato. ¿Reaccionaré positivamente a la verdad que Dios ha revelado? ¿Iré a Él? Discutir o deliberar sobre asuntos espirituales cuando Dios llama es inapropiado e irrespetuoso para Él. Cuando Dios hable, nunca lo discutas con nadie como para decidir cuál puede ser su respuesta (VER GÁLATAS 1:15-16). La creencia no es el resultado de un acto intelectual sino el fruto de un acto de mi voluntad por el cual me comprometo de forma voluntaria. Pero ¿me comprometeré, poniéndome completa y absolutamente en las manos de Dios, y estaré dispuesto a actuar únicamente con base en lo que Él dice? Si lo hago, descubriré que estoy basado en la realidad tan segura como el trono de Dios.

Al predicar el evangelio, concéntrate siempre en el asunto de la voluntad. La creencia debe venir de la *voluntad* de creer. Tiene que haber una rendición de la voluntad, no a un argumento persuasivo o poderoso. Debo salir deliberadamente, poniendo mi fe en Dios y en su verdad. Y no debo confiar en mis propias obras sino solo en Dios. Confiar en mi propio entendimiento intelectual se convierte en un obstáculo para la plena confianza en Dios. Debo estar dispuesto a ignorar y dejar atrás mis sentimientos. Debo *creer*. Pero esto nunca puede lograrse sin un esfuerzo contundente y decidido de separarme de mis viejas formas de ver las cosas. Debo entregarme completamente a Dios.

Todo el mundo ha sido creado con la capacidad de llegar más allá de su propio alcance. Pero es Dios quien me atrae, y mi relación con Él es en primer lugar interior y personal, no intelectual. Entro en la relación a través del milagro de Dios y por mi propia voluntad de creer. Entonces, empiezo a obtener un entendimiento y comprensión inteligentes de la maravilla de la transformación en mi vida.

Compartir la expiación

El evangelio de Jesucristo siempre obliga a nuestra voluntad a tomar una decisión. ¿He aceptado el veredicto de Dios sobre el pecado tal como se juzgó en la cruz de Cristo? ¿Tengo el más mínimo interés en la muerte de Jesús? ¿Quiero ser identificado con ella: estar completamente muerto a todo interés en el pecado, la mundanidad y el yo? ¿Anhelo estar tan identificado con Jesús de modo que yo no sea de valor para nada excepto para Él y sus propósitos? El gran privilegio del discipulado es que puedo comprometerme bajo la bandera de su cruz, y esto significa morir al pecado. Debes estar a solas con Jesús y tomar la decisión de decirle que no quieres que el pecado muera en ti o que deseas identificarte con su muerte cueste lo que cueste. Cuando actúas con fe confiada en lo que nuestro Señor hizo en la cruz, tiene lugar al instante una identificación sobrenatural con su muerte. Y llegarás a saber a través de un conocimiento superior que tu antigua vida fue crucificada con Él (VER ROMANOS 6:6). La prueba de que tu antigua vida ha muerto, al haber sido crucificada con Cristo (VER GÁLATAS 2:20), es la increíble facilidad con la que la vida de Dios en ti te permite ahora obedecer la voz de Jesucristo.

Pero lejos esté de mí gloriarme, sino en la cruz de nuestro Señor Jesucristo…
—GÁLATAS 6:14

De vez en cuando, nuestro Señor nos da una idea de cómo seríamos si no fuera por Él. Esto es una confirmación de lo que dijo: «separados de mí nada podéis hacer» (JUAN 15:5). Es por eso que el fundamento subyacente del cristianismo es la devoción personal y apasionada por el Señor Jesús. Confundimos el gozo de nuestra primera introducción en el reino de Dios con su propósito para llevarnos allí. Sin embargo, el propósito de Dios al entrar en su reino es que podamos darnos cuenta de lo que significa toda esa identificación con Jesucristo.

La vida escondida

El Espíritu de Dios da testimonio y confirma la seguridad simple pero todopoderosa de la vida que «está escondida con Cristo en Dios». Pablo trató constantemente de esto en sus cartas del Nuevo Testamento. Hablamos como si vivir una vida santificada fuera lo más incierto e inseguro que podríamos hacer. Sin embargo, es lo más seguro que existe porque tiene al Dios todopoderoso dentro y detrás. Lo más peligroso e inseguro es tratar de vivir sin Dios. Para quien ha nacido de nuevo, es más fácil vivir en una relación correcta con Dios que hacer lo malo, siempre que uno preste atención a las advertencias de Dios y ande en la luz (VER 1 JUAN 1:7).

Cuando pensamos en ser liberados del pecado, ser «llenos del Espíritu» (EFESIOS 5:18) y andar en la luz, imaginamos la cima de una gran montaña. La vemos como muy alta y maravillosa, pero decimos: «¡Ah, nunca podría vivir allí arriba!». Sin embargo, cuando llegamos allí a través de la gracia de Dios, encontramos que no es una cumbre de montaña en absoluto sino una meseta con mucho espacio para vivir y crecer. «Ensanchaste mis pasos debajo de mí, y mis pies no han resbalado» (SALMOS 18:36).

Cuando realmente veas a Jesús, te desafío a dudar de Él. Si lo ves cuando dice: «No se turbe vuestro corazón» (JUAN 14:27), te desafío a preocuparte. Es prácticamente imposible dudar cuando Él está allí. Cada vez que estás en contacto personal con Jesús, sus palabras son reales para ti: «mi paz os doy» (JUAN 14:27); una paz que trae una confianza sin restricciones y te cubre completamente, desde tu coronilla hasta las plantas de tus pies. Tu «vida está escondida con Cristo en Dios», y la paz de Jesucristo, que no puede ser perturbada, te ha sido impartida.

… vuestra vida está escondida con Cristo en Dios.
—COLOSENSES 3:3

Su nacimiento y nuestro nuevo nacimiento

Su nacimiento en la historia. «El Santo Ser que nacerá, será llamado Hijo de Dios» (Lucas 1:35). Jesucristo nació *en* este mundo, no *de* él. No salió de la historia; llegó a la historia desde afuera. Jesucristo no es el mejor ser humano del que la raza humana puede presumir; es un Ser con respecto al cual la raza humana no puede recibir ningún crédito en absoluto. No es un hombre volviéndose Dios, sino Dios encarnado; es Dios viniendo a la carne humana desde afuera. Su vida es la más elevada y la más santa que entró a través de las puertas más humildes. El nacimiento de nuestro Señor fue un advenimiento: la aparición de Dios en forma humana.

Su nacimiento en mí. «Hijitos míos, por quienes vuelvo a sufrir dolores de parto, hasta que Cristo sea formado en vosotros» (Gálatas 4:19). Así como nuestro Señor entró en la historia humana desde afuera de ella, también debe venir a mí desde afuera. ¿He permitido que mi vida humana personal se convierta en un «Belén» para el Hijo de Dios? No puedo entrar en los dominios del reino de Dios a menos que nazca de nuevo de lo alto mediante un nacimiento totalmente diferente al físico. «Os es necesario nacer de nuevo» (Juan 3:7). Esto no es un mandamiento, sino un hecho basado en la autoridad de Dios. La evidencia del nuevo nacimiento es que me entrego tan completamente a Dios que «Cristo es formado» en mí. Y una vez que esto sucede en mí, su naturaleza comienza a obrar de inmediato a través de mí.

He aquí, una virgen concebirá y dará a luz un hijo, y llamarás su nombre Emanuel, que traducido es: Dios con nosotros.

—Mateo 1:23

Dios evidente en la carne. Esto es lo que se hace tan profundamente posible para ti y para mí a través de la redención del hombre llevada a cabo por Jesucristo.

Andar en luz

Confundir la libertad del pecado solo en el nivel consciente de nuestra vida con la liberación completa del pecado por la expiación a través de la cruz de Cristo es un gran error. Nadie sabe por completo lo que es el pecado hasta que uno nace de nuevo. El pecado es lo que Jesucristo enfrentó en el Calvario. La evidencia de que he sido liberado del pecado es que conozco su verdadera naturaleza en mí. Para que una persona sepa realmente lo que es el pecado se requiere la obra completa y el toque profundo de la expiación de Jesucristo; es decir, la impartición de su perfección absoluta.

El Espíritu Santo nos aplica o administra la obra de la expiación en el profundo reino inconsciente así como en el consciente. Y no es hasta que realmente percibimos el poder inigualable del Espíritu en nosotros que entendemos el significado de 1 Juan 1:7, que dice: *«la sangre de Jesucristo su Hijo nos limpia de todo pecado»*. Este versículo no se refiere solo al pecado consciente sino también a la comprensión tremendamente profunda del pecado que solo el Espíritu Santo en mí puede lograr.

... si andamos en luz, como él está en luz, tenemos comunión unos con otros, y la sangre de Jesucristo su Hijo nos limpia de todo pecado. —1 JUAN 1:7

Debo andar «en luz, como él está en luz»; no en la luz de mi propia conciencia sino en la de Dios. Si camino allí, sin nada retenido ni oculto, esta increíble verdad se me revela: «la sangre de Jesucristo su Hijo [me] limpia de todo pecado» para que el Dios Todopoderoso no pueda ver nada que reprender en mí. A nivel consciente, produce un conocimiento agudo y doloroso de lo que realmente es el pecado. El amor de Dios que obra en mí me hace odiar, con el aborrecimiento del Espíritu Santo por el pecado, cualquier cosa que no esté en consonancia con la santidad de Dios. Andar «en luz» significa que todo lo que es de la oscuridad me acerca en realidad al centro de la luz.

Donde la batalla se gana o se pierde

Nuestras batallas se ganan o se pierden por primera vez en los lugares secretos de nuestra voluntad en la presencia de Dios, nunca a la vista del mundo. El Espíritu de Dios se apodera de mí, y me veo obligado a estar a solas con Dios y a luchar la batalla ante Él. Mientras no haga esto, perderé siempre. La batalla puede tardar un minuto o un año, pero eso dependerá de mí, no de Dios. Por mucho tiempo que sea, debo luchar solo ante Dios, y tengo que decidir pasar por el infierno de la renuncia o el rechazo ante Él. Nada tiene poder sobre alguien que ha luchado la batalla ante Dios y venció allí.

No debería decir nunca: «Esperaré hasta que esté en circunstancias difíciles y luego pondré a Dios a prueba». Tratar de hacer esto no funcionará. Primero, debo resolver el problema entre Dios y yo en los lugares secretos de mi alma, donde nadie más puede interferir. Luego, puedo seguir avanzando, sabiendo con certeza que la batalla está ganada. Piérdela allí, y la calamidad, el desastre y la derrota ante el mundo serán tan seguros como las leyes de Dios. La razón por la que se pierde la batalla es que uno lucha primero en el mundo externo. A solas con Dios, lucha ante Él, y resuelve el asunto de una vez por todas.

Si te volvieres, oh Israel, dice el Señor…

—Jeremías 4:1

Al tratar con otras personas, nuestra postura siempre debe ser conducirlas a que su voluntad tome una decisión. Así es como comienza la entrega a Dios. No a menudo, pero de vez en cuando, Dios nos lleva a un punto de inflexión importante, a una gran encrucijada en nuestra vida. A partir de ese momento, o vamos hacia una vida cristiana cada vez más lenta, perezosa e inútil, o nos apasionamos cada vez más, dando lo mejor de nosotros en pos de lo supremo *de Él*: nuestra excelencia para *su* gloria.

Conversión continua

... De cierto os digo, que si no os volvéis y os hacéis como niños, no entraréis en el reino de los cielos.

—MATEO 18:3

Estas palabras de nuestro Señor se refieren a nuestra conversión inicial, pero debemos seguir recurriendo a Dios como niños, siendo continuamente convertidos todos los días de nuestra vida. Si confiamos en nuestras propias habilidades en lugar de en las de Dios, generamos consecuencias de las cuales Dios nos hará responsables. Cuando Dios, a través de su soberanía, nos lleva a nuevas situaciones, debemos asegurarnos inmediatamente de que nuestra vida natural se someta a la espiritual, obedeciendo las órdenes del Espíritu de Dios. El hecho de que hayamos respondido correctamente en el pasado no es garantía de que lo volvamos a hacer. La respuesta de lo natural a lo espiritual debe ser la conversión continua, pero aquí es donde tantas veces nos negamos a ser obedientes. Independientemente de cuál sea nuestra situación, el Espíritu de Dios permanece intacto y su salvación inmutable. Pero debemos vestirnos del nuevo hombre (VER EFESIOS 4:24). Dios nos hace responsables cada vez que nos negamos a convertirnos, y ve nuestra negativa como una desobediencia intencional. Nuestra vida natural no debe gobernar; Dios debe reinar en nosotros.

Negarse a ser convertido continuamente pone un obstáculo en el crecimiento de nuestra vida espiritual. Hay áreas de voluntad propia en nuestra vida donde nuestro orgullo derrama desprecio en el trono de Dios y dice: «No voy a someterme». Deificamos nuestra independencia y voluntad propia, y las llamamos por el nombre equivocado. Lo que Dios ve como una debilidad obstinada, nosotros lo llamamos fuerza. Hay áreas enteras de nuestra vida que aún no han sido puestas en sumisión, y esto solo se puede hacer mediante esta conversión continua. Lentamente pero con seguridad, podemos reclamar todo el territorio para el Espíritu de Dios.

¿Desertor o discípulo?

Cuando Dios, por medio de su Espíritu a través de su Palabra, te da una visión clara de su voluntad, debes andar en la luz de esa visión (1 Juan 1:7). Aunque tu mente y tu alma estén encantadas por ello, si no andas en su luz, te hundirás a un nivel de esclavitud nunca concebido por nuestro Señor. Desobedecer mentalmente «a la visión celestial» (Hechos 26:19) te convertirá en esclavo de ideas y puntos de vista completamente ajenos a Jesucristo. No mires a otra persona y digas: «Bueno, si él puede tener esos puntos de vista y prosperar, ¿por qué no yo?». Tienes que andar en la luz de la visión que se te ha dado *a ti*. No te compares con los demás ni los juzgues; eso es algo entre Dios y ellos. Cuando encuentres que uno de tus puntos de vista favoritos y fuertemente sostenidos choca con «la visión celestial», no empieces a debatirla. Si lo haces, surgirá en ti un sentido de propiedad y derecho personal; cosas a las que Jesús no dio ningún valor. Él estaba en contra de esas cosas por considerarlas la raíz de todo lo extraño para sí mismo, «porque la vida del hombre no consiste en la abundancia de los bienes que posee» (Lucas 12:15). Si no vemos y entendemos esto, es porque estamos ignorando los principios subyacentes a la enseñanza de nuestro Señor.

Desde entonces muchos de sus discípulos volvieron atrás, y ya no andaban con él.

—Juan 6:66

Tendemos a recostarnos y disfrutar del recuerdo de la maravillosa experiencia que tuvimos cuando Dios nos reveló su voluntad. Pero si la luz de Dios nos revela una norma del Nuevo Testamento y no tratamos de estar a la altura o ni siquiera nos sentimos inclinados a hacerlo, comenzamos a retroceder. Esto significa que tu conciencia no responde a la verdad. Nunca puedes ser el mismo después de la revelación de una verdad. Ese momento te marca como alguien que continúa con más devoción como discípulo de Jesucristo o que se vuelve para retroceder como un desertor.

«Y cada virtud que poseemos»

... Todas mis fuentes están en ti.

—SALMOS 87:7

Nuestro Señor nunca «arregla» nuestras virtudes naturales; es decir, nuestros rasgos naturales, cualidades o características. Él rehace completamente a una persona en su interior: «vestíos del nuevo hombre» (VER EFESIOS 4:24). En otras palabras, observa que tu vida humana natural esté vistiéndose de todo lo que está en consonancia con la nueva vida. La vida que Dios pone dentro de nosotros desarrolla sus propias virtudes nuevas; no las de la simiente de Adán, sino las de Jesucristo. Una vez que Dios haya comenzado el proceso de santificación en tu vida, presta atención y observa cómo hace Él que tu confianza en tus propias virtudes naturales y poder se marchiten. Continuará hasta que aprendas a extraer tu vida del reservorio de la vida resucitada de Jesús. ¡Da gracias a Dios si estás pasando por esta experiencia de vaciado!

La señal de que Dios está obrando en nosotros es que destruye nuestra confianza en las virtudes naturales, porque estas no son promesas de lo que vamos a ser sino solo un recordatorio desperdiciado de lo que Él quería que fuera el hombre cuando lo creó. Queremos aferrarnos a nuestras virtudes naturales, mientras que Dios está tratando todo el tiempo de ponernos en contacto con la vida de Jesucristo, una vida que nunca se puede describir en términos de virtudes naturales. Es muy triste ver a personas que tratan de servir a Dios dependiendo de lo que la gracia de Dios nunca les dio. Dependen únicamente de lo que tienen en virtud de la herencia. Dios no toma nuestras virtudes naturales y las transforma, porque estas ni siquiera podrían acercarse a lo que Jesucristo quiere. Ningún amor natural, ninguna paciencia natural ni ninguna pureza natural pueden alcanzar sus exigencias. Pero a medida que pongamos cada parte de nuestra vida corporal natural en armonía con la nueva vida que Dios ha colocado en nuestro interior, Él mostrará en nosotros las virtudes que eran características del Señor Jesús.

Y cada virtud que poseemos es solo suya.

Ayer

Seguridad de ayer. «Dios restaura lo que pasó» (Eclesiastés 3:15). Al final del año, nos enfocamos con afán en todo lo que Dios tiene para el futuro; no obstante, la ansiedad es adecuada cuando recordamos nuestros tiempos pasados. Nuestro disfrute actual de la gracia de Dios tiende a disminuir ante la memoria de los pecados y errores del ayer. Pero el Señor es el Dios de nuestros ayeres, y permite que el recuerdo de ellos convierta el pasado en un ministerio de crecimiento espiritual para nuestro futuro. Dios nos recuerda el pasado para protegernos de una seguridad muy superficial en el presente.

Seguridad para mañana. «El Señor irá delante de vosotros». Esta es una revelación llena de gracia: Dios enviará a sus tropas donde nosotros hemos fallado en hacerlo. Vigilará para que no volvamos a tropezar con los mismos fracasos, como sin duda sucedería si Él no fuera nuestra «retaguardia». Y la mano de Dios se remonta al pasado, resolviendo todas las demandas contra nuestra conciencia.

Porque no saldréis apresurados [...] porque el Señor irá delante de vosotros, y vuestra retaguardia será el Dios de Israel.
—Isaías 52:12 RVR1995

Seguridad para hoy. «No saldréis apresurados». Al entrar en el año venidero, no te apresures a deleitarte de manera impetuosa y olvidadiza ni con la rapidez de la impulsividad. En cambio, salgamos con el paciente poder de saber que el Dios de Israel irá delante de nosotros. Nuestros ayeres tienen cosas rotas e irreversibles para nosotros. Es cierto que hemos perdido oportunidades que nunca volverán, pero Dios puede transformar esta destructiva angustia en un discernimiento constructivo para el futuro. Que el pasado descanse, pero que lo haga en el dulce abrazo de Cristo.

Deja el pasado roto e irreversible en sus manos, y entra con Él en el futuro invencible.